德智融合　全面发展

——杨浦高级中学教师论文集

实践篇——课堂观察

主编：张田岚

文汇出版社

图书在版编目（CIP）数据

德智融合　全面发展：杨浦高级中学教师论文集 /
张田岚主编. -- 上海：文汇出版社，2023.10
ISBN 978-7-5496-4144-4

Ⅰ.①德… Ⅱ.①张… Ⅲ.①高中—教学研究—文集
Ⅳ.①G632.08-53

中国国家版本馆CIP数据核字（2023）第189552号

德智融合　全面发展
——杨浦高级中学教师论文集

主　　编 / 张田岚
责任编辑 / 甘　棠
装帧设计 / 薛　冰

出版发行 / **文匯**出版社
　　　　　　上海市威海路755号
　　　　　（邮政编码200041）
经　　销 / 全国新华书店
印刷装订 / 上海颛辉印刷厂有限公司
版　　次 / 2023年10月第1版
印　　次 / 2023年10月第1次印刷
开　　本 / 720×1000　1/16
字　　数 / 600千字
印　　张 / 37.5

书　　号 / ISBN 978-7-5496-4144-4
定　　价 / 128.00元（全三册）

在继承中求创新　在创新中谋发展
（代序）

春华秋实，风雨兼程，在硕果累累的金秋，我们迎来了杨浦高级中学的第70个生日。第二师范，工农师大，杨浦中学，杨浦高级中学，一路走来，学校始终响应时代召唤，担当社会责任。"崇尚奉献，追求卓越""乐学善思，修德明理"，一代代师生以梦想和激情，书写精彩华章；用奉献和热爱，编织绚烂未来。

在继承中求创新，在创新中谋发展。杨浦高级中学在办学治校过程中，始终坚持贯彻党的教育方针，落实立德树人根本任务。在新课程新教材改革的当下，学校积极探索推进落实新课程新教材的实践路径，不断深化育人方式变革，发展学校"德智融合"的教育特色，完善"双新"管理和运行机制，促进适应课程教学改革的教师队伍成长，全面提升教育教学质量。

聚焦顶层设计，护航"双新"实施之路

作为首批"上海市普通高中新课程新教材实施研究与实践项目学校"，一方面，我们继承和发扬了于漪老师的教育教学思想和师德精神，将于漪老师"德智融合"教育教学思想深入到学校全员、全方位、全过程的教育教学管理中；另一方面，我们乘着"双新"改革之风，与时俱进，为适合学生终身发展，进行了一系列的教育教学改革，不断丰富"德智融合、全面发展"的办学内涵，整体推进"双新"实施，为学校高质量发展注入强大的动力。

学校以于漪老师"德智融合"教育教学思想为主心骨，以教师与学生为中心，以课程与教学为核心，以组织与管理为重心，全面、系统地规划落实

"'德智融合'的课堂文化转型"，开展各类精准培训，完善学校日常课程管理，组织各教研组和各类学习共同体开展"德智融合"主题活动，在实践中不断完善顶层规划和架构，走出了一条具有学校特色的"双新"改革之路。

聚焦课题研究，引领"双新"实施方向

学校开展"德智融合特色课程建设和实践"课题研究，进一步探究"融知识传授、能力训练、智力发展、思想情操陶冶于一炉"的立体化全学科教学途径，推广"全员开课""全员听课"活动，促进教师主动将"德智融合"课堂转型理念内化于心，理解并领会其内在精神，落实到自身的教学实践中，全面提高教学质量，丰富"双新"改革内涵，不断推进全方位育人。

依托"情境化试题设计在命题中的应用"课题研究，学校开展各学科情境化命题的项目研究。构建新评价标准，提升命题的科学性，探索学科核心素养、学业质量的评价标准与方式，运用评价结果支持教学决策、改进育人方式。实现学科核心素养导向下的"教""学""评"有机结合，提高评价质量，发挥育人功能，以适应新高考发展和考试评价改革需要。

聚焦师资培养，打造"双新"实施之师

在"双新"背景下，教育改革落地的关键在于教师，而学科发展本质上要解决的核心问题是教师的专业发展问题。学校始终坚持强化师德师风建设，以教师需求为导向，以教师专业发展为基点，凸显"教研相长""研训一体"，构建教师专业发展平台，优化学科教研团队，积极探索新课程新教材的实施路径。

学校按照"骨干教师—学科带头人—特级教师、正高级教师"的教师梯级培养思路，实施"骨干教师深蓝计划"，做好整体规划，强化梯队建设，助力教师成长。

学校积极发挥名师辐射作用，持续开展"传帮带"师徒带教，正高级教师、特级教师进行思想引领、教学指导、学科培训等，实施"名师（正高级、特级）教师领航计划"。学校凭借已有的语文学科区学科高地、区"名师工作室"，优秀青年骨干教师团队，"登峰计划"名教师研习基地，发挥辐射带动作

用，促进中青年教师专业成长与发展，不断增强发展后劲。

学校组建有利于教师专业发展的校内基层学术团队，搭建联动平台。将教师由过去主要依靠个人努力、单兵发展为主的形式，改变为依靠团队、共同发展为主的形式，实施"团队培养计划"。"扬"青年团队，每学期定时、定点、定主题开展形式多样的活动，"于漪讲坛""班主任沙龙"是中青年教师交流探讨，共同成长的团队平台。团体联动，最终实现校内资源的优化，达到教师专业发展上共赢的目的。

经过近几年不断探索和实践，教师梯队建设成效明显，已经形成骨干教师引领、老教师榜样垂范、精益求精，中青年教师千锤百炼、成绩斐然，年轻教师潜心历练、不甘落后的新局面。

聚焦学生素养提升，抓实"双新"实施之本

学校在德、智领先发展的基础上，全力推进体、美、劳多元发展，全力推动"五育"融合建设成为常态化机制，构建德智体美劳全面发展的教育体系，着力"全面发展"综合实践，落实素质教育、促进学生全面而有个性的成长，使"双新"改革落地生根。

学校重点关注国家课程的校本化实施和"德智融合"校本特色课程建设，促进国家课程的规定性和校本课程建设的丰富性相结合。

根据学生多样化需求、学科课程标准要求和实际情况，学校有效利用资源进一步开发"多元化、可选择、有特色、高质量"的"德智融合"校本选修课程群。目前共开设40多门选修课，涉及人文艺术、科技创新、学科拓展、体育运动等方面，更好地满足学生全面发展和个性发展需求。

学校聚焦发展"劳动素养"，按日常生活劳动、生产劳动、服务性劳动三大类别，开发了新时代高中生"六艺"劳动课程，由"净""食""耕""数""创""志"六个版块组成。以使学生在学习与劳动实践中逐步形成适应个人终身发展和社会发展需要的劳动观念、劳动能力、劳动习惯及品质和劳动精神。

学校依托大学，整合各类教育资源，打造师生充分和谐发展的平台，培养创新型人才。与十几所高校建立了长期稳定的合作关系，借助大学师资力量、

硬件、项目开展等资源，把科技教育作为学校教学活动列入正式课程，在学科教育中渗透科技教育，特别在生物、化学、物理、地理等学科中突出科技教育。成立跨学科教研组，支持科技类社团建设，比如"仿生与工程""神奇的光子""花花世界""地理实践"等，广泛开展校内外科技活动，为科技教育拓展更多的展示舞台和探讨空间。

学校每年定期邀请复旦大学、同济大学等知名高校的教授开设科学素养和研究性学习指导讲座，开展生涯规划讲座，开展不同形式的学习交流活动，为学生提供多样、充分、自由的学术探讨与成长空间，不断培养学生的创新精神和创新意识。

"创新篇——课程建设""研究篇——教材教学""实践篇——课堂观察"，本书汇集了杨浦高级中学老中青三代教师们，近年来在上述"双新"改革探索中的思考与实践，是杨浦高级中学的教师们继承"一生正气，为人师表"的师风，在教学改革第一线辛勤工作中所获得的成果，也是献给学校 70 周年校庆的一份生日礼物。

70 周年校庆是一个新的历史起点，我们将继承和发扬杨浦高级中学优秀的办学传统，用更加辉煌的成绩，去书写学校更加美好的未来。

上海市杨浦高级中学校长　张田岚

目　录

实践篇——课堂观察

实践篇——课堂观察

主编寄语

让"德智融合"教育教学思想走进课堂

党的十九大报告提出"要全面贯彻党的教育方针，落实立德树人根本任务，发展素质教育，推进教育公平，培养德智体美全面发展的社会主义建设者和接班人"。2017年教育部颁布的《中小学德育工作指南》根据高中生的年龄特点、认知能力和教育规律提出高中学段的德育目标为：教育和引导学生热爱中国共产党、热爱祖国、热爱人民，拥护中国特色社会主义道路，弘扬民族精神，增强民族自尊心、自信心和自豪感，增强公民意识、社会责任感和民主法治观念，学习运用马克思主义基本观点和方法观察问题、分析问题和解决问题，学会正确选择人生发展道路的相关知识，具备自主、自立、自强的态度和能力，初步形成正确的世界观、人生观和价值观。

同时，教育主管部门还明确提出"课程育人"的思想，要求教师充分发挥课堂教学的主渠道作用，将中小学德育内容细化落实到各学科课程的教学目标之中，融入渗透到教育教学全过程。其中，更是要求"语文、历史、地理等课要利用课程中语言文字、传统文化、历史地理常识等丰富的思想道德教育因素，潜移默化地对学生进行世界观、人生观和价值观的引导。"

"德见一题一课，育见一言一行"，杨浦高级中学的教师们认真开展着德智融合、落实素养的教学实践活动，"真正将立德树人落实到学科主渠道、课堂主阵地"。

于漪老师的"德智融合"教育教学思想，通过对"德育""智育"培养目标的整合，统整教学内容和教学过程，以情境任务创设和学生建构反应为主要特征，实现学科知识学习、能力培养与育人本质结合的最优化。

于漪老师说：课堂学科教学是单一传授知识技能，还是以所教学科智育为核心，融合情感态度价值观的教育，教学效果是迥然不同的。后者是真正的教书育人，把情意激发、情操陶冶、责任心、创新意识、对真善美的价值追求等等，伴随着知识的传授、能力的培养散播到学生心中，使学生在掌握知识的同时，智力获得发展，心里逐步亮起人生追求的明灯，形成正确的人生价值判断。

于漪老师一直强调"目中有人"。"目中有人"的"人"就是活在当下的学生。"德智融合"研究和探索的起点也正是"学生的内心世界"。高中三年，学生身心发展是不同的，他们对世界认识的侧重点也是不同的。关注尊重各学段学生的独特性，走进并且研究他们，并结合好不同学科课程特点，学科德育才有可能直抵学生的内心，才能真正使"育德"与"增智"互促互进。

"德智融合"要走进课堂，关键在于教师"教书育人"意识的切实提升。"教书育人"包含两层含义。一是教师必须树立正确的教育教学理念。诚如于漪老师所说，要站在时代的制高点上，站在科教兴国人才强国的战略制高点上，站在与基础教育先进国家竞争的制高点上审视教育。以教育自信办自信的教育，扎根中国大地办教育，引导学生创造有价值的人生。在传授知识的同时，熏陶思想，塑造品格，真正去除愚昧，提升学生做人的气质。二是教师的专业发展需伴以精神的成长和人格的不断完善。为人师者，需"师风可学"。教师要完善自己的人格，代表最先进的文化，不懈追求真善美，抵制假恶丑。在"强势"文化不断入侵的形势下，教师就要坚守思想的阵地，坚守育人的阵地。为人师者，需"学风可师"，不断反思，像于漪老师那样"做一辈子教师，一辈子学做教师"，不断完善人格、提升境界、锤炼感悟。

在学科教学中，当教师以崇高的使命感和丰厚的专业素养启迪和滴灌学生德性和智性，滋养他们精神成长之时，教书育人的璀璨明灯就会在课堂里高高升起。

时　间　叙　事

——统编教材必修下第六单元的时间建构

张燕翠

摘　要：本文以统编教材必修下"观察与批判"单元为对象，分析小说时间叙事的艺术作用，主要分析时间距离的压缩细化和拉宽跳跃等时间建构方式对深掘小说世界的作用，力图为小说阅读打开另一通路。

关键词：小说　时距

小说叙事是在时间中展开和完成的，时间无疑是最具支配性的要素之一。现实世界中时间是一种客观的线性化存在，但在作者笔下却因匠心有了快慢长短、隐显止行的不同，从而在小说内部形成高低错落曲尽其妙的时间结构层。经由时间出场，读者得以思接千载，视通万里，将书中的时间与当下的时间融为一体，那一刻，纸上人物栩栩如生，哲理情思渐次浮现。本单元的五篇文章虽古今不同，国别各异，但无一例外都重组了时间序列，时间成为作者隐秘而独特的表达手段。

下表是统编教材必修下册第六单元五篇文章时间线。

祝　福	林教头风雪山神庙（节选）	装在套子里的人（节选）	促　织	变形记（节选）
辛亥革命前后某年某月	北宋某年	19 世纪俄沙皇统治时期某年某月	宣德某年	变虫前五年
祥林嫂 27 岁	知晓密谋前一天		成名充里正不终岁	格里高尔担任旅行推销员，曾用两三个晚上刻制小镜框
春天祥林去世，冬初来鲁家做女佣，年底参与祝福	遇李小二冬来某日	五月一日之前漫画事件	薄产累尽会征促织	变虫前八天
祥林嫂 28 岁	知晓高太尉密谋当日	五月一日自行车事件	成名忧闷欲死旬余	看报或者火车时刻表
新年才过被堂伯发现行踪，	买刀寻仇	五月二日	成名惟思自尽某天	某天四点
十几天后被绑走，	次日	与柯瓦连科谈	成妻具资卜虫，	格里高尔沉睡
不几天被卖进贺家墺，	寻仇	漫画事件和自行车事件	成名，按图得虫	清晨醒来时
年底生男孩	三五日		斯须，虫就毙	发现变甲壳虫
祥林嫂 29 岁	寻仇		未几，如被冰雪	六点过半
交了好运	第六日	一个月后		听差已向老板汇报
祥林嫂 30 岁	被安排看守草料场	别里科夫去世一个月后	既，化怒为悲	六点三刻
贺老六去世		布尔金讲述别里科夫的故事	日将暮，喜置榻上	尝试下半身下床失败
祥林嫂 31 岁	雪起：与差拨前往草料场		半夜，气断声吞	尝试上半身下床失败
春天儿子被狼叼走，无家可归			自昏达曙，目不交睫	七点
秋天二度来鲁家做女佣冬参与祭祀被拒	雪紧：前去沽酒		东曦既驾，长愁-惊-喜-喜-惴惴	尝试晃动全身下床
祥林嫂 32 岁	雪更紧：借宿山神庙		（第二日）	七点十分—八点
腊月"捐门槛之论"，依然未能参与祝福	听闻奸计		"俄"大胜蟹壳青、"旋"大败鸡	协理上门，格里高尔因激动而下床成功
第二天黑眼圈	手刃仇敌		翼日（第三日）进宰	协理隔门谈话，格里高尔躺着听
祥林嫂 33 岁			无何	协理威胁，格里高尔靠柜子、椅子、房门向外挪
冬至前，捐好门槛			免役，入庠后岁余	协理向门后退，格里高尔想挽留说服
冬至，依然未能参与祝福			成子精神复旧，抚军厚赉	
冬至第二天，精神受打击			不数岁	协理逃离，格里高尔被父亲赶回房间
不到半年，丧失劳动能力			过世家	
后，被辞退，沦为乞丐				
祥林嫂 38 岁				
我回鲁镇第一天				
我回鲁镇第二天，被祥林嫂三问				
我回鲁镇第三天，听闻死讯，回忆其半生遭际				

【注】横线部分为时间点

一、缩短时距，节奏紧凑

现实世界时间针脚匀速前移，但小说世界时间的节奏往往被"打乱"，从而与小说的叙事节奏同频共振。小说中人物的漫长人生被压缩至数年、数日甚至是被分解细化为一日光阴，人物的生命履历表中某些至关重要的时刻被强调突出，这些时刻犹如被置于舞台的聚光灯下，读者由此触摸到这一时刻与下一时刻人物遭际细微却重要的变化。

《祝福》中祥林嫂人生的起落被集中在七年之中，其中重复的祝福时间点成为鲁迅特意安排的标识。美国当代批评家J·希利斯·米勒认为"从细小处着眼，人们可以看到言语成分的重复：词、修辞格、外形或内在情态的描绘；以隐喻方式出现的隐蔽的重复则显得更为精妙"①，祝福时间点重复出现，而鲁镇人对祥林嫂的态度却不再重复而发生变化。《林教头风雪山神庙》一文，作者用六天左右的时间呈现林冲人生的俯冲。林冲听闻高太尉又派人来陷害，当日即买刀寻仇，接连五天都在搜寻，五天之后时间的顿挫是为了第六天的决绝。《装在套子里的人》全文大多集中在五月一日前后的一段时间，"千万别出什么乱子"的别里科夫惶惶不可终日，每日都备受煎熬。《促织》中成名的命运在两三天内大起大落，《变形记》则将变形局限在某天清晨。

更为关键的是，小说作者在紧凑的时距之中仍有更紧凑的时距安排。作者所批判的对象借助时间之手释放出巨大的能量，随意摆布捉弄人物，使得一切如此出乎意料，如此难以捉摸。祥林嫂被绑回家短短几天就被卖给贺老六，这个时距安排不可谓不细密，表面写婆婆计划周详及担心夜长梦多，深层则讨伐礼教对妇女的人身支配。林冲当日被派去草料场，当晚就险些被谋杀，可见陆谦等人攀附权势之急不可耐，高太尉等人为一己之私何等肆无忌惮，视国家公器为儿戏，上层败朽可见一斑。蒲松龄的《促织》一文不仅将一波三折的情节集中在一天之内，还将时间进一步切割为"日将暮""半夜""自昏达曙"和"东曦既驾"，时间如此漫长，内心如此愁苦，时间已经与成名的感受融为一体。值得注意的是，在本文蒲松龄几乎动用了文言话语系统中所有表示短时间的副词"斯须""未几""既""俄""旋"等等，成名的悲喜情绪在极短的时距内被频繁切换，而这一切竟因一只促织！时间在细化，内涵在增量。而《变形记》中时间被精确到小时与分，格里高尔成为时间的控制对象，时间的重复出现意味着时间绑架了他，萨特所说的"人的不幸在于他被框在时间里面"也许可以总结格里高尔荒诞却真实的人生，在他的世界里时间就是金钱，就是规则，就是秩序。

时间展现、影响甚至决定了人物的生存状态，感受与体验时间的背后实则是思考人物所属的文化形态和社会背景。作家将部分时距缩短，而非匀速地讲述，浓缩了人物的命运；时距频频缩短所产生的压力不断累积，最终冲决而出，作者所要表达的真实由轮廓初显直至慢慢呈现细节。

二、时距跳跃，深邃宽广

小说是时间的艺术，而时距拉宽甚至跳跃隐藏是"作曲家"的诸多时间叙事方式之一。它貌似与时距缩小相背离，实则与其他的时间构建手法彼此唱和。时距拉宽跳跃与隐藏常常是作者的以无为有。看似不着一字，实则言有尽而意无穷，不可粗粗看去。时间点之间的空白并非空白，而是着色之笔，读者在其中可以发现不同的审美旨趣。

《祝福》中着重呈现了祥林嫂从 27 岁到 33 岁时的经历，至于其早先与日后的经历鲁迅先生看似一笔带过，但实则包含深意。祥林嫂出场时 27 岁，那 27 岁之前呢？她死去的"丈夫比她小十岁"，可以推知祥林嫂的童养媳身份，如果再溯源下去，约略可以知道祥林嫂童年时家境贫寒才被迫卖出，也可以想见成为童养媳后的遭际与祥林死后又无所出的境遇；28 岁时，文中又提及"三十多岁"的婆婆，而公公一直缺席，则暗示祥林嫂的婆婆同样是寡妇。同样是寡妇不但没有同病相怜，反而是敲骨吸髓般的压榨盘剥。这段文字岂可一掠而过？又如，从"捐门槛之论"后的"第二天"到"快够一年"，作者仅写了祥林嫂"早饭之后"去求庙祝捐门槛和许多人"逗祥林嫂说话"的情节，但读者又可以生发出无穷想象：柳妈私下曾怎样揣度好奇祥林嫂和贺老六之间的男女之事，在逼问之后又如何迫不及待地四处散播祥林嫂被逼问时的反应，却独独不提自己的捐门槛建议；鲁镇人初听柳妈讲述时如何饶有兴趣，而后又如何急不可待。同样是帮佣身份的柳妈对祥林嫂看似是善意实则是恶意，于是文章的主题由批判礼教被拓宽为挞伐人性。

在时间的跳跃隐藏之下，有些情节轨迹可以通过上下文填补，而有些则只能知其大概，但毋庸置疑时间的出现是一种提示，提示文字背后纵深的存在。33岁到38岁长达五年的时间被婆家卖出，被大伯赶走，无处可去的祥林嫂是如何度过的；被鲁镇人厌弃鄙薄，在想见阿毛又担心被锯开的矛盾拉扯煎熬中的祥林嫂是如何捱过的；精神不济又几乎丧失劳动能力的祥林嫂是如何熬过自然与人世的寒冬酷暑的……《林教头风雪山神庙》中陆谦酒馆密谋与死于林冲之手时间跨度有六天之长。陆谦与富安如何隐藏行踪，差拨与管营如何密谋，差拨将林冲送到草料场又如何与陆谦、富安碰头，这三人一路行来又如何自以为天衣无缝，作者为何没有安排管营一同前去，这样的设置是作者无意的疏漏吗？凡此种种都是文章值得回味思索的所在。至于《装在套子里的人》则主要表现在别里科夫死前"一个月"以及从别里科夫下葬到布尔金讲述别里科夫故事的一个月时间。前者我们可以揣想这一个月别里科夫的惴惴不安逐渐逼近可承受阈值，我们甚至可以发现别里科夫从被动接受套子到主动制造套子的走向；而后者则隐喻着每一个人都是潜在的别里科夫。《促织》一文中"不终岁"与"会征促织"之间有强大的表现张力：被迫担任里正的成名所要面对的何止是促织之役，上有所好的何止是促织，欲媚上官的何止一人，被抬高价格的何止是一只促织，趁火打劫的何止是一个里胥，无路可退的又何止成名一人？！而从虫死子亡的"半夜"到献虫之后的"无何"这段时间更是丰富了异化的维度。成名因为失虫愁苦，复得虫后又"惴惴恐不当意"，无暇顾及儿子还可理解；但在献虫"免成役""入邑庠"转危为安的一年之后夫妇二人丝毫没有提及儿子，这难道不是有悖于人情常理吗？因此，异化的何止是成名之子，还有成名夫妇。

时距的拉宽跳跃与隐藏产生了开放结构，一切都可能发生，一切都正在发生，偶然中有必然，无限可能中有现实。它们看似无声地延展铺开，却与那些分解细化的时间遥相呼应，共同指向又渲染了文章的主旨。这些存在的时间缝隙，使读者想象的潮水无可阻遏地渗透进来，他们得以想象文中世界并重新进入现实世界。

三、结语

时间叙事展现了叙事行为的叛逆，作者重新定义了时间，使时间不仅仅是时间，而与内容比附，其形式也随文赋形，变化多端。本单元除以上两种时间建构之外，还有其他的时间叙事方式。比如《变形记》借格里高尔母亲之口用插叙的方式交代了晚上格里高尔在家中的生活，从侧面交代了格里高尔自我的世界已被压缩到几近于无，这是对文章其他时间叙事的补足。而其他几篇文章则用倒叙的方式来调整来呈现波澜。《祝福》中由回到鲁镇三天的"我"讲述祥林嫂的故事，《林教头风雪山神庙》中有宋元讲史话本的标识"话说"二字，《装在套子里的人》中布尔金讲述别里科夫的故事，《促织》中"宣德间"也是时间的回溯。"首先使自己置身于一般的过去之中，然后置身于过去的某个区域，这种试探活动类似于照相机进行调焦。然而我们的回忆仍然处于潜在的状态，渐渐地，它显现为一团凝聚的云雾，从潜在走向现实的状态"②纳博科夫的这一论断一定程度上是对倒叙作用的完美阐释。在这里叙事时间大多跳出故事的发生时间，而读者的阅读时间又与叙事时间存在距离，这些故事因作者有意设置遥远的时间而被赋予了起源性质，如同人类原初的古代神话般给人以启迪。倒叙是时间的绵延，过去终究会和当下交融叠加，互相渗透；现在难以名状，躲闪不定，但相对而言过去轮廓分明，固定不变。读者经由过去的时间了解当下，在过去与当下时刻的比较之中，得以在某一刻发现时间长廊里那些面容与境况与自身痛痒相关，发现彼世的一切直指现世之所有与现世之所缺。

英国小说家伊丽莎白·鲍恩指出："时间在小说中有着极其重要的地位，但凡小说家们要创作出优秀的作品，无一例外都会对时间加以充分利用。"③读者既是在现实生活中看小说，也是在小说中看现实生活。小说是人间的天上，而时间叙事是打开小说世界的密钥之一。

【参考文献】

[1] J·希利斯·米勒《小说与重复：七部英国小说》王宏图译 朱立元、李钧主编《二十世纪西方文论选》（下卷）北京：高等教育出版社 2002 年 第 274 页.

［2］柏格森《材料与记忆》华夏出版社 肖韦译 2013 年第 1 版 第 20 页．

［3］伊丽莎白·鲍恩《小说家的技巧》伍蠡甫、胡经之主编《西方文艺理论名著选编》（下卷）北京：北京大学出版社 第 200 页．

以主问题为突破口

——选必上第三单元《复活（节选）》（第一课时）课例

李　琳

　　摘　要： 课文《复活（节选）》是选择性必修上第三单元的第九课，属于外国作家作品研习任务群。学习过程中以主问题为突破口，呈现解决主问题的学习过程。既关注文本内部对话的丰富内涵，品味对话中神态、心灵的复杂变化，领会心灵辩证法之妙处，又适度引入整本书的相关内容、学界作品研究成果，以期通过研习，使得学生领受这部批判现实主义作品的意义价值。

　　关键词： 主问题　形象塑造　对话的作用　神态描写　心灵辩证法

学习目标

　　感受作者高超的艺术表现手法，以人物的对话为核心，辅以人物的神态、动作，心理活动，来塑造人物形象。

课时安排:（2课时）

　　第一课时

学习过程

　　一、导入

　　介绍托尔斯泰和他的代表作，阅读课下注释1了解课文内容，简介《复活》整本书大致主题——罪与罚，赎罪与忏悔。

简要概括课文内容：在"见面""相认""男女主人公相认"和"男女主人公在监狱中相认"三种概括中辨析，最后一个概括主要事件，发生地点的特殊性。

二、提出主问题：作者是如何塑造男女主人公形象的？

三、解读文本，逐步解决主问题。

在这特殊空间场景中，作者将大量笔墨用在男女主人公的对话以及对话中的神态、丰富复杂的心理活动描写上。

对话，赋予人物以生命，我们关注对话者、对话环境、话题、话语、对话时的动作、神态、心理活动，从而整体把握人物形象。

（一）研读对话描写。

1. 对话双方：聂赫留朵夫与玛丝洛娃。

2. 小说是时间和空间的艺术。分析对话空间，体味对话环境之特殊性。

空间：对话环境特殊——监狱内的探监室。一道铁栅栏是泾渭分明的鸿沟，隔开了自由人和囚犯。一个是高高在上的贵族老爷，一个是沦为阶下囚的卖笑女。两个人的身份、地位、境遇，相差何其悬殊！

3. 从外在的形式和内在意蕴，细品"铁栅栏"这一意象。

节选部分这一场景中反复出现的铁栅栏，具有象征意味。铁栅栏在监狱内随处可见。

外在形式：铁栅栏是人为的空间限制和阻隔。内在原因：监狱内的铁栅栏是国家机器的组成部分，其内外是囚徒和自由人之间身份的巨大差异。

深层意蕴：对玛丝洛娃始乱终弃，造成她不幸命运的始作俑者，带给她无尽苦难的聂赫留朵夫贵为公爵，则在铁栅栏外；无辜遭罪、被判服苦役的玛丝洛娃却在铁栅栏内。无罪的受审判，有罪的却逍遥法外，甚至做上了陪审员的位置，多么残酷荒谬！这与通常认识的法庭是公正的象征，监狱是关押罪犯的处所正相反。

4. 小说是时间和空间的艺术。从两个人含而不吐的对话中捕捉过去时间发生的事情。

过去：多年前年轻美丽纯洁的女仆那时叫卡秋莎，和少爷聂赫留朵夫有过深深的感情纠葛，但很快被抛弃。两人还曾有个私生子，但孩子出生后不久就死去。

　　在前天庭审中，陪审员聂赫留朵夫公爵认出了受审者卖笑女玛丝洛娃。

　　现在：聂赫留朵夫到监狱中探视身为阶下囚的玛丝洛娃，请求她的宽恕。

　　将来：玛丝洛娃请聂赫留朵夫帮忙上诉并请个好律师。聂赫留朵夫答应尽力去办。

　　过去的事情和现在的事情的交织点——从法庭到监狱。

　　5. 分析两人对话很不顺畅的原因。

　　对话一开始：聂赫留朵夫在称呼上犹豫不决，在"您"和"你"之间纠结。虽然都是第二人称，但"您"意味着客气但生疏，"你"意味着亲近。用"你"指称许久未曾见面，并给对方造成如此大伤害的玛丝洛娃难免显得唐突，意味过往纠葛的再次延续。用"您"，虽然貌似尊敬礼貌，恰是意味着新纠葛的正式开始。

　　两人的核心话题是男方一再请求对方饶恕自己过去犯下的罪过，女方却答非所问，避而不答。

　　对话不顺畅的原因：外在、内在。

　　外在原因：探监环境之恶劣，旁边还有嘈杂谈话声，另有探监男女之间的对话，如同多声部"噪音"干扰。铁栅栏的阻碍，使有空间距离的两人无法正常对话。此外相隔多年，玛丝洛娃起先没有认出聂赫留朵夫，只是从他衣衫上判断出他是个有钱人。随后"从他说话时脸上的那副神情使她突然想了他"，"恰似故人来"。

　　但当玛丝洛娃被女看守带到了聂赫留朵夫身边，对话仍不顺畅，疙疙瘩瘩。人物间空间阻隔、物理距离消失了，但时间、心理、精神距离仍很大，无法消弭。

　　内在原因：两人社会地位差异巨大，多年来境遇差异，情感、情绪、精神的鸿沟，对话还是无法顺畅进行。

　　男方屡屡请求对方原谅要赎罪，女方答非所问，"您是怎么找到我的？"，男方急着追问孩子的下落，毕竟父子连心，追问玛丝洛娃怎么会离开庄园的。女方回答"我什么都不记得，全忘了。那事早完了。"她极力回避过往，貌似谈不上原谅不原谅，实则是受到深深的伤害，无法忘却、无法直面、无法解释、更无法原谅的自我保护。这使得公爵的"赎罪"话题更是无法进行了。两人心理上的隔绝，如同一道厚障壁。对话双方矛盾的尖锐，地位、心理、情感等多重对立显而易见。

延伸：细品对话中的指示代词"这事"，"那事"——只有心知肚明的两位当事人才会明白"这事""那事"所指。

"这事"，指身为女仆玛丝洛娃怀孕。"那事"，指她被抛弃、产下私生子，孩子当时就死了，自己差点病死的痛苦经历。

（二）从课文的精彩对话中，梳理并归纳对话的作用。

对话是我们日常生活中很重要的交际交流方式，小说中对话尤其难写，要打动读者更加不易。通常以为对话能展现人物性格，推动情节发展，引导故事的走向，除此之外，通过以上研读我们是否可以归纳小说中人物对话更多作用？

1. 能展现人物间关系：是素昧平生初次见面，还是有过交往，是至交好友，还是泛泛之交。或是人物间有怎样的微妙关系，有过怎样的爱恨情仇等诸多感情纠葛。

2. 能窥见人物的身份、经历、境遇、教养、背景、社会地位。什么人说什么话。

3. 能从中推测人物的过去——前尘往事，可预见人物的未来——推动小说情节的发展，引导故事的走向。

4. 我们说"言为心声"或者说"言不由衷"，语言还蕴含着人物丰富复杂的心理活动，透露人物的内心世界，并表现人物复杂而丰富的性格特点。聂赫留朵夫是真的想要赎罪，一次次请求原谅饶恕；可玛丝洛娃不与他回应，说是"全忘了"，恰恰是"言不由衷"，意在言外。

（三）研读对话时的神态描写。

1. 温习初中课文，了解作者深刻的洞察力。（联系茨威格笔下对托尔斯泰的眼睛描写）

2. 课文前后多处画了玛丝洛娃的眼睛。寻找、整理、分析课文中多处画了玛丝洛娃的眼睛。探讨作者写她斜视的原因。

① 作者为何要写她斜视呢？是先天生理的？是后天心理上的？还是蕴含着

一种对这样的社会、人事的藐视？托翁对玛丝洛娃的出场修改过很多次，从一开始把她塑造得完美无缺，最后修改成"其中有着一只眼睛略为带点斜睨的眼神"。先天斜视，加之后天饱受苦难，身心受创伤，深化了生理缺陷，从而外化为看人的习惯。正如原著第一部分第四十四章第 5 段写到的"玛丝洛娃对她的生活以及对她在世界上的地位所抱的看法也就这样形成了"。确是有生理问题，但是否和她出身低微，屡遭不幸所形成的习惯性看人方式有关？

作家创作人物是贴着人物写的，此时作者的视角是贴着聂赫留朵夫的视角，用聂赫留朵夫的眼睛看玛丝洛娃。

②课文中对眼神的描写前后有变化，体现出玛丝洛娃心理也发生了变化从单纯到复杂。重点分析神来之笔："接着，完全出乎他的意料，她忽然瞟了他一眼，又嫌恶又妖媚又可怜地微微一笑。"三个看似矛盾的词语，却丰富多层次地展现了人物的心理复杂程度。

玛丝洛娃嫌恶是这个男人带给她的深深的伤害，要想活下去只能对往事的回避、压下；妖媚是卖笑女取悦于男性的习惯使然；可怜是她的经历和处境之如此的不幸，如此饱受苦难。三个看似矛盾的词语，却丰富多层次地展现了人物的心理复杂程度。也刻画出聂赫留朵夫对玛丝洛娃变化之大的惊讶与震动，他能从玛丝洛娃的"微微一笑"中捕捉到这番交叠而出的意味，是他灵魂复苏的信号。

课文中对眼神的描写前后有变化，体现出玛丝洛娃心理也发生了变化，从单纯到复杂。

（四）由丰富的心灵活动，探讨"心灵辩证法"。

1. 分析玛丝洛娃的心理活动复杂而丰富：震惊——痛苦——太痛苦了——沉默。在他笔下，人物意识的每一个瞬间都得到了充分的展现。

在和聂赫留朵夫简要对话相认后，玛丝洛娃的心理活动复杂而丰富：震惊——痛苦——太痛苦了——沉默。被她用堕落的生活的特种迷雾遮住的是"那个充满感情和理想的新奇天地"：是在巴诺夫时，自由、平等、美好的，充满爱和喜悦的天地，现在浮现出来了。"那个热爱她并为她所热爱的迷人青年"是昔日年轻、善良、英俊的聂赫留朵夫。而"那种人"是如今"衣冠楚楚、脸色红润、胡子上洒过香水的老爷"，是"有钱人"，玩弄女性的人。"她这样的女人"是有姿色的卖笑女想着"尽量从他们身上弄到些好处"。人的心灵的丰富、复杂程度，以及瞬息万变的变化，是很难把握的。托尔斯泰对人性体察洞若观火。在他笔下，人物意识的每一个瞬间都得到了充分的展现。

2. 当玛丝洛娃问他讨要十卢布后，聂赫留朵夫的心理活动也很丰富，分析他的内心独白。他动摇、怀疑、但一番心理斗争后重新鼓起勇气。在这个瞬间，包含着人类感情生活中永远会存在、而且会不断重现的典型形态。

我们看他的内心独白。他动摇、怀疑、但一番心理斗争后重新鼓起勇气。作者生动细腻地刻画了这个处于心灵转变的关键时刻、内心激烈震荡的人物。托尔斯泰确立了对人的瞬间分析的观念，他认为，对人的观察与描写仅以个体为单位是远远不够的。因为一个人在此瞬间和彼瞬间是并不相同的，而且在某一个瞬间的人，其心灵世界也还是一个多层次、立体的、流动的系统。在这个瞬间，包含着人类感情生活中永远会存在，而且会不断重现的典型形态。

3. 理解车尔尼雪夫斯基高度概括的"心灵辩证法"。他指出：作者具有洞察人类心灵隐秘进程的惊人能力，"托尔斯泰伯爵最感兴趣的是心理过程本身，它的形式、它的规律，用特定的术语来说，就是心灵的辩证法"。

四、结论与小结

结论：作者运用他独创的心灵的辩证法观察、塑造了具有时代特征和鲜明个性的典型形象：在自省中忏悔，在忏悔中自我救赎的贵族聂赫留朵夫，被侮辱被损害走入迷途，但并未沉沦的玛丝洛娃。将聂赫留朵夫这一"忏悔贵族"的形象塑造得可信可叹，也让玛丝洛娃的可悲可怜牵动人心。作者选取监狱这一具有特定意味的场景，将男女主人公身份地位的悬殊、有罪与无罪，倒置凸显出来；又通过"言为心声"与"言不由衷"的不顺畅对话，展现了人物形象在新旧冲突中的发展。

小结：我们关注到小说家将人物置身于监狱这一特定的空间，以研读对话为核心，通过聚焦对话中人称的变化，作者画眼睛艺术手法，人物彼此眼中今昔的对比等，赏析了托尔斯泰独特的小说创作手法。大师名著没有辜负我们！

五、作业

1.完成练习册本课的 3、5 题。

2. 完成下列关于男女主人公的思想、行为节点图表。

人 物	十年前 巴诺伏	……	前天 法庭	而今 监狱
玛丝洛娃				
聂赫留朵夫				

3. 以学习小组为单位，分角色朗读课文片段，制成音频文件。

【参考文献】

［1］洛莫诺夫 . 托尔斯泰传［M］. 李桅译 . 天津：天津人民出版社 2000.

［2］钱谷融 . 当代文艺问题十讲［M］. 上海：复旦大学出版社 2004.

说明：这是 2020 年秋参加上海微校·空中课堂录制的教学设计，得到范飚、沈国全和乐燎原三位老师的诸多指导，特此鸣谢！

事关灵魂的拯救

——选必上第三单元《复活（节选）》（第二课时）课例

李　琳

内容摘要：课文《复活（节选）》是选择性必修上第三单元的第九课，属于外国作家作品研习任务群。在学习过程中，教师先提炼学生的课前提问：在《复活》中，是聂赫留朵夫拯救玛丝洛娃？还是玛丝洛娃拯救聂赫留朵夫？凝练为本堂课主要学习内容：探讨小说题目《复活》的内涵。

在教学中以主问题为突破口，呈现解决问题的学习过程，既关注文本内部主人公丰富复杂的心灵世界，适度引入整本书相关内容。对书中内容瞻前顾后，以期引导学生在研习后能自发阅读整本书，能逐渐领受这部批判现实主义杰作的思想意义，对《复活》的意蕴能有更深的领会。

教学设想：本单元的人文主题为"多样的文化"——了解若干国家和民族不同时期的社会文化风貌，感受人类精神世界的丰富，培养开放的文化心态。托尔斯泰的《复活》是批判现实主义的杰作，课文虽是节选，但其中却包含着男女主人公走向灵魂拯救的关键要素。学习中，试图通过分角色朗读来展现人物复杂的心灵世界（网上有苏联的《复活》电影视频资源可加运用，最好能支持学生演出"狱中相认"这一幕），同学生一起基于文本推测拯救能否成功，并有机联系小说之前和之后的内容，探究《复活》的深邃内涵。

厚重的《复活》离今天学生距离很遥远，使教学有一定难度。加之如何节选与整本书之间的关系，也是难题。基于学生已学过《雷雨（节选）》，本堂课试图通过角色扮演来朗读课文、分析理解，并勾连整本书内容，从《复活》之前情，推断男女主人公谁拯救谁的问题，解决主问题。以此，带动整本书阅读。此外，注重引导学生以开放心态、尊重不同文化之间的差异，通过阅读、分析、理解增强其批判性思维、文化理解力。虽然学习安排2课时，但试图通过课文（节选）的学习，激发学生对《复活》整本书的阅读，从而加深对小说主旨的探究。

基于此，确定了如下的学习目标。

第一课时的学习目标为：

感受作者高超的艺术表现手法，以研读人物的对话为核心，辅以分析人物的神态、动作，心理活动，来理解作者如何塑造人物形象。

第二课时学习目标为：

1. 理解小说人物形象的丰富性、人物命运和社会环境之间的关系。

2. 探究《复活》的含义精神"复活"：堕落－忏悔－祈求宽恕－走向新生。精神的人战胜了兽性的人，道德的人战胜了非道德的人。

关键词：主问题　男女主人公　拯救　复活

"课堂实录"（第二课时）

一、温故知新，提出本堂课主问题

师：上节课，我们从对话切入，研习了作家对男女主人公人物形象的刻画，探究了他的"心灵辩证法"。不少同学在课后发问：《复活》中，是聂赫留朵夫拯救玛丝洛娃？还是玛丝洛娃拯救聂赫留朵夫？这就是今天我们要学习的主问题。让我们共同探讨小说题目《复活》的内涵。

二、聚焦文本，以朗读方式，梳理主人公相认后表现

师：我们要解决这个主问题，先聚焦课文后半部分，梳理两人相认后玛丝洛娃的表现，先聚焦在人物的语言、行动、神态和心理活动上。大家说说。

生：女主人公考虑的是怎样向男主人公弄到些好处。她提出要求：请聂赫留朵夫帮忙找个好律师上诉。

生：她本来就没有罪过，却受到冤枉，男主人公来狱中，她抓住机会请他帮忙。

生：还有，在一阵尴尬和沉默后，她又不知廉耻地讨要十卢布。

生：这也是她多年的卖笑女的本性自然流露。

师：大家概括得很好。看起来是有权有势的贵族老爷男主人公要拯救女主人公，他能动用律师、金钱使她无罪开释。我们不禁问：这样的拯救能成功吗？大家不妨依据课文内容做出推断。

上节课我们说过的小说的对话很难写，托翁的小说对话很精彩，有戏剧台词的精妙。上学期学过《雷雨》，大家朗读剧本很精彩。今天我们仍然请同学分角色朗读，从"那个事儿早完就了"到课文最后。品味这拯救的第一步。同学们在听时随手做批注。

（学生活动：学生自荐或他荐、分配角色、当堂朗读、学生互相点评）

三、分小组活动，梳理伙伴意见，全班交流

师：我们听了同学们精彩的朗读，大家批注并思考，做出了怎样的推断呢？要言必有据。

认为不能拯救的同学派代表发言。

生：我们小组认为不能拯救，依据是：

一是当时的社会现实。玛丝洛娃讨要十卢布时对副典狱长的防备，她急促地瞅了一眼正在屋里踱步的副典狱长。并简要地说："当着他的面别给，等他走开了再给，要不然会被他拿走的。"可见副典狱长一贯贪财好货，我们还从课文开头部分探监时周围的环境，边上那对夫妇的大声喊话中可知受无妄之灾者不在少数。可见当时的冤狱横生、官贪吏虐的残酷现实，底层无辜百姓投告无门。

二是男主人公说话没有算话，他软弱地逃开了。探监一开始他就哭哭啼啼、性格懦弱。（"他一想到这里，眼泪就夺眶而出，喉咙也哽住了。他用手指抓住铁栅栏，说不下去，竭力控制住感情，免得哭出声来。""他再也说不下去，就离开铁栅栏，竭力忍住翻腾着的泪水，不让自己哭出声来。"）。

三是女主人公带着媚笑不知羞耻地讨要十卢布，课文中她讨人喜欢的媚笑多次出现，"她没有听他说话，却一会儿瞅瞅他那只手，一会儿瞅瞅副典狱长。等副典狱长一转身，她连忙把手伸过去，抓住钞票，把它塞在腰带里。"瞅瞅手、瞅瞅人，伺机而动，"伸"、"抓"、"塞"，眼手并用，一连串的动词，快速将十卢布纳入。利用男人弄到些好处，已成习惯了。

师：讲得真好！看见今日女主人公的言行举止，我们一定会和男主人一样失望沮丧。即便拯救了女主人公最终出狱，身体摆脱了牢狱之灾，但灵魂和精神也难以实现觉醒，不可能真正"复活"，恢复她的天性，更可能重走老路。

师：但我们也有同学认为能拯救的，请这小组同学派代表接着发言。

生：我们小组的依据也有三处：

一是男主人公的身份地位：公爵，使他能在上流社会活动，最终使女主人公无罪释放。

二是男主人公真诚忏悔，请求饶恕，用行动赎罪。使女主人公受感染，灵魂苏醒，改过自新了。

最关键的是：在这之前的男女主人公还是很好的人。

师：前提是两人本性中的善。契机："前天您受审的时候，我在做陪审员"。大家看 67 页上的注释 1。庭审震撼了聂赫留朵夫昏睡的魂灵，探监忏悔是他复活路上的重要一步。

四、深入文本，引入原著，前勾后挂，引入整本书阅读

师：最后一条讲得好。关键的是：在此之前的男女主人公是怎样的？我们看课文。谁能找到，并说说男女主人公以前的精神样貌？

生："她模模糊糊想起那个充满感情和理想的新奇天地，这是那个热爱她并为她所热爱的迷人青年给她打开的。""我是了解你的，我记得当时你在巴诺夫的样子"。

生："那个充满感情和理想的新奇天地"：是自由、平等、美好的，充满爱和喜悦的新世界。

生："那个热爱她并为她所热爱的迷人青年"：年轻、善良、英俊的迷人青年是少爷聂赫留朵夫。

生：从他们彼此眼中、心理活动和回忆中看出，十年前在巴诺夫的他俩是那样善良、美好而纯洁。他们天性中的善良、自尊只是被"堕落生活的特种迷雾遮住了"，是能从沉睡中被唤醒的。

师：我们可能一时还下不了判断。课文是节选，看看小说后面的走向。有同学读过后面吗？

生：聂赫留朵夫后来真的又来探监了，还喋喋不休地说什么要赎罪要拯救她要同她结婚，玛丝洛娃对他非常反感，按捺不住心头的怒火，骂道："你给我走开！我是个苦役犯，你是位公爵，你到这儿来干什么？"她尖声叫道，气得脸都变色了，从他的手里抽出手来。"你想利用我来拯救你自己，"玛丝洛娃继续说，急不可待地把一肚子怨气都发泄出来。

师："你今世利用我作乐，来世还想利用我来拯救你自己！我讨厌你，讨厌你那副眼镜，讨厌你这个又肥又丑的嘴脸。走，你给我走！"这里女主人公用了第二人称的"你"可不是意味着亲切自然平等，恰恰相反是狂怒之下脱口而出的控诉和呐喊，是恢复了人格和尊严，走上了复活之路的宣告。

生：男主人公一次次到狱中探监，尽量改善玛丝洛娃处境。玛丝洛娃没有只是沉溺于自己的不幸，她善良的本性，使得她将女监中其他无辜者们的不幸告诉男主人公，请他帮忙为她们申诉。

师：聂赫留朵夫是贵族老爷的生活，通过探监发现了底层的苦难。他一次次探监，他的眼睛发现玛丝洛娃往好的地方变化：逐渐改变六年来沾染的坏习气，不再卖弄风骚、不再酗酒抽烟，在监狱医院当护士。恢复了朴素、重拾了善良，灵魂中未曾泯灭的美好的东西慢慢展现着。在苦难中的沦落的灵魂、慢慢升华、逐步实现了自我拯救的意义。

同时，聂赫留朵夫不断地和社会上层交涉，和律师、庭长、将军、枢密院官员等等掌握国家机器的人物谈，试图为玛丝洛娃和其他受难的无辜者们找回清白和公道。他如一个内窥镜，因他，我们下可以看到监狱里底层无辜者的惨状，狱卒的暴虐贪婪，上可以看见社会上层阶级普遍的腐败、奢靡、麻木、自私、残酷。他回到自己的庄园，将土地分给农民，散发家财。他是个行动者，并非唱高调者。

生：但是最终，无辜的玛丝洛娃还是被流放了。

师：虽然解救没成，但两人的灵魂和精神都得到了救赎。因此，到底是谁拯救了谁？

生：看起来是男主人公在拯救女主人公。

师：但这难道不是他在拯救玛丝洛娃的过程中完成了自我拯救吗？另一方面，玛丝洛娃在狱中、在流放中，等待上诉的结果，是等待被拯救，但她也在努力自我拯救。因此这种拯救是灵魂复苏的两人的彼此拯救。这就是《复活》深厚的意蕴。从来就没有救世主，每个人灵魂的复活得靠自己来救赎。

五、探讨男女主人公的心路历程

师：托尔斯泰在这部小说中把人的精神复活看作社会根本转变的起点，这种思想集中通过对男女主人公精神复活过程的描写表现出来。我们看两人的心路历程。

男主人公聂赫留多夫思想性格的发展经历了哪三个阶段？

生：

第一阶段是纯洁善良追求理想的阶段；

第二阶段是放纵欲望，走向堕落的阶段；

师：（插话）按作者的说法，这是"动物的人"压倒了"精神的人"的阶段。

生：第三阶段是从忏悔走向复活的阶段，法庭上的玛丝洛娃重逢后，聂赫留朵夫的心灵受到了强烈的震撼。

师：（插话）沉睡在灵魂深处的"精神的人"开始苏醒。是"精神的人"战胜了"动物的人"。

师：走在"复活"之路上的这对男女主人公最后的结局是怎样的？是大团圆的相夫教子？符合我们的美好期待？或者是悲情结局：一位死去，另外一位黯然神伤？符合浪漫爱情小说的俗套？

生：都不是的、作者的处理是玛丝洛娃选择了政治犯西蒙松，男女主人公各自走向新生。

师：托尔斯泰为什么要晚年花费十年时间来塑造聂赫留朵夫这一人物形象呢？

生：托翁与聂赫留朵夫有相似性：都是贵族出身，都有过贵族公子哥的生活经历，都从过军。聂赫留朵夫的和玛丝洛娃的故事，是发生在英俊的公子哥和美貌的女仆间始乱终弃的故事，一点也不稀奇。

师：也有不一致性：艺术来源于生活而高于生活。小说的原型人物是有的。托尔斯泰的法官朋友柯尼给他讲了一个真实的故事。大家可以关注草婴的译本序言。

艺术来源于生活又高于生活：聂赫留朵夫是托翁，又不是托翁。作者借男主人公来寄托自己的社会认识和人生理想。

师：我们用两个课时学习了《复活》（节选）。研读了贵族公子哥和美丽善良的女仆发生感情纠葛故事，托尔斯泰的伟大在把始乱终弃故事接着往下讲，彰显了人要"道德自我完善"、要"宽恕"要"爱"托尔斯泰主义。作者通过这个故事探索社会出路，争取个性解放，追求自由爱情平等。他将社会上层和底层不断地对比，展现了尖锐的社会冲突。作家再现19世纪六七十年代错综复杂的社会矛盾和急剧变化的历史背景，批判了上流社会的荒淫无耻，揭露官僚的贪赃枉法和伪善凶残。《复活》是山雨欲来风满楼的社会大动荡前夜的一幅风俗长卷，不愧为一部批判现实主义的杰作。

课堂迁移：我们以往读小说，总讲到三要素：人物情节环境。托翁赋予一个老故事新的生长点，切入的场景很特殊，是法庭是监狱，作家以此为支点，拉开俄罗斯社会现实铁幕。人们常说爱与死是人类永恒的母题，托翁开掘了罪与罚，堕落与拯救、忏悔与赎罪，苦难和抗争等人生重大主题，让读者反思，如何对待自己人生路上的过错，如何赎罪，如何拯救自己的良知和灵魂。

我们对今天的主问题来进行总结：托尔斯泰以聂赫留朵夫从单纯到堕落再复苏的故事，以救赎与自我救赎，鲜活地演绎了"复活"的内涵；以玛丝洛娃的迷途与自救，体现当时俄国社会的腐朽没落，从而揭示了从个人到社会都要走向救赎的复活之路这个主题，也展现了作者对人、对人性深切的关注。

课堂小结：本节课聚焦"复活"的内涵这一研习主题，通过以下方式来解决主问题：

一是研读在对比中塑造人物的手法。

二是在小说所展现的特殊的社会环境和场景中探究人物形象的丰富性。

三是从课文节选的内容出发，补充研读相关的情节，探究小说展现"复活"这个主题的内在层次。

有兴趣的同学可以看草婴先生翻译的《复活》。还可以根据以下的推荐书目，进一步研读。今天的课就上到这里。

［1］洛莫诺夫.托尔斯泰传［M］.李桅译.天津：天津人民出版社2000.

［2］列夫·托尔斯泰.复活［M］.草婴译.上海：上海译文出版社1983.

[3] 钱谷融.当代文艺问题十讲［M］.上海：复旦大学出版社 2004.

[4] 王安忆.心灵世界［M］.上海：复旦大学出版社 1997.

"执教感言"

今天的学生对《复活》这样厚重的批判现实主义名著有畏难情绪是真实的。如何努力将名著和学生之间的距离拉近呢？我做了以下努力：

一、从学生的课前提问中，梳理归纳本堂课的主问题，探讨《复活》的内涵。

二、以学生的朗读、讨论和交流等方式，促使学生的真实的学习活动发生。

三、见机而作，根据学情和课堂需要，引入整本书阅读内容，以促进学生的课外阅读。

在授课中，学生思维的活跃度和其理路是让人惊喜的。男女主人公曾产生真挚的感情，这一点，在少男少女心目中也是能引起共鸣的。人物的命运和结局激发了他们很大的关注热情。我和学生们仅通过两节课管中窥豹一见《复活》真容。小说故事情节不复杂，正如钱谷融先生在他的《当代文艺问题十讲》一书"托尔斯泰创作的具体性"这一章节中所说的，无论你打开《复活》哪一页，都可以读下去，因为岁月不居，生活是无始无终的，始终流淌着的。但是，毕竟才十七八岁，要真正读懂名著，恐怕还是需要更多的时间和人生经历。

温故而知新能帮助我们扩宽有限的认知的边界，我还希望能有进一步的研习拓展和深化：

比较《雷雨》（节选）《复活》（节选）。两者都是一个少爷和婢女发生感情纠葛，我们是在比较归纳梳理探究中认识事物。不同点更能引人深思：同类故事，每个说故事人的讲法不一样。因地域、环境、历史、民族、文化、思想、信仰不同，即便是相似故事中的人物的性格、命运也不同，故事的走向自然也不同。这是可以给学有余力并有艺术感受力的孩子留下的梳理拓展探究课题。

　　《复活》男女主人公的故事，过去发生过、现在还可能发生，但有多少人在忏悔，在赎罪，在复活？"罪与罚""赎罪""忏悔""原谅""宽恕"这些话题看似有些沉重。但每个人的精神和灵魂的成长不可能是轻飘飘的。我还渴望勾连今日之学和明日之思，今天的学习对学生今后的人生产生一定的影响呢！

　　说明：这是2020年秋参加上海微校·空中课堂录制的教学设计，得到范飚、沈国全和乐燎原三位老师的诸多指导，特此鸣谢！

以主问题为突破口

——选必上第三单元《百年孤独（节选）》为例

李　琳

摘　要：课文《百年孤独（节选）》是选择性必修上第三单元的第11课，属于外国作家作品研习任务群。教师和学生对这部魔幻现实主义的杰作有一定畏难情绪。学习过程中以主问题为突破口，呈现解决主问题的学习过程。既关注文本内部情节梳理、文字品味、象征隐喻手法运用，又适度引入整本书的相关内容、引入作家访谈、学界作品研究成果，以期通过研习，使得学生管中窥豹，对《百年孤独》和魔幻现实主义艺术特质有一定的理解、体会和感知，感受千姿百态的社会生活，领受世界文学百花园的奇光异彩，提升鉴赏小说的能力。

关键词：主问题　马孔多之变　失眠症　失忆症　"百年孤独"内涵　魔幻现实主义　文本解读

③ 第十课＊百年孤独（节选）

学习目标

1. 梳理节选部分的主要情节：马孔多小镇开始受外来文明冲击，发生了种种变化。

2. 体会象征、隐喻手法的运用，理解马孔多人失眠症、失忆症所具有的象征意义。

课时安排：2 课时

第一课时

学习过程

一、导入——马尔克斯生平经历、作品简介；以 1982 年诺贝尔奖颁奖词为切入口。

二、提出本节课主问题：马孔多是个怎样的世界？这个世界的失眠症、失忆症具有怎样的意蕴？

三、解读文本，逐步解决主问题。

（一）聚焦课文中的第一句话——"马孔多变了样"，探究文本，梳理马孔多"变之前"（原先怎样）和"变之后"的模样。

1. 寻找课文中展示哪些地方"变了"，梳理文本。适当引入整部小说开头部分（书中第 1 页"史前巨蛋"部分，《百年孤独》南海出版社，范晔译，下同。）

板书：

前	变	后
僻静的小村落————————		繁华的市镇
土地肥美		手工作坊、店铺
位置优越		永久商道
		阿拉伯人来了
		吉普赛人又来了　大型赌场

2. 聚焦时钟（音乐钟报时取代群鸟鸣叫报时），探究时钟这个物件的典型象征意义。

a 时钟来了："时间开始了"——补全上一个环节的梳理任务（补充"变之前""变之后"）。

前	变	后
僻静的小村落————————		繁华的市镇
群鸟以歌声欢快报时		雕刻精美的音乐时钟

b 火车来了：空间的完整性也被打破了——适当引入小说第 196—197 页内

容。（黄色火车来了，给马孔多人带来了电灯、电话、电影等新奇事物，这些事物也是现代文明一部分）

时间的精准统一、空间的完整性被打破，意味着外来文明、现代文明，对原先的拉丁美洲的本土原住民文化的入侵、占据、替代。

（二）现代文明"注定要为马孔多带来无数疑窦与明证。无数甜蜜与不幸，无数变化、灾难与怀念。"我们再看课文，现代文明为马孔多人还带来了什么呢？

探寻马孔多变了样，带给马孔多居民的心灵心理的影响和变化——失眠症、失忆症（寓指现代性引发的后果）

1. 梳理马孔多不同的人对失眠症的反应和态度的不同。（扣住文本）

印第安姐弟俩、布恩迪亚夫妇、马孔多的人们，不同人的反应也不同。（可用表格呈现）。

2. 探究失眠症起因：现代文明来临，使得封闭的马孔多发生了巨变。原始、自然的生活作息状态被打破，人们精神亢奋至极，马孔多陷入了全民狂欢——失眠症。它是现代人焦虑内心的反应和投射。可以抓住这一点，引起学生情感的共鸣。

3. 阅读课文中失眠症的这一疫病的传播，分析失眠症的后果——失忆症的原因，了解马孔多人如何解决失忆症的。

a 失眠症带来的后果之一——失忆症，寓示了现代人的生存状况和生存处境。

b 探讨失忆症的危害以及解决之道——贴标签。

归纳：作者写疫病的传播、防治是建立在真实的基础之上的，引发学生关注我们的身边事。作者写失忆症，人们失忆也是失去名词，失去对专有名词的言说和记忆，也是建立在现代医学、语言学真实的基础之上的。

4. 剖析失忆症的象征意义。

人们的精神极度亢奋，持续性焦虑会引发失眠症，长时间的失眠症会导致失忆症，这就意味着跨入现代社会的人们对来路的迷失（我们从哪里来），对去路的迷茫（我们到哪里去）。人类对世界的认识是以命名权体现的，我们自信地命名宇宙山川。马孔多人的遗忘开始于专有名词的遗忘。物品名称的遗忘，象征着我们对历史文化的迷失。

四、结论和小结。

结论：现代文明来临，使得偏远、闭塞又宁静的小村庄马孔多发生了巨变。原始、自然的生活作息状态被打破，精神亢奋至极，马孔多陷入了全民狂欢——失眠症。失眠症导致的失忆症，象征着跨入现代社会的人们对来路的迷失，对去路的迷茫。

小结：我们抓住了"马孔多变了样"这个具有历史转折点意义的关键句，梳理了马孔多过去的模样和现在的巨变；分析了失眠症、失忆症的病灶、病因、传播及后果，领会其折射出现代人的生存困境、艰难的命运，体会到现代文明带给马孔多人的精神上的巨大冲击和隐患。

五、布置作业。

1.完成练习册本课的第 2、3 题。

2.阅读《百年孤独》第一章，梳理吉普赛人给马孔多带来的发明。

第十课＊百年孤独（节选）

学习目标

1. 体会小说独特的叙述手法。

2. 领会作者写作《百年孤独》的内涵，初步了解魔幻现实主义艺术特质。

课时安排

第二课时

教学过程

一、导入——回顾上节课内容。

上一节课我们抓住"马孔多变了"这句关键句，聚焦马孔多这一历史的转折点，学习了原初状态的马孔多在现代文明洪流面前，受到巨大的冲击，随之而来的失眠症、失忆症具有的意蕴。今天我们通过梳理人物图谱，分析人物形象，来探究书名《百年孤独》的含义，初步了解魔幻现实主义。

　　二、提出主问题：《百年孤独》的内涵到底是什么。

　　三、解读文本，逐步解决主问题。

　　（一）探讨《百年孤独》之"百年"的含义。

　　1. 书中七代人名字的多次重复一定是作者有意为之，那么作者如此安排的目的是什么？

　　从马孔多创始人何塞·阿尔卡蒂奥·布恩迪亚和他的次子奥雷里亚诺·布恩迪亚开始，家族男性的名字基本都是"何塞·阿尔卡蒂奥"和"奥雷里亚诺"这两个名字的各种组合。据统计，全书中叫阿尔卡蒂奥的有 5 人；叫奥雷里亚诺的有 22 人。书中七代人名字的多次重复一定是作者有意为之。

　　与我们中国人传统中给孩子起名字要避长辈名讳相反，拉丁美洲的习俗是用家族中长辈的名字来给新生儿命名，以示尊重和纪念。作者有意识地将名字重复意味着强调和突出：这个家族的某种性格特质在代代被重复的名字中凸显出来了。

　　2. 引用乌尔苏拉所说的：（书中第 161 页）她从家族漫长历史上重复命名的传统中得出了在她看来无可争辩的结论：所有叫奥雷里亚诺的都性格孤僻，但头脑敏锐，富于洞察力；所有叫何塞·阿尔卡迪奥的都性格冲动，富于事业心，但命中注定带有悲剧色彩。

　　3. 结合课文，归纳创始人何塞·阿尔卡蒂奥·布恩迪亚的性格特点；归纳第二代中的长子何塞·阿尔卡蒂奥、第二代中的次子奥雷里亚诺的性格特点。

　　创始人何塞·阿尔卡蒂奥·布恩迪亚是一个富有创造力、进取心和冒险钻研精神的人。年轻时，他带领村民寻找新的家园，又以非凡的智慧和开拓的勇气，创建、管理马孔多，深受村民的尊重。但布恩迪亚是一个现实派和浪漫派的结合体。在他身上，既有创造性的、实用主义的一面，像所有实干家一样勤劳、智慧，也有耽于幻想、不切实际的一面，有许多天马行空的奇思妙想和不顾一切的执拗。

　　第二代中的长子何塞·阿尔卡蒂奥，在课文里没有出场，我们仅能从书下注释 1 中的"乌尔苏拉在寻找离家出走的大儿子何塞·阿尔卡蒂奥"还有第一段中"但他并没有出现，吉卜赛人也没有带蛇人来"中的零星语句推断出长子冲动莽撞。课文中和第二代阿玛兰达一起长大的阿尔卡蒂奥是这个家族的第三代，就是这位离家出走者的私生子。

这段描述"从早到晚待在被遗弃的实验室里，完全凭自己的探索掌握了金银器工艺。青春期的他失去了甜美的童音，变得沉默寡言孤独入骨，但却恢复了呱呱坠地时流露出的执着眼神。他全神贯注于金银艺实验，甚至到了废寝忘食的地步。"我们从中的可以看出来第二代中的次子稳重、沉着、有理性，是谦谦君子，头脑清醒，也善于思考，是成大事的人。他还有神奇的预言本领，课文中是他预言了外来者孤儿丽贝卡的到来。当马孔多饱受失忆症折磨，还是他聪明地想出了贴标签并做解释的办法。

4.再度关注家族七代人的图谱：奥雷里亚诺们与阿卡迪奥们有着截然不同的个性。

归纳：奥雷里亚诺们与阿卡迪奥们有着截然不同的个性。但是这两种个性在第一代领导人，也就是家族的创始人布恩蒂亚那里是同时并存的。而在创始人的子孙身上却分裂了，成为对立的成分，表现为本能、冲动、欲望和理智、克制、深思熟虑两种特质，不会统一在同一个人身上呈现。布恩迪亚家族里的子孙一代代相似的性格特征、相似的性格命运，不断被强化、重复，印证，让读者有命运的轮回之感。不变的是家族人物类型、命运的重复、轮回。

《百年孤独》如此刻意地重复人物的名字和性格，是在淡化人物个性的同时，突出家族、集体的气质。每一个人物都受过去力量和家族血统的支配，所具备的也是先辈同名的人所建立的行为和性格模式。百年间马孔多也由当初创建、到兴盛、衰败和灭亡，这样一个大家族的由兴盛走向衰落，子孙后代也"一代不如一代"。

有记者问：你是怎么想到这个书名的？马尔克斯回答：几乎是在写最后一页时想到的。到那时为止，我都不知道该怎么称呼这本书。我早就放弃《家》这个书名了。做出那个决定时，我做了一些计算，发现不止孤独了一百年，但把这本书叫作《一百四十三年的孤独》，听起来就会不对头的。我弄成个整数。结果证明这是个明智的决定。书是在 1967 年被接纳和出版的，然后译成英文，1970 年在美国出版时，就变得举世闻名了。（详见《巴黎评论 1》中相关内容）

（二）探讨《百年孤独》之"孤独"的含义。

1. 聚焦布恩迪亚家族前三代人，探究布恩迪亚、乌尔苏拉、奥雷里亚诺、丽贝卡，每个人的孤独的表现形式和孤独的原因。每个人有每个人难以言说的孤独。完成表格：

人　　物	表现形式	孤独原因
何塞·阿尔卡迪奥·布恩迪亚	忙于整治市镇	天才的孤独、思维超越了常人的极限
乌尔苏拉	忙碌、一心扩展家业	苦心支撑、不被支持和理解。
奥雷里亚诺	从早到晚待在被遗弃的实验室里	父母各忙各的，对子女爱的疏忽
阿玛兰达·阿尔卡迪奥	拒绝学习西班牙语，只说土语	长辈各忙各的，对孩子爱的疏忽
丽贝卡	食土、吮手指、惊恐不安	父母早逝，流浪漂泊，爱的缺乏和爱无保障

归纳：所有的孤独都源于心灵的封闭、固守，不交流，导致爱的缺失，灵魂的极度痛苦。

（三）初步了解魔幻现实主义的元素。

在家族图谱中，找出奥雷利亚诺布恩迪亚的位置。整部小说的第一句话就是从他开始的。

1. 赏析小说第一句话：多年以后，面对行刑队。奥里雷亚诺·布恩迪亚上校将会回想起父亲带他去见识冰块的那个遥远的下午。

句子里时间的复杂性，叙事者选择了一个不确定的现在，既能指向未来，又能回溯过去，一下子就把时间的三个维度都包容在小说的第一句话中。

《巴黎评论1》中作者称"有时这第一句话比写全书还要费时间"，"因为第一句话有可能成为全书的基础，在某种意义上决定着全书的风格和结构，甚至它的长短"。小说第一句话和第一段的确立，往往决定了小说的成败。（可联系《变形记》第一句话）

把哪一个时间选定为现在，由此开始展开叙述。这是小说家需要反复思量的问题。马尔克斯的这一句话已不仅仅是展开小说的一个初始的情节，而且容纳了现在、过去、未来三个向度，展示了小说叙事的时空性。开篇就让我们体会到它的时间的复杂性。叙事者选择了一个不确定的现在，既能指向未来，又能回溯过去，一下子就把时间的三个维度都包容在小说的第一句话中。也只有这样一个开头，才能显示出小说所写的马孔多小镇以及布恩迪亚家族的历史沧桑感，选定了一个不确定的现在，然后开始叙述过去，与此同时也开始叙述未来。这是一种"既可以顾后，又能瞻前的循环往返的叙事形式"，面对行刑队，死亡来临的时刻，奥雷里亚诺回顾自己童年记忆最深刻的事件，虽然时隔多年、历时久远，但清晰如昨。有学者把它称为：预叙性叙事，预言性地将人物未来的命运交代了。

寻找并梳理课文中这样三种时态大幅度的句子。

如文中，那时……那些年间……多年以后……直到去世

这就是魔幻现实主义的一个元素——三种时态大幅度跳跃的表达方式。

2. 分析小说的叙述者是个充满自信的讲故事人。作者用老祖母说故事的调子（《巴黎评论1》），以无所畏惧、不动声色的方式讲故事。

这就是魔幻现实主义的一个元素——叙述方式的魔幻。

3. 以丽贝卡到来的情节为例，分析同一个句子中的语意转折、变化，所造成的的魔幻效果。

"信中提到的名字和末尾的签名都清晰可辨，然而何塞·阿尔卡蒂奥·布恩迪亚和乌尔苏拉都不记得有这些亲戚，也从不认识叫这个名字的写信人，更不用提还是在遥远的马纳乌雷。从女孩那里也无法获得更多信息。"

从"却""然而""也""更""也"这些词语中产生到扑朔迷离之感：那封来信是如此的真诚，丽贝卡父母的名字和写信人的署名如此清晰，但布恩迪亚夫妇却不记得丽贝卡父母与自己的亲戚关系，所谓的亲戚关系就变得很可疑。

这也是魔幻现实主义的一个元素——语意前后的多次转折、变化，使得事实真相更加扑朔迷离，亦真亦幻。

4. 以丽贝卡带来的父母骨殖袋作响（内心感受夸大）、丽贝卡瑰丽的梦境（梦色彩斑斓，还能自由出入他人梦境）为例，以荒诞手法表现，来分析魔幻现实主义的另一个元素——生与死界限的打通；梦境与现实的打通、交融；真实与虚幻的模糊。

四、结论与小结。

引入秘鲁作家略萨对《百年孤独》的评价。

结论:《百年孤独》描写布恩迪亚家族七代人充满神奇、魔幻色彩的经历，同时展现马孔多这个小镇一百多年的兴盛、发展及至消亡的历史。个人的命运和孤独体验编织成了一部家族史，而这部家族史同时也代表了一部民族史。这个民族的孤独主要体现在，本土文化与异域文化的冲突再现了拉丁美洲人民无所适从的精神境况：这里的人民在自己的家园里却成了陌生人。

小结:通过梳理家族图谱、探寻小说主要人物的孤独的表现形式和原因，初步感知了魔幻现实主义的表现方式。马尔克斯糅合了现实与虚幻，借助具有神奇或魔幻色彩的事物、现象或观念，运用夸张、荒诞等技巧反映历史和现实的方法，使得小说充满"荒诞离奇"之感又隐含历史现实之真。

结语:拉丁美洲文学爆炸，魔幻现实主义在全球引起的轰动，对中国当代作家的影响之大，如莫言、余华、格非等等，我们课后可以关注相关资料。

五、布置作业

1.完成练习册的第1、4、5题。

2.阅读并简要概括小说的开头和结尾内容，不少于100字。

【参考文献】

［1］马尔克斯.百年孤独［M］.范晔译.海南：南海出版社，2020.

［2］巴黎评论作家访谈1［M］.黄昱宁等译.北京：人民文学出版社，2012.

［3］吴晓东.从卡夫卡到昆德拉——20世纪的小说和小说家［M］.三联书店，2003.

［4］杨照.马尔克斯与他的百年孤独［M］.广西：广西师范大学出版社，2019.

说明：这是2020年秋参加上海微校·空中课堂录制的教学设计，得到范飚、沈国全两位老师的诸多指导，特此鸣谢！

单元情境任务背景下的作业设计

——以必修下第六单元为案例

李　琳

2020 年初，我有幸参加上海空中课堂必修下第六单元的录播。6 月中旬，上海教研平台以"聚焦核心素养落实学习任务"之四，网上挂了 6 节课的课堂文稿和作业设计。大家谬赞，让人汗颜。时隔 2 个月，反思自己的课堂和作业设计，对单元情境任务背景下，充分关注学生学习经历，落实核心素养，有了一点心得。今天就作业设计，谈谈粗浅的认识。

先看专家如何说：作业并不等同于练习，更不是测验考试的题目类型的简单的重现，而是课堂思考的延伸、延续。因而如何通过作业，引导学生梳理课堂所学——这个"所学"既指解决问题而获得的结论，又指在此过程中运用的方法策略，也包含着过程中生发而来的新的、暂时还未解决的问题，在梳理中有所巩固。如何通过作业，促使学生进一步深入思考，进一步认识文本的价值，并以此为基础而有所拓展？这是作业的设计者需要特别关注的。（——《素养与经历——上海市中小学语文学科课改 30 年》华东师范大学出版社 2018 年12 月版）

再听同行松江二中姚燕老师如何说：作业有梯度有深度有广度，当然也有难度，需要学生学习的态度，如果能认真完成的话会受益匪浅。就是良苦用心能不能遇上对的人。

教师若能提供多个作业，让学生有选择。学生选择的过程也是一个对自己学习能力学习效果的估量和自测，他要选择一个能力所及、有兴趣的作业来完成。因此教师的作业设计要有坡度、难度，能满足不同层级的孩子的需求，同时有广度、有厚度，能有效地将此课与彼课、此文与彼文、此人与彼人，纵横勾连，以使学生在有限的时间里，高效率地课后延伸学习。这是我一直以来所追求的作业设计的目标。套用布置作业时候的一句狡黠的话"总有一款适合你"，闻听此言，学生故做昏倒状，是做老师最开心的顽皮时刻。

下面以必修下第六单元小说单元为例，说说作业设计上的心得：

一、落实课内，夯实基础

一般而言，作业的第一、二道题，是落实课内，夯实基础。我们可以通过填写表格，整理实词、探讨人物的命运或死因（别里科夫死因的分析）、圈画人物的心理活动词句等来巩固课堂学习的实际效果。如《祝福》还可以就小说中人物的"变"与"不变"；祥林嫂的肖像描写；作者的画眼睛等等，用表格的方式梳理，以便于学生熟悉文本。这些不一定要在课堂上费时费力地寻找。

二、搭建支架，调动积极性

小说鉴赏离不开细节，那我们可以先给出细节的定义，再让学生品鉴细节。给小说中的人物画插图。根据小说画出住所格局房间的空间图。如"小物件大作用""什么人说什么话""闲笔不闲"，比较鲁迅和契诃夫这两位批判现实主义大作家，那么比较的点有哪一些，这些作业，都是教师给出一个个角度，学生可以就着这些角度来思考、选择、成文的。

而给人物画插图，甚至还可以绘制连环画、海报、制作书籍的腰封、撰写广告语等等，以多种形式，多姿多彩丰富的语文活动，来激发学生的兴趣。在真实的语文情境中，激发学生的兴趣，调动孩子的潜能，能让有不同特长、天赋的孩子，都展现他们的才能，甚至可以改编小说为话剧剧本上演。西方的文学教育传统中，是很注重戏剧的表演功能，孩子的语言表达能力、沟通协调能力、动手能力、统筹安排能力等，都会得到全方位的锻炼。

四、瞻前顾后，融会贯通

（一）打通文本之间的障碍，寻找链接点

鲁迅，契诃夫同为批判现实主义作家，两个人生活的时代也比较接近，当时旧中国和俄国社会环境也有很多相似之处，鲁迅又表述过，契诃夫是他顶喜欢的俄罗斯作家，这样就可以把两者关联起来，打通文本。鲁迅《祝福》和契诃夫《苦恼》，都写的是处于有社会最底层的苦人儿，痛失爱子，想找人诉说，但是没有人能真正听，也无人同情理解，但是鲁迅的《祝福》更加忧愤深广。

将《促织》和《林教头风雪山神庙》并举，还可以构建中国古典小说的阅读链条。将《林教头风雪山神庙》《促织》和《祝福》并列成一个链条链接大概可以窥探中国古典小说向现代小说发展的流变。

（二）打通单元之间的壁垒，寻找链接点

小说和戏剧都是文学性作品。在学习任务群中都属于"文学阅读与写作"。在教学中和设计做作业中，我们可以引导学生将放在同一个谱系中，构成被侮辱和被损害的女性群像，来探讨她们的命运和她们所身处的环境的共生关系。这样系统化的梳理、整合，显然是打破了教材单元的界限。

（三）打破课本内外的界限的，寻找链接点

有意识地引入其他文本，来参照、比较，上下纵横，以定位。如将契诃夫的《苦恼》与《祝福》对读，将汪曾祺的《聊斋新义》中"蛐蛐"篇引入，思考汪老加的这段的妙处。

（成名有个儿子，小名黑子，九岁了，非常淘气，上树掏鸟蛋，下河捉水蛇，飞砖打恶狗，爱捅马蜂窝。性子倔，爱打架，比他大几岁的孩子也都怕他，因为他打起架来拼命，拳打脚踢带牙咬。三天两头，有街坊邻居来告"妈妈状"。成名夫妻，就这么个儿子，只能老给街坊们赔不是，也不忍心重打他，成名得了个这只救命蛐蛐，再三告诫黑子："不许揭开蛐蛐罐，不许看，千万！千万！"）

（四）打破必修上下选择性必修的壁垒，寻找链接点

到了选择性必修上《复活》节选。我们可以将马斯洛娃再增添进这个谱系中，为热爱阅读且学有余力的学生设计这样一道研习作业，窦娥、鲁侍萍、祥林嫂、玛丝洛娃、苔丝和芳汀都是世界文学史上被侮辱和被损害的不幸女性的典型，请分析她们这些人物命运与环境的共生关系，这样就能够纵横勾连，将一个人物放到一群人物当中，既有个性又有共性，既有个体的，又有群体的。

如必修上中整本书阅读的《乡土中国》，是严肃的学术著作。而必修下当中《祝福》，是感性的批判现实主义的小说。如何有效有机地勾连？那我们可以设计这样一道作业题——用《乡土中国》中"礼俗"社会的相关观点，分析造成祥林嫂悲剧命运的根源。将《乡土中国》的理性与小说《祝福》的感性结合在一起，小说与学术著作就能有机的融合。在学习新知的过程当中，唤醒曾经有过的整本书阅读的已知的记忆，这样就能够有一个有效的勾连。《乡土中国》中的"礼俗社会""差序格局"等还可以用来剖析窦娥和鲁侍萍的不幸命运和人物性格。

（五）挖深一位作家、挖深一位经典大师

如鲁迅，契诃夫，都是大家！可以将鲁迅小说中"我"的形象作为一个抓手来结合叙述学，梳理一下，凡是有"我"这个第一人称叙述者的鲁迅小说，从小说叙述学的角度梳理，能感受到的一种类型中的共性和个性。

如契诃夫，除了我们学习的《装在套子里的人》，在小学、初中还学过他的《凡卡》《变色龙》，以及这次课外补充的《苦恼》。同一作家的5篇作品，是不是可以窥见这位作家的风貌？如红线穿珠可以把这个作家的作品作串为珍珠链，以了解契诃夫批判现实主义的忧思。

语文教学的智慧和力量，就在我们殚精竭虑地设计教学环节、设计作业中体现了！

附：必修下第6单元作业

12.《祝福》作业

第一课时:(3选1)

1.对祥林嫂的死,鲁四老爷、短工与"我"的反应截然不同。在小说中找到相关片段,填写下表,分析他们在作品环境构成中所起的作用。

人　物	相关情节（或描写）	对祥林嫂死的态度	在环境构成中的作用
鲁四老爷			
短工	始终没有抬头……	冷漠	
"我"			

2.鲁迅说,小说必须是"为人生"的,要能"揭出病痛,引起疗救者的注意"。这种创作思想也表现在篇名及书名上,如《药》《呐喊》《彷徨》。请任选其一,联系当时的时代背景,探究"为人生"是怎样的一种创作思想。

3.用《乡土中国》中礼俗社会的相关观点,分析造成祥林嫂悲剧命运的根源。

第二课时:(3选1)

1.写一则《祝福》读书札记。(杨浦高级中学杨若晨、盛诗雨有出色札记限于篇幅,存目。)

2.梳理小说《故乡》《孔乙己》《祝福》和《在酒楼上》中"我"这个第一人称人物形象,说说其意义和价值。

3.比较契诃夫小说《苦恼》与《祝福》异同之处。

13.《林教头风雪山神庙》4选1

1."细节不细"。选择一个细节,写一写它的作用。(100字左右)

细节描写是文学作品中对人物的言行举止、心理活动以及对细微事件的情况进行细致具体的描写。

2.小物件也有大作用,从花枪、尖刀与被子、葫芦和石头,看小说中的物件作用。

3."什么人说什么话",山神庙,林冲隔墙听到三个人讲的九句话,根据三人身份地位，推断说话者，说说你的理由。

4."从"闲笔不闲"，看"林冲闲走"和"闲话休题"（课文第一段、第二段段首语），写一则读书札记。

《装在套子里的人》3 选 1

1.选择课文中你喜欢的一个段落，为之配图。

参考:《连环画报》1980 年第 6 期《外国文艺名著选绘》栏目是陈尊三根据契科夫同名小说改编的《套中人》共 35 幅插图。网络上可以查找到。

2.别里科夫跌下楼后"安然无恙"，回家后却"再也没有起床"，"过了一个月，别里科夫死了"他的死是一种偶然还是必然？他的死主要原因是什么？

3.鲁迅如此钟爱契诃夫。同为批判现实主义作家，鲁迅和契诃夫在创作上有什么共通之处？（可从小说的选材、故事的开掘、人物的塑造、创作的背景、小说的主旨等方面入手，也可从作家的人生经历、立场态度、观察思考方入手式）

14.《促织》2、3 任选 1 项

1.整理课文内重要的文言实词。

2.勾画出描写成名心理的词句，品读小说细腻的心理描写。

3.《聊斋新义·蟋蟀》中对九岁的成名子有一段描写，说说汪曾祺为什么要加这一段。

《变形记》2、3 任选 1 项

1.将虚幻和现实结合起来，是这篇小说主要的艺术特色，试从课文中找出若干细节来加以阐述。

2.阅读《变形记》全文，试着根据小说内容，画出格里高尔的生活空间图，并加以说明。

3.以"人物与环境的共生关系"为主题，梳理本单元不同风格、不同类型的 5 篇小说，就其中一篇，结合文本，分析环境对人物命运的影响。

在跌宕起伏的情节中塑造人物

——必修下第六单元《林教头风雪山神庙》自主学习导引

李 琳

　　《林教头风雪山神庙》选自《水浒传》第九回。《水浒传》是我国古代四大名著之一，是长篇章回体小说，作者（元末明初）施耐庵。该书讲的是 108 位绿林豪杰起义故事。其中《景阳冈武松打虎》《鲁提辖拳打镇关西》等故事可谓妇孺皆知。通过阅读并欣赏课文，我们能感受到小说是如何在跌宕起伏的情节发展中塑造人物性格的；感受到风雪描写所起到的重要作用，提高阅读与鉴赏中国伟大传统小说的水平，进而管中窥豹，大致了解《水浒传》的思想艺术成就。

　　《林教头风雪山神庙》充分展现了林冲由隐忍走向反抗的过程。他的性格在小说中是随故事情节的展开而展开的。开始时他逆来顺受，委曲求全；听到仇人寻来时，大惊大怒，萌发反抗意识，事态暂息时，他虽有警戒，但麻痹大意，只求平稳；直到草料场被烧，真相大白后，才忍无可忍，彻底走上反叛之路。在课文的这一部分，"反抗—隐忍"这一对立关系依故事情节的推进充分展开。社会黑暗势力、高俅之流迫害在眼前，林冲就反抗；当迫害暂时隐身，林冲就隐忍、苟且偷安，标示出他性格两面的不断转化，当最后一击夺命阴谋来临，退无可退，才最终决绝地走上抗争之路。林冲的故事，是一个好汉终于认识到社会现实之下自己无路可走的命运，从而展露出自己真正的反抗性格的故事。

　　老师说：爱听故事是人类的天性。这篇课文同学们也喜欢读，对林冲这位梁山好汉，同学们更不陌生。让我们阅读小说的前几回，通过表格等方式梳理一下林冲的基本情况，让我们看看林冲何许人也？

学习成果：

1. 林冲基本情况：

原先身份	东京八十万禁军枪棒教头
外貌特征	豹头环眼，燕颔虎须
绰号	豹子头
与林冲相关的成语并解释	逼上梁山：被逼上梁山做土匪的意思。比喻被迫进行反抗，也比喻不得不做某些事情。

2. 梳理林冲在刺配沧州前的往事，其基本性格：

林冲原先是东京80万禁军枪棒教头，有点地位，但连九品武官也算不上。虽说武艺不俗，但"屈沉在小人之下"，高超的武艺与教头身份地位不匹配。林冲忍了。

夫妻俩岳王庙烧香还愿，高太尉义子高衙内调戏林妻，林冲举拳欲打，一看是高衙内"先自手软了"，反劝路见不平拔拳相助的鲁智深，"自古道：'不怕官只怕管，林冲不合吃着他的请受，权且让他这一次'"，妻子被调戏，丈夫却只是、只能隐忍。

后陆谦设计，林妻被骗险遭高衙内凌辱。气愤之下，林冲将陆家砸个稀烂，拿着一把解腕尖刀找陆谦。陆谦躲到太尉府内，三天都不敢回家。林冲小怒了一回。

一波未平一波又起，他想过太平日子，高衙内却觊觎林妻，再度设计构陷，林冲误入白虎堂，遭刺面之罪，发配沧州道，吃了如此冤枉官司，还是忍。

董超薛霸两位公人在押解途中百般刁难，林冲逆来顺受，野猪林险些被害，多亏鲁智深暗中护卫周全。林冲拒绝打开枷锁，认为"国家法度"不可侵犯。他拒绝了造反的建议，劝鲁智深饶了他俩性命，此时百般隐忍是因为安分守己的林冲期盼苦熬出头，能重新回家，与妻子团聚过小日子。

老师说：想保有安稳生活、与妻子过太平日子，是他隐忍的根本原因。虽然高俅之流一逼再逼，步步紧逼，林冲还是一忍再忍，步步退让。因为这些忍是可以承受的，是有重回家园的终极目标为心灵支撑的。我们的英雄就这样一路跌跌撞撞来到了沧州城。

读小说，我们往往被跌宕起伏的故事情节所吸引，让我们先梳理课文中的故事的情节脉络，看看作者是如何在一波三折的引人入胜的情节中来塑造人物的。

学习成果：

序　幕	开　端	发　展	高潮和尾声
刺配沧州遇故交	得知密谋有所备	接管城外草料场	山神庙雪夜报血仇

任务一：

作者就是在环环相扣的情节中塑造人物性格的。今天我们先讨论"得知密谋有准备"来看百般隐忍的林冲，如何走上最终的反抗之路。他激烈反抗，性格变化的原因是什么呢？聚焦课文第四段，用圈画关键词语的方法，看看作者是如何塑造林冲的性格。还可以用图表方式来直观展示。

学习成果：

1. 作者是从人物的语言、动作、心理活动等多方面塑造人物的。动词"寻"字多次出现。

语言：林冲说，"休要撞着我，只叫他骨肉为泥"。

心理活动：从大惊到大怒。

行动：迅速地买尖刀并前街后巷寻了一日——牢城营里都没动静；城里城外小街夹巷又寻了一日——街上寻了三五日——但不见消息。作者用了动词"寻"字三次，强调了时间是五天，空间是沧州城里城外小街夹巷，团团寻找的行为目的是苦寻仇敌。眼看一场仇杀在眼前，读者和李小二夫妇一样，为林冲捏着一把汗！可作者却故意宕开一笔，将尖锐的一触即发的矛盾暂时舒缓一下，敌方不见踪迹，敌暗我明，复仇没有对象，林冲"也自心下慢了"（慢，轻忽松懈）——性急，但寻仇未果，又放松下来，反抗渐渐平息了。

2.图像展示：

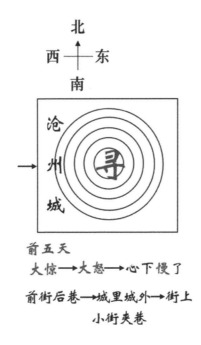

说明：此图与下图皆为上海市杨浦高级中学地理冉绍川老师所作。

任务二：课文题目为《林教头风雪山神庙》，"风雪"在小说中的作用不能小觑。小说是时间和空间的艺术，人物是在具体的环境中活动的。漫天"风雪"随着林冲出东城到草料场越来越大，我们梳理作者是如何描写风雪的，并感受金圣叹和鲁迅对小说中的"雪"的评价。同学们能在讨论后得出风雪在小说中的作用吗？

正是严冬天气，彤云密布，朔风渐起，却早纷纷扬扬卷下一天大雪来。（金圣叹评：一路写雪，妙绝。）

雪地里踏着碎琼乱玉，迤逦背着北风而行。那雪正下得紧。

（金圣叹评：写雪妙绝。）

看那雪，到晚越下得紧了。（金圣叹评：写雪妙绝。）

再说林冲踏着那瑞雪，迎着北风，飞也似奔到草料场门口……

"《水浒传》里的一句'那雪正下得紧'，就是接近现代的大众语的说法，

比'大雪纷飞'多两个字，但那'神韵'却好得远了。(鲁迅《花边文学·大雪纷飞》)

学习成果：

林冲去十五里草料场时开始下大雪，随之雪越下越大。因风大雪紧，林冲去买酒御寒，在途中才偶见无主山神庙(这是个伏笔，过会儿要派大用处)，才躲过草料厅被大雪压塌之劫，才会当晚寄宿山神庙中，躲过草料场大火又一劫。

因风大雪紧，林冲才掇石顶住庙门；陆谦三人才纵火后到山神庙避雪看火势，林冲才可能亲闻毒计，印证了前面李小二夫妇的偷听所言非虚。无风雪就没有后面一串情节。对陆谦管营而言，前五天没有动作，是在等待时机结果林冲。风雪来了他们就可以纵火行凶了。

可见，风雪不仅仅是小说的自然环境、渲染了一种凄冷、悲凉的气氛，也烘托了人物沉郁的心情，推动了人物行为，暗示林冲危机四伏的处境。外在风雪交加与内里人物命运情势之危急构成了强大的张力。暗示将要发生故事的情节趋向，加快了小说的叙事节奏，具有推动情节发展的重要作用。

点评：

风雪不仅是小说的自然环境、渲染了一种凄冷、悲凉的气氛，也烘托了人物沉郁的心情，推动了人物行为，暗示人物危机四伏的处境。情节又牵动人物心境、促成了人物性格从隐忍走向反抗复仇，发生激烈的变化。人物环境情节三者就这样紧密勾连起来，将小说推到高潮。雪夜林冲暂借住山神庙，促使他性格转变的重要一环——庙门内亲闻阴谋。

任务三：俗话说"隔墙有耳"，庙门内亲闻阴谋。这是"逼上梁山"的来自高衙内父子最后一次逼迫，林冲终于亲闻全部阴谋，激起了复仇怒火，将故事情节推向高潮。风雪是危局，火是绝境，二者交融之中，点燃林冲心中的怒火，把情节推向高潮。我们看看作者是如何塑造绝境中英雄的反抗的。

学习成果：

林冲"只听的外面必必剥剥地爆响"。课文第 12 段中，施耐庵用了一系列动词(掇、挺、拽、举、搠、提、丢、搠、踏、取、阁、扯、剜、提、按、割、挑、割、插、结、提、摆)并四五句喝骂，将林冲心中的怒火，外化为手中的花枪和尖刀刺杀仇敌，终于果决反抗。

点评：

金圣叹评价说，林冲，熬得住，把得牢，做得彻。"熬得住"就是面对高太尉之流层层威逼隐忍再三，"把得牢"就是在屡遭迫害之时把持自己压抑住反抗的欲望，"做得彻"就是英雄快意恩仇，干净利落，杀死仇敌。最后被逼无路可走的英雄，义无反顾地向东走，走上抗争之路。小说情节也由发展走向高潮，也意味着故事的尾声。

任务四：有同学发现，课下注释一"选自《水浒传》第九回"，而第九回的回目是"林教头风雪山神庙 陆虞侯火烧草料场"，他认为课文其实是有两条线索交织而成的。大家再次梳理课文，注意明暗双线结构的交织，感受小说情节的跌宕起伏，一波三折吗？感兴趣的同学也可结合双线梳理，把任务一里的林冲行踪图继续完成，看看为何"林冲便出庙门投东而去"。

学习成果：

1.

情节：
- 明线：沧州遇故 – 故人提醒 – 接管草料场 – 市井买酒 – 夜宿古庙 – 隔门听计 – 怒杀仇人
- 引子————开端————发展————高潮
- 暗线：酒店约人 – 共商阴谋 – 掉包草料场 – 点火栽赃 – 得意忘形 – 罪有应得

2.

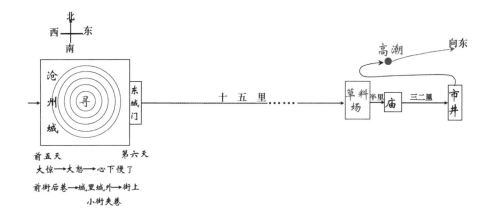

点评：这条"暗线"和"明线"的组织是先后在不同的空间场所并行发生的。但是小说对"明线"写得清晰可循，对"暗线"点到为止，靠读者用想象填补。但我们要明白，暗线中陆谦之流的暗中狠辣操作一步步夺妻杀夫，欲置林冲于死地的黑暗之手。明线暗线，双线交织的情节创作，既符合官逼民反，逼上梁山的紧张故事需要，也丰富了小说情节的维度，增添了复杂性。

任务五：经典永流传，名著不会辜负我们。施耐庵的《林教头风雪山神庙》以落难英雄林冲一忍再忍，委曲求全，直到被逼无奈奋起反抗的曲折经历，来展现当时北宋黑暗残酷的社会对良善者的逼迫。《水浒传》里有说不尽的话题。譬如：

1. 从"闲笔不闲"，看"林冲闲走"和"闲话休题"（课文第一段、第二段段首语）。

2. 细节描写是文学作品中对人物的言行举止、心理活动以及对细微事件进行的描写。"细节不细"，选择一个细节，写一写它的作用。（100字左右）

3. 小物件也有大作用，从花枪、尖刀与被子、葫芦和石头，看课文中的物件作用。

4. "什么人说什么话"，山神庙，林冲隔墙听到三个人讲的九句话，根据三人身份地位，推断说话者，说说你的理由……都是可以生发的学习角度。

让我们以学习小组为单位再向名著进军，以小组为单位汇报。

学习成果：

1. 因林冲的闲走，才被李小二认出。李小二本在东京讨生活，因犯事曾得到林冲救助而把林冲视为恩人，后流落到沧州，靠经营一家小酒店为生。林冲在东京时，书中从未提及他和李小二交往的情况，只是在他被发配到沧州，在街上偶遇李小二时，才在小说的倒叙中让读者知道两人曾结下的缘分。一个个"又"也可见林冲善良，帮人帮到底。有此交代，才顺理成章写到了李小二夫妇在酒店偷听陆谦等人的密谋状况，并通报给林冲。所以"闲走"和"闲话"不闲，都有存在的意义。

2. 示例：第2节"只见一个人闪将进来，……随后又一人闪入来"。

两个"闪"字，传神地写出了陆虞侯二人心怀鬼胎、行踪诡秘的特点，同时又为下文李小二夫妻心生疑窦、偷听谈话的情节做铺垫。与下文中"次后那两个低着头也去了"相照应，可见其鬼鬼祟祟，见不得人的情状。

3.石头；林冲掩门风太大了，关不严实，正好旁边有一块大石头，林冲力气大，几乎都不用思索，就把那块大石头搬过来了，靠在了门后。这一靠，一块大石头突然将小说引向了高潮。因为陆虞候、富安是不可以和林冲见面的，如果见了，陆虞候他们就不会说那样的话，林冲就不可能了解到真相。小说顿时就会失去它的张力，更会失去它的爆发力。是什么阻挡他们见面的呢？毫无疑问，是门，门后有一块挡风的大石头。把陆虞候与林冲隔离开来了。

石头不只是将庙外的世界和庙内的世界阻挡开来，同时也将庙外的世界和庙内的世界联系起来了。它让林冲真正了解了自己的处境，他其实是死无葬身之地的。

4.第1、5、7的"一个"是差拨，他是为实现陆谦杀害林冲阴谋的直接献计献策者与执行者。几句话是为了向陆谦邀功，替自己摆功。第2、4、9的"一个"是陆谦，他是奉高衙内之命来杀害林冲的，第3、6、8个的"一个"是富安，他是陆谦的随从，说话是随和逢迎的态度。（也有别的推断，只要说得通，皆可。）

自主学习资料包（参考书目）：

1.毕飞宇.小说课.人民文学出版社2017年版.

2.郜元宝.小说说小.上海文艺出版社2019年版.

3.詹丹."先事而起波"与局外人李小二.光明网－文艺评论频道2020-02-23.

对数学建模单元课堂学习单的评价与分析

冯　斌　宋　婧

摘　要： 在"双新"全面实施的背景下，数学建模教学成了数学基础课程的重要组成部分。相较于其他单元，建模单元对学生学习情况的过程性评价要求更高。对此，数学教研组设计制定了课堂学习单，本文作者将对数学建模（必修课程）的课堂学习单进行评价，统计评价数据，对数据进行分析，并基于分析结果对建模教学提出改进意见。

关键字： 数学建模　课堂学习单　评价

1 评价方法

根据《普通高中数学课程标准》（2017 年版 2020 年修订）要求，建模课程可分为两个阶段，共 10 个课时。经过教研组的商讨，确定第一阶段（必修部分，6 个课时）的教学，在高一年级进行；第二阶段（选择性必修部分，4 个课时）的教学在高二年级进行。我校数学组经过商议讨论，统一定制的课堂学习单，并基于数学建模核心素养的水平划分（表 1），设计了学习单的评价模型（表 2）。

表1　数学建模的对应水平与维度

	情境与问题（A）	知识与技能（B）	思维与表达（C）	交流与反思（D）
水平一（1）	了解熟悉的数学模型的实际背景及其数学描述，了解数学模型中的参数、结论的实际含义。	知道数学建模的过程。能够在熟悉的实际情境中，模仿学过的数学建模过程解决问题。	对于学过的数学模型，能够举例说明建模的意义，体会其蕴含的数学思想；感悟数学表达对顺序额建模的重要性。	在交流的过程中，能够借助或引用已有数学建模的结果说明问题。
水平二（2）	能够在熟悉的情境中，发现问题并转化为数学问题，知道数学问题的价值和作用。	能够选择合适的数学模型表达所要解决的数学问题；理解模型中参数的意义，知道如何确定参数、建立模型，求解模型；能够根据问题的实际意义检验结果，完善模型，解决问题。	能够在关联的情境中，经历数学建模的过程，理解数学建模的意义；能够运用数学语言，表述数学建模过程中的问题以及解决问题的过程和结果，形成研究报告，展示研究成果。	在交流的过程中，能够用模型的思想说明问题。
水平三（3）	能够在综合的情境中，运用数学思维进行分析，发现情境中的数学关系，提出数学问题。	能够运用数学建模的一般方法和相关知识，创造性地建立数学模型，解决问题。	能够理解数学建模的意义和作用；能够运用数学语言，清晰、准确地表达数学建模的过程和结果。	在交流的过程中，能够通过数学建模的结论和思想阐释科学规律和社会现象。

表2　第一阶段的三个课题对应的维度和水平要求

	问题的提出	假设的构建	参数的设定	模型的建立	解模与分析	检验与改进
优惠券	A1	B1	B1	B1	B1/C1	B1/C1
出租车运价	A1	B2	B1	B2	C2/B2	C2/B2
登山路线	A2	B2	B2	B2	B2/C2	B2/C2
学生应当达到的不同维度下的水平要求，以此为标准判定是否："非常理想、无需修改（3分）"、"基本符合、尚有不足（2分）"、"不足较多、还需努力（1分）"以及"未能回答、一字未写（0分）"。						

　　从上表可以发现，随着第一阶段课程的展开，三个课题对水平要求整体呈现上升的趋势，体现学习的过程性，并不追求一步到位，体现循序渐进的过程。

此外，"交流与反思"的环节并未在学习单的评价中出现，这是结合我校学情做出的调整。第一节阶段的教学中，并不要求课堂上每位同学都能发言，而是以学生代表发言为主。据此，作者对评价方法做出如下补充：如果学生在其学习单上写有反思或者与教师交流的语句，则统一在"检验与改进"一栏给予加 1 分。学习单评价模型的满分为 3*6=18 分。

2 数据统计与分析

下面，作者将从三个不同的角度进行数据统计：1.学习单总体完成情况统计；2.以第一阶段课题（《优惠券》《出租车运价》《登山路线》）为角度进行统计；3.以建模不同环节为统计角度进行统计。作者还基于统计结果，对学生的学习情况以及教学效果进行分析和总结，并对课堂教学提出一些改进建议。

2.1 整体情况数据统计

在上述评价模型以及标准之下，作者收集了若干学生的学习单评价数据，计算了每个课题的平均分数，如下表所示。

表 3　学习单份数以及均分

	份　数	均　分
优惠券	120	9.94
出租车运价	120	9.38
登山路线	123	10.76

基于上述所得数据，作者作出如下分析。

（1）整体情况尚可，得分率在 52%—60% 区间内。在第一阶段的学习中，学生第一次使用数学建模板块的学习单。区别于传统学习单，不同学生的学习单内容可以是大相径庭的，且没有唯一标准答案，更加注重表述的清晰以及规范，所以学生的得分率并不是很高，但是在教师的预期之内。

（2）比较三个课题的得分情况可以发现，作为启示课的《优惠券》的学习单成绩并不是最低的，原因主要有二：其一，本节课学习单的起评要求较低，达到水平一，即可评价为 3 分，其二，本节课作为启示课，教师的示范较多，板书和课件演示的内容较为详细，学生通过阅读和摘录教师的板书，即可获得不错的评分。教师也会对如何使用建模学习单予以解释和指导。这也是学生第一次使用建模学习单，但是分数高于后一个课题的主要原因。

（3）《出租车运价》的学习单得分最低，也是基于类似上述对"优惠券的使用"的分析。其一是起评的要求提高了，其二是教师的示范权重略有减少，学生的主观能动性要求更高。而最后一个课题《登山路线》的学习单得分有较为明显的提升。主要是学生对学习单的使用更为熟悉，且这一课题较为注重小组合作，小组成员间的学习单具有一定的相似性，所以得到高分的学生相对前两个课题有明显的增加。

（4）总的来说，在第一阶段的学习过程中，学生基本学会和适应了在建模课程中使用学习单，学习单的作用也被大部分学生认可（认真填写的学生数量，后期较前期更多）。而学习单的评价分数，有利于教师了解学生在课堂上的学习过程，把握学生的学习情况。同时，学生自身也可以从学习单的分数上清楚地知道自己的学习优缺点，及时地扬长补短。

2.2　不同课题的数据统计

下面，作者将从三个不同课题的六项环节小分（表4），关注几个数据较为异常的地方并分析原因。

表 4　不同课题统计表

优惠券			
	非常理想，无需修改	基本符合，尚有不足	不足较多，还需努力	未能回答，一字未写
问题的提出	6.7%	48.3%	43.3%	1.7%
假设的构建	7.5%	50.8%	40.8%	0.8%
参数的设定	69.2%	22.5%	5.8%	2.5%
模型的建立	24.2%	39.2%	35.8%	0.8%
解模与分析	5%	47.5%	30%	17.5%
检验与改进	4.2%	20.8%	30%	45%
出租车运价			
	非常理想，无需修改	基本符合，尚有不足	不足较多，还需努力	未能回答，一字未写
问题的提出	22.5%	47.5%	28.3%	1.7%
假设的构建	14.2%	55%	28.3%	2.5%

（续表）

	非常理想， 无需修改	基本符合， 尚有不足	不足较多， 还需努力	未能回答， 一字未写
参数的设定	22.5%	21.6%	49.2%	6.7%
模型的建立	15%	65%	19.2%	0.8%
解模与分析	1.67%	46.7%	43.3%	8.3%
检验与改进	10%	12.5%	15.8%	61.7%
登山路线				
	非常理想， 无需修改	基本符合， 尚有不足	不足较多， 还需努力	未能回答， 一字未写
问题的提出	52.8%	26.8%	18.7%	1.6%
假设的构建	11.4%	56.9%	30.1%	1.6%
参数的设定	23.6%	39.8%	30.1%	6.5%
模型的建立	29.3%	44.7%	14.6%	11.4%
解模与分析	16.3%	36.6%	30.9%	16.3%
检验与改进	12.2%	37.4%	30.9%	19.5%

基于上述所得数据，作者作出如下分析。

（1）在《优惠券》的课题中，学生对情境的理解还是很准确的。在熟悉的购物满减的优惠形式中，学生能够踊跃地提出很不错的假设和参数。例如，不能拆单、预设购物总费用等等。说明学生在有一定的生活经验的前提下，是可以找到降低问题复杂性的方法的。相对的，在出租车运价的问题中，由于学生对运价本身的方案不胜了解，所以很多因素没有想到，从而提不出对应的假设。

可见，越是学生熟悉的情境，假设的构建就会相对更为合理和充分。

（2）在《出租车运价》的课题中，解模结果的检验和改进环节得 0 分的学生占比 60% 以上。对于这个异常的情况，作者与学生进行访谈，了解到了原因：由于解出模型时所用时间超过预期，教师将验证模型的任务留给学生课后讨论完成。而脱离教师的引导和要求，大部分学生忽略了验证模型的重要性，并没有在课后认真完成验证模型。

可见，在数学建模的教学中，确实会遇到学生活动非常多从而教学时间较难控制的情况，但是不能因为教学时间的不足，而将检验环节都交于学生在课后完成。当教师对此进行了教学时间分配的调整和改进后，从《登山路线》的学习单上看，检验环节明显优于前两个课题。

（3）在《登山路线》的课题中，相对前两个课题，所需提出的问题更加生活化，容易用生活语言描述。例如：花费最少，或者游览景点最多等。所以在学习单中，这个课题的问题提出环节得分最高。同时，在各环节中的得分情况都较前两个课题略好。可见，在第一阶段教学中，后期的学习情况总体好于前期。

2.3 不同建模环节的数据统计

接下来，作者将横向比较六个建模环节的学习情况，统计结果如下（表5）。

表5　不同建模环节统计表

	非常理想，无需修改	基本符合，尚有不足	不足较多，还需努力	未能回答，一字未写	均分
问题的提出	27.5%	40.8%	30.0%	1.7%	1.94
假设的构建	11.0%	54.3%	33.1%	1.7%	1.75
参数的设定	38.3%	28.1%	28.4%	5.2%	1.99
模型的建立	22.9%	49.6%	23.1%	4.4%	1.91
解模与分析	7.7%	43.5%	34.7%	14.0%	1.43
检验与改进	8.8%	23.7%	25.6%	41.9%	0.99

基于上述所得数据，作者作出如下分析。

（1）从均分上看，检验与改进的环节最不理想，得分为0分的约为40%。原因主要在于教师过多地将该环节的完成布置于课后，以及学生对该环节的不重视。次要原因是学生不知道检验模型的依据是什么（这三个课题中，主要的检验依据是符合生活常识以及可操作性），这还是折射了学生在解决具体生活问题时，在对没有唯一数学化的答案的问题反映出的不知所措。

（2）相对的，参数的设定的环节学生完成得最好，得分为3分的接近40%。学生能够较为准确地找到建立模型的参变量，例如：《优惠券》中的实际花费金额、《出租车运价》中的里程数等、《登山路线》中的景点距离等等。当然，这也是因为这几个课题中的模型都是函数模型，参变量的关系较为明显，运用到高一重点学习的函数思想，所以学生能较好地设定参数也是可以预想到的。

3 基于分析的几点结论与建议

（1）在第一阶段的建模教学中，学生对学习单的使用由陌生到熟悉。随着教与学的开展，学生使用学习单的情况逐渐好转。学习单能较好地反映学生课堂以及课后的学习情况，建议在第二阶段的教学中持续使用。

（2）在第一阶段的教学中，在学生使用学习单的过程中，教师的指导是非常重要的。在教师的指导下，学习单的填写会相对更好。建议在第二阶段的教学中，教师仍应当给予学生合理的引导，关注学生使用学习单的过程，特别是面对学习基础较为薄弱的学生群体时，不宜全权交于学生处理。

（3）在第一阶段的教学中，检验和改进环节的教学效果并不理想。这在后测卷的成绩分析中，也是有所体现的。建议在第二阶段的教学中，重视这一环节的教学，不宜一语带过。同时，解模环节的效果也并非理想。这主要是高一学生的数学知识储备还不足，解决问题的能力还不强。部分学生所表现出的计算能力也令人担忧。不过随着高二学习的开展，相信学生可以在这一环节有长足的进步。

（4）在第一阶段的教学中，大部分教师缺少"就学习单上出现的问题与学生进行个别的、及时的交流"的处理。仅在评价之后，发回学生手里，没有最好地发挥学习单的作用。建议在第二阶段的教学中，充分利用学习单，对不足之处加以重点交流和点评，指导学生更好地完成学习单，从而提升建模素养。

【参考文献】

［1］普通高中数学课程标准（2017 年版 2020 年修订）．人民教育出版社，2020.5.［M］．

［2］教学与评价的风向标．上海科技出版社，2018.7.［M］．

基于情境化引入的函数概念教学初探

李志鹏

摘　要：将大量学生熟悉的情境用于函数概念的引入，能够有效地帮助学生生成函数的概念，理解函数的本质即实数集到实数集的一种"对应关系"，培养、提升学生数学抽象的核心素养。

关键词：情境　函数的概念　核心素养

一、教材分析

本节课是上海教育出版社《普通高中教科书 数学 必修第一册》的第五章函数的概念、性质及应用的 5.1 函数的第一课时。基于初中和前一章所学习的幂函数、指数函数、对数函数的例子，本节课旨在将这些具体函数的共性进行归纳，提炼出函数的一般概念，发展学生数学抽象的核心素养。

函数是高中数学十分重要的主线之一，与其他各主线有着深厚而密切的联系。本节是第五章函数的概念、性质及应用的起始课，与第四章幂函数、指数函数、对数函数有机地融为一体，却是对具体函数的抽象和高度概括。

然而，学生对函数概念的生成和抽象，是不容易的。因此，在概念生成的过程中，需要创设丰富、恰当的情境，力求贴近学生的生活，帮助学生加深学生对函数对应关系的认知。在这些例子的基础上，学生主动概括函数的共同特征，抽象函数的概念，抓住函数的本质。

二、学情分析

　　学生在初中学习过函数的概念，知道可以用函数描述变量之间的依赖关系。经过第四章幂函数、指数函数和对数函数的学习，对基本初等函数又有了新的认识。

　　尽管如此，学生对函数概念的理解仍旧建立或者停留在初中的基础上，用运动变化的观点对函数加以定义，虽然较为直观，但并未完全揭示出函数概念的本质。

　　作为本章的起始课，本节课的教学内容重点放在函数概念的抽象、形成与辨析、掌握函数两个要素以及正确判断两个函数是否是相同的。考虑到课时时间安排，教材中函数值域的求解应在函数概念的第二课时中进一步学习。

三、教学目标

　　1.通过对具体实例的分析，从已学函数的公共属性中抽象出函数的一般概念，用集合语言和对应关系刻画函数。发展数学抽象素养；

　　2.了解构成函数的两个要素，能在简单情形下求函数的定义域；理解两个函数相同是指定义域和对应关系完全一致。

　　3.初步了解函数概念发展的历史，感受数学知识形成以及人们认识事物的一般规律，体会我国数学家在其间发挥的重要作用。

四、教学过程

（一）复习旧知 温故求新

　　回顾初中函数的概念：

　　在某个变化过程中有两个变量，设为 x 和 y，如果在变量 x 的允许取值范围内，变量 y 随着 x 的变化而变化，它们之间存在确定的依赖关系，那么变量 y 叫做变量 x 的函数，x 叫做自变量。

引例 $y = x^0 (x \neq 0)$ 是函数吗？如果是，是哪种类型的函数？

x	$\cdots$	-1	1	5	$\cdots$
y	$\cdots$				$\cdots$

设计意图：以第四章学习过的幂函数为例，x 通过举例发现，x 取不同具体的值，y 的值始终为 1，与初中函数定义中"变量 y 随着 x 的变化而变化"不相符合，从而造成学生认知上的冲突，因此有必要进一步揭示函数的本质，即对应关系，进而用集合的语言精确地刻画函数。

（二）创设情境 引入课题

情境 1 上海市 2010 年至 2019 年轨道交通客运量 y（单位：万人次）随年份 x 的变化情况：

年份 x	2010	2011	2012	2013	2014	2015	2016	2017	2018	2019
客运量 y（万人次）	188407	210105	227573	250628	282727	306798	340106	353769	370592	388023

（1）按上表，上海市每年轨道交通的客运量 y 是年份 x 的函数吗？

（2）客运量 y 与年份 x 有怎样的对应关系？

情境 2 上海市 2021 年 7 月 31 天日最高气温 T（单位：℃）随日期 t 变化的情况：

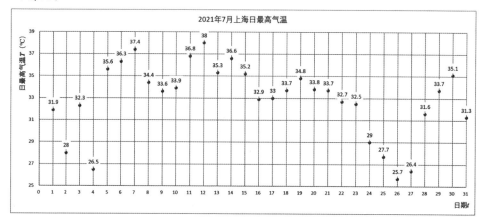

（1）按上图，日最高气温 T 是日期 t 的函数吗？

（2）日最高气温 T 与日期 t 有怎样的对应关系？

情境 3　小吴同学要将一个不超过 5 kg 的快递从杨浦寄给闵行的同学，他查阅发现，忽略其他因素，某快递公司给出收费 Q 元与快递重量 m kg 之间的关系：

$$Q = \begin{cases} 10, 0 < m \leqslant 1, \\ 12, 1 < m \leqslant 2, \\ 14, 2 < m \leqslant 3, \\ 16, 3 < m \leqslant 4, \\ 18, 4 < m \leqslant 5. \end{cases}$$

（1）寄快递的费用 Q 是快递重量 m 的函数吗？

（2）寄快递的费用 Q 与快递重量 m 有怎样的对应关系？

设计意图：通过三个生活中的情境，让学生判断两个变量是否构成函数关系，引导学生初步形成"对应关系"的概念，让学生理解"对应"的形式是多种多样的，并逐步用集合的语言刻画函数关系。

情境 4　下面两个具体函数中，x 与 y 的对应关系是怎样的？

（1）正比例函数 $y = 2x$；

（2）对数函数 $y = \log_3 x$。

设计意图：结合学生熟悉的函数实例，让学生理解函数的本质是对应关系，引导学生用集合的眼光重新认识函数，让学生初步形成：变量 x 的取值范围构成一个非空的实数集合，对于这个集合中任意给定的一个 x 在某种确定的对应关系下，都对应到唯一的实数 y 的认识，为抽象出函数的定义做铺垫。

问题 1　情境 1~4 中的函数有哪些共同的特征？

设计意图：在引例与情境 1~4 的基础上，对几个函数的共同特点进行归纳。给学生充分的思考时间，引导学生重新回顾和抽象统一特征。

（三）形成概念 理解辨析

定义：设 D 是一个非空的实数集，如果按照某种确定的对应关系 f，使对集合 D 中任意给定的 x，都有唯一的实数 y 与之对应，就称这个对应关系 f 为集合 D 上的一个函数（function），记作

$$y = f(x), x \in D$$

其中 x 叫做自变量，其取值范围（数集 D）称为该函数的定义域。

此时，就称 y 是 x 的函数。当自变量 x 取值 x_0 时，由对应关系 f 所确定的对应于 x_0 的值 y_0，称为函数在 x_0 处的函数值，记作 $y_0 = f(x_0)$。

所有函数值组成的集合 $\{y \mid y = f(x), x \in D\}$ 称为这个函数的值域。

问题 2 以下两个例子，对应关系 h 是非空实数集 A 上的函数吗？

（1）非空实数集 $A = [0, +\infty)$，任意 $x \in A$，按照对应关系 h，对应到 x 的平方根，h 是 A 上的一个函数吗？

（2）非空实数集 $A = R$，任意 $x \in A$，按照对应关系 h，对应到 x 的倒数，h 是 A 上的一个函数吗？

设计意图：在情境中的函数、正比例函数、对数函数的基础上，给出两个较抽象的例子，让学生对函数的概念进行辨析，判断对应关系 f 是否是 D 上的函数，进一步加深对函数概念的理解，掌握用定义来判断对应关系是否是函数的方法，深化对定义中"任意给定的 x"和"唯一的实数 y"的认识，即处处定义性和单值性。

从函数的定义可以看到，函数的定义域是非常重要的，它决定了对应关系 f 作用的范围，因此我们要进一步研究函数的定义域。

对于定义域未加说明的函数，约定为：使函数表达式有意义的全体实数构成的集合。

而在实际情境中，函数的定义域应该受到问题实际意义的制约。

问题 3 在自由落体问题中，自由落体运动时位移 s 关于时间 t 的函数：

$$s = \frac{1}{2}gt^2$$

若 T 是物体下落的总时间，则其定义域是什么？

设计意图：让学生结合实际情境，认识到函数的定义域要受到具体问题实际意义的制约。在学生熟悉的自由落体问题中，学生很自然地给出函数的定义域是 $[0, +\infty)$，却忽略题目中给出的总下落时间 T。

根据函数的定义，在定义域和对应关系确定的时候，这个函数就完全被确定了，从而值域也随之被确定。因此，定义域和对应关系称为函数的两个要素。

定义　如果两个函数的定义域和对应关系完全一致，就称这两个函数是相同的。

思考（1）$y=x^2$ 与 $y=x^2,x\in[-1,1]$ 是不同的函数；

（2）$y=x$ 与 $s=(\sqrt[3]{x})^3$ 是相同的函数。

通过以上两个例子，我们可以看出，判断两个函数是否是相同的，其本质是要看两个函数的定义域与对应关系是否完全一致，而不是函数解析式所选用的字母。另外，同一种对应关系也可能有不同的表达形式。

（四）例题讲解 巩固新知

例1　求下列函数的定义域：

（1）$y=\dfrac{1}{x^2-1}$；（2）$y=\log_2(x+1)$；（3）$y=\dfrac{\sqrt{x+3}}{x-1}$

设计意图：本例题旨在帮助学生掌握简单函数定义域的求法，并且规范学生的解答过程。通过具体的例子，引导学生总结出常见的一些变量的取值范围：（1）偶次被开方式大于等于零；（2）分式的分母不为零；（3）零次幂的底数不为零；（4）对数的真数大于零等。

例2　判断下列函数与函数 $y=x$ 是否相同，并说明理由。

（1）$y=(\sqrt{x})^2$；（2）$y=\ln e^x$；（3）$y=\sqrt[4]{x^4}$

设计意图：本例题可以直接利用两个函数相同的条件进行解答，目的是让学生明确函数的两个要素：定义域及对应关系。判断两个函数相同，需要两个函数的定义域和对应关系完全一致；判断两个函数的定义域不同，可以通过求解函数的定义域解决，而判断两个函数的对应关系不同，可以通过举反例的方法实现。

例3　下面两个函数是相同的吗？

（1）$D=\{0,1\},y=x^2,x\in D$；　（2）$D=\{0,1\},y=x^3,x\in D.$

设计意图：虽然本题仍然是判断两个函数相同，但较例2要求学生对函数的定义理解更加透彻。函数相同的实质是定义域和对应关系完全一致，而函数的表达式只是一个外在形式，是要看对确定的 x，根据对应关系得到的最终结果是否一致。

（五）课堂小结

1. 函数的定义；

2. 函数的两个要素：定义域 D、对应关系 f；

3. 函数相同：两个函数的定义域和对应关系完全一致。

五、教学反思

本节内容从教材的处理方式来看，是由两个具体函数的例子，提炼出它们的共性，揭示一个量之值随另一个量之值的确定而按一定的对应关系唯一确定，进而抽象出函数的概念，给出函数的定义，在此基础上指出函数的两个要素，通过函数的两个要素判断两个函数是否相同。教材中涉及三个例题，包括求函数的定义域，判断函数是否相同，求函数的值域。

以学生为主体、结合学生的学情考虑，函数的概念具有高度抽象的特点，对学生来说是不容易理解的，概念生成也需要大量铺垫，而求函数的值域是函数板块较难的一个问题，故在教学过程中删去了教材中的例题 3，力求将教学重点放在函数概念本身，让学生充分理解函数的本质是一种对应关系。整节课采用启发式教学的模式，通过问题链的形式，引导学生进行思考。其间，辅以探讨、交流和相互评价，促进学生对问题思考的深度。

对于本节课，概念教学是数学教学的核心之一，而函数的概念又更具独到之处。如何在"双新"背景下，通过创设恰当的情境，帮助学生慢慢生成用集合语言刻画的函数定义，在教学设计中反复琢磨与调整。课堂上对函数概念的辨析培养了学生的数学核心素养，锻炼学生的逻辑思维能力。渗透在整堂课程中的数学史教育，更是让学生感悟到近代数学家治学严谨、求真求实的态度，力求将德智融合落到实处。

两个高中数学应用型课题的教学启发

——以上教版高中数学"用函数的观点求解方程与不等式"与 "利用导数研究函数的单调性"为例

宋 婧

摘 要：在"双新"的全面实施的背景下，上教版高中数学增添了一部分新的内容，作者通过对其中两个新增高中数学应用型课题的教学实践，分析教学设计，联系两者教学环节类似的部分，旨在得到一些常用的应用教学的教学实施步骤，能对其他应用型课题产生一些教学启发。

关键字：高中数学 应用教学

1 教学内容分析

1.1 课题：用函数的观点求解方程与不等式

函数是高中数学的核心内容，函数用动态的眼光看世界，通过方程的解和函数的零点之间的联系，将方程有解的转化为函数的零点，体现了函数在解决数学问题中的应用，本节课为上教版新教材新增内容，安排在第五章函数的基本性质之后，它将函数与方程及不等式系统地联系在了一起，也为后续利用"二分法"求近似解的问题起到了铺垫的作用。

1.2 课题：利用导数研究函数的单调性

本节课是选择性必修第五章"导数及其应用"第三节"导数的应用"的第一课时。前几节课学习了导数的概念、几何意义以及导数的运算法则，在此基础上，我们可以用导数来研究函数的性质，通过本节课利用导数研究函数的单调性，感悟到导数作为研究函数单调性强有力的工具，为继续研究函数的几何性质提供了通法，为后续利用导数解决现实问题作铺垫，从而理解利用导数研究函数的性质不仅是数学本身的需要，更是现实世界的需要。

1.3 分析

两个课题皆为应用型课题教学，都是在学习了相关新知的概念、性质等之后展开应用，而应用的内容都是旧知，在之前也涉及了其他方法，是建立在学生原有的认知结构上将新的方法应用于此，从而体会到本节课所带来的便利。

2 教学过程分析

2.1 新知引例

2.1.1 课题：用函数的观点求解方程与不等式

引例：在区间 $(0,+\infty)$ 解不等式 $x^4 + x > 2$。

2.1.2 课题：利用导数研究函数的单调性

引例：请同学根据定义判断练习 1 和 2 中函数的单调性，并写出单调区间。

练习 1：$f(x) = x^2 - 2x$；练习 2：$f(x) = x^3 - 12x$；

2.1.3 分析

2.1.1 中引例让学生求解不熟悉的不等式，感受直接求解的困难，引出本节课的内容；

2.1.2 中引例练习 1：$f(x) = x^2 - 2x$；可通过单调性定义可知，函数在 $(-\infty, 1]$ 上是严格减函数；在 $[1, +\infty)$ 上是严格增函数，二次函数的单调性也已经在必修一中验证过。练习 2：$f(x) = x^3 - 12x$；可设实数 $x_1 < x_2$，$f(x_1) - f(x_2) = (x_1 - x_2)(x_1^2 + x_1 x_2 + x_2^2 - 12)$，可以从上式判断出，函数在 $(-\infty, -2]$ 上是严格增函数，在 $[2, +\infty)$ 上也是严格增函数，但是对于 $[-2, 2]$ 上的单调性无法判断，可能还需进一步对该式进行变形，比较困难。

两个课题皆让学生利用所学的旧知解决问题，感受用以往知识求解不同问题的困难，从而希望联系由本章所学知识挖掘得到新方法。

2.2 新知生成

2.2.1 课题：用函数的观点求解方程与不等式

活动：用函数的观点求解方程：方程是 $x^3 + 2x = 99$ 是否有整数解？并说明理由。

【问题 1】分小组讨论如何解决该方程是否有解问题？以及是否有整数解

问题？

【预设】学生汇报，用计算器得到该方程有解，解为 4.482002117，猜测，方程没有整数解。

【问题2】通过计算器计算初步判断该方程没有整数解，那么该如何说明该方程没有整数解呢？能否用学过的知识，比如利用函数的基本性质进行说明呢？

【小组活动】学生利用计算器计算给出了初步判断，同时，通过描点绘制函数 $f(x) = x^3 + 2x - 99$，发现函数的零点只有一个，并且该零点在 4 和 5 之间。如图 1，然而，如何说明它的准确性？函数在实数域中真的只有一个零点吗？这个零点一定不是整数吗？这些都是需要证明的。针对这些问题，请同学们讨论，并分享。

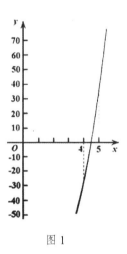

图 1

【问题3】如何说明函数 $f(x) = x^3 + 2x - 99$ 在 R 上只有一个零点？并且该零点一定不是整数。

【预设】观察到函数可能是 R 上的严格增函数，若此结论成立，如果在 R 上存在零点，那么只可能有一个零点，并且自变量小于零点的函数值小于 0，自变量大于零点的函数值大于 0。所以只需寻找与零点左右相邻的两个整数对应的函数值是一正一负即可。

【解答】$x^3 + 2x = 99 \Leftrightarrow x^3 + 2x - 99 = 0$，记 $f(x) = x^3 + 2x - 99$

（利用函数的单调性）对任意给定的 x_1、$x_2 \in \mathbf{R}$，当 $x_1 < x_2$ 时，根据不等式的性质，可得 $x_1^3 < x_2^3$，且 $2x_1 < 2x_2$，则 $f(x_1) < f(x_2)$，故函数 $y = f(x)$ 在 R 上是严格增函数。

（说明零点不是整数）经计算，得：$f(4) = -27 < 0, f(5) = 36 > 0$。又函数 $y = f(x)$ 在 R 上是严格增函数，所以，当 $n \in \mathbf{Z}$，且 $n < 4$ 时，$f(n) < f(4) < 0$；而当 $n \in \mathbf{Z}$，且 $n > 5$ 时，$f(n) > f(5) > 0$。

因此，任一整数一定不是函数 $f(x) = x^3 + 2x - 99$ 的零点，从而原方程没有整数解。

2.2.2 课题：利用导数研究函数的单调性

函数的单调性研究的是在一个区间上函数值随自变量增大而增加（或减小）的性质，是函数在这个区间上整体的性质，而导数指的是函数的瞬时变化率，反映的是当自变量发生变化的瞬间，函数值随之发生的增减变化，是函数局部的性质。能否将导数作为研究函数单调性的工具呢？

【活动】我们来借助计算机作图观察刚刚练习 1 中的部分函数图像与其导函数的图像，导数与函数的单调性有什么关系吗？

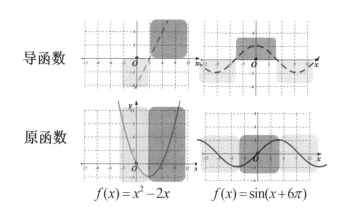

图 2

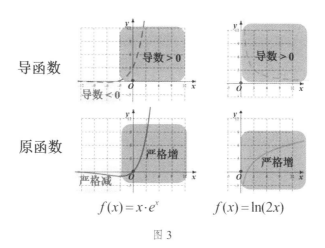

图 3

【解答】我们发现，区间 I 上，对于任意 $x \in I$，均成立 $f'(x) > 0$ 时，函数 $y = f(x)$ 在该区间上严格增；若均成立 $f'(x) < 0$ 时，函数 $y = f(x)$ 在该区间上严格减。

【问题 1】那如果在区间 I 上对于任意 $x \in I$，$f'(x)$ 恒为零，函数 $f(x)$ 有什么特点？

【解答】函数 $f(x)$ 在区间 I 上为一个常数。

将此发现作为一个定理：在区间 I 上，若 $f'(x) > 0$ 时，函数 $y = f(x)$ 在该区间上严格增；若 $f'(x) < 0$ 时，函数 $y = f(x)$ 在该区间上严格减。

2.2.3 分析

2.2.1 中的例 1 选自教材 P130 例 5，旨在说明方程与函数之间的关系。在问题的分析求解过程中，让学生体会研究方程在给定数域上是否有解的问题，可以转化为函数在给定区间上是否存在零点的问题，进一步利用函数的基本性质研究，学生通过信息技术及计算器对方程的解进行初步判断，师生活动呈现函数在实数域有且只有一个零点的事实。

2.2.2 中，由于此定理的证明需要高等数学中的一些微分中值定理，超出了高中数学所学的知识，组织学生从几何直观出发，对具体的函数进行研究，探究导数与函数单调性之间的关系。

两者皆借助信息技术，旨在从几何和代数多方面对结论进行观察探究，从而顺利展开本节课的内容。

2.3 新知辨析

2.3.1 课题：用函数的观点求解方程与不等式

思考：下列不等式和函数之间有怎样的关系？

不等式（1）$2x > 3$；函数（1）$y = 2x - 3$。

不等式（2）$x^2 - 2x - 3 > 0$；函数（2）$y = x^2 - 2x - 3$。

不等式（3）$2^x + \log_2 x > 2$；函数（3）$y = 2^x + \log_2 x - 2$

【总结】在求解含有一个未知数的不等式时，经过适当化简，总能化为在一定的范围 D 内求解形如 $f(x) > (\geqslant)0$ 的不等式，这里 $y = f(x), x \in D$ 是一个与之对应的函数。

不等式 $f(x) > 0$ 在集合 D 中的解；就是函数 $y = f(x), x \in D$ 函数值大于 0 时自变量 x 的范围；也是该函数在 x 轴上方的图像交点的横坐标的范围。三者是同一事物的三种不同说法。

【回顾旧知】对于第二章学习的一元二次不等式 $x^2 - 2x - 3 > 0$；分析对应的二次函数 $f(x) = x^2 - 2x - 3$，观察图像（图 4）：

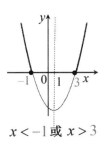

$$x < -1 \text{ 或 } x > 3$$

图 4

【问题】为什么观察得到的一元二次不等式的解一定是正确的？

函数在 $(-\infty, 1]$ 上是严格减函数；在 $[1, +\infty)$ 上是严格增函数，

当 $x > 3$ 时，$f(x) > f(3) = 0$；

当 $x < -1$ 时，$f(x) > f(-1) = 0$；

当 $-1 \leqslant x \leqslant 3$ 时，总有 $f(x) \leqslant 0$。

【总结】因此，在第二章我们通过因式分解或配方得到的一般一元二次不

等式的解是正确的，而今天我们用函数的眼光来研究这一问题，通过数形结合就容易得出结论，相信学生对此问题会有更深刻的理解。也能体会到函数在求解不等式的问题中的应用。

$f(x)=ax^2+bx+c(a>0)$	$b^2-4ac>0$	$b^2-4ac=0$	$b^2-4ac<0$
零点	x_1、$x_2(x_1<x_2)$	x_0	不存在
大致图像			
$f(x)>0$的解集	$(-\infty,x_1)\bigcup(x_2,+\infty)$	$\{x\mid x\neq x_0\}$	**R**
$f(x)<0$的解集	(x_1,x_2)	$\varnothing$	$\varnothing$

图 5

2.3.2 课题：利用导数研究函数的单调性

在导数值均存在的前提下，导数值由正变为负或者由负变为正时，会出现导数值等于 0 的点，可以通过导数等于 0 时自变量的值来划分自变量的区间，即找到函数的驻点。

例 1：$f(x)=x^2-2x$；

第一步：求导函数 $f'(x)=2x-2$；

第二步：找到驻点，令 $f'(x)=2x-2=0\Rightarrow x=1$ 为此函数唯一的驻点；

第三步：通过驻点划分开区间填表，计算各个区间上导函数的正负：

表 1

x	$(-\infty,1)$	1	$(1,+\infty)$
$f'(x)$	恒小于 0	0	恒小于 0
$f(x)$	严格减	$f(1)$	严格增

第四部：根据表格写出结论

函数在 $(-\infty,1)$ 上是严格减函数；在 $(1,+\infty)$ 上是严格增函数，单调增区间为 $(1,+\infty)$，单调减区间为 $(-\infty,1)$。

我们通过之前的研究发现其函数在 $(-\infty,1]$ 上是严格减函数；在 $[1,+\infty)$ 上是严格增函数，事实上，我们可以感知到，一个连续的函数开区间 (a,b) 上的单调性可以延拓到相应闭区间 $[a,b]$ 上的单调性，但由于我们缺乏对极限及连续的数学定义，因此在用导数研究函数的单调性时，不要求大家对区间端点进行考虑，教材上的单调区间也全部使用了开区间。

例2：$f(x)=x^3-12x$；

第一步：求导函数 $f'(x)=3x^2-12$；

第二步：找到驻点，令 $f'(x)=0 \Rightarrow x=\pm 2$ 为此函数的驻点；

第三步：通过驻点划分开区间填表，计算各个区间上导函数的正负：

表2

x	$(-\infty,-2)$	-2	$(-2,2)$	2	$(2,+\infty)$
$f'(x)$	$+$	0	$-$	0	$+$
$f(x)$	严格增	$f(-2)$	严格减	$f(2)$	严格增

第四步：根据表格写出结论

函数在 $(-\infty,-2)$ 和 $(2,+\infty)$ 上是严格增函数；在（$-2,2$）上是严格减函数，单调增区间为 $(-\infty,-2)$ 和 $(2,+\infty)$，单调减区间为（$-2,2$）。

通过导数我们可以判断之前难以判断的（$-2,2$）上的单调性，并对比计算机画出的图像，从而对这个函数有了更直观的认识，需要注意的是，这里的两个单调增区间不可以取并集。

接下来我们还是来看一个三次函数的例子，请同学们自行完成，并分享结果。

例3：$f(x)=x^3$

第一步：求导函数 $f'(x)=3x^2$；

第二步：找到驻点，令 $f'(x)=0 \Rightarrow x=0$ 为此函数唯一的驻点；

第三步：通过驻点划分开区间填表，计算各个区间上导函数的正负：

表 3

x	$(-\infty,0)$	0	$(0,+\infty)$
$f'(x)$	恒大于 0	0	恒小于 0
$f(x)$	严格增	$f(0)$	严格减

第四步：根据表格写出结论

函数的单调增区间为 $(-\infty,0)$ 和 $(0,+\infty)$。

【问题 1】我们通过之前的学习知道，函数 $f(x)=x^3$ 在 R 上为严格增函数，说明我们通过定理得到的结论还需要完善，如何进一步分析呢？

驻点两侧导数值的正负没有发生变化，永远成立 $f'(x)\geqslant 0$，因此函数在该驻点两侧的单调性没有发生改变，又由于函数 $f(x)=x^3$ 的图像是一条连续的曲线，因此该驻点不可以作为单调区间的分界点，该函数的单调增区间为 $(-\infty,+\infty)$。

通过这个例子我们可以发现，由于驻点两侧导数值的符号未发生改变，恒大于等于 0，我们并不能将驻点作为单调区间的分界点，这是需要大家注意的。

【问题 2】通过例子我们还能得出：函数在区间上的导数值大于（或小于）0 是该函数在相应区间上严格增（或减）的什么条件？充分非必要条件

【问题 3】至此，我们研究的函数均存在驻点，我们都是找到驻点来划分区间，还要注意判断驻点两侧导函数的正负是否发生改变，那么驻点是否唯一可能划分函数单调区间的分界点呢？我们来看这样一个例子。

例 4　$f(x)=x^{-2}$

第一步：求导函数 $f'(x)=-2x^{-3}$；

第二步：令 $f'(x)=0$，该方程无解，该函数没有驻点；

我们之前学习过该幂函数，知道其大致图像，单调区间的分界点应该为 0，0 不在定义域中，因此：

第三步：尝试该函数无定义的点作为单调区间的分界点：

表 4

x	$(-\infty,0)$	$(0,+\infty)$
$f'(x)$	恒大于 0	恒小于 0
$f(x)$	严格减	严格增

第四步：根据表格写出结论

函数的单调增区间为 $(-\infty,0)$，单调减区间为 $(0,+\infty)$。

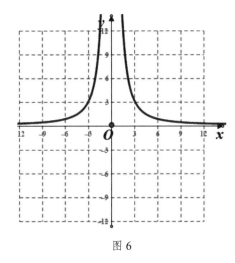

图 6

因此我们发现，定义域取不到的值也可能为函数单调区间的分界点。

【问题 4】我们可以总结一下利用导数研究函数单调性的一般步骤吗？

1. 求导函数；

2. 求驻点；

3. 由驻点或者函数无定义的点作为区间的分界点，在这些定义域的各个子区间上判断导函数的正负、从而判断函数在对应区间上的单调性，特别注意：当驻点两侧导数值的正负并未发生改变时，驻点不能作为单调区间的分界点；

4. 根据表格，写出结论。

2.3.3 分析

2.3.1 中，在教材的基础上，作者在教学实践中增加了这三个等价关系在不等式中的体现，尝试让学生自主通过之前的归纳类比出在不等式中的结论，从而，更自然地衔接到旧知的再复习，之前学习第二章不等式时，通过因式分解或配方得到的一般一元二次不等式的解是正确的。

2.3.2 是对一个陌生的定理辨析，作者给出了多个例题，首先观察定理内容，得到需要找到导数值等于 0 时自变量的值，从而便于我们进一步分析单调性，联系之前所学的知识，这个值就是函数的驻点。接下来通过两个例题对定理直接应用，研究一个较为熟悉的二次函数以及刚刚难以处理的三次函数，接受定理并体会定理所带来的便捷；之后再通过一个反例，深化对定理的理解，由于驻点两侧导数值的符号未发生改变，恒大于等于 0，我们并不能将驻点作为单调区间的分界点，这是需要注意的。因此我们可以通过导数值正负判断函数的单调性，但反之不一定，函数在区间上的导数值大于（或小于）0 是该函数在相应区间上严格增（或减）的充分非必要条件；最后一个例题帮助理解驻点并不是唯一可能划分函数单调区间的分界点，函数无定义的点也可能作为区间的分界点，而我们一开始研究驻点的是因为，在实数集上导数均存在前提下，导函数的值符号改变必存在驻点，因此可能可以作为划分单调区间的分界点，而函数无定义的点也往往蕴含着函数一些重要特征，因此也可以尝试将其作为单调区间的分界点，然后进行导数值正负，最后总结一般情况下利用导数研究函数单调性的一般步骤，梳理做题思路。

两个课题的教学中，皆联系了旧知，借助之前所教学的内容进行验证，对新知所得到结论进行观察确认，使得学生由螺旋式上升的方式理解所学知识。

2.4 新知应用

2.4.1 课题：用函数的观点求解方程与不等式

【解决引例】在 $(0,+\infty)$ 上解不等式 $x^4 + x > 2$。

【学生活动】构造函数——分析函数

【总结】若一个不熟悉的方程或不等式所对应函数的零点和单调性较易得出时，可尝试利用函数求解，在分析的过程中，灵活使用计算器得到数据，辅助自己的猜想并证明。

2.4.2 课题：利用导数研究函数的单调性

【学生活动】请同学举出一个不熟悉的函数解析式，进行小组讨论，研究其性质，并画出大致图像

【思考】一般情况下，我们就可以根据以上步骤，利用该定理由导数的正负判断函数的单调性，那么导数的值的大小又可以揭示函数怎样的特征呢？

2.4.3 分析

在之前的新知辨析中，选用学生所熟悉的例子，联系旧知，希望他们通过比较结果的一致性接受定理，而在此环节中，希望学生通过处理陌生问题，帮助学生体会本节应用课堂在解决问题时的便捷之处，也感悟函数在解决方程与不等式问题时的作用，以及导数作为研究函数性质的强有力的工具。

3 总结

对于应用型的课堂教学，首先，可找寻一些旧知解决困难的例子作为引例；在定理生成的过程中，活动设计可多借助信息技术，观察图像和数值，从而发现一般规律；在定理辨析的过程中，可联系学生所学旧知，从熟悉出发，对比新知所得到的结论，进行再确认，从而也对旧知进行了巩固，使得学生由螺旋式上升的方式理解所学知识；最后再利用新知处理回归引例，或者陌生问题，让课堂更完整，也让学生在相信新知的同时，感受到新知所带来的便利，不仅是对学习内容的概括和进一步理解，也是解决问题的思想和方法层面上的能力提升。

【参考文献】

［1］《普通高中数学课程标准》（2017年版2020年修订）人民教育出版社2020年5月［M］.

［2］杜美英.浅谈数学定理的教学——以零点存在定理为例［J］.中学数学，2020（03）.

［3］李玲，郭姣，赵冬梅等."探究式教学法"在戴维宁定理教学中的应用［J］.电脑知识与技术，2017，13（06）.

［4］向利平，曾辉.怎样教"用函数的观点看方程（组）与不等式"？［J］.湖南教育（下），2012（01）.

基于学生活动的教学实践案例

——以包"粽子"引出的一个问题为例

陆劼卿

1. 实践背景

在"双新"全面实施的背景下，创设学习情境的必要性以及设计学生活动的重要性受到了广泛的认可。在情境创设的过程中教师应尽量选择学生熟悉的、符合其学情的实际情境；在学生活动的设计中教师应根据预设目标，平衡活动的发散性和有效性。笔者就上述两点，思考并设计了一个基于学生活动的教学案例，在端午节前夕对已完成立体几何章节学习、无数学建模基础的学生授课，并在实施的过程中形成了一些反思和心得。

2. 教学设计简述

2.1 情境引入、问题提出

端午节来临，为纪念爱国诗人屈原，某社区将开展"包粽子，迎端午"活动。经过讨论，居委会决定将粽子包为如图1的形状。一般的，包粽子需要用细绳将粽子扎起来，本节课就从数学的角度来研究用绳子"扎紧"粽子这一问题。

图1

生活中的粽子是不规则的几何体，为了研究的方便，我们可以将粽子看成与之形状相似的正四面体，思考绳子经过正四面体表面环绕一周的情况。结合实际生活，将起点设置在正四面体的一条棱上，终点与起点重合，即绳子在正四面体表面形成了一段闭合路径。

【设计意图】上教版必修四教材中有包装彩带的案例，与包"粽子"有相似之处，选用正四面体作为模型是由于它面数较少，实现"扎紧"的方法也相对简单，借此渗透数学建模思想；学生有利用表面展开求几何体的表面积的经验，也解决过几何体表面两点间最短路径问题，较低的起点可以让每位同学参与到学生活动之中。

2.2 数学抽象、明确目标

环节一：为每位学生提供纸质正四面体模型，绳子等工具，小组合作探究。学生用细绳在正四面体的表面形成一段闭合路径，并思考是否能"固定"正四面体，得出必须每个面都要有线绕过的结论。

环节二：除了防止滑落，还需要将四面体扎紧，以防粽叶散开。要满足这一要求，可行的路径应是以该点为起点和终点的、经过正四面体表面的最短路径。

【设计意图】借助实验，抽象出该闭合路径是在一定限制下的最短路径，将实际问题转化为数学问题。

2.3 推理探究、问题解决

环节三：用红色记号笔，沿着细绳，在正四面体上描下这一路径，思考如何从理论上证明这条路径是满足要求下的最短距离。

环节四：将正四面体的表面展开为平面图，说明路径长度的最小性。

环节五：如果改变起点在棱上的位置，是否能够得到更短的距离？

【设计意图】提出需说理证明和拓展探究的问题，通过活动展开深度学习。

2.4 课堂小结、布置作业

学生从研究问题，方法和与实际生活的联系等多个角度进行课堂小结。

课后作业：试着包几个粽子，根据粽子的形状抽象成与之相似的几何体，并解决路径和绳长问题。另外，按照生活经验，包粽子时，从面上任一点开始绕绳子都是可行的，思考若以面上某点为起点和终点，如何确定该路径？

【设计意图】作业题是更符合实际生活的假设和抽象，学生可以将课堂中的研究经验迁移到新的几何体的研究中，用以解释实际生活中的现象，体会数学运算和逻辑推理对现实生活的指导和说明作用。

3. 教学实践分析和反思

在情境引入的过程中，即将到来的端午节是学生熟悉的情境，学生的兴趣一下子被激发了起来。学生对粽子很熟悉，但多数学生没有包粽子的经验，因此该情境在熟悉中又有陌生的地方，学生有进一步研究的意愿。

在数学抽象的过程中，很多学生画出的路径并未经过正四面体的所有表面，也有部分学生自己纠正了这一错误。教师展示学生的扎法，让自主纠正了的学生点评，其他学生或跃跃欲试或恍然大悟，顺利地完成了环节一。在环节二中，学生并未画出类似图 2 的图形，几乎所有学生都画出了图 3，但学生对图 3 中路径特点的描述主要集中在中位线、与棱平行等方面，没有归纳出该路径的最小性。授课中，教师要求学生实验图 2 的扎法并扎紧，研究路径的变化。但学生"感觉"图 3 的路径肯定是可行的，没有进一步研究的必要，因此学生对这个实验的兴趣不高。最后，教师使用平面上拉紧绳子会形成最短路径类比到几何体表面，解决了抽象出最小性的问题，但耗费了很多时间，学生活动的热情也有所下降。

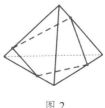

图 2

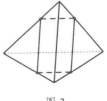

图 3

课后对比学生在环节一和环节二中表现的反差，笔者有以下两点反思：

1. 学生对于自己没有遇到过的问题兴趣不高；

2. 正四面体的性质特殊，学生感知到的"平行""中位线"等都是对的，也是学生解决本问题最容易想到的方法。因此，教师应当做好预设，设计引导方法。例如，如图 3 的路径是否是唯一可行的路径呢？图 2 中的路径可行吗？学生在此处可能会有不同意见，也可能产生认知冲突，从而有实践的兴趣，再类比并完成抽象。

在推理探究的过程中，学生呈现了三种展开图，并得到以下结论：

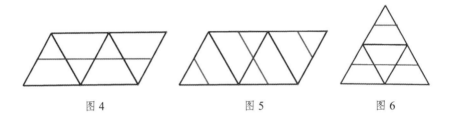

图 4　　　　　　　　　　　图 5　　　　　　　　　　　图 6

1. 图 5、图 6 里线段是断开的，无法说明最小性，图 4 可以说明。

2. 以图 7 和图 8 为例，解释图 5 中路径断开的原因：若将 AB 的中点 D 视为起点，则在三角形 ABP 中所成的线段是 DE，无法在展开图中形成连续的线段。

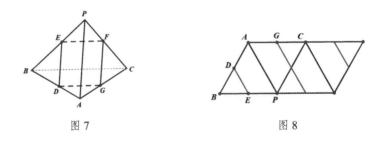

图 7　　　　　　　　　　　　图 8

3. 将图 6 中的一个正三角形剪下，可以拼接成图 4，展开图中的同一条棱才能拼接到一起，图 5 也可以通过拼接转化为图 4。

4. 实验中直观感受到的"中位线"确实是最短的闭合路径之一。起点不同，符合条件的路径长度都是相等且最短的。而"符合条件的闭合路径在每个面上都与棱平行"是正四面体的特殊性质。

推理探究的环节中，课堂的氛围是十分热烈的，原因包括：每位学生都有正四面体模具，能获得几何直观经验；问题的起点较低，无论数学还是生活情境都是学生相对熟悉的，容易上手开展探究；随着研究的深入，符合条件的闭合路径的最小性，正四面体的多种展开方式，路径在不同展开方式下的图形及其原理都是值得学生深入思考的；问题的结论既有在情理之中的部分，也有意料之外之处；学生对推理实验结果背后的原因有兴趣，也能收获成就感。

4. 对基于学生活动的教学设计和实践的思考

根据实践及反馈，基于学生活动的教学设计应当联系生活实际，选择学生相对熟悉的情境，体现出数学在实际生活中的应用，发展数学抽象和数学建模核心素养；要控制问题探究的难度，让所有学生都可以高度参与到活动和研究中；问题要有进一步拓展的空间，有必要在活动中深度探究，从而渗透数学思想，发展核心素养。

实际授课中，激发并维持学生的研究热情是很重要的。教师要尽可能顺着学生分析过程中自然遇到的问题推进课堂节奏。若为深入探究，有必要提出有价值的但学生未遇到的问题，可以尝试让学生形成认知冲突，以激发学生学习的积极性。另外，数学课堂的逻辑性、问题的开放性与挑战性都能促使学生主动地深入思考。

对高中物理课堂提问有效性的思考及探索

姜玉萍

摘　要：课堂提问是高中物理教学过程中的基本环节，是激发学生思维的重要手段。高质量的提问，可以帮助学生融合新旧知识，拓展思路，加深对概念、规律的理解，培养学生的科学思维能力，对提高学生的核心素养有着重要的作用和意义。本文主要通过对高中物理课堂的观察和分析，探讨影响课堂提问有效性的若干因素。

关键词：课堂提问　有效性　思维

一、有效提问是促进思维发展的重要方法

教育教学的过程，从来不是为师者向学生的单向灌输，从孔子、亚里士多德与学生的不朽谈话，到巴西教育家保罗·弗莱雷所倡导的"没有了对话，就没有了交流；没有了交流，也就没有真正的教育"，无不显示有效的教育教学应该是师生共同参与的互动过程。

在课堂教学中，提出问题、解答问题、反馈问题是师生之间互动的一种重要形式。问题是科学研究的出发点。没有问题就难以诱发和激起求知欲；没有问题或感觉不到问题的存在，学生也就不会去深入思考，学习就变成了表层和形式的；没有问题就不会形成解释问题和解决问题的思想、方法和知识。美国教育家杜威倡导"要让学生在提出问题、解决问题的过程中获得知识和技能"。

有效的提问可以调动学生积极性，激发学生兴趣，能将教学内容引向深入，促进教学对话的动态生成，不仅可以使学生获得知识和技能，更是引发学生心理活动，促进思维能力发展的一种方法和手段。

"为何问？""问什么？""如何问？""问得如何？"这些问题都是值得我们一线物理教师在日常教学实践中反复推敲和研究的。

二、课堂提问有效性的标准

什么是有效的课堂提问？不同的学者对此有不同的界定思路，有的研究者将其与无效提问、低效提问进行对比；有的研究者从教学行为角度进行分析辩证；有的研究者从提问所包含的内容出发，不仅涉及内容，还兼顾策略；有的研究者则将有效课堂提问的特征作为切入点。无论哪种界定方式，真正有效的课堂提问，都应该是能够激发学生的求知欲望，引发积极思考，体现学生主体性，指向师生对话性，指向学生思维发展。基于上述目标，有效的课堂提问，应当具有如下特征：

1. 有效的课堂提问要有针对性

课堂教学时间有限，提问要紧扣教学目标和教学内容，教师应以此作为设计问题的依据。问题本身要清楚、易懂、简短、无歧义，还要针对学生已有的知识水平，找准问题的切入点，即不能太难或太易。

2. 有效的课堂提问要有层次

美国教育学家、心理学家布鲁姆提出认知过程有六个等级，即记忆、理解、应用、分析、评价、创造，前四个等级通常被称为"低阶思维"，而"评价"和"创造"通常被称为"高阶思维"。课堂问题的设计，要根据学生回答问题时所需背景知识的复杂性和能力水平，以及解决问题后所能获得的知识和能力的发展，分出相应的层次，尽量避免提问大量低阶思维的问题，尽可能通过高阶思维问题，启迪学生愿思考、勤思考、会思考。

3. 有效的课堂提问要有一定的开放度

有效的课堂提问中，一定包含着同时有多个合理答案的开放性问题。由此引发的多样化的解答是学生高品质思维的最佳体现。这里的开放有两层含义：

一是问题答案的个数不要过于唯一,二是问题答案要有一定的深度和广度。这样的问题在课堂中出现的数量或许不多,但长期坚持,必然有利于学生思维的发展。

4. 有效的课堂提问需要有效的评价

学生回答问题后,教师要给予及时、客观的激励性评价。如果学生的回答是错误,教师要引导学生剖析自己思维的错误所在,帮助学生尽可能自己走出误区,探寻到正确的结论,而不是只给出一个结果性的评价。教师应把学生的错误回答视为很好的教育资源,在引导学生反思中促进学生思维发展。如果学生的回答是正确的,也要及时给予肯定,分析学生回答中的闪光点。教师的评价不能着眼于学生回答结果的"对或错",而是应该深入到学生思考过程的"对或错",给出更多质性分析。

三、高中物理课堂提问的现状

通过多年来聆听区内兄弟学校物理教师的公开教学、我校组内同事的交流课以及网上平台的示范课,笔者发现,物理教师提问的思维层次一般较高,提问数量也比较适中,平均一节课12—14个问题,并能通过3—5个核心问题形成问题链,从而提高了课堂教学的有效性。但还存在着一些问题。

1. 问题的指向性不够明确

物理教师在提问过程中,存在指向性不明确的问题。如在一节《感应电流的产生》课中,教师演示了条形磁铁插入和拔出过程中,灵敏电流计指针出现偏转,提问:"你看到了什么?"学生回答:"看到了磁铁插进去、拔出来。"显然学生的回答并不是教师的提问意图,造成这种偏差的原因在于教师提问指向不够明确。如果老师的提问改成"请同学们仔细观察灵敏电流计,你看到了什么?"那么学生的回答一定是"我看到了灵敏电流计指针发生偏转",那么老师就可以继续抛出问题"指针偏转说明回路中有什么",引导学生发现电磁感应现象。一个不明确的问题,使得学生无从回答起,思维就无法一步步深入下去。

2.低阶思维水平的问题较多

一些教师在课堂教学中，提出的问题过多地停留在"对不对""是不是""是什么"等低阶思维层面。如《机械波的形成》一课中，教师在讲解波的传播方向与质点振动方向的关系时，连续问了六个点的振动方向是"向上还是向下"，学生只需回答"上""下"即可，对于已经搞清楚两者关系的学生，分析六个点的情况太过多余，而第一点没弄明白的学生，即使问到第六遍，思维还是一片混乱。如果教师在分析一两个质点的振动后，能总结规律，再举一反三，那么学生的思路就会清晰很多。或者得到回答后，让学生之间进行点评，通过课堂小型头脑风暴的方式，在你争我辩中发现规律，找到结论。为提问而提问，只会让学生在鲜有思维价值的问号前疲于奔命，使课堂陷入低效的"满堂问"之中，对提高学生的思维品质并无多少益处。

3.对学生回答的评价能力有待提高

评价是课堂提问中不可或缺的环节，即使学生的回答正是教师所需要的答案，有时并不代表学生的回答是完善的，其他学生是能听明白的。在《机械能守恒》的教学中，课堂尾声时，需要总结出守恒条件，教师多半会请学生作答，而学生也多半能回答出"只有重力做功"这一正确答案。如果听到答案后，教师不做追问，是很难辨别学生是否真正理解只有重力做功的内涵的，因为书上就有原话。因此教师在肯定学生的回答后，最好能再进一步提问："只有重力做功是只受重力的意思吗？""你能再给大家举个例子吗？"当学生回答出现困难时，更不可以只给其3—5秒的思考时间，而是应当给予多一些等待和适当的引导，以期能启发学生积极的思考。及时、高质的评价，能让学生了解自己的思维漏洞，促进学生学习的积极性，从而以主动的心态投入到新一轮的学习中去。

四、课堂提问的实例分析

以华东师大版（上海）拓展型课程 I 第二册（试用版）第十二章《电磁感应》A 节《楞次定律》的三个教学片段为例，谈谈课堂教学中的提问。

片段一：课题的引入

教师现场通过无线充电设备给一部手机充上了电。教师用一段 30 秒的视频对无线充电的原理做了简要介绍，重点突出此技术的原理之一就是电磁感应，就此引入课题。

提问：感应电流是电磁感应现象的体现，我们已经学过一种确定感应电流方向的方法，同学们能不能叙述一下该方法，并把它用于判定无线充电中手机端的电流方向呢？

教师将判断感应电流方向这一问题放在一个真实的生活背景中，首先让学生感觉到这是一个"真问题"，能够引发学生兴趣。教师在问题中明确要求学生用已学过的知识去解决新问题，问题指向性非常明确。但是，学生在思考过后，发现已有的方法无法解决新问题，从而激起他们强烈的获取新知识的欲望。该问题能对学生思维发展起到推进的作用。

片段二：猜测影响感应电流方向的可能因素

教师演示将条形磁铁的不同极插入或者拔出线圈时，与线圈串联的灵敏电流计指针会出现左偏、右偏两种情况，引导学生猜测影响感应电流方向的可能因素，并利用实验器材加以验证，最终得出结论。

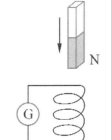

提问：灵敏电流计的偏转情况只有两种，这说明线圈中的感应电流方向亦只有两种情况。那么同学们觉得哪些因素会影响感应电流的方向呢？

该问题属于开放式问题，学生提出了诸多可能：磁铁磁场的方向、磁铁插入与拔出的方向、磁铁插入和拔出的速度、线圈的匝数、线圈中磁通量的变化情况、线圈与电流计的连接方式等。由于问题足够开放，因此学生的回答也体现了思维的活跃性。

进一步追问：同学们提出了这么多种可能，你认同别人的猜想吗？

在一些同学回答上面一个问题的时候，其实有些学生已经在小声评价着别人的回答了。教师及时发现课堂中不一样的声音，通过提问，引导学生评价他人的观点，通过控制变量法进行简单的实验操作可以排除一些明显错误的猜测，比如与磁铁插入和拔出的速度、线圈的匝数有关等。学生的思维从开始的发散，到在教师指引下对各种可能性进行评估，最终确定了两种需要进一步通过实验验证的猜想，即线圈中的磁场方向和磁通量的变化。教师的提问层层递进，逻辑清晰，学生的思维品质得以升级，解决问题的能力也得到了提高。

片段三：得出结论

在学生进行实验探究、根据现象填写表格后，教师引导学生寻找决定感应电流方向的因素。

提问：从表格中我们记录的数据看来，感应电流的方向与磁通量的变化、磁场方向，似乎都没有直接的联系。既然没有直接联系，老师想，可能应该有一个中介吧？同学们想一想，磁铁和线圈之间是通过什么发生相互作用的呢？我们能不能找到一个它们的中介？

学生小组讨论后，得出磁铁和线圈之间是通过磁场发生相互相互作用的，实验中除磁铁外，线圈内的感应电流也会产生磁场。

进一步提问：那么我们是不是可以来寻找一下感应电流的磁场方向与原磁场，即条形磁铁的磁场方向之间有着什么样的关系呢？

学生得出磁通量增加时，感应电流的磁场方向与原磁场反向，反之，方向相同的结论。教师肯定学生回答后，给出楞次的内容。

追问：谁在阻碍？阻碍什么？怎么阻碍？阻碍与阻止是一回事吗？你能通过楞次定律判定无线充电过程中手机线圈内的电流方向？

这部分的一连串问题设计，引导学生积极思考，找出隐含变量，最终归纳出结论：感应电流的磁场总是要阻碍引起感应电流的磁通量的变化。问题类型多样化，封闭性、开放性、应用性提问都包含其中，尽力把学生"问明白"。学生的回答总体上清晰、明确，体现了他们对该知识点的理解程度颇高，并能顺利解答特定情境下手机线圈内的电流方向问题，课堂教学效果显著，目标达成度较高。

上述实例中，教师在不同环节，设计不同层次的问题，再通过各个层次间的"递进式提问"把一系列的知识点串联了起来，使学生最终顺利得出"阻碍"的结论。其实，楞次定律虽然是一个实验定律，然而从实验现象并不能直观地得到结论，需要不断地转换与归纳，挖掘出感应电流的磁场这一突破口，如何让学生在有限的时间内往正确的方向去思考，考验的是教师的课堂提问是否有效，点拨是否及时，只有这样才能更好地解决教学难点，达到预期的教学效果，提升学生思维水平。

教无定法，提问也无固定的格式。能引起学生兴趣，激发其自主学习的积极性，挖掘其学习潜能，有助于物理观念形成、思维能力提升的，都是有效的好问题。好问题能优化课堂教学，促进师生互动，引领学生思维，从这个意义上讲，课堂提问不仅是一个课题，更是一门艺术。

【参考文献】

［1］陈若君.课堂提问有效性研究——基于案例的分析［D］.福建：福建师范大学，2013（6）.

［2］陈刚.物理教学设计［M］.上海：华东师范大学出版社，2009（9）.

［3］李莉蔓.基于布鲁姆目标分类理论，提高课堂提问思维层次［J］.教育思维，2020（1）：57—58.

［4］徐超、杨震云."教师提问有效性"课堂观察量表的设置与实践［J］.物理教学，2018（10）：2—4.

［5］邹建平.浅谈提高物理课堂提问有效性的策略［J］.江苏教育研究，2013（7）：76—79.

［6］徐秀萍.新课程理念下物理课堂教学评价指标体系构建的研究［D］.上海：华东师范大学，2009（4）.

通过学习迁移，提高学生核心素养

——以线性函数的平均值问题为例

孙裕斌

摘　要：新课程标准提出要培养学生运用物理知识解决实际问题的能力，从而提高学生的物理核心素养。有效的学习迁移则是实现这一目标的重要途经之一。本文列举学生高一第一学期学习的运动学"平均值与中值"的推论，引导学生理解此推论背后的数学本质，通过学习迁移，为后续阶段自主学习与解决类似问题提供了方法与思路。

关键词：学习迁移　线性函数　平均值　中值　核心素养

在新教材新课程改革的背景下，学习迁移理论在高中物理教学中得到了广泛的应用，对提升课堂教学质量，培养学生各种学习能力大有裨益[1]。学习迁移理论强调把已学知识和能力迁移应用到后续新的学习、研究中去，通过理解原有知识的本质来重组、构建新的认知结构[3]。本文以高一第一学期最初的运动学推论为出发点，在高中物理教学中通过学习迁移与后续情境相联系，促进学生科学思维发展，将科学探究技能拓展到其他问题中去，从而更加有效地培养学生的物理核心素养[2—4]。

高一第一学期《匀变速直线运动》章节中，学生会学到一个重要推论："匀变速直线运动中，某段过程的平均速度等于该过程中点时刻的瞬时速度。"由图1（a）中 $v-t$ 图像可知，做匀变速直线运动的物体，其在某段时间内（$t_1 \sim t_2$）的图形为梯形，此面积与以 t_2-t_1 为宽，$\dfrac{v_1+v_2}{2}$ 为长的矩形面积相等，

因此 $v = \dfrac{v_1 + v_2}{2}$ 等于这段过程的平均速度。此外，直线 $t = \dfrac{t_1 + t_2}{2}$ 也是此梯形的中位线，它与斜边的交点，纵坐标线段 $v = \dfrac{v_1 + v_2}{2}$，是该段过程的平均速度，也等于 $t = \dfrac{t_1 + t_2}{2}$ 时刻的瞬时速度。本推论的数学函数本质是：一次线性函数，在某段区间内的平均值等于该区间内中点函数值（图 1（b））。

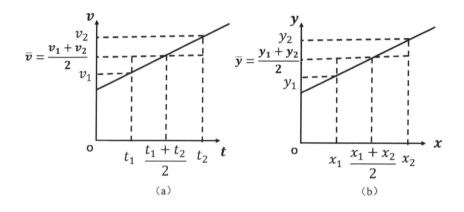

（a）　　　　　　　　　　　　　　（b）

　　图 1（a）匀变速直线运动的 $v - t$ 图像，以 $t_2 - t_1$ 为宽，v_1、v_2 为上下底的梯形面积等于以 $t_2 - t_1$ 为宽，$\dfrac{v_1 + v_2}{2}$ 为长的矩形面积。（b）为对应的数学一次函数。

　　学生在运动学章节学习中，可通过学习迁移，运用此推论进一步提高解题速率。在目前的高中物理教学中，对于平均值问题的阐述既简单也比较片面化，很多老师在教学中往往会淡化这一问题，因此学生在处理相关物理问题时，就缺少理论基础和方法。本文旨在通过高一第一学期所学的匀变速直线运动中的推论来使学生对线性函数的平均值等于中值这一推论有本质的理解，并形成科学思维，在后续学习和解题中能够通过学习迁移，灵活运用。

　　例 1. 质点做匀变速直线运动，第 2 秒内位移为 8 m，第 5 秒内位移为 20 m，求质点的加速度大小。

　　这是高一匀变速运动章节较典型的一题，本题的常规解法是：设质点初速度为 v_0，加速度大小为 a，由 $\Delta s = v_0 t + \dfrac{1}{2} a t^2 - \left[v_0 (t-1) + \dfrac{1}{2} a (t-1)^2 \right]$ 列出二元一次方程组并求解。

第 2 秒内：$2 \times v_0 + \dfrac{1}{2} \times a \times 2^2 - \left[1 \times v_0 + \dfrac{1}{2} \times a \times 1^2 \right] = 8$

第 5 秒内：$5 \times v_0 + \dfrac{1}{2} \times a \times 5^2 - \left[4 \times v_0 + \dfrac{1}{2} \times a \times 4^2 \right] = 20$

上述的解法，较为繁琐，如果用线性函数的中值等于平均值来替代，本题解法可更加简便。第 2 秒内的位移是 8 m，可得第 2 秒内的平均速度为 8 m/s，因为质点做匀变速直线运动，则第 2 秒内的平均速度等于该过程中点时刻，即 1.5 s 时刻的瞬时速度，记作 $v_{1.5} = 8$ m/s；同理 $v_{4.5} = 20$ m/s，便可由加速度定义式直接求解加速度的大小：

$$a = \frac{\Delta v}{\Delta t} = \frac{20 - 8}{4.5 - 1.5} = \frac{12}{3} = 4\,\text{m/s}^2$$

由上述例子可知，学生在高一上已经潜移默化地接触了本文观点。常规物理教学可能对于此推论的分析到此为止。而在高中后续的学习及解题中，会遇到与例 1 所类似的平均值问题，对此，笔者认为，在高一阶段，借匀变速直线运动的推论，教授学生理解这一推论的本质：一次线性函数在某区间内的平均值等于该区间中值的结论，方便学生形成科学思维，能够引导学生在后续学习中运用学习迁移能力，自主求解各类"平均值"问题，达到"触类旁通"的效果（图 2）。

匀变速直线运动中"某段过程的平均速度等于中点时刻速度"的推论

引导学生理解背后的数学函数本质

通过学习迁移，可将此推论应用于各种一次线性函数求解问题中去

图 2

例2.研究发现在无风状态下汽车在行驶时受到的空气阻力 f 主要与汽车正面投影面积 A 和行驶速度 v 有关。一研究团队以某品牌汽车为对象开展研究，通过在风洞实验室模拟实验得到下表数据：

表1　汽车行驶过程中受到的空气阻力与汽车正面投影面积和车速间的关系

$f/\times10^2N$ $\qquad$ $v/\text{m} \cdot \text{s}^{-1}$ A/m^2	20	30	40	50	60
2.0	2.0	4.4	8.0	12.6	18.0
2.5	2.5	5.6	10.1	15.6	22.5
3.0	3.0	6.8	11.9	18.7	27.1
3.5	3.5	7.9	14.0	21.8	31.5
4.0	4.0	8.9	16.1	25.1	35.9

（1）说明如何利用表格中的数据，验证汽车行驶时受到的空气阻力 f 与汽车行驶速度 v 的平方成正比？

（2）实验可获得结论：汽车在行驶时受到的空气阻力 f 与汽车正面投影面积 A、行驶速度 v 的关系表达式为 $f = kAv^2$。请任意选用表格中三组数据估算 k（结果保留2位小数）；

（3）一辆该品牌小汽车质量 $m = 1200$ kg，正面投影面积 $A = 3.0$ m²，在平直地面上行驶时受到的地面阻力 f_0 恒为 1000 N。若该车以加速度 $a = 2$ m/s² 做匀加速直线运动。

求：

1 速度大小为 $v_1 = 20$ m/s 时汽车受到的牵引力 F_1 的大小；

2 速度从 $v_1 = 20$ m/s 增大至 $v_2 = 30$ m/s 的过程中，汽车所受牵引力做的功 W。（结果用科学计数法表示，保留2位小数）

对于本题的第三小问的第二题，求汽车速度从 $v_1 = 20$ m/sm 增大至 $v_2 = 30$m/s 的过程中，汽车所受牵引力做的功，由牛顿第二定律的动力学方程可知，汽车的牵引力 $F = f_0 + kAv^2 + ma$ 是一个变力。对于变力求功的问题，在上海高中不要求积分的前提下，需要让学生思考，能否回忆联想到曾经接触过的重要推论："一次线性关系的函数某段区间内的中值等于平均值"。汽车做匀加速直线运动，满足与成一次线性关系，同时与成一次线性问题，因此与也成一次线性关系。

所以，对于上述变力做功问题，就可以用中值等于平均值来取代：即 $\overline{F} = \dfrac{F_1 + F_2}{2}$，由此一来，上述变力做功问题，就可以化成恒力做功来求解：$W = \overline{F}s$。

电磁感应中，也会经常遇到线性函数的平均值问题，如例3。

例3. 在磁感应强度为 B，方向垂直纸面朝外的匀强磁场中，有一根长为 L 的棒 OA 垂直于磁场方向放置，现让棒绕 O 点匀速转动，角速度大小为 ω，求棒产生的感应电动势 E[5]。

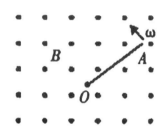

图3　长为 L 的导体棒在磁场中旋转切割磁感线

本题在学生已经学习了动生电动势公式 $E = BLv$ 的基础上，考查一种新的切割方式：旋转切割。由于 $E = BLv$ 公式中，棒上各点的相对速度皆为 v，而例3中，OA 棒上各点的瞬时线速度并不相等，并不能直接套用公式。此时，可以引导学生思考：对于棒上各点的线速度，和棒的长度有什么关系？学生很容易发现，OA 棒上各点的线速度，与到转轴的距离 x 是成一次线性关系，即 $v - x$ 成一次线性关系。此时，引用本文的推论，此题便迎刃而解。整根棒的平均速度，即等于中点位置的速度。

即：$E = BL\overline{v} = BL\dfrac{\omega L}{2}$

通过学习迁移提升学生核心素养的方法有很多，本文只列举其一。"双新"背景下的物理教学更应注重学生思维能力的提高与自主探究，科学思维的启发，我们不能仅仅局限于碎片化知识的灌输，而是遵循以学生核心素养为导向，提高学生物理思维体系的教学研究中去。这是一个对于学生科学思维与认知不断深入与推进的过程，若学生能在高一最初的物理学习阶段领悟本文的推论，并在后续的高中物理学习中，通过学习迁移提高学生自身分析和解决问题的能力，这有助于培养学生求异思维，巧妙思维和创新思维能力，从而提高学生的物理学科核心素养。

【参考文献】

［1］杨年.学习迁移理论在高中物理教学中的应用探讨［J］.文理导航（中旬），2022（06）：25—27.

［2］李志云.核心素养指引下高中物理教学中学习迁移理论的应用策略——以"带电粒子在电场中的偏转"为例［J］.物理教师，2021，42（12）：31—32+36.

［3］普丽华，葛桂贤.学习迁移理论视角下物理科学思维培养的教学思考——以"复合场等效法"为例［J］.物理通报，2019（S2）：28—31.

［4］徐国华.巧借学习迁移理论 优化高中物理教学［J］.数理化解题研究，2019（30）：61—62.

［5］程如林.高中物理平均值的教学［J］.物理教学探讨：中学教学教研版，2007，22（10）：3.

验证玻意耳定律的 DIS 实验图像分析

张军车

摘　要：一定质量的某种气体在温度不变时，根据玻意耳定律 P 和 1/V 的关系是一条过原点倾斜的直线。实际上，气体压强与体积关系的 DIS 实验结果 P 和 1/V 的关系是一条不过原点倾斜的直线。分析得出，系统误差导致 P 与 1/V 为非线性关系，而按照线性拟合，图线在 P 轴上有截距，截距的大小随数据点的选取而变化。如消除系统误差，则 V-1/P，P-1/V 图线均过原点。由此归纳出图像问题处理的一般方法，可将非线性问题转化为线性问题，对图像分析及处理有较好的指导作用。

关键词：玻意耳定律　气体压强与体积的关系　DIS 实验　图像分析　图像不过原点　截距

0 引　言

上海市高考物理考纲要求考生具有的能力目标：对于物理思维能力要求能用图像进行分析、判断、推理；对物理实验能力要求能对实验装置、实验操作，实验过程进行分析、判断，能对实验所得数据进行分析、处理，得出结论。[1] 物理二期课改中为了避免由于测量方法、仪器、环境和测量者自身素质引起的误差，引进了计算机辅助实验系统，即 DIS（digital information system）实验系统。利用 DIS 系统，实验过程中可以直接在电脑上得到图表，画出图线，并对具体数据进行分析，十分直观简便。DIS实验简化了实验数据的采集过程，但要求学生有更高的实验方案的设计能力和实验数据尤其是表格、图像的处理能力。

高一年级第二学期（试用本）第六章B气体压强与体积的关系，"用DIS研究在温度不变时，一定质量的气体压强与体积的关系"学生实验，该实验的要求是"B学会"级。

根据克拉伯龙方程PV=nRT，一定质量的某种气体在温度不变时，理论上P和1/V的关系是一条过原点倾斜的直线，可是实际DIS实验结果是这条直线不过原点。这是为什么？如果有误差，具体是什么误差？本文对此实验结果进行分析、推理和归纳。

1. 实验

［DIS实验］用DIS研究温度不变时，一定质量气体压强与体积的关系。

［实验目的］探究一定质量的气体在温度不变的情况下，压强与体积之间的关系。

［实验器材］DIS6.8实验装置（软件为DIS6.8），压强传感器，有刻度注射器，（见图1）。

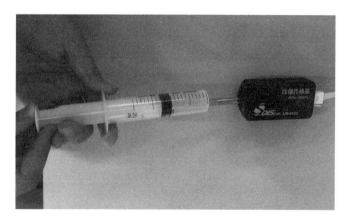

图1　压强传感器和注射器

[实验步骤]

用数据线连接压强传感器、数据采集器和计算机,将压强传感器的探测口与注射器的气孔连接在一起。

(1)应用 DIS 系统,点击实验菜单上的"气体压强与体积关系",屏幕上出现压强数据采集窗口和"数据表格"。

(2)注意手不直接握针筒,缓慢推或拉注射器活塞。读出体积 V,同时点击"记录数据",表格上将记录不同体积所对应的注射器内气体的压强 P 数据。点击"数据计算",表格上将显示注射器内气体体积的倒数 1/V 值,以及压强和体积的乘积 PV 值。

(3)点击"P-V 图像",p-V 图像很像是反比例函数,但不能确定该函数图像就一定是反比例函数,因此需要通过坐标变换,进行验证。点击"P-1/V 图像",在屏上可观察到压强和体积倒数的关系图线,得出结论(见图 2)。

2. 存在的问题

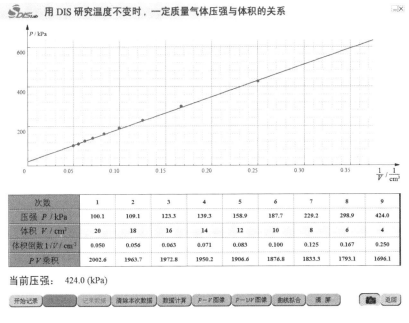

图 2　DIS 实验 P-1/V 图像

　　根据实验结果，学生普遍存在两个问题：

（1）P-1/V 图像不过原点，在纵轴上有截距，这个截距有何意义？

（2）随着气体体积的减小，PV 值减小，是否由于漏气引起？

3. 误差分析

　　笔者严格按操作规程做了该实验，首先检查是否漏气。针筒始终水平放置，开始时气体体积 V=20 ml，手不推活塞，压强 P=100.1 kPa；然后缓慢推活塞，V=10 ml 时，压强 P=187.7 kPa；气体体积逐渐缩小到 4 ml。然后缓慢回拉，当 V=10 ml 时，压强 P 仍等于 187.7 kPa；活塞回到最初的体积 V=20 ml，手不推活塞，压强 P=100.1 kPa，仍等于最初的压强，PV 值回到原值，说明没有漏气。

　　DIS6.8 实验软件有"P–1/V 图像"按钮，而没有"V–1/P 图像"按钮。根据以上实验数据，笔者绘出 V–1/P 图像如下：

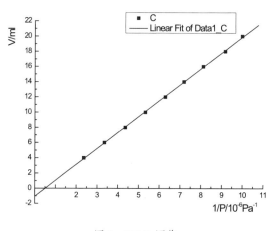

图 3　V-1/P 图像

　　截距 b=–1 ml，它的意义是针筒与压强传感器连接处的软管容积 ΔV = 1 ml，实验时直接由针筒刻度读出的体积 V 并不包含 ΔV。正是由于这个体积 ΔV，由克拉伯龙方程 $PV=\dfrac{m}{M}RT$，在压缩活塞时，软管内部的气体密度变大，摩尔数增大，而气体总摩尔数不变，相应的实验测得的针筒内的气体摩尔数减小，PV 值减小。

因此问题出在软管的容积 ΔV 未计入，很显然 P 正比于 1/（V+ΔV）。正是因为 P ∝ 1/（V+ΔV），所以 P 与 1/V 并不是线性关系，但是如果将实验数据绘成 P-1/V 散点图，并进行高阶多项式拟合，得图 4：

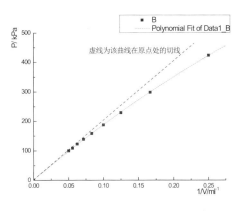

图 4　高阶多项式拟合 P-1/V 图像

高阶多项式拟合所得 P-1/V 图像是一条曲线，并且过原点，而不是图 1 中不过原点的直线。

因为当 1/V=0 时，即 V → ∞，P=0，所以曲线过原点。但 DIS6.8 软件只能线性拟合，因此才出现截距 ΔP，此时的 ΔP 并没有实际意义，只是线性拟合引起的误差。

如图 4，随着 1/V 增大，V 减小，PV 值减小，P-1/V 图线的斜率减小，所以曲线从原点出发逐渐向右弯曲。

因此，线性拟合所得直线会与 P 轴交于 1/V 轴上方，即截距 b > 0。实验如果仅测图像左边的几个数据点，即 V 较大的点，则截距 ΔP 较小；如仅测图像右边的几个数据点，即 V 较小的点，则截距 ΔP 较大，测得的体积的最大值 Vmax 越小则截距 ΔP 越大。

4. 结论

气体压强与体积关系的 DIS 实验结果 P-1/V 图像是一条不过原点倾斜的

直线，在纵轴上有截距 ΔP，此 ΔP 并没有实际意义，只是线性拟合引起的误差。

但这绝非说所有的 P-1/V 图像都没有意义，应根据具体情况绘制不同图像。

（1）如果由于 P 引起的系统误差应画 P-1/V 图像，截距 b 即为多计或少计入的压强 ΔP，截距 b > 0 表示多计 ΔP，截距 b < 0 表示少计 ΔP。

（2）如果由于体积多计或少计入引起的系统误差，应画 V-1/P 图像，截距 b > 0 表示多计 ΔV，截距 b < 0 表示少计 ΔV。

因此本实验存在的问题可以这样解决：计算 V 时应把针筒读数加上软管中的体积 ΔV；或在针筒内放一个体积与软管的容积相等的小固体，针筒读数即为被测气体的体积，从而消除系统误差。这样，P-1/V 图像则过原点。由图像得出在温度不变时，一定质量的气体压强与体积的成反比，如图5：

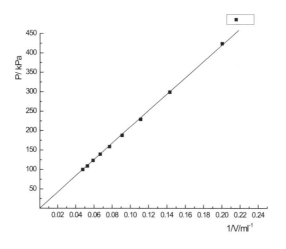

图5　消除系统误差，准确测得气体体积后所得 P-1/V 图像

这个实验得出的规律一方面说明了玻意耳定律的正确性，另一方面也说明 DIS 实验系统的准确性和可靠性。建议以后 DIS 软件该实验给出"V-1/P 图像"按钮，这样就不会给广大师生造成困惑，从而便于实验数据的处理和对实验图像的理解。

5. 应用及推广

根据以上结论，可以很容易理解并解决如下问题。

例1，2005（上海）-15[2]，一同学用下图装置研究一定质量气体的压强与体积的关系。实验过程中温度不变。最初，U形管两臂中的水银面齐平，烧瓶中无水，当注射器往烧瓶中注水时，U形管两臂中的水银面出现高度差。实验的部分数据记录在右表。

气体体积 V（ml）	800	674	600	531	500
水银面高度差 h（cm）	0	14.0	25.0	38.0	45.0

（1）根据表中数据，在右图中画出该实验的 $h–1/V$ 的关系图线。

（2）实验时，大气压强 p_0=＿＿＿＿＿＿cmHg。

(2)实验时，大气压强

p_0=＿＿＿＿＿＿cmHg。

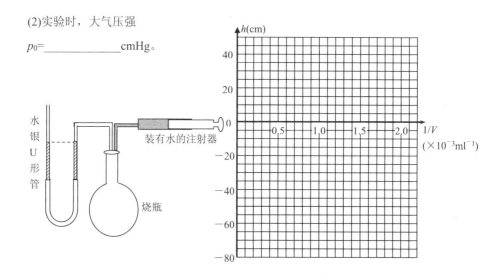

解析：研究对象为烧瓶中一定质量的气体，由玻意耳定律 PV=C，即气体压强 P 与 1/V 成正比，P=P$_0$+h，而现在画 h–1/V 图像，因少加了 P$_0$，根据结论（1）图像为一不过原点倾斜直线，h 轴上的截距 b=–P$_0$，即截距大小为 P$_0$，如

下图。

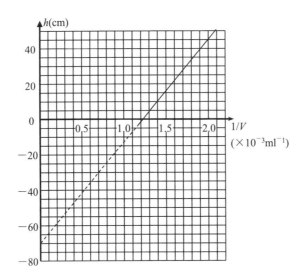

例2：利用等温变化 DIS 实验的器材及天平设计一个实验，测量花生米的密度。写出实验原理、步骤。并实际测量出花生米密度。

解析：把待测花生米装入注射器针筒内，将压强传感器的探测口与注射器的气孔连接在一起。缓慢推或拉注射器活塞。记录不同体积（包括连接软管的体积）V 所对应的注射器内气体的压强 P 数据。

由于没有除去花生米的体积导致气体体积多计，根据结论（2），因此绘出 V-1/P 图像，截距 b > 0 表示多计 ΔV，即为花生米的体积。

6. 结语

用 DIS 研究温度不变时，一定质量气体压强与体积的关系，应根据具体情况绘制不同图像：

（1）如果由于 P 引起的系统误差应画 P-1/V 图像，截距 b 即为多计或少计入的压强 ΔP，截距 b > 0 表示多计 ΔP，截距 b < 0 表示少计 ΔP。

（2）如果由于体积多计或少计入引起的系统误差，应画 V-1/P 图像，截距 b > 0 表示多计 ΔV，截距 b < 0 表示少计 ΔV。

本文归纳出的图像问题处理的一般方法，可将非线性问题转化为线性问题，便于理解误差产生的原因以及图像的物理意义，对图像分析及处理有较好的指导作用。

【参考文献】

［1］上海市高考物理考纲.

［2］2005 年上海高考物理试卷.

化学课堂实验观察活动有效性影响因素研究

吕天恩

摘 要：化学课堂学习离不开实验，学生能否进行有效的课堂实验观察活动，对于化学的学习有很大影响。因此，如何把握化学课堂实验观察活动有效性的影响因素，并且加以利用来促进化学实验教学具有深刻意义。本研究初步提取化学课堂实验观察活动有效性的影响因素，并进行详细的界定；开展专家调查，整合调查结果得出化学课堂实验观察活动有效性影响因素的权重，分析数据提出有关实验观察活动有效开展的教学启示。

关键词：实验观察活动 影响因素 权重分析 化学教学

1 问题提出

纵观化学的发展史，几乎每一项重大发现都离不开化学实验，化学实验是化学学科产生和发展的基础和动力。

作为以实验为基础的学科，化学学科教学同样离不开实验，而化学实验观察是化学实验的重要构成要素，是学生必备的基本化学实验技能。化学课堂演示实验是实验教学的基本方式，在演示实验过程中，在教师的引导下学生通过实验观察活动来进行化学知识的学习、科学探究能力的培养以及个性的发展。因此，课堂上学生对于化学实验进行的观察活动是否有效直接影响到教学目标的完成情况和教学预期的达成度。可见针对化学课堂学生实验观察活动有效性的影响因素研究显得尤为重要。

综合已有的国内外研究成果可知，目前有关实验观察的研究主要是针对实验教学方法、教学策略和具体案例介绍；部分研究提及影响观察活动有效性的因素但并未进行深入探讨，并且存在明显问题，如影响因素不全面、因素界定存在交叉；提炼因素的方法不科学，且各因素对于学生观察活动影响所占的权重划分不合理等。

为此，本研究基于建构主义学习理论、先行组织者教学策略等，通过文献研究、专家调查的方法，针对化学课堂学生实验观察活动有效性的影响因素进行研究，确定化学课堂实验观察活动有效性的影响因素及其权重，并提出相应的教学启示。因素研究的成果能为"化学课堂实验观察活动"的评价量表设计、后续实证开展提供参考意见；为其他相关研究提供参考依据。

2 化学课堂实验观察活动有效性影响因素提取

本研究从课堂实验观察活动的准备阶段、实施阶段和实验结果的处理阶段三个环节入手，围绕实验的组织者（教师）、实验活动的观察者（学生）和实验观察的内容三要素来提取影响实验观察活动有效性的因素，具体见表1。

表1　化学课堂中学生观察活动有效性影响因素提取表

构成 阶段	实验组织者（教师）	实验观察者（学生）	实验内容
实验设计与准备阶段	先行组织者的布置	先行组织者学习	情境构思、内容设计
实验实施阶段	实施实验、引导与启发	学生观察力、协作交流	实验现象、实验操作、实验过程、观察环境（包括桌椅布局、硬件水平）
实验结果处理阶段	总结与评价	总结与反思	
实验整个阶段	学生的兴趣与动机、课堂活动心理气氛、师生角色定位		

本研究进一步对所得因素进行分类，归纳为三个层次共12个影响化学课堂实验观察活动有效性的因素，得出化学课堂实验观察活动有效性影响因素层

次表（表2）。

表2　化学课堂实验观察活动有效性影响因素层次表

第一层	第二层	第三层
A 人的因素	A1 学生因素	A11 学生观察能力
		A12 学生兴趣与学习动机
		A13 学生的协作与交流
	A2 教师因素	A21 教师的引导与启发
		A22 观察活动的总体评价
	A3 互动关系因素	A31 师生角色定位
		A32 课堂活动心理气氛
B 物的因素	B1 观察对象因素	B11 观察情境的构思
		B12 先行组织者
		B13 观察对象的设计和呈现
	B2 课堂物质因素	B21 实验课堂桌椅布局
		B22 实验仪器配备水平

3　基于专家调查的化学课堂实验观察活动有效性影响因素权重分析

3.1　研究目的

在初步研究阶段，研究者已经得出了2大类共12个化学课堂实验观察活动有效性的影响因素。由于影响因素数量较多，在实际应用中需要进一步突出对化学课堂实验观察活动有效性影响较大的重要因素，所以本研究引入权重分析，来确定各因素在整体影响因素中的相对重要程度，据此提出相关化学课堂实验观察活动教学启示。

3.2　研究方法

本研究采用问卷调查法，通过专家填写问卷对化学课堂实验观察活动有效性影响因素进行权重分析数据采集。由于本研究中对于化学课堂实验观察活动有效性影响因素进行权重确定时，因素数量较多且各因素相对重要性难以简单量化，所以本研究选择采用层次分析法对 12 个影响因素进行权重分析。

在研究的初步设计阶段，因素被分为三层，其中第一层和第二层仅作分类区分，12 个因素之间相互独立且均为层次分析体系的方案层因素，故本研究在数据处理时使用单层次模型进行权重分析。

3.3 研究过程

本研究根据层次分析法的数据要求设计专家调查问卷，让专家根据教学实践经历和个人实验教学经验对 12 个有效性影响因素进行两两间的重要性比较，以此得到 12 个因素之间的相对重要性标度值；将通过一致性检测后的标度值构造得到 12 阶比较判断矩阵；求解矩阵的特征根并进行归一化处理，利用有效数据计算各影响因素对应的权重。对权重及结果进行排序和分析，依次为课堂实验观察活动的开展提供建议。

3.4 调查对象

本研究的调查对象为上海市实验性示范性学校化学教研组在职教师，共计 26 人，其中教龄在 10~20 年的教师共 9 人，教龄 20 年以上的教师共 10 人，大部分教师具有高级职称，有丰富的实验教学经历和实验课堂观察经验，是化学教学领域的一线专家。

3.5 研究工具

本研究的研究工具是"基于 AHP 的化学课堂实验观察活动有效性影响因素的专家调查问卷"。问卷包括"判定尺度表"（见表 3）和"因素相对重要程度判定表"（见表 4）。研究问卷是严格基于层次分析法对数据采集的要求而设计的。在问卷中，为了便于调查对象对于因素进行比较，笔者将初步设计中的有效性影响因素具体化为该因素在化学课堂实验观察活动中的实际影响作用和效果，并据此设计得出"化学课堂实验观察活动有效性影响因素与问卷评判指标对照表"（见表 5），该表附于专家调查问卷后，为专家填写问卷提供参考。

表3　判定尺度表示（样表）

相对重要程度	5	3	1	1/3	1/5
意义	α和β相比α绝对重要	α和β相比α相当重要	α和β相比二者同等重要	α和β相比β相当重要	α和β相比β绝对重要

表4　因素相对重要程度判定表（节选）

比较因素		相对重要度
因素α	因素β	α/β
A11 学生的观察能力水平对观察内容获取完整性的影响	A12 学生的兴趣与学习动机对实验观察活动中专注度的影响	

表5　化学课堂实验观察活动有效性影响因素与问卷评判指标对照表

影响因素	影响因素的作用
A11 学生观察能力	A11 学生的观察能力水平对观察内容获取完整性的影响
A12 学生的兴趣与学习动机	A12 学生的兴趣与学习动机对实验观察活动中专注度的影响
A13 学生的协作与交流	A13 学生的协作与交流对实验开展、实验信息获取和认识的影响
A21 教师的引导与启发	A21 教师的引导与启发对观察活动开展及明确观察目标和获取、加工观察信息形成结论的影响
A22 观察活动的总体评价	A22 观察活动的总体评价对观察活动的结果形成及反思有效性的影响
A31 师生角色定位	A31 师生的角色定位对观察活动开展、观察信息获取和观察方法练习的影响
A32 课堂活动心理气氛	A32 课堂活动心理气氛对学生参与观察时的思维、情绪、知觉等的影响
B11 观察情境的构思	B11 观察情境对学生意义建构的影响
B12 先行组织者	B12 先行组织者对吸引学生注意和明确观察目标、任务等的影响
B13 观察对象的设计和呈现	B13 观察对象的设计和呈现对实验观察信息的呈现效果的影响
B21 实验活动课堂桌椅布局	B21 实验活动课堂桌椅布局对学生获取观察信息的影响
B22 实验仪器配备水平	B22 实验仪器配备水平对观察信息的呈现和获取的影响

3.6 调查实施

调查问卷采用现场发放、匿名完成、当天现场回收的方式展开。共发放 26 份问卷，实际回收 26 份问卷，经一致性检测后有效问卷数为 25 份，有效问卷所占比例为 96.15%。

3.7 结果与分析

3.7.1 权重计算

根据问卷中的权重比较数据构造 12 阶权重比较矩阵表格如表 6 所示：

表 6　权重比较矩阵表格示例

样本5	A11	A12	A13	A21	A22	A31	A32	B11	B12	B13	B21	B22
A11	1.00	0.50	0.25	0.20	0.20	1.00	4.00	3.00	0.50	0.33	0.50	0.20
A12	2.00	1.00	0.20	0.20	0.33	0.25	1.00	4.00	2.00	3.00	5.00	0.25
A13	4.00	5.00	1.00	0.20	0.25	1.00	1.00	3.00	1.00	0.33	0.33	3.00
A21	5.00	5.00	5.00	1.00	2.00	1.00	4.00	1.00	5.00	2.00	5.00	5.00
A22	5.00	3.00	4.00	0.50	1.00	3.00	4.00	2.00	0.25	0.25	5.00	3.00
A31	1.00	4.00	1.00	1.00	0.33	1.00	0.33	0.50	0.20	0.20	5.00	0.50
A32	0.25	1.00	1.00	0.25	0.25	3.00	1.00	0.25	0.25	0.33	3.00	4.00
B11	0.33	0.25	0.33	1.00	0.50	2.00	4.00	1.00	0.33	2.00	5.00	3.00
B12	2.00	0.50	1.00	0.20	4.00	2.00	4.00	3.00	1.00	2.00	5.00	2.00
B13	3.00	0.33	3.00	0.50	4.00	5.00	3.00	0.50	0.50	1.00	4.00	1.00
B21	2.00	0.20	3.00	0.20	0.20	0.20	0.33	0.20	0.20	0.25	1.00	0.33
B22	5.00	4.00	0.33	0.20	0.33	2.00	0.25	0.33	0.50	1.00	3.00	1.00

进一步依据线性代数知识计算矩阵的特征值并进行一致性验证，结果表明 26 份问卷中共 25 份问卷数据有效。利用 MatlabR2015a 计算矩阵的单位特征向量（即归一化后的矩阵特征向量）得到各个影响因素的权重数值。将根据 25 份问卷得出的权重数值求算术平均值，最终得到的化学课堂实验观察活动有效性影响因素权重值（见表 7），将权重数值制成柱状图（见图 1）

表 7　化学课堂实验观察活动有效性影响因素权重表

影响因素	权重	权重排序
A21 教师的引导与启发	12.9%	1
B13 观察对象的设计和呈现	10.8%	2
B12 先行组织者	9.9%	3
A12 学生的兴趣与学习动机	9.6%	4
A32 课堂活动心理气氛	9.2%	5
B22 实验仪器配备水平	7.9%	6
A22 观察活动的总体评价	7.5%	7
B11 观察情境的构思	7.4%	8
A31 师生角色定位	7.3%	9
A13 学生的协作与交流	6.8%	10
A11 学生观察能力	6.3%	11
B21 实验活动课堂桌椅布局	4.4%	12

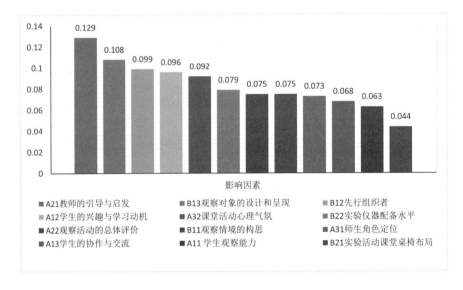

图 1　化学课堂实验观察活动有效性影响因素权重数值柱状图

3.7.2 权重结果比较分析

3.7.2.1 第一层因素权重数值分析

根据各因素权重数值进行分类加和可以得出：在第一层因素中，人的因素所占权重为 59.6%，物的因素所占权重为 40.4%（如图 2）。由此可见，人的因素所占权重过半且明显高于物的因素。这说明人的因素在化学课堂实验观察活动有效性的影响中占主导。

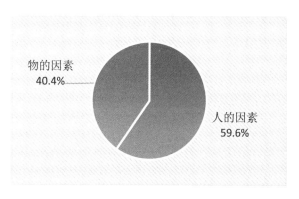

图 2　第一层因素权重比较

3.7.2.2 第二层因素权重数值分析

在第二层因素中进行分类计算可以得到第二层各因素的影响权重（如图3）。其中学生因素、教师因素及观察对象因素所占权重和为 71.2%，在化学课堂实验观察活动中起关键作用，为重要因素。且教师、学生和观察对象正是化学课堂实验观察活动的"三要素"。

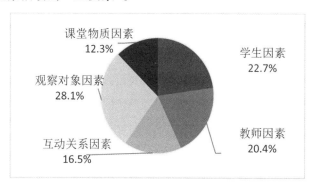

图 3　第二层因素权重比较

3.7.2.3 第三层因素权重数值分析

根据权重分析的数据可以发现被调查者认为教师的引导与启发和观察对象的设计和呈现在化学课堂实验观察活动中尤为重要，是提升活动有效性的关键影响因素。进一步对第三层因素进行权重比较，可以具体得出在人的因素中教师的引导与启发是唯一占权重中超过 10% 的因素，是人的因素在实际课堂实验观察活动的进行中最重要的体现点。在物的因素中观察对象的设计和呈现、先行组织者的使用所占权重高于其他因素，是物的因素在影响课堂实验观察活动有效性的关键点。

4 研究结论

4.1 影响因素确定与权重分析结论

本研究通过文献研究确定影响化学课堂实验观察有效性的 12 个因素，分别为：学生观察能力、学生的兴趣与学习动机、学生的协作与交流、教师的引导与启发、观察活动的总体评价、师生角色定位、课堂活动心理气氛、观察情境的构思、先行组织者、观察对象的设计和呈现、实验活动课堂桌椅布局、实验仪器配备水平。各因素所占权重数值见表 7。

根据化学课堂实验观察活动有效性影响因素权重分析可知：人的因素与物的因素相比较，人的因素占主导。但在具体的因素比较中并不存在人的因素比物的因素重要的现象。权重排名前六的因素有 3 个为人的因素，分别是教师的引导与启发、学生的兴趣与学习动机和课堂活动心理气氛；其余 3 个为物的因素，分别是观察对象的设计和呈现、先行组织者和实验仪器配备水平；二者各占总数的一半，故在化学课堂实验观察活动的实施过程中人的因素与物的因素均需把握，二者相互协同才能保证活动的有效开展。

所有影响因素中学生因素、教师因素及观察对象因素所占权重和为 71.2%，由此可见这些因素在化学课堂实验观察活动中起关键作用，很大程度地影响了活动的有效性，为重要因素。且教师、学生和观察对象正是化学课堂实验观察活动的"三要素"。因此把握化学课堂实验观察构成"三要素"对提高化学课堂实验观察活动有效性尤为重要。

教师的引导与启发和观察对象的设计和呈现这两个因素在化学课堂实验观察活动中尤为重要，是提升活动有效性的关键影响因素。在实际教学中，若能重点把握教师的引导与观察和观察对象的设计和呈现这两个因素，并有效联动其他因素就能在一定程度上保证活动的有效性。

4.2 提升化学课堂实验观察活动有效性的教学启示

通过权重结果比较分析，发现化学课堂实验观察活动有效性影响因素中的主要因素、"三要素"对有效性的影响所占的权重等，基于这些结论，提出以下三条具体提高有效性的教学启示：

（1）把握化学课堂实验观察构成"三要素"

教师、学生和观察对象是化学课堂实验观察活动构成的"三要素"，在权重比较结果分析中，已经得出三者所占权重和为 71.2%，且包含了教师的引导与启发、观察对象的设计和呈现等权重值最高的 4 个因素。由此可见，三要素的把握是有效进行观察活动关键。如果一个观察活动从三要素入手进行设计，且在过程中密切关注三要素的作用，可以认为这个观察活动是优秀的。

研究者对具体如何把握"三要素"提供如下建议：

在根据学生的观察能力，依据教学要求对实验观察对象进行设计，并为学生提供相应的预习材料建立"最近发展区"。结合学生的兴趣创设观察情境激发学习动机。在观察活动进行时，鼓励学生进行协作交流活动并密切关注学生，根据学生观察的情况提供引导和启发，适时进行总结和评价，利用生成资源进行再教学。

（2）高度关注并完善教师的引导与启发

教师的引导与启发是所有因素中权重数值最大的，说明在受访的大多数一线教师心目中，教师的引导与启发在化学课堂实验观察活动中起到至关重要的作用。在因素界定中已经提及适当的引导和启发不仅能够吸引学生的注意、使学生明确观察的方向，保证学生对实验事实的有效观察，还能在此基础上启发学生针对观察对象进行思考加工，从而加速学生的意义建构，达到提升观察活动有效性的效果。

在具体如何开展引导和启发的问题上，研究者提供如下建议：

首先，教师的引导不应仅仅关注化学物质本身的变化。在实际化学实验课堂中，教师还应当关注对学生观察实验仪器与装置的引导、观察化学实验操作的引导和学生对于观察活动获取信息如何进行建构加工的引导。

其次，教师引导的方式应该多元化。除了常用的提问式引导，还可以尝试进行讨论式引导、文本材料引导等。并且直接引导应该与间接启发相结合，在指明观察方向的同时启发学生对观察活动进行思考。

（3）通过关键因素联动其他因素

在一个完整的化学课堂实验观察活动中，要把握所有 12 个影响因素是十分困难的。由于因素之间会相互影响，所以若能在把握权重数值最高的几个关键因素的同时，利用因素之间的相互影响联动其他因素，就能起到事半功倍的效果。

在如何利用关键因素联动其他因素的问题上，研究者提供如下建议：

首先，教师的引导与启发作为权重数值最大的关键因素，其作用贯穿整个活动的始末。在观察活动准备阶段，教师可以指导学生对先行组织者进行学习和掌握，建立符合教学目标的"最近发展区"，并将实验课堂桌椅布局为适合本节课活动的格局；在观察活动中教师可以引导学生主动进行观察，成为课堂的主体并且促进学生进行协作与交流，营造良好的课堂心理氛围。在观察活动结束时引导学生进行总结归纳并且给予评价和建议，引导学生进一步思考探究。在这个过程中，教师的引导与启发这一关键因素共联动了 6 个其他因素。

其次，观察对象的设计和呈现是权重数值第二大影响因素，在实际把握中，可以通过对实验对象的精细化设计降低对实验仪器配备水平的要求，利用现有的仪器进行改进设计来提高观察对象的可观察性。在观察活动进行之前，根据学生的观察能力水平对观察内容进行完整的的设计，在基于这个设计创建符合学生兴趣的观察情境来激发学生学习动机。在这个过程中，观察对象的设计和呈现一个因素共联动了 3 个其他因素。

在上述的两个联动过程中，研究者利用了权重数值最高的两个关键因素，将其他 10 个因素全部联动起来，在实际教学中仅需要重点把握教师的引导与观察和观察对象的设计和呈现这两个因素就能在一定程度上保证活动的有效性。

4.3 研究展望

本研究在确定化学课堂实验观察活动影响因素的同时得出了各因素所占的具体权重，并根据权重分析提出了相应的教学启示。今后在此基础上可以进一步扩大调查对象的样本数并对权重结果开展专家访谈，对一些数据和因素权重排名次序进行深入剖析和解释。不仅如此，有了确定的影响因素和权重数值就能据此进行后续的化学课堂实验观察活动实施方法、步骤等建议以及标准化评价量表设计等工作。

【主要参考文献】

［1］龚淑玲，黄驰，侯安新等．以学生为中心，激发学习兴趣，提高化学实验教学效果［J］.Experimental Technology and Management,2012,29（8）：1—7.

［2］王彦昌．基于工作单的学生化学实验探究能力研究［J］.陕西：陕西师范大学，2009.

［3］王雪艳，徐睿，赵冬云．基于 AHP 的课堂教学观察点的权重分析［J］.化学教学．2017.3：26—29.

［4］Hunter，Victor Sampson. New ways of teaching and observing science class. http：//journals.sagepub.com/home/pdk. May 2015.

［5］陈春平．化学教学学生观察力的培养模式研究［J］.高中数理化，2016（12）：61.

"双新"背景下的大单元教学设计

——以"硫氮循环"为例

王露萍

一、教材分析

本节课属于必修 1 第三章《硫、氮及其循环》第三节内容，此前学生已学习了物质的分类、氧化还原反应、离子反应、硫及其重要化合物、氮及其重要化合物的相关知识，本节教材从更广阔的视角去探索元素在自然界中的转化过程，展现人类在这些自然界化学变化中的角色和影响，体现人与自然和谐发展的必要性，凸显化学学科的作用和价值。

本节前两部分探讨了自然界中的硫、氮循环，增强学生从"物质分类""价态变化"角度，感悟化学物质之间的"变化观念"，再结合"想一想"栏目，让学生初步学会建立"元素循环"模型的方法，认识硫氮及其重要化合物对自然生态环境的影响、对维持生态平衡的作用，并为后续元素周期表、元素周期律、金属及其化合物的学习奠定重要的基础。接着，教材以"酸雨"为例，介绍了酸雨的形成、危害和防治，展现了人类活动导致的环境问题，体现了化学学科为治理、改善环境所发挥的积极作用。最后，分析和探讨利用所学的化学知识和方法，促进硫、氮循环对人与自然和谐发展的途径，引发学生对人与自然关系的深入思考，突出知识与社会、生活、环境的联系，激发学生的"社会责任感"。

二、教学目标

1.学会从元素价态和物质类别角度研究物质性质，了解物质之间相互转化的思路和方法。

2.学会构建硫循环和氮循环的模型，并应用模型了解自然界中硫、氮循环的基本过程。

3.知道酸雨的形成、危害及防治措施，感悟化学对促进人与自然和谐相处的价值和意义。

4.解人类活动对自然界生态平衡的影响，形成人与自然和谐发展的科学观念。

三、评价目标

1.通过建立"硫循环""氮循环"模型，诊断学生从元素价态和物质类别角度研究物质性质的认识水平，发展学生"变化观念""模型认知"等核心素养。

2.通过对酸雨形成的符号表征、酸雨危害及防治措施的讨论，诊断学生对真实问题解决的能力水平（孤立水平、系统水平）及对化学价值的认识水平（学科价值视角、社会价值视角），发展学生"宏观辨识与微观探析"的核心素养。

3.通过人与自然和谐共生的讨论，诊断并发展学生思辨能力及社会责任感。

四、教学重点

硫循环、氮循环模型的建立

五、教学难点

硫循环、氮循环模型的建立

六、教学结构

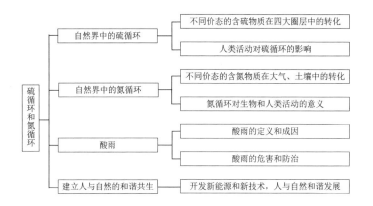

七、教学设计的实施和反思

教学环节1：自然界中的硫循环

【教学情境】——牛胰岛素结构图

学生——观看牛胰岛素合成纪录片视频

1965 年 9 月 17 日，中国在世界上首次人工合成结晶牛胰岛素，这标志着中国在相关领域居世界领先地位；人类在探索生命的征途中，也向前跨出重要的一步。这标志着人类在揭示生命本质的征途上实现了里程碑式的飞跃，被誉为我国"前沿研究的典范"。

老师——引入课题。

牛胰岛素具有很好的降血糖的作用，是糖尿病人的福音。从上面牛胰岛素结构图中可以看出，牛胰岛素含有 S、N 等元素，人体内合成牛胰岛素必须要有 N、S 元素。

【问题思考 1】人体从哪里获取 S、N 元素？人体排泄的 S、N 元素又去哪里？自然界中的氮、硫元素是如何循环的？

【学习任务 1】分析硫在自然界中的循环

【学生活动 1】（1）结合跨学科知识将课本 P-91，图 3.14 中显示的自然界划分为四大圈层，并分析各圈层中硫元素的存在形式，以及这些含硫物质通过何种方式迁移转化进入其他圈层。

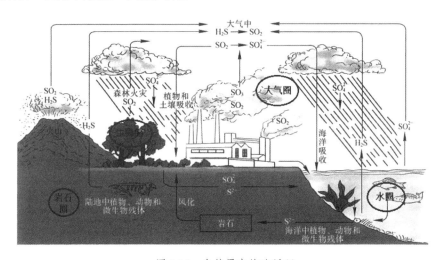

图 3.14　自然界中的硫循环

（2）通过问题思考，讨论交流，分析图 3.14，归纳整理硫在自然界中的循环如下：

【硫循环 1】根据地理学科知识能将自然界粗略划分为岩石圈、大气圈、水圈和生物圈等四大圈层。火山喷发、森林火灾、工业生产会产生 SO_2 气体排入大气圈；动物、微生物残体分解时产生的 H_2S 气体排入大气圈；SO_4^{2-} 随雨水进入水圈……

【硫循环2】排入大气圈的 SO_2 被氧化为 SO_4^{2-} 随雨水进入水圈……

【硫循环3】排入大气圈的 H_2S 被氧化为 SO_2，SO_2 被氧化为 SO_4^{2-} 随雨水进入水圈……

【学后反思】学生从图中只能获取零碎的含硫物质之间的转化关系，很难建立自然界中硫的循环模型。因此必须在教师的指导下，逐一地分析，才能逐步形成以下硫循环的认识：

（1）岩石圈中存在含硫的矿物质，随火山喷发会产生 SO_2、H_2S 气体排入大气，经变化之后变成 S^{2-}、SO_4^{2-}、H_2SO_4 随雨水进入水圈中。

（2）生物圈由蛋白质构成，含有硫元素的植物、动物、微生物残体被分解时会产生 H_2S 气体；海水中含硫酸盐 SO_4^{2-}，也会随着波浪翻涌进入大气圈。

（3）大气圈中的 H_2S、SO_2 经过变化之后变成 S^{2-}、SO_4^{2-}、H_2SO_4 随雨水进入水圈、岩石圈；植物、动物、微生物又能吸收水圈或大气圈中的硫元素。

【学习任务2】建立在自然界中硫循环的模型图

【学生活动2】尝试自己绘制一幅自然界中的硫循环图。

通过小组讨论，合作学习，共同协作，绘制了如下的两个相对比较完整的自然界中硫循环的模型图。

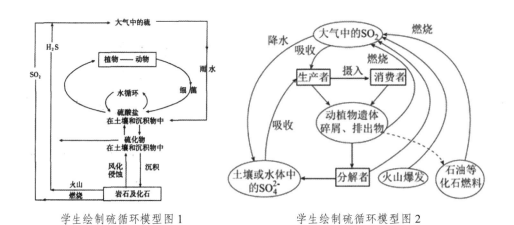

学生绘制硫循环模型图1　　　　　学生绘制硫循环模型图2

【学后反思】通过绘制简易硫循环图，学生基本清楚硫循环的基本过程是：陆地和海洋中的硫元素通过生物分解、火山喷发等进入大气；大气中的硫元素通过降水、沉降和表面吸收等作用，回到陆地和海洋；地表径流又带着硫元素进入河流，输往海洋，并沉积于海底。

【学习任务 3】绘制硫元素的价类二维图

【学生活动 3】将自然界中的主要含硫物质，根据各自含硫价态和所属物质类别，填入价类二维图中，并找出物质之间的转化方式。

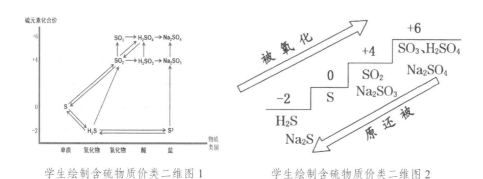

学生绘制含硫物质价类二维图 1　　　　　学生绘制含硫物质价类二维图 2

【学后反思】学生通过绘制硫元素的循环图、价类二维图，逐渐理解了硫元素的循环过程；充分感知通过氧化还原等反应的转化，构成了自然界全局的硫元素循环。

【问题思考 2】人类活动主要改变了哪些含硫物质的量？这种改变对自然界中的硫元素循环有何影响？

【学生活动 4】分析含硫物质价类二维图，经过讨论总结提炼，得出如下结论：

岩石圈开采的含硫的煤，在工业生产中燃烧，会产生 SO_2、SO_3 气体排入大气圈；人类生产活动中排放的 SO_2 含量超过了循环过程的 SO_2、SO_3 含量，就会打破自然界中硫循环的平衡，造成环境污染。

【学后反思】学生通过问题讨论总结提炼，可以体会循环过程中的 SO_2、H_2S 不会对环境造成影响，只有这些物质的存在，才能通过氧化还原反应等转化过程，构成了复杂的全球硫循环，才能保证自然界的平衡。人类的工农业活

动排放的 SO_2、H_2S 超过了循环过程的含量，打破自然界中的硫循环，才会造成环境污染。

设计意图：通过牛胰岛素的人工合成引入课题，增强学生民族自豪感，进而引发含硫物质转化的思考。结合跨学科的四大圈层概念，通分析各圈层中含硫物质的存在形式及转化路径，逐渐理解硫在自然界全局循环的过程，建立"循环必须有起因和动力，最后有回归"的循环模型，发展学生"模型认知"的核心素养。在硫循环模型的基础上，引导学生从物质类别、化合价的角度思考含硫物质在自然界全局之间的相互转化，诊断学生从元素价态和物质类别角度研究物质性质的认识水平，建立以"变化观念"认识物质性质的研究模型，引导学生用微观角度理解和解释宏观现象，培养学生"宏观辨识和微观辨析"的核心素养。最后通过讨论人类活动对硫循环平衡的影响，让学生体会和感受研究硫循环的意义，增强学生"人与自然和谐共生"的社会责任感。

教学环节 2：自然界中的氮循环

【教学情境】氮元素在自然界中也同样存在循环，下图是大气固氮的几种方式和一些数据。大气中氮气的总含量约为 4×10^{15} 吨，三种固氮方式每年大约消耗氮气 1×10^8 吨、4×10^8 吨、2×10^8 吨。如果要把大气中的氮气消耗完，大约需要六百万年左右。但是地球上固氮存在的历史已有亿年历史了，大气中氮气含量保持稳定的原因就是氮元素也存在循环。

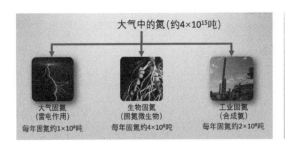
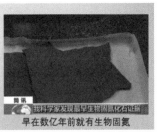

【问题思考】结合课本 92 页图 3.15，思考自然界中含氮物质循环的基本过程是什么？起点、终点在哪里？循环的路径、方式、动力是什么？

【学生活动】学生对课本 92 页图 3.15 进行分析、讨论、概括、提炼，得出如下的认识：氮气经过自然界中的雷雨作用，转化成 NO 后再转化为 NO_2，最后变为硝酸，通过雨水落下至土壤和植物中。植物被动物摄食后，氮元素开始进入动物体内，又被以排泄物、尸体腐烂后形成 NH_4^+。NH_4^+ 最终转化为 N_2 进入空气中……总结提炼如下：

（1）NH_4^+ 发生硝化作用转化为 NO_3^-，NO_3^- 发生反硝化作用转化为 N_2 进入空气中……

（2）硝化作用是被氧化的过程，反硝化作用是被还原的过程……

（3）大气中的 N_2 是氮循环的起点和终点……

（4）自然界中高能量的雷电、豆科植物根瘤菌、硝化细菌、反硝化细菌、人工合成氨的技术是氮循环的动力……

学生画出氮循环模型图和含氮物质的价类二维图

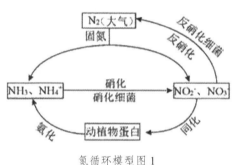

氮循环模型图 1

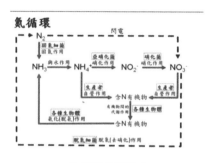

氮循环模型图 2

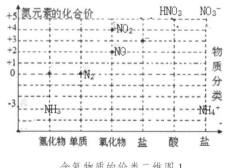

含氮物质的价类二维图 1

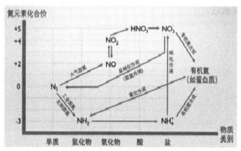

含氮物质的价类二维图 2

【学后反思】有了硫循环学习作基础，学生比较轻松地找出了氮元素的几种循环途径，熟练地画出了自然界中氮循环的简易模型和含氮物质的价类二维图。同时学生清楚地感知到人类生产活动中排放的氮氧化合物含量如果超标，会打破自然界中氮循环的平衡，造成环境污染。

设计意图：在所学知识和"硫循环"模型建立的基础上，通过自然界中大气圈、生物圈和土壤圈中含氮物质之间的转化，强化学生用"变化观念"认识物质性质和搭建转化模型的能力，在物质转化中体会"宏观辨识和微观辨析"的本质联系，以及维护氮循环平衡的必要性。通过硫氮循环各自建模的对比，让学生学会迁移、学会应用，体会和感受不同种类元素的循环途径各有不同，但从氧化还原反应的角度看，又有明显的共同点；加深自然界元素循环生生不息的观念，发展学生辩证、严谨、求实的科学态度。提升学生从元素价态和物质类别角度研究物质性质的认识水平，发展学生"变化观念""模型认知"等核心素养。

教学环节3：酸雨

【教学情境】短视频——平安中国防灾宣导系列公益活动《什么是酸雨及其危害》

【问题思考】1. 什么是酸雨？形成酸雨原因是什么？通过几种途径形成？

2. 用化学语言表示酸雨的形成途径，判断哪一种途径是主要的？

【学生活动】（1）观看视频，从视频中获知酸雨的定义、酸雨的类型、形成的原因及现实中产生的危害。

（2）上台板书展示用化学语言表示酸雨的形成，

（3）提出质疑：pH小于5.6的雨水被称为酸雨，为什么不是pH小于7？

【学后反思】

学生上台板书展示用化学语言表示酸雨的形成时，还存在配平、条件等一些细小问题，需要进行规范。

对学生的质疑，应该予以说明，让学生理解——通常雨水中由于溶有 CO_2，pH 小于 7，当大气中二氧化碳饱和时，略呈酸性（水和二氧化碳结合为碳酸），pH 为 5.65，但不会造成污染。通常酸雨是由于溶有硫、氮的氧化物引起的，所以 pH 小于 7 不是酸雨，pH 小于 5.6 的雨水才被成为酸雨，让学生的学习从粗浅走向深入，从记忆走向理解。同时也要让学生了解我国的酸雨主要是因大量燃烧含硫量高的煤而形成的，多为硫酸雨，少为硝酸雨。

时间	开始	8 h 后	16 h 后	24 h 后
pH	5.0	4.8	4.5	4.3

【问题思考】3.某校科技活动小组的同学采集酸雨样品，每隔一段时间测定样品的 pH，得到下列数据：

（1）酸雨放置时，pH 发生变化的主要原因为 ＿＿＿＿＿＿＿＿＿＿＿＿。

（2）酸雨会带来哪些危害？

（3）你认为减少酸雨产生的途径可采取的措施是 ＿＿＿＿＿＿（填字母）。

A. 减少用煤作燃料　　B. 把工厂烟囱造高　　C. 燃料脱硫　　D. 开发新能源

E. 在已酸化的土壤中加石灰　　F. 监测并治理汽车排出的大量尾气

G. 收集大气中氮氧化物制备硝酸

【学生活动】

（1）分析酸雨形成的原因，书写化学方程式：$SO_2+H_2O \rightleftharpoons H_2SO_3$
$2H_2SO_3+O_2=2H_2SO_4$

（2）根据 SO_2、H_2SO_3、H_2SO_4 性质，分析酸雨可能所带来的危害：腐蚀建筑物、土壤板结营养流失……酸化水体，动植物死亡……

（3）利用含硫物质价类二维图，分析减少酸雨产生的途径可采取的各种措施：A、C、D、F，还提出了其他方案，如：把有害气体转化为无毒的物质……植树造林……

【学后反思】通过分析 pH 发生变化的原因，理解酸雨形成的主要过程。学生比较喜欢治理酸雨的讨论环节。他们扮演着不同的角色，提出了很多的合理或不合理的措施，加深了对二氧化硫性质的认识和应用，使深度学习得以真正地进行。在此基础上，老师可以指导学生提炼、总结、概括，充分利用二氧化硫的性质和价态二维度图对酸雨进行治理，体现价态二维度图的意义和作用。

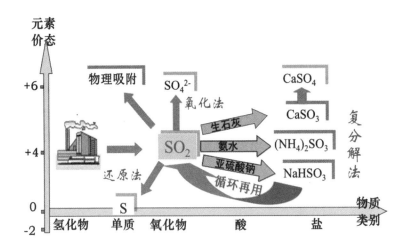

同时可补充以下素材，让学生更多地了解目前的酸雨治理情况。

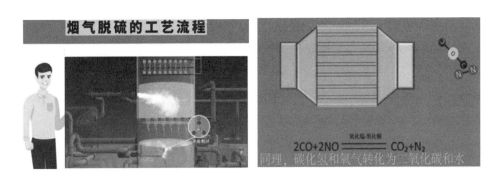

设计意图：通过前两部分硫氮循环学习中人类活动对元素循环影响的讨论，自然过渡到真实情境酸雨治理的学习。通过视频资源充分展示酸雨的危害、防治措施等，真实画面和实际情境的视觉冲击使学生意识到生态环境的破会对人类自身发展的影响，使学生意识到自然界的生态平衡和元素循环一旦被人类破坏，就会反过来危害人类的生存环境，树立人与自然和谐、可持续发展的"平衡思想"。硫酸型酸雨形成途径的化学符号表征，有效地加深学生对含硫物质之间转化过程的理解，强化"变化观念"，也是学生"宏观辨识与微观探析"核心素养培养的有效途径。最后从应用场景出发，结合硫氮循环模型和价类二维图，从氧化还原反应，复分解反应，物理变化三个角度寻找酸雨治理方案，诊断学生对真实问题解决的能力水平（孤立水平、系统水平）及对化学价值的认识水平（学科价值视角、社会价值视角），使学生感受到化学学科在维护生态平衡、促进人类社会健康发展中发挥的重要作用。

教学环节 4、建立人与自然的和谐共生

【教学情境】

　　人与自然和谐共生已经是一个达成全球共识的话题。

　　【讨论活动】为了达成人与自然和谐共生，人类的哪些行为需要改进，哪些需要继续发扬。

　　设计意图：通过对人与自然全局关系的思考、讨论与交流，使学生意识到建立人与自然和谐共生的生态文明社会，是使人类走向更加美好未来的关键。

八、板书设计（图表形式）

硫循环和氮循环

一、硫循环

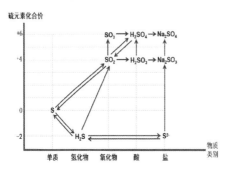

二、氮循环

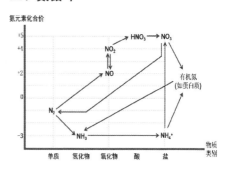

三、酸雨

1、定义

2、形成表征

3、危害和防治

$$SO_2+H_2O \rightleftharpoons H_2SO_3 \quad 2H_2SO_3+O_2=2H_2SO_4$$

四、人与自然和谐共生

基于学科核心素养的"基因突变"教学设计

叶沪凤

摘　要：在"基因突变是生物变异的根本来源"的教学中，利用归纳、推理、建模等科学方法，在真实情境下开展主动探究与知识建构，多维度培养学生的学科核心素养。

关键词：基因突变　教学设计　学科核心素养

1 教材分析及设计思路

"基因突变是生物变异的根本来源"是沪教版生物学必修 2《遗传与进化》第 3 章《可遗传的变异》第 2 节的内容。依据课程标准，本单元内容对应课程标准的重要概念 3.3"由基因突变、染色体变异和基因重组引起的变异是可以遗传的"。本节课的内容从分子水平和细胞水平阐述了基因突变的实质和特点，要求学生能够基于实例，理解碱基的替换、插入或缺失会引发基因中碱基序列的改变，从而有可能导致它所编码的蛋白质及生物性状发生改变，进而树立结构与功能观，同时关注基因突变对生物个体和整个物种进化带来的影响，树立生物进化观。本节内容既是教材前两章内容的延续，又是学习第 4 章《生物的进化》的基础。

本节课以社会热点——我国航天科技的最新进展导入新课，由航天育种的原理引出基因突变，激发学生学习兴趣。教学过程中通过案例分析、演绎与推理进行归纳总结，由学生自主建构基因突变的概念，突破教学重点；通过建模活动，引导学生理解基因的改变有可能导致所编码的蛋白质及生物性状发生改变，进而树立结构与功能观，提升学生观察、分析、比较、合作的科学探究能力，突破教学难点；通过资料分析引导学生归纳总结基因突变的特点，并展示我国航天育种的成果，让学生意识到生物与社会的关系，提升社会责任，落实核心素养。本节课主要的教学流程如图1。

图 1　教学流程示意图

2 教学目标

　　基于课程标准的内容要求、学业要求和学业质量标准，围绕培养学生核心素养的要求，制订了如下教学目标：

　　（1）基于事实案例，运用归纳与概括、演绎与推理的方法概述碱基的替换、插入或缺失会引发基因中碱基序列的改变。

　　（2）通过建模活动，阐明基因突变可能导致所编码的蛋白质及相应的细胞功能发生变化。

（3）通过航天育种的案例，认识生物与社会的关系，提升造福人类的社会责任感和民族自豪感。

3 教学过程

3.1 社会热点，导入新课

教师展示"神舟十五号"视频：载人飞船共搭载 112 家单位 1300 余份作物种子、微生物菌种等航天育种材料。教师提出问题：① 太空环境与地面环境有什么区别？② 神州系列飞船为什么每次的征途都会搭载植物种子？学生基于已有知识能说出航天育种是利用宇宙空间特殊的环境诱发植物种子产生基因突变。

设计意图：通过我国航天科技的最新进展导入，充分激发学生的求知欲和爱国热情，初步认识基因突变的原因和结果。

3.2 案例分析，建构概念

教师过渡：航天育种为培养新品种增加突变材料，在地球环境中，基因突变也是普遍存在的。教师提供多则素材，引导学生分析、推理、归纳，自主建构基因突变的概念。

3.2.1 镰状细胞贫血症

教师提供资料：1910 年，赫里克医生的诊所来了一位黑人病人，病人脸色苍白，四肢无力，是严重的贫血病患者。医生对病人做血液检查时发现，红细胞在显微镜下不是正常的圆饼形，而是又长又弯的镰刀形，称镰状细胞贫血症。研究发现，镰状细胞贫血症患者体内编码血红蛋白 β 链基因的一个碱基发生了改变[1]。教师提供基因序列：正常基因 5'-GTG CAT CTG ACT CCT GAG GAG-3'，异常基因 5'-GTG CAT CTG ACT CCT GTG GAG-3'。学生利用中心法则相关知识书写碱基对的不同对 mRNA 序列和对氨基酸种类和序列的影响，分析患者患病的原因。

3.2.2 豌豆的皱粒性状

教师提供资料：与圆粒豌豆的 DNA 不同，皱粒豌豆的 DNA 中插入了一段外来的 DNA 序列，打乱了编码淀粉分支酶的基因，导致淀粉分支酶出现异常，使豌豆淀粉含量降低，豌豆由于失水皱缩变成皱粒豌豆。教师提出问题：①编码淀粉分支酶的基因发生了什么改变？②为什么插入了一段 DNA 序列，会导致酶的活性大大降低呢？学生根据资料提供的信息，推测皱粒豌豆的形成机制，加深对结构与功能观的认识。

3.2.3 囊性纤维病

教师提供资料：囊性纤维病患者体内，编码一个跨膜蛋白（CFTR 蛋白）的基因缺失了 3 个碱基，导致 CFTR 蛋白在第 508 位缺少苯丙氨酸，蛋白质功能异常，患者支气管内黏液增多，常于幼年时死于肺部感染[2]。教师提出问题：① CFTR 基因发生了什么改变？②该变化引发了怎样的后果？学生通过分析，理解囊性纤维病的成因，并认识到基因中碱基序列的改变有可能导致它所编码的蛋白质及相应的细胞功能发生变化，甚至带来致命的后果。

设计意图：通过三则案例，引导学生从宏观到微观分析、推理原因，并自主建构生成基因突变的概念，明确碱基对的替换、插入或缺失会引发基因中碱基序列的改变，导致生物性状改变，深入理解"结构与功能观"，发展科学思维。

3.3 模型建构，深化理解

教师提问：①碱基的替换一定会引起生物性状的改变吗？②碱基的替换、插入、缺失，哪一种对性状的影响更大？教师提供 DNA 编码链序列，组织学生分组活动，进行探究。学生利用碱基纸条，进行剪贴，进行不同碱基的替换、插入或缺失，并根据改变后的碱基序列书写所对应的氨基酸序列，通过交流展示小组结果，对结果进行分析比较，最终得出结论，解决问题。

设计意图：利用基因模型进行模拟探究，学生通过直观的结果，认识到由于密码子的简并性，碱基序列的改变不一定导致它所编码的蛋白质改变，同时，理解碱基的替换只改变一个氨基酸或不改变，碱基的插入或缺失会影响插入或缺失位置后的序列全部改变，因此插入或缺失对生物性状的影响更大，进一步强化生命观念，同时，培养学生科学探究能力和团队合作精神。

3.4 资料分析，归纳特点

教师提供航天育种资料：①带上太空的实验材料有：农作物种子、蔬果种子、藻类微生物、食用菌菌种、益生菌菌种等，都可能发生基因突变。②在太空遨游后的种子并不是每一粒种子都能被宇宙射线击中，也不是所有被击中的种子都能发生基因变异，1000粒中可能只有10粒会产生变异效果。③太空育种回来的水稻种子在株高、生育期、米质、抗病性方面都可能产生突变，产生突变的种子回到地面后进行筛选，只有产量好、长势旺盛、具有抗性并能稳定遗传的品系，通过审定后才称为太空种子。引导学生根据资料归纳总结基因突变的特点。

设计意图：学生基于资料，运用分析、归纳、概括等方法探讨生命现象，总结基因突变的特点，提升分析问题能力的同时感悟"进化与适应观"。

3.5 总结梳理，深化意义

教师和学生一起总结梳理基因突变的概念及特点，并展示我国航天技术与农业生产相遇的成果，引导学生概述基因突变如何造福人类。航天育种的过程中凝聚着无数科学家的智慧和汗水，用中国种子保障中国粮食安全。教师布置课后任务：通过网络搜索，整理基因突变在生产实践中的应用，并撰写科学小文章和同学们分享。

设计意图：通过展示我国航天育种获得的突出成果，帮助学生了解基因突变对人类生产生活产生的重要意义，提高对"科学技术是第一生产力"的认识，增强民族自豪感，落实社会责任。

4 教学反思

本节课以航天育种作为情境，串联了教学任务，通过案例分析、演绎推理，建构生命观念，发展科学思维；通过建模活动，提升科学探究能力；通过展示我国航天育种的成果，进一步提升学生学好生物、造福人类的社会责任感，在教学过程中始终注重将所学知识与实际生活相联系，多维度培养学生的学科核心素养。本节课设计了层层深入的问题串和探究活动，需给予学生充足的时间进行思考、讨论和探究，鼓励学生进行分析和表达，通过引导学生分析总结、获取经验，并且，运用经验迁移实践、评价完善，全面促进学生的发展和成长。

【主要参考文献】

［1］王永辉.漫谈镰刀型细胞贫血症［J］.生物学教学，2012，37（6）：59.

［2］程佳佳.指向科学思维培养的"基因突变和基因重组"教学设计［J］.生物学教学，2022，47（10）：41—43.

"B、T 淋巴细胞参与特异性免疫应答（第一课时）"的教学设计

刘　旸

摘　要：在"B、T 淋巴细胞参与特异性免疫应答（第一课时）"一节的教学中，引导学生分析科学材料，完成概念模型的搭建，理解机体通过细胞免疫清除病原体的过程与特点。本节课强调学生的主动参与，培养了学生的科学思维，全面落实生物学学科核心素养的培养。

关键词：概念模型　细胞免疫

1 教学分析及设计思路

本节是沪科版《生物学》选择性必修 1《稳态与调节》第 4 章《人体的免疫调节》第 3 节《B、T 淋巴细胞参与特异性免疫应答》的第 1 课时内容，对应教材的第 1 目与第 2 目。在课前活动中，教材展示了人体针对病毒感染的免疫应答过程示意图，可以在本节两课时的教学都结束后，帮助学生建构人体通过非特异性免疫和特异性免疫抵御病原体的侵袭，实现机体稳态的概念。教材的第 1 目《特异性免疫包括细胞免疫和体液免疫两种应答方式》中简明地列举了细胞免疫和体液免疫的概念，概述了人体的特异性免疫由两者共同构成；教材的第 2 目《T 淋巴细胞执行细胞免疫功能》中则是通过病毒感染人体组织细胞的情境入手，结合图 4-13（细胞免疫的主要过程示意图）举例说明了从抗原呈递到靶细胞被裂解的细胞免疫完整过程，最后简介记忆 T 细胞，概述了病原

体再次入侵后，细胞免疫快速启动的机制。

这节课的授课对象是高二生物等级班的学生。在初中的学习过程中，他们接触过免疫；在本单元之前的学习过程中，他们已经学习了免疫系统、非特异性免疫过程等内容；在选择性必修一的教材中，他们还学习了神经、内分泌等单元，初步形成了"稳态与调节"的生命观念。同时，我校高二的学生能较好地阅读文字材料进行归纳，通过文字与示意图的形式进行总结，具有较好的归纳、演绎、读图分析的能力，可以运用所学的知识对现实生活中的现象进行合理解释，但是在抽象概括生物学过程，建立概念模型的能力上仍有缺陷。

由于学生学习本节内容的障碍主要是新名词多、较细的生物学事实多，因此如何引导学生将细碎的生物学事实性知识结构化，是本节处理的难点。基于以上学情，本节课的教学组织形式为基于单元大情境，教师提供情境材料，引导学生分析并建构细胞免疫过程中抗原呈递、T细胞活化与靶细胞裂解三个步骤的示意图，最终呈现细胞免疫完整的概念模型，并依照呈现出的概念模型，尝试解释单元情境问题，落实关注健康生活方式的社会责任。

2 教学目标

基于课程标准的内容要求、学业要求及学业质量标准，围绕培养学生核心素养的要求，制订如下教学目标：

（1）通过对文字材料的归纳与总结分析，建构细胞免疫的概念模型，培养归纳与概括、模型与建模的科学思维。

（2）运用细胞免疫的相关知识，在真实的器官移植情境中对相关现象做出理性的判断与解释；培养社会责任。

3 课时设计

现对"B、T淋巴细胞参与特异性免疫应答（第一课时）"进行课时设计：本节课以"情境—问题—任务"的教学方式作为主线，以任务式教学的方式突破教学重难点：细胞免疫的机制概念模型。本节课通过对材料的分析形成"稳态与调节"的生命观念；通过依据材料进行模型的建构培养归纳与概括、模型与建模的科学思维；联系生活实例，利用细胞免疫知识，解释生活现象，落实社会责任的培养。以下为本课时的教学流程（图1）：

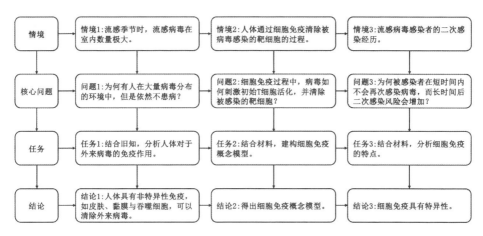

图1　课时教学流程设计图

4 教学过程

4.1 生活情境导入，回忆旧知

情境1：呈现数据——流感季节时，部分室内场所的空气中每立方米会有平均二十万个甲流病毒，但是该场所中感染甲流的人数可能不到一半。

问题1：为何有人在大量病毒分布的环境中，依然不患病？

任务1：结合所学知识，分析人体如何对外来病毒进行免疫？

在学生进行回顾时，往往都可以说出人体具有非特异性免疫，并指明皮肤、黏膜作为人体的第一道防线，可以阻止大部分病毒侵入体内。若病毒突破了第一道防线，机体内的吞噬细胞还可以通过吞噬作用清除病毒。为引出本节课的内容，教师此处进行设问：若病毒突破了非特异性免疫的屏障，那么它们的命运会是怎样的？人体一定会因此而患病吗？通过设问的方式引起学生的兴趣，过渡至新授内容。

设计意图：将生活中常见传染病作为情境，回顾所学过的非特异性免疫的内容，激发学生对先前学习内容的回忆，并引出本节课的课题。

4.2 小组合作，建构细胞免疫概念模型

包含 3 个子任务。

【子任务 1】阅读下方的情境资料，建构细胞免疫过程中抗原呈递的概念模型[1]。

资料如下：甲流病毒侵入人体后，一部分会侵染宿主细胞，另一部分则是分布在体液中。游离的甲流病毒作为抗原并不能被 T 淋巴细胞直接识别——T 淋巴细胞表面的抗原受体只能识别与 MHC 分子相结合的抗原肽段。游离的甲流病毒在被抗原呈递细胞捕获后，会被酶解并加工为抗原肽，产生的抗原肽则会在细胞中与 MHC 分子结合，并以抗原肽-MHC 分子复合体的形式表达在抗原呈递细胞的质膜表面。

问题：T 淋巴细胞的抗原受体在识别抗原时具有什么特点？病毒进入体内后，抗原呈递细胞是如何进行抗原呈递，并刺激初始 T 淋巴细胞活化的？

学生阅读相关资料后，结合教师提出的上述问题，以小组为单位完成抗原呈递过程的模型建构。小组派一位学生上台，在黑板上摆放教师预先准备好的相关贴纸并进行板书补充，展示并讲述抗原呈递的过程。

设计意图：完整的细胞免疫过程较为复杂，考虑到学生在建立概念模型的能力上仍有缺陷，所以将细胞免疫过程拆分为抗原呈递、T 细胞活化与靶细胞裂解三个步骤，分别进行建模。学生在建模时通过贴纸的摆放与书写，能更好地理解在细胞免疫过程中，初始 T 淋巴细胞识别的是经抗原呈递细胞处理的抗原肽-MHC 分子复合体，而非病毒本身这一点，使学生的科学思维得到发展。

【子任务 2】阅读下方的情境资料，建构细胞免疫过程中 T 细胞活化的概念模型。

资料如下：在接受到抗原呈递细胞呈递的抗原肽-MHC 分子复合体后，T 淋巴细胞则被初步活化，准备分化为专职对抗甲流病毒的辅助性 T 细胞与细胞毒性 T 细胞。然而，T 淋巴细胞的分化是由双信号控制的，其一即为抗原呈递细胞质膜表面的抗原肽-MHC 分子复合体，其二则是抗原呈递细胞所分泌的免

疫活性物质——如白细胞介素 -1（IL-1）等细胞因子。在两者的共同作用下，T 细胞被完全活化，辅助性 T 细胞和细胞毒性 T 细胞也就此产生。

问题：辅助性 T 细胞和细胞毒性 T 细胞的产生需要哪些信号刺激？

学生阅读上述材料，以个人为单位完成模型的建构，并上台在先前同学建立的抗原呈递过程模型的基础上，完成 T 细胞活化过程的展示与讲述。

设计意图：基于抗原呈递过程的模型建构，自然引出第二个核心任务：抗原呈递细胞将抗原肽 -MHC 分子复合体呈递到初始 T 淋巴细胞后，初始 T 淋巴细胞会发生什么变化？由于 T 细胞活化的概念模型构建相对较为简单，所以安排学生独立完成模型的构建，进一步培养学生模型与建模的科学思维。

【子任务 3】阅读下方的情境资料，建构细胞免疫过程中靶细胞裂解的概念模型。

资料如下：清除被甲流病毒感染的靶细胞是细胞毒性 T 细胞的主要工作。细胞毒性 T 细胞可以通过表面受体特异性识别靶细胞，并与之紧密接触，在局部释放出需要与靶细胞结合的颗粒，包含穿孔素与颗粒酶等物质。穿孔素分子可以在靶细胞的质膜上形成孔洞，使得靶细胞质膜的通透性增加，颗粒酶得以进入其中，激活靶细胞内与细胞凋亡相关的系统，诱导靶细胞裂解死亡。至此，保护甲流病毒的宿主细胞被裂解，甲流病毒重新暴露在体液中。

问题：细胞毒性 T 细胞裂解靶细胞的过程可以分为哪两个步骤？该过程需要哪些免疫活性物质的参与？

学生阅读材料内容，完成细胞免疫最后一个步骤的概念模型建构，并派小组代表汇报。在小组代表汇报和其他小组的补充后，一位学生结合之前所学的非特异性免疫部分知识，与本节课新授的细胞免疫部分知识，完整讲述甲流病毒侵染人体后，人体的免疫过程，教师再予以补充。

设计意图：概念模型的建构进入到最后一个环节，学生对本节课中出现的新名词与过程都有了基本的认识，但无法将它们很好地联系在一起。此处通过小组讨论与补充，再次用模型构建的方式对机体的免疫过程做归纳整理，厘清多个新知之间的具体联系，建立稳态与调节的生命观念。

4.3 循序渐进，分析细胞免疫的特点

情境：小 A 曾经感染过甲流，后续他注重自我防护，在感染甲流后的一年内，他未曾有过感染的相关症状，也没有被甲流病毒再次感染。

问题：从免疫学的视角分析，一年内小 A 没有再次感染甲流的主要原因是什么？除了免疫学的视角，小 A 未感染甲流的原因还可能是什么？

任务：学生结合情境材料与建构的细胞免疫概念模型，分析细胞免疫的特点。

学生在回答时，往往会首先考虑到健康的生活方式，如增强防护，减少与病毒的接触，同时学生也能说出由于记忆 T 细胞的存在，人体对已感染过的病毒会有更强的免疫力。此时教师进行补充：记忆 T 细胞可以识别曾经感染过人体的抗原，从而更快、更强地介导细胞免疫过程。

紧接着教师补充情境：1 年后，小 A 再次感到咽痛、同时伴有发烧，到医院就诊后，被确诊为甲流病毒感染。同时提问：甲流病毒之间高度相似，从免疫学视角分析，为什么小 A 会在一年后再次感染甲流？学生在了解了细胞免疫的过程与记忆 T 细胞后，对细胞免疫的特异性有了更深入的认识，能够说出可能是因为病毒发生了变异，表面抗原结构发生改变，致使上一次感染所产生的记忆 T 细胞无法识别病毒，无法介导更快、更强的细胞免疫，从而生病。

设计意图：通过之前的学习，学生了解了细胞免疫的过程，但是对细胞免疫的"特异性"还欠缺进一步的了解。因此本环节中特设对情境的分析，制造前后矛盾，使学生明晰了抗原与受体特异性结合的特点，了解了抗原结构改变会影响记忆 T 细胞的二次免疫，认识到结构的改变会影响功能，进一步建立了"结构与功能"的生命观念。

4.4 回归案例，总结分析

以小鼠皮肤移植实验作为真实情境，让学生结合本节课所学的新知，分析皮肤移植实验中出现免疫排异现象的原因，并讨论应当如何设计药物来抑制器官移植患者体内排异反应的发生。通过这一环节，在真实情境中锻炼学生的知识迁移能力，完成对学生的阶段性评价，引导学生利用所学细胞免疫的生物学知识解释生物学实验现象，并解决医药相关问题，落实社会责任核心素养的

培养。

5 教学反思

本节课的教学围绕学生生活中被流感病毒所感染的情境，引导学生对"为何有人在大量病毒分布的环境中，依然不患病？"这一问题进行思考，采用归纳与概括、演绎与推理的科学思维方法，从给定的文字材料中获取信息，整理归纳出了细胞免疫的过程，建构了细胞免疫的概念模型，形成稳态与平衡的生命观念，进而思考细胞免疫的原理在生活中的应用，形成健康的生活方式，突出生物学的"德育价值"和"人文价值"。在课堂中以学生自主性学习为主，学生在探索新知识的过程中学会自主学习的基本方法，树立正确的生活态度，提高生物学的核心素养，真正成为学习的主体。

【主要参考文献】

［1］储以微.医学免疫学［M］.上海：复旦大学出版社，2015.

新时代再读《共产党宣言》教学设计与教学说明

——以"如何看待中国特色社会主义的科学真理性和历史必然性"为议题探究

朱忠壹

教 学 设 计

一、单元教学设计

（一）单元教学目标

统编教材必修 1《中国特色社会主义》共四课和两个综合探究，着眼于人类社会的发展历程，立足于中国特色社会主义伟大实践，明确科学社会主义理论逻辑和中国社会发展历史逻辑的辩证统一，旨在帮助学生树立共产主义远大理想和中国特色社会主义共同理想而奋斗的信念。

在第一课的学习中，结合所学历史理解人类社会形态发展历程取决于社会基本矛盾的运动。了解科学社会主义创立的历史前提、创立的标志，懂得社会主义从一国到多国实践的意义和价值。为之后三课的学习积累理论知识储备。

第二课的学习主要围绕鸦片战争后中国人民必须完成的两大历史任务，了解新民主主义革命和社会主义基本制度确立的重要历史意义。懂得中国走上社会主义道路的历史必然性，是继续深入学习第三、四课的逻辑起点。

第三课的学习以中国特色社会主义的创立、发展和完善为主线，明确中国特色社会主义是把马克思主义基本原理同中国国情相结合的产物，为第四课论述只有坚持和发展中国特色社会主义才能实现中华民族伟大复兴打下基础。

第四课主要学习习近平新时代中国特色社会主义思想的核心内容，理解其在党和国家治国理政中的地位和作用，明确习近平新时代中国特色社会主义思想是马克思主义中国化的最新成果。是对第二课"只有社会主义才能救中国"和第三课"只有中国特色社会主义才能发展中国"思想在新时代一以贯之的深化。

在学习第一、二课基础上，综合探究一通过比较研究人类社会发展的一般进程和趋势，理解人类社会发展进程是统一性和多样性的统一，阐明中国特色社会主义是科学社会主义理论逻辑和中国社会发展历史逻辑的辩证统一，认同中国共产党带领人民选择中国特色社会主义道路是历史的选择和人民的选择。

在学习上述四课和完成综合探究一的基础上，综合探究二通过回顾中国共产党带领人民革命、建设和改革的奋斗历程，理解坚持和发展中国特色社会主义是实现中华民族伟大复兴的必由之路，在探究中国取得各项成就背后经验的基础上，坚定和增强中国特色社会主义道路自信、理论自信、制度自信、文化自信，坚定中国特色社会主义共同理想，树立共产主义伟大理想。

（二）单元教学重点、难点

1. 单元教学重点

比较研究人类社会发展的一般进程和趋势，阐明中国特色社会主义是科学社会主义理论逻辑和中国社会发展历史逻辑的辩证统一，认同中国共产党带领人民选择中国特色社会主义道路是历史的选择和人民的选择。

以中国特色社会主义的创立、发展和不断完善为主线，明确中国特色社会主义是把马克思主义基本原理同中国国情相结合的产物，坚定和增强中国特色社会主义道路自信、理论自信、制度自信、文化自信。

明确习近平新时代中国特色社会主义思想是马克思主义中国化的最新成果，理解习近平新时代中国特色社会主义思想在治国理政中的重要地位和作用，明确习近平新时代中国特色社会主义思想是对中国特色社会主义理论体系的完善。

2. 单元教学难点

了解科学社会主义创立的历史前提、创立的标志，阐明唯物史观和剩余价值学说使社会主义学说实现了由空想到科学的飞跃，懂得科学社会主义从理论到现实、从一国实践到多国实践的价值，正确看待社会主义实践遇到的重大曲折，坚信中国特色社会主义能焕发出科学社会主义在 21 世纪的新的强大生命力。

明确新民主主义革命和社会主义革命之间的关系，阐明中国共产党在马克思列宁主义基本原理指导下，结合本国实际，艰辛探索社会主义建设道路的重要意义。正确看待改革开放前和改革开放后两个历史时期之间的关系，明确改革开放以来党全部理论和实践的主题是坚持和发展中国特色社会主义。

（三）单元教学技术与学习资源应用

1. 本单元教学技术的运用

教学技术项目	典型运用方式	运用实例举隅
思维可视化	① 基于教材，制作学科知识图谱 ② 围绕议题，绘制头脑风暴图 ③ 开展活动，推进活动工作轴	以"生产力与生产关系"为主线，梳理人类不同社会形态之间的演进逻辑
教育戏剧	基于教材内容与核心议题，开展辅助教学的教育戏剧片段编导演	人类不同社会形态主要场景片段演绎
经典诵读	基于经典文本诵读，激发情感，认同共产主义远大理想和社会主义共同理想	《共产党宣言》名言名句

2. 本单元学习资源的应用

学习资源项目	典型运用方式	运用实例举隅
马克思列宁主义、毛泽东思想经典理论著作及文章	基于经典文本阅读和诵读，开展唯物史观方法论教学，讲清楚人类社会发展基本脉络提供正确的理论指导	《马克思恩格斯选集》《列宁选集》《毛泽东选集》
中国特色社会主义理论著作及文章		《邓小平文选》《江泽民文选》《胡锦涛文选》《习近平谈治国理政》
科教、历史专题纪录片	选取不用人类社会形态的代表性大事件，如地理大发现、科学革命、第一次、第二次世界大战等作为课堂教学的案例佐证或课前预习、课后探究活动的素材资料，开展学生自主探究学习，为搞清楚"社会主义为什么好"充实感性经验	《大国崛起》《复兴之路》等

学习资源项目	典型运用方式	运用实例举隅
小说、歌曲、影视剧、舞台剧等文艺作品	推荐经典文艺作品作为学生课外阅读和观影，结合语文、历史、地理、艺术等多学科融合开展"项目制学习"，为教育戏剧表演、绘本或电子小报创作以及研究性论文写作等提供思路和事实材料	《双城记》《青年马克思》《悲惨世界》《领风者》等
社会考察实践基地（含网上参观实践体验）	利用周末或寒暑假，开展社会实践红色之旅活动，充分利用场馆资源开展研究性学习。在有条件的情况下可以前往外省市参观考察	《共产党宣言》展示馆、中共一大会址纪念馆、中共二大会址纪念馆、中共四大纪念馆、黄浦码头旧址（赴法勤工俭学登船处）等

（四）单元作业与评价

1. 单元作业设计

课题	课时作业安排	单元作业设计
第一课		作业主题：自编自导自演不同社会形态主题情景片段（或舞台剧） 作业设计： 1. 选题。学生可自选教材主题或在教师建议下选取主题或片段进行戏剧创作。 2. 编剧。经过组内分工后，担任编剧任务的学生通过查阅资料，选取典型场景进行情景片段的剧本创作，戏剧冲突设计必须服从典型场景所处的时代特征。 3. 研论。剧本初稿成型后，组内研读，并请教师指导，在多次研讨基础上完善剧本并定稿。 4. 排演。确定剧本后，利用课余时间进行排演，在人物角色刻画和剧情设置安排上，融入戏剧表现手法。
第二课	《必修1练习部分》每框题同步训练、综合探究、阶段练习	5. 公演。组织班内或年级公演，听取观众反馈意见，有条件的情况下可以进行摄录，用于回看或校内外交流。 6. 反思。组织演后谈，请编剧、导演、演员和观众共谈排演反思，教师予以点评和指导。 作业评价：教师综合演职人员、观众等排演或观演意见，融过程性评价与表现性评价为一体，为剧组及其成员撰写评语，评语分为对知识理解的评价和对艺术表现的评价。
第三课		作业主题：自选主题微课题研究性学习 作业设计： 1. 选题。学生可在教师指导下进行自选题，可参考课表和"综合探究"议题。也可自选题，经教师许可后开题研究。 2. 准备。学生以4–6人分组为宜，开始查阅资料，完成文献综述。 3. 实施。小组成员可分工实施，分别担任撰写、课件制作、报告答辩等职务，可在组内实施模拟演练，进行修改润色。
第四课		
综合探究一、二		4. 答辩。在作业讲评课上，安排各组上台实施报告答辩，其他组同学可提问，教师作总结评价。 作业评价：下附"微课题评价量表"。

2. 单元作业（微课题）评价量表（节选）：

评价量表总表

评价内容		评价标准				综合评价
		水平1	水平2	水平3	水平4	
报告内容	框架构建	能建立完整清晰整体逻辑框架，呈现的逻辑线索连贯。	建立的逻辑框架基本完整清晰，部分逻辑环节缺失。	没有完整清晰的逻辑框架，有一定的逻辑线索。	结构松散，没有逻辑框架，只有不完整的部分逻辑线索。	
	文献整理	能全面深入把握文本内容。选用文献资料均合理贴切，能够有效论证报告所有观点。	基本把握文本的大部分内容，选用文献资料大部分较为合理，能基本有效论证报告大部分观点。	能正确把握文本部分内容，选用资料少部分较为合理，能够论证报告的部分观点。	只读懂文本的极少数内容，选用资料不太合理，基本无法论证报告观点。	
	逻辑论证	能梳理严谨而复杂的逻辑结构，帮助研究成果更加清晰直观展示出来。	能梳理基本正确的逻辑结构来说明研究成果。	能梳理一定的逻辑结构，但结构和内容都较为简单。	不会利用逻辑结构展示研究成果。	
	学术规范	能准确运用学科知识对现象进行完整分析，报告表述与论文写作符合学术规范。	能运用学科知识分析现象，表述基本正确，报告表述与论文写作基本符合学术规范。	能运用运用学科知识，分析不准确，报告表述与论文写作不符合基本学术规范。	运用学科知识有明显错误，报告表述与论文写作不符合基本学术规范。	
报告形式	语言表达	做到清晰、准确、流畅地完成发言。	基本做到清晰、准确完成发言。	语言表述不够清晰，节奏不流畅。	仅能完成基本发言，表述不清楚、不通顺。	
	课件制作	能够使用PPT、Prezi等多种软件，结合视频、音频、图片等内容，表现有层次感，重点突出，脉络清楚。	能够使用至少一种软件，多媒体类型文件不少于两种，表现较有层次感，重点较突出，脉络较清楚。	能够使用软件进行制作，但制作较简单，多媒体类型文件内容单一，层次不鲜明，脉络较混乱。	不能使用多媒体展示软件制作，没有使用多媒体类型文件。	
	答辩回复	能准确捕捉提问者意图，快速做出正确答复。	能基本把握提问问题方向，做出基本正确的答复。	能把握提问的部分内容，只能给出不充分的答复。	不能把握提问者的意图，无法做出正确答复。	
小组合作	分工合作	能根据每位小组成员特点分配任务，做到扬长避短，发挥合力作用。每位组员相互配合协作，积极参与全部研究活动过程。	能基本保证大部分组员承担相应的任务并发挥团队合作精神完成研究成果。大部分组员积极参与研究活动过程，基本做到相互配合。	能保证部分组员承担相应的任务并合作完成研究成果。少数组员积极主动参与，其他组员被动配合。	只有少数组员来承担完成大部分的任务。少数组员参与，其他组员参与度低。	
总评价						

二、本课教学设计

（一）本课教学目标

朗诵《共产党宣言》名句，分享对科学社会主义的感悟，明确科学社会主义的科学性。理解并阐明中国共产党人把马克思主义基本原理和中国实际相结合，开辟了中国特色社会主义道路。在正确看待中国特色社会主义科学真理性和历史必然性的基础上，理解并认同中国特色社会主义是科学社会主义理论逻辑和中国社会发展历史逻辑的辩证统一，树立中国特色社会主义道路自信、理论自信、制度自信、文化自信。

（二）本课教学重点、难点

1. 本课教学重点：

理解并认同中国特色社会主义是科学社会主义理论逻辑和中国社会发展历史逻辑的辩证统一，树立中国特色社会主义道路自信、理论自信、制度自信、文化自信。

2. 本课教学难点：

正确看待中国特色社会主义的科学真理性和历史必然性，理解中国特色社会主义的伟大实践是科学社会主义在 21 世纪焕发强大生命力的表现。

（三）本课教学技术与学习资源应用

1. "遵循课标要求，技术赋能教学" 的实施路径

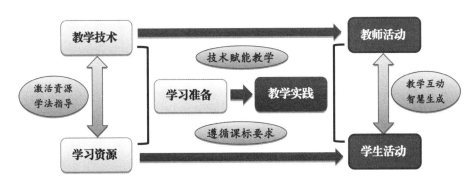

2."遵循课标要求，技术赋能教学"的操作指南

教学技术	学习资源			教师活动	学生活动
	经典著作与理论	文艺作品	社会考察		
思维可视化	马克思《〈政治经济学〉批判序言》选段《习近平新时代中国特色社会主义三十讲》	纪录片：《世界历史》相关部分电影：《法国大革命》《青年马克思》动画片：《领风者》等	自行参观《共产党宣言》展示馆	指导学生用思维导图可视化的方式，展现中国共产党人把马克思主义基本原理同中国实际相结合，开辟中国特色社会主义道路的历程	在学习第一、二课基础上，阅读教材引用的经典文本，根据主题完成思维导图
经典诵读	《共产党宣言》选段《黑格尔法哲学批判》导言》选句			讲解经典文本，指导学生在精读基础上，进行诵读实践	学生自行参观《共产党宣言》展示馆并排练经典名句的朗诵

（四）本课教学过程及设计思路

1.本课教学过程一览表

环节	核心问题	教师活动	学生活动	评价活动
序章	教师独诵导入	教师独诵《共产党宣言》开篇第一段"一个幽灵……"入场，为本课综合探究导入营造气氛，并为之后指导学生诵读提供参考。	学生在课前探究准备活动的基础上，欣赏教师独诵入场，基础较好的学生可跟诵齐诵，共同建构本课诵读情境。	"独诵者"教师入场，通过个人演绎"宣言"开篇的方式，烘托氛围，为之后评价学生活动提供正确示范。
环节一	真理的声音	教师点诵《共产党宣言》开篇的若干名句供学生诵读实践，指导学生要在诵读中体会作品写作的时代背景。	学生在教师指导下，结合之前学习，基于作品写作时代背景，结合自己不同理解，通过不同方式对《共产党宣言》的名句进行诵读实践，并激发其余同学共同讨论参与。	"指导者"教师指导学生结合所学知识，进行诵读实践，感悟"宣言"魅力，教师予以指导与评价。
小结一		《共产党宣言》的写作时代背景：资本主义社会矛盾日益暴露，阶级对立冲突与日俱增。		

（续表）

环节	核心问题	教师活动	学生活动	评价活动
环节二	真理的力量	教师对学生所做的微报告和可视化的思维导图进行提问和评价，在生生互动中适时引导。之后通过对马克思主义经典文本的解读（即："武器的批判"和"批判的武器"等），阐明清楚"笔杆子"变为"枪杆子"的关键在于"理论一经掌握群众"，以及"理论要抓住人根本"。	学生在前期社会考察和文本阅读的基础上，分享汇报《"共产主义的幽灵"到中国》微报告，并通过思维可视化的形式呈现汇报内容，并提出问题，引发生生互动，共同思考《共产党宣言》在中国生根发芽"等问题，并在教师引导下得出结论。	"阐释者"教师出评点学生自主探究报告，阐释中国特色社会主义道路的科学真理性与历史必然性的统一。
小结二		中国共产党人把马克思主义基本原理同中国实际相结合，开辟了一条中国特色社会主义道路。		
环节三	真理的光芒	教师提出"新时代，《共产党宣言》有没有过时？"的问题，阐明中国社会主要矛盾的变迁，中国化的马克思主义也与时俱进，不断发展。	学生结合所学知识，对教师所提问题进行思考，回顾毛泽东思想和中国特色社会主义理论所解决的不同问题，明确了中国特色社会主义的实践是科学社会主义在21世纪焕发生命力的体现。	"领诵者"教师带领全班学生齐诵《共产党宣言》名句，体悟宣言的时代精神。
小结三		中国特色社会主义的伟大实践让科学社会主义在21世纪继续焕发强大生命力。		
尾声	全班合诵升华	全班学生在教师领诵下，综合运用本节课所学到的理论知识和诵读技巧，共同演绎完成《共产党宣言》朗诵全本。学生在教师的感召下，加深了对宣言文本的深刻认识，并激发情感共鸣。		

2. 本课教学问题与活动设计思路

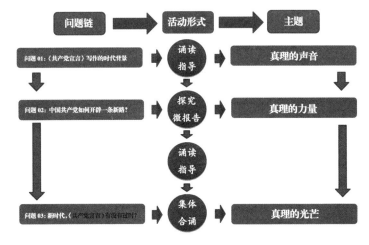

（五）本课作业与评价

综合探究一：学习任务单		
活动项目	**任务明细**	**学习建议**
基础准备	查阅文献，搜集素材，通过自编自导自演的方式再现原始社会和阶级社会（奴隶社会、封建社会、资本主义社会）生产活动和社会生活的场景。	选取场景须典型，可学习纪录片、影视剧作品的有关表演场景。表演过程中要比较不同社会形态之间的特点，表演结束后可发表演后谈。
自主探究 01	结合第一课、第二课有关知识，以及必修1教材第64页–65页探究一和探究二的文本资料，尝试运用社会运动基本矛盾的有关知识，通过绘制思维导图的方式，说明社会演进过程的统一性和多样性的关系。	学生可在教师指导下，结合探究二材料提示，可选取英国、法国、德国、日本以及俄国等典型国家从封建社会向资本主义社会过渡的史实案例，理解人类社会发展进程的道路不止一条，没有放之四海而皆准的发展道路。
自主探究 02	结合所学知识，对教材第65-66页探究三，选取列宁、毛泽东、邓小平、习近平三段话中的任意一段进行分析，探讨：为什么说中国特色社会主义是21世纪的科学社会主义。	学生须对不同出处的经典文本作相应的考证，通过上下文来分析其行文逻辑和作文立场。结合本节课所学内容，从辨明"社会主义好不好"的标准探讨入手来思考该问题。
小组实践（分组）	结合所学知识，查阅资料，比较不同国家、地区在社会形态更替演进上的异同，如：英国、法国、美国、德国、日本、俄国等国确立资本主义制度的不同路径，撰写研究性小论文。	学生须重点考虑不同国家、地区所处的地理环境、历史沿革、文化传统、地缘政治、国际地位等多方面因素对其社会形态更替演进的影响，挑选若干国家，选择若干关键变量进行研究性学习。
学生评价	学生可借助微课题评价量表进行自我评价、组内评价、组际评价，评价内容以反思总结为主，不作量化打分要求，可在班级内部评选优秀作业或者在组内评选代表作业	
教师评价	参考单元作业评价量表（微课题报告评价量表，上附）	

教　学　说　明

一、单元教材教法分析

1. 落实课标要求

必修1《中国特色社会主义》未设置"单元"，全册教材共四课、两个综合探究可视作一整个教学单元。

本册教材旨在帮助学生树立共产主义远大理想和中国特色社会主义共同理想，着眼于人类社会发展的一般进程，立足于中国特色社会主义的伟大实践，明确中国特色社会主义是科学社会主义理论逻辑与中国社会发展历史逻辑的辩证统一。

综合探究一"回看走过的路 比较别人的路 远眺前行的路"通过梳理人类社会发展进程，比较各个社会形态特征及异同，要求学生了解人类社会发展历史进程是统一性和多样性的统一。在梳理比较近代中国探索复兴之路的基础上，坚信中国特色社会主义道路是历史的选择和人民的选择，牢固树立中国特色社会主义道路自信、理论自信、制度自信、文化自信。

根据《普通高中思想政治课程标准（2017年版2020年修订）》要求，教师要指导学生充分运用绘制展板、故事讲述、经典诵读、撰写论文等活动形式以完成综合探究的活动目标。

在本课教学设计中，教师综合运用了思维可视化、经典诵读等形式来组织课堂内外探究活动，落实了课标有关"活动型学科课程"的实施要点。

2. 钻研教材思路

综合探究的学习不同于一般课文内容的学习。综合探究设有目标、活动建议、路径参考和总结等部分，在探究路径参考中会提供阅读材料作为学生探究学习的文本内容，主要选自马克思、恩格斯、列宁、毛泽东、邓小平、习近平等经典理论片段，此外，探究路径则多选用课内外多种活动形式，旨在激发学生自主性。

教师要把握教材行文内在思路，理清科学社会主义的基本原则及主要观点，以教材内容为依托，勾勒逻辑主线，讲清楚人类社会发展的一般进程以及社会主义制度在中国的确立、中国特色社会主义的创立、发展和完善等一系列科学社会主义理论逻辑和中国社会发展历史逻辑的统一关系。

综合探究一所涉及的文本内容多选自马克思主义经典作家。如探究一引用了马克思《<政治经济学批判>序言》有关社会发展一般进程的文本内容，说明了社会形态更替的内在原因，即"新的更高的生产关系，在它存在的物质条件在旧社会的胎胞里成熟以前，是决不会出现的。"并要求学生通过绘图、表演等方式再现原始社会和阶级社会典型场景，要求学生充分领会这一观点并融会贯通到戏剧表演中来。

探究三则引用了列宁在《国家与革命》中所指出的：资产阶级和无产阶级专政在暴力统治上来说，本质一样，但内容和形式根本不同。并让学生谈谈对"弄清楚我们从哪儿来，往哪儿去，很多问题才能看得深、把得准。"的理解。一方面，教师可以借助教师用书，从编者角度把握教材线索脉络，另一方面，则要精读经典理论著作，弄清楚上下文语境关系。紧扣每一条逻辑线，扭住每一个核心知识概念，对课本进行答疑解惑，最终完成探究目标。

二、学生情况分析

1. 认知起点

2020级入学的高一学生在初三时已经学习全国统编教材《道德与法治》，接触了有关中国特色社会主义思想的学习内容，具备一定的认知基础。同时也学习过有关远古人类历史和中外古代历史有关内容。

开学以来，他们已经学习过必修1《中国特色社会主义》第一课、第二课的有关内容，了解了人类社会发展的一般进程和主要阶段，对近现代中国探索复兴之路的进程有了基本了解，能够运用简单的唯物史观说明社会形态更替的过程，对中国特色社会主义的道路的开辟有了一定了解。对于综合探究一的活动开展和课堂教学来说，奠定了充实的基础。

然而，由于课时所限，理论抽象，学生所学知识跨度较大。在社会发展基本矛盾的把握上，部分学生存在一定理解上的困惑。对于科学社会主义和毛泽东思想、中国特色社会主义理论等一脉相承的内在联系，他们的理解还不太深刻，这也为本次综合探究活动的开展造成了一定的困难。

2.区情学情

教师所在杨浦区是高中思想政治统编教材试教试用区，所在学校杨浦高级中学是试教校之一，具有丰富的统编教材试教试用经验。任教班级学生总体情况良好，属全区优质校生源。

9月入学以来，教师任教班级学生结合空中课堂和教师线下课进行融合学习，每节课后均以空中课堂学习任务单作为课前预习、课中探究、课后复习之用。学生已接受一个多月的高中思政学科方法论学习，对思维可视化的逻辑导图练习较为熟悉。此外，教师所在学校的戏剧和朗诵学生团体活动正常开展，近些年来每年复排复演《共产党宣言》等情景朗诵，近年来多次代表学校参加市区级汇演，取得上佳声誉。教师所任教学校是上海市唯一一所高中学段的语言文字工作示范校，具备良好的师生经典诵读活动开展的群众基础。

2020年9月，学校组织学生参观考察《共产党宣言》展示馆，对陈望道先生翻译首个《共产党宣言》全译本的历程有了感性认识，在此基础上融合对《共产党宣言》的阅读和诵读，为本次开展"诵读"式探究活动打下了良好基础。

三、教学设计理念

活动型学科课程的开展，关键在于确定活动议题，以及围绕议题展开的活动序列化设计。

在对必修1教材进行单元教法整体思考中，教师把"议题式理论教学"作为主导教学方法。在选择议题上，注重"两难性"和"辨析性"的指向特征，既要涉及学科学理，也展示价值判断，兼具开放性和引领性的统一，兼顾教学重点和难点。

1.议题式理论教学：围绕核心议题，设置有效问题链

单元教学设计要紧紧围绕议题，教师要积极引导学生思考问题情境，综合运用搜集资料的方法，师生共同研究议题设计思路，将议题作为承载教学内容，实现教学目标的基本方式。

必修 1 教材共设四课、两个综合探究。课标规定议题共有七个，分别是：以"怎样揭示人类社会发展的奥秘"为议题探究社会发展的基本规律和主要阶段。以"怎样看待资本主义社会的兴衰"为议题，探究资本主义社会基本矛盾的表现。以"科学社会主义为什么科学"为议题，探究科学社会主义的基本原则。以"不同国家、地区的历史各具特色是否有悖社会发展的一般过程"为议题，探究历史进程的统一性和多样性。以"社会主义为什么是近代中国历史发展的必然"为议题，探究只有社会主义才能救中国的道理。以"中国为什么能"为议题，探究只有中国特色社会主义才能发展中国的道理。以"为什么要一脉相承、与时俱进"为议题，探究如何站在新的历史起点上，夺取新时代中国特色社会主义伟大胜利，实现中华民族伟大复兴的中国梦。

本册教材对教师备课和教学设计提出了更高的要求，对学生学习也会造成一定的困难。因此，教师要在充分备课的基础上，围绕议题开展教学活动，更好地培养学生的学科核心素养，在解决问题中生成智慧。

要把议题式教学贯穿教学过程始终，从情境创设到处理资料，到概念学习到知识运用，从研究讨论到自主表达，充分挖掘展现课标议题的内涵，采纳有关活动建议。

在本节课设计中，教师以教材"如何看待中国特色社会主义的科学真理性和历史必然性"为议题，结合对《共产党宣言》等经典文本的阅读和诵读，参观《共产党宣言》展示馆，探究中国特色社会主义是科学社会主义理论逻辑和中国社会发展历史逻辑的辩证统一。

2. 情境化活动教学：夯实学生主体地位，发挥教师主导作用

活动型学科课程观的建立，是统编教材的一大亮点。创设情境，指向核心素养，力求做到学科逻辑与实践逻辑相统一、理论知识与生活相统一。

在单元教学活动中，根据议题进行序列化的活动设计，通过复杂情境的创设来检验是否具备了有关必备品格和关键能力，是否能够有效落实核心素养的培育。

在本节课设计中，教师充分尊重并夯实学生主体地位，积极发挥教师主导作用。以构建"提出问题链→实施探究活动→完成探究目标"为教学活动设计总思路，围绕"新时代再读《共产党宣言》"为主线，以"读什么、怎么

读、为什么读"为追问，创设情境，设计问题链，选取不同类型的活动形式，通过课内外探究活动的组织，引导学生积极思考问题，运用合适的方式进行自主探究学习，将综合探究活动的学习作为对之前所学知识内容的总结、提升和反思。

四、教学资源运用

本课教学资源的运用以课标要求为基本遵循，综合运用思维可视化、经典诵读多项教学技术，通过技术赋能课堂教学；此外，学生在教师学法指导下，有效激活课内外学习资源，活化教学互动，真正实现创智课堂内外的教学相长，真正培育智慧生成的厚实课堂环境。

1. 技术赋能，设计活动

教学技术不断迭代更新，所依照的总原则仍然是以学生发展为根本。技术赋能教学，活动服务课堂。教学资源的有效运用，有赖于教师开发或主动学习合适的教学技术。

本课教学中，教师立足区情学情，结合自身教学特色，选用思维可视化给予学生表达对于所学知识的深刻理解和可视化逻辑的机会。立足学校特色，综合运用经典诵读等教学技术，融入到高中思政学科理论课堂教学中，践行课标所要求的"诵读"探究活动。

2. 学法指导，激活资源

学法指导是学生课内外开展自主探究学习的关键举措。教师不仅通过教学技术赋能自身，也要将其转化为对学生自主学习活动的有效指导，从而在激发学生自主学习潜能的同时，也要激活学习资源，使其发挥更高能效。经过有效指导的学生在查阅文本、影视资料和社会考察过程中将更为明确探究任务，聚焦问题，在探究具体路径的选择和实施方面也将更为有效。

五、期望达到的教学目标与实施路径

1. 探索有效培育学科核心素养的综合探究教学思路

学科核心素养如何有效培育？新课标所给出的解决途径是构建活动型学科课程，即通过一系列结构化活动设计，把学科逻辑与实践逻辑、理论知识与生活关切相结合，让学生在真实情境中进行历练，在自主辨析中感悟真理，自觉认同中国特色社会主义道路。

学科核心素养并非孤立存在，而是相互关联。政治认同素养的培育需要科学精神素养的坚实基础。在本课教学目标设计中，中国共产党将马克思主义原理与中国实际相结合的演进逻辑需要学生掌握基本的唯物史观方法论，使用思维导图把学生的思维过程具现为可视化的逻辑结构。

2. 在中国特色社会主义理论教学中把握灌输性与启发性相统一

习近平总书记在深刻总结思政课建设长期以来形成的规律性认识和成功经验的基础上，提出"八个相统一"作为思政课建设的改革创新方法论。其中，"灌输性与启发性的相统一"长期以来作为课堂教学的难点痛点问题而受到广泛关注。

在本课设计中，教师正面回应"新时代，《共产党宣言》是否已经过时？"等学生常见的理论困惑，树立对中国特色社会主义道路的高度认同。我们认为，理论只有彻底才能真正说服人；只有说服人，才能真正在学生内心深处建立政治认同。

在教学和探究活动实施中，教师要在理论讲授过程中"正本清源"，该讲明白的毫不含糊；在探究实践中则应"百花齐放"，大胆放手让学生自行探究。面对可能会受社会上、网络中不同声音影响的青年学生群体的理论困惑和现实迷茫，教师既要润物细无声地进行迂回引导，也要掷地有声地正面回应。

思政课是立德树人的关键课程。要完成中国特色社会主义理论教学中的一系列教学目标，必须辩证把握灌输性和启发性相统一。

六、教学设计特点与创新点

1. 基于"论从史出，史论结合"探索"综合探究怎么上"的问题

必修 1 教材通过历史性、事实性内容铺陈，再经"综合探究"感悟、归纳出全册教材最重要观点。第一课到第四课主要通过不同社会形态演进更替的事实作基础，逐步揭示社会发展基本矛盾，最终在"综合探究"通过提炼升华，阐明唯物史观的理论意涵。这是必修 1 教材由表及里、由浅入深、由具体而抽象的叙事结构，符合学生认知规律。

本课所探索的"综合探究一"教学活动则是对之前所学知识内容进行提炼升华的"关键一步"。教师在参考结合课标和教材所有议题的基础上，自行设计符合学生基础和教学进度的本课问题链，并设计不同类型活动分别对不同问题进行解决，为"综合探究怎么上"提供了有益的经验探索。

2. 以多元化教学技术赋能思政课教学，开发多样性课例。

多元化教学技术的开发应用与推广，其目的是为了驱动多样性思政课课例的开发与案例库的逐步建设。要上好高中思政课，不仅需要教师不断提高理论素养和内在涵养，同时也要在教学技术方面做好技术积累工作，以源源不断的量变探索，来促成技术赋能的质变来临。思政课教学只有在不断试错新技术的过程中，才能百炼成钢，烈火烁金。

本课所使用的多元教学技术也广泛应用于其他课时教学，在遵循课标基本要求的前提下，教师将在本节"综合探究"课的基础之上，继续渐进开发思政课课例，不断丰富课例库，为下一阶段杨浦"双新"国家级示范区高中思政课教学改革创新提供思路与经验。

基于学科核心素养的比较教学法
在课堂教学中的尝试

——以"河水补给"为例

左加慧

摘　要：随着课程改革的推进，探索在课堂中落实地理学科核心素养的教学实践也越来越多。比较的方法是通过对彼此联系着的不同事物或虽是同事物但在发展中的前后差异的对比分析。对于地理这门复杂又综合的学科来说，比较教学法是一种有效的教学方法。本节课在指导学生掌握地理图表阅读方法的基础上，比较一条或多条河流的径流特征，加强对河水补给形式的理解，培养区域认知和综合思维的能力，培养地理学科核心素养。

关键词：地理核心素养　综合思维　河水补给　比较教学

一、引言

在课堂教学中依据一定的内容或形式，把具有某种联系的教学内容放在一起，加以对比分析，以确定其异同关系，这是比较教学法的常见方式。[1]科学的设置比较对象，多样的采取比较形式，可以达到以下效果：

1. 加强学生对地理知识本质的理解

地理学面对的是纷繁复杂的自然界和人类社会。高中的地理学科虽不足以完全呈现地理学的复杂性，但也给高中生们带来了较高的认知难度。而"比较"可以更深入地了解事物的本质属性和基本特征以及各种事物之间的联系和区别，更深刻地认识事物发展的规律性。它以其对事物认识的深刻性和全面性，有效地提高人们认识客观世界的能力和水平，指导人们比较全面地观察问题和处理问题，克服片面性。[2]教师适当归纳整理概念相近的知识点，或者对某一地理事物不同的发展阶段进行拆分，让学生比较，能深化学生地理认识，加深学生记忆，有效减少学生对相似知识点概念含糊不清、相互混淆的情况[3]，并从本质上认识地理知识。

2. 激发学生课堂学习的积极性和思维的发散性

俄国教育家乌申斯基说："比较是一切理解和思维的基础，我们都是通过比较来了解世界上的一切。"[4]正是迎合比较的这个特点，要找出异于他人的个人见解，学生能更加积极地思考和学习。此外，比较的形式可分为不同事物的对比和同一事物的前后对比，横向和纵向的两种思维方式，都有利于调动学生在课堂学习中的积极性。前瞻性是比较教学法的代表性之一，它对于学生在学习、动手、思考等方面由被动转为主动具有一定的督促作用，有利于学生发散思维的培养，学会举一反三、触类旁通。[5]

3. 培养学生的地理学科核心素养

综合性和区域性是地理学的两大突出特点，由此形成的综合思维和区域认知，是学生分析和理解地理过程、地理规律、人地关系系统的重要思维方式和能力。地理学研究的综合性特点，要求人们在研究和认识地理环境时更多地需要辩证思维。[6]而比较的方法，这种通过对彼此联系着的事物或同一事物发展中的前后差异的对比分析，透析各事物之间的联系与区别，或事物的本质属性及基本特征，本身就是唯物辩证思想内涵的体现，是运用唯物辩证法认识世界的一种操作状态。[7]此外，比较法能使人们根据类似事物在过去处于相类似条件下所产生的结果，来预测事物的未来状况，提高预见性。[8]这正符合了课标解读对区域认知的理解，认为区域认知是人们对区域的特征、问题进行分析、解释、预测的意识和能力。[9]这么看来，在课堂教学中渗透比较的方法，是有利于培养学生的核心素养的。

二、教学设计

1. 教材、学情分析

河水补给是高一地理第一册第四篇"水环境"水循环的最后一节内容，从以往的教学经验来看，河水补给部分内容是非常重要且有一定难度的。主要体现在河水补给涉及地形、气候、河流等多个知识点的综合思考，而世界上任何一条河流都有其独特的区域特征，它的综合性和区域性非常强。对于一条河流来说，它的变化是值得比较和思考的，更遑论不同地区的不同河流了。河水补给这部分知识，非常适合在课堂中利用比较的方法培养综合思维和区域认知这两个维度的核心素养。好在高一学生在该部分内容之前已经掌握气候和地形相关的知识，这让本堂课的设计得以实现。

2. 教学重点和难点

教学重点：河流径流量特征分析、河水补给形式。

教学难点：根据河流径流量的特征推测该河流的主要补给形式，通过比较的方法掌握我国不同地区河流的主要补给方式差异及径流量特征差异。

3. 教学目标

学生在课堂学习中，通过对图表等信息的思考、讨论、交流，在教师的引导下总结出分析一条河流或者比较多条河流径流量特征的方法，并在总结和应用方法的过程中理解常见的河水补给形式。

在区域认知素养上，学生对闽江、饮马河、渭干河三条河流的径流量的季节变化图的比较和讨论中，了解我国东南、东北、西北三个区域河流的基本特征及主要河水补给形式。拓展部分练习里，对世界区域中的三条河流进行水文站匹配的任务也能培养区域认知的能力。

从综合思维素养维度来说，学生需要利用《河流径流的季节变化》图，通过径流量的多少和季节变化状况，结合河流所处区域的地形和气候特点（气温和降水），综合判断某一河流属于哪一补给方式。与之前学习的世界气候类型、雨带推移的知识进行关联和复习，以达到地理核心素养中综合思维的培养。

4.设计思想

本节课主要设计了以下几个比较的对象和内容：

① 在闽江的案例中，通过展示十里庵水文站河段径流季节变化示意图，比较同一个河段在一年中的径流量差异，找出数值上的高低变化，从而获得该条河流径流季节变化特点。结合该河所处的地理位置，综合已经学过的知识，判断闽江主要的河水补给方式是降水补给；② 分步骤比较饮马河与闽江的径流量特征，从比较两条河流径流量大小开始，再比较两条河流径流量的季节变化差异。利用雨带推移的知识解释两条河流夏季汛期产生差异的原因，一步一步从简单到复杂，有层次地分析问题、解决问题，在比较与分析过程中，掌握积雪融水补给的特点及其影响因素；③ 加入渭干河径流季节变化示意图，比较渭干河与闽江、饮马河的径流量特征的异同，并分析原因；在分析过程中，掌握冰川融水补给特点及其影响因素；④ 给出世界区域中的三条河流的径流季节变化图，比较它们的特征差异并进行分析，找出正确的与之匹配的水文站的地理位置，说出水文站所在地区的世界气候类型。

5.教学环节设计

（1）比较一条河流径流量信息，导入降水补给

出示两张图表：① 福建闽江十里庵水文站河段径流的季节变化示意图（先出示）；② 闽江某河段径流及降水季节变化示意图（完成相应任务后出示）。

提问：闽江十里庵水文站河段径流季节变化有什么特征？结合闽江所在位置及闽江地区降水量季节变化情况，闽江的河水补给可能是何种方式？

学习任务一：学生根据示意图，分析该河段径流量的季节变化特征、推测河水补给形式。

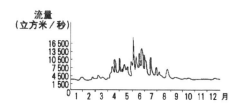

图 1　福建闽江十里庵水文站河
段径流的季节变化示意图

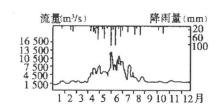

图 2　闽江某河段径流及降水季节变化示意图

设计意图：本节课的对比均需建立在学生已经掌握分析河流径流特征方法和明确河水补给概念的基础上，所以用统计图表的阅读导入课堂，最大效率地推进课堂进度。通过任务一，学生在教师的讲解和引导下能够比较闽江该河段径流量横坐标和纵坐标上的差异，并从中得出河流径流季节变化的基本特点。再结合第二张图表，从该河段降水量的季节变化上找出闽江主要的河水补给方式是降水补给。此外，从图中还能获取除了降水补给以外，该河还存在其他比较稳定的河水补给方式，如湖泊水补给或地下水补给。

（2）比较两条河流径流量信息，认识积雪融水补给

出示三张图片：① 我国三个地区三条河流径流的季节变化图；② 中国东部雨带示意图；③ 饮马河源头地区卫星影像对比图。

提问：闽江与饮马河径流量大小的差异是什么？其判断依据是？这二者流量的季节变化差异又是什么？造成其季节变化差异的原因是什么？

学习任务二：根据图片信息，比较闽江与饮马河径流量差异并分析原因，推测饮马河的河水补给方式。

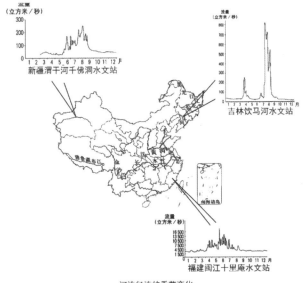

河流径流的季节变化

设计意图：此环节需要学生比较两条河流的径流差异，引导学生先比较纵坐标的数值大小差异，再结合横坐标比较季节变化差异，从中归纳出比较河

流径流差异的方法。在这一环节，不仅仅要比较对象在数值大小、变化上的不同，还要比较它们区域位置的不同，并能够结合所处的地理位置，找出其径流差异产生的原因。在比较的过程中，综合考虑之前学习过的雨带推移的知识，还对我国东南地区与东北地区两个不同地理位置的河流补给方式存在的特点进行认识和学习。尤其是饮马河存在春汛，这个汛期不仅需要学生和闽江进行对比（比闽江汛期早），还要和饮马河本身的夏汛（比饮马河夏汛流量小）进行对比，才能分析出这个汛期的特别之处。

（3）比较三条河流径流量信息，学习冰川融水补给

提问：说出渭干河与闽江、饮马河的流量特征的相同点和不同点分别是什么？造成其差异的原因可能是什么？渭干河的河水补给方式可能是什么？

设计意图：在前面两个环节的基础上，除了需要比较差异，还需要学生阐述渭干河与闽江、饮马河的相同点。对此，比较的方式又发生了细微的变化，能降低前面相似问题给学生的"审美疲劳"，增加一些新鲜感。比较的对象虽然增多了，但比较的方法还是一样的，同样通过对纵坐标数值大小及横坐标季节变化幅度，分别比较渭干河与闽江、渭干河与饮马河的异同，既而得出渭干河自身的径流量特征。在该环节，比较出来渭干河存在一个断流现象，这种情况的出现与冰川融水补给息息相关。

（4）比较三条国外河流径流量信息，并匹配其区域位置

出示图片：甲、乙、丙三条河某河段《径流的季节变化》及三条河流所在位置示意图。

提问：是否能匹配甲、乙、丙三条河流的水文站？是否能够说出水文站所处的气候类型区，也能够说出判断依据。

学习任务三：将以降水补给为主要补给方式的甲、乙、丙三条河某河段《径流的季节变化》图与图1、图2、图3三个水文测站进行匹配并说出匹配理由。

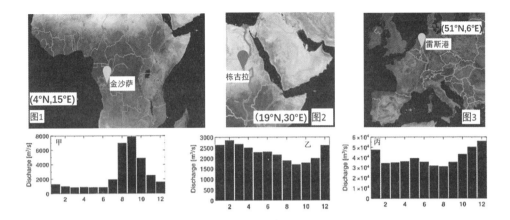

设计意图：最后这个环节是对本节课所学内容的巩固和练习。在给出的三条河流信息中，学生需要比较径流量大小及季节变化差异，推测河水所在地区的降水情况。结合以前学过的世界气候类型，就能判断甲、乙、丙分别为哪个水文站。学生在匹配的过程中，不仅仅联系了曾经学过的知识，还根据地图上的经纬度和陆地轮廓等信息，从区域认知的角度判断河流位置，培养了学生综合思维和区域认知素养。

三、总结

　　课堂中学生的反映能直接体现课堂设计的目的是否得到落实。在最后一个活动中，同学们专注的讨论与热烈的交流，确确实实能感受到他们从这节课中获得了地理学习方法的指导。举手回答问题的同学准确地匹配了三条河流所对应的水文站名称。虽然他在表述匹配理由的时候还存在很多细节上的问题，但总体上来说判断思路是正确的，比较的对象也找得非常准确。这说明了比较的方法在课堂中得到了真切的落实，学生得到了能力的训练。他们能够联系以前学过的知识，大致判断出三个水文站所在大洲、说出其所处的气候类型，正是这节课所想要调动他们的思维所在。当然，想要在一节课中让学生完全掌握一个方法、培养一种思维是不现实的。不过，相信只要坚持在每节课上训练学生哪怕一点点的学习方法或思维方式，总有一天，他们可以从量变到质变，真正将知识和能力内化，成为新课标中要求的，德智体美劳全面发展的社会主义建设者和接班人。

【参考文献】

［1］［2］［7］［8］［9］董荣城.论毛泽东的比较教育法［J］.武汉教育学院学报，1998（04）：53—56.

［3］［5］王高强.引入比较教学法，提高高中地理教学效果［J］.学周刊，2020（29）：135—136.

［4］兰岁钰.比较法教学在高中地理中的应用［J］.教师博览（科研版），2018（10）：93—94.

［6］韦志榕，朱翔.普通高中地理课程标准（2017年版2020年修订）解读［M］，北京：高等教育出版社，2020：43—51.

德智融合　全面发展

——杨浦高级中学教师论文集

研究篇——教材教学

主编：张田岚

文汇出版社

目 录

研究篇——教材教学

研究篇——教材教学

主编寄语　德智融合，滴灌生命之魂

——学习于漪"德智融合"教育教学思想的行动研究

于漪，人民教育家，杨浦高级中学名誉校长。"德智融合"教育教学思想是于老师数十年教育教学实践与探索的总结提炼，是在"双新"背景下，对"立德树人"如何落地生根的回答——充分挖掘学科内在的育人价值，将其与知识传授和能力培养相融合，立体化施教、全方位育人，真正将"立德树人"落实到学科主渠道、课堂主阵地。

杨浦高级中学探寻于漪德智融合教育教学思想在课堂扎根的实践转化方法，让这一思想为广大的一线教师学习、吸收、内化，应用于实践之中，从而为于漪教育教学思想研究提供了丰富的实践内涵与理论要素。

学校开展此项研究主要是基于以下缘由：

从国家的政策要求来看，党的二十大报告提出：要办好人民满意的教育，全面贯彻党的教育方针，落实立德树人根本任务。如何把立德树人融入文化知识教育，这既是时代命题、历史使命，也是学科教学"德智融合"的现实要求。

从学校的文化传统来看，杨高教师传承、研究、践行于漪老师"德智融合"的教育教学思想。但是很长一段时间，我们的教师对"什么是德"以及对"什么是德智融合"的认识，还不够全面深刻，课堂中"德智融合"的方法途径比较简单机械。

时代在发展，教育也发生了深刻的变革，拘泥于过去的经验，无法满足新时代立德树人的要求。面对新时代的挑战，杨浦高级中学投身实践，着力展开《德智融合课例开发研究——于漪"德智融合"教学思想的实践转化》课题研究，开展于漪"德智融合"教学思想在课堂扎根的实践。

杨浦高级中学以课例分析为有效载体，学习于漪德智融合教育教学思想，分阶段、多层次地推进课堂中的"德智融合"。

第一阶段：自发的个体研究——提供鲜活的实践案例

杨高教师在教学中遇到问题，随机研究，把自己对德智融合的实践感悟融入到自己的科研课题中，这些闪烁着教师个体智慧的研究，体现了老师们对于德智融合思想的个人感悟，弥足珍贵，为研究的整体推进提供了鲜活的实践案例。

第二阶段：团队的联动推进——形成系列课题成果

从自发的个体研究开始，从点到面，老师们渐渐形成了自觉的研究行动，"德智融合"的团队联动形成系列课题的知识交互平台。语文组向全区展示"德智融合背景下的语文课堂教学实践"，四节语文公开课将理论与实践相结合，展现了深度理解德智融合的集体智慧。

第三阶段：学校的顶层设计——助力课堂文化转型

学校顶层规划，申报"德智融合特色课程建设与实践"市级项目，开展"德智融合课例研究"，确立"德智融合、全面发展"的学校课程体系，学校思考未来发展方向，与时俱进，用于漪"德智融合"的教育思想助力课堂文化转型。

随着研究的不断推进，我们也不断地取得新成果。一是对"德"的校本解读和理解。扩大关于"德"的内涵，不能狭义地理解为仅仅就是爱国主义、民族精神等，杨高的教师们在课堂中激发兴趣，培育学生意志品质，厚植爱国情怀，严谨求真，探究理性之美，不同学科的老师从不同的角度去解读和理解"德"内涵：德是素养、品性、品质，真善美的价值观、良知和社会责任等等。二是对"融合"二字的理解。"德智融合"关键在"融"，不是一加一，不是德育加智育，不是"穿靴戴帽"，更不是空洞说教。"融"是水乳交融，融为一体。知识传授、能力培养是显性的，心灵滋养是隐性的，注重陶冶感染，潜移默化，润泽心灵。

学校各教研组、各教师进行集体研讨，找到德智融合课堂教学的一个个"融合点"，"润物细无声"地将德育和智育自然地融入到学科教学中，探究学生德性和智性和谐发展的方法路径。

学校不断总结教师在课堂中独特的个人研究路径智慧。提炼出三大德智融

合的路径:

一是融情入境:发掘课程中的德智融合点,将课程内容置于社会生活情境中,融情入境。情境濡染,产生濡染之效应。

二是启智涵德:以学科思维在课程内容和德育之间架构桥梁,在启迪智慧的同时涵养美德,启蒙理性、培养美善,产生涵德之效应。

三是润泽内化:各学科合力而为之,运用感化、体验、浸润、熏陶去润泽生命,在多感官并用中润泽融合,产生内化之效应。

学校以课例为载体,聚焦德智融合教学实施中的关键问题,建立了系统开放的工作机制和多路径运作模式,保障项目扎实有序和有效推进。以"课堂实践"为抓手,形成德智融合转化的丰富实践意蕴。

转化于漪老师德智融合的教育思想,课堂实践,就是我们的最重要抓手。学校开展全员开课评课活动,形成具有丰富实践意蕴的内容,让学生能心有所悟,身有所感。以研训为方法,找到了实现德智融合思想内隐转化方向。学校开展"德智融合"为主题的双向性培训,以"德智融合的课堂文化转型"、"情境化命题设计研究"、"德智融合自主发展的课程建设"为突破口,强化骨干教师的影响力,引导教师去追求学科教学中的德智融合,让师德素养和"学科育德"的使命紧密联系。

学校形成的一批有学校特色的"德智融合"精品课例,涌现的一批德智融合、师德高尚的好老师,促进了学校整体教学方式的变革,学生的精神长相和智能长相同频共振,和谐共生,一起拔节孕穗。

将"育人"作为教育理想和教育的常识,培养有中国心的全面发展的人。杨浦高级中学的师生共画"同心圆",各学科合力而行,在"春风化雨,润物无声"的耳濡目染中全力培养德智融合、全面发展的有用人才。

让群文阅读成为理解古诗词的"支架"

——以《声声慢》教学为例

沈静天

　　摘　要：本文以《声声慢》一课的教学过程为例，试图为古典诗词的教学与鉴赏提供方法论意义上的指导。课例通过创设不同的阅读情境，调动学生的阅读经验，指导学生在比较阅读与词作细读中揣摩情感；引导学生自主归纳学习路径，在提炼方法的过程中提升思维品质，并经由迁移训练，发展审美能力；最终，构建出以群文阅读为基础、以"时间"为线索的古典诗词阅读"支架"，为学生自主研读古典诗词赋能。

　　关键词：群文阅读　声声慢　支架

一

　　长久以来，古诗词作为中国传统文化的载体，在基础教育阶段的语文教学中居于极为重要的地位。但是，由于古诗词与当代人之间隔着相当远的时空距离，对中学生而言，准确、深刻地理解古诗词中蕴含的情感并非易事，再加上"应试"的需要，使得古诗词教学在高中日常语文教学中常与机械的背诵挂钩，导致学生不仅很难感悟古典诗词之美，更可能因日复一日的默写对其"望而生厌"。

　　笔者在教学实践中发现，很多时候，当代高中生并不是读不懂古诗词，而是由于上述客观因素对古诗词望而生畏。传统的"一言堂"式授课容易使阅读教学落入机械应试的窠臼，但是，教师如能在课堂实践中为学生搭建合适的学习"支架"，学生是愿意并且能够欣赏古典诗词的。当然，教师如何在课堂上充分调动学生的学习、情感乃至人生经验，引导学生一步步理解古人在诗词中积淀的情感，进而真正理解古诗词的内蕴，是一个庞大而复杂的问题。下面，笔者就以自己《声声慢》一课的教学为例，以期对这一问题做出一定的回答。

二

在教育部统编普通高中语文教科书中，《声声慢》隶属于必修上册第三单元，该单元人文主题为"生命的诗意"，共选编了八首魏晋至唐宋时期的经典诗词作品。其中，《声声慢》所在的第九课编入宋词三首，《声声慢》位居最后，另外两首分别是苏轼的《念奴娇·赤壁怀古》和辛弃疾的《永遇乐·京口北固亭怀古》。

必修上册第三单元隶属于"文学阅读与写作"任务群，《普通高中语文课程标准》指出，在本任务群的教学中，应"运用专题阅读、比较阅读等方式，创设阅读情境，激发学生阅读兴趣，引导学生阅读、鉴赏、探究与写作"。因此，笔者在对本课进行教学设计时也特别注重为学生创设不同的阅读情境，试图通过比较阅读与词作细读相结合的方式，引导学生对词作中传递出的愁情进行深入解读，在此基础上，总结出阅读和品鉴古典诗词的基本路径和方法，开拓学生的古典诗词阅读视野。为实现这一目标，笔者主要设计了以下五个教学环节：

（一）创设阅读情境，在比较阅读中"知人论世"

高一学生在对《声声慢》一词进行预习后，往往能够较为明确地感知到《声声慢》传递出的核心情感是"愁"。基于这样的感性认识，笔者设计了本堂课的第一次比较阅读，通过向学生呈现另外两首李清照的作品《减字木兰花·卖花担上》和《一剪梅·红藕香残玉簟秋》，带领学生关注三首词作在表达内容和情感上的差异，并结合词人的生平年表判断这三首词作大致的创作时间。

课堂上，学生在品味与揣摩三首词作的内容情感后基本可以达成共识，即《减字木兰花》描绘的是词人青春无羁的状态，《一剪梅》表现了词人的漫漫相思，《声声慢》则展现出词人的凄凉晚景。结合李清照的生平年表，学生能够推断出三首词作的大致创作时间，经由年表的直观呈现，学生也更容易关注到从《一剪梅》到《声声

李清照生平大事记

减字木兰花

1101年，李清照与赵明诚成婚。
1103年，赵明诚出仕。
1127年，金人攻陷青州，李清照与赵明诚南渡避难，仓促之下放弃了大量文物。
1129年，赵明诚急病而亡。
1129年，金兵南犯，从此数年李清照孤身一人辗转避乱，其间毕生所藏的大量文物被盗。

声声慢

1155年前后，李清照辞世。

慢》，两首词作之间跨越了怎样的时间沟壑，从而敏锐地感悟到1127年发生的靖康之难对李清照词作的内容与情感产生了巨大的影响。

此环节旨在使学生在比较阅读中直观地感受到同一词人不同时期的作品间存在的差异，从而认识到人生际遇（即外部时间）对于词人词作产生的影响，在此基础上，初步掌握"知人论世"的诗词阅读方法。

（二）深入词作内部，在词作细读中揣摩情感

在明确了词作的外部时间、了解了"靖康之难"对李清照产生的巨大影响之后，笔者引导学生将理解词作的视角由词作外部转向词作内部，仔细品读《声声慢》的词句，揣摩其中暗含的词人对于"时间"的书写，由此进一步理解词作传递的情感。

学生首先关注到"旧时之雁"这一意象，认为其中蕴含了李清照对于往日好时光的追忆，联系先前阅读的《一剪梅》中"云中谁寄锦书来，雁字回时，月满西楼"一句，学生越发体会到了词人内心的煎熬。在此基础上，笔者提示学生关注"雁"这一意象在时间层面的暗示性，大雁南飞避寒，意味着一年又倏忽而过。与"旧时之雁"类似，"枯萎黄花"的意象也含有词人对青春年华已在不知不觉中流逝的感慨。在揣摩与解读中，学生逐渐归纳出这两个意象内部的一致性，即都展现了李清照对于时间流逝之快的惊觉。而与之相对应的，是"独守空窗"与"梧桐细雨"中蕴含的寂寞难耐、时光难捱之叹。将以上一系列意象结合起来可见，《声声慢》中，李清照笔下的"时间"是时快时慢的，

正是在对时间快慢的不同感触中，词人深重的愁情得以一览无余。

　　在对《声声慢》进行细读的过程中，笔者尤其重视带领学生品味语言，并由词作的语言出发，充分调动学生的阅读经验，如引导学生勾连先前比较阅读中呈现的"云中谁寄锦书来？雁字回时，月满西楼"与《声声慢》中的"雁过也，正伤心，却是旧时相识"，进而使学生对李清照的愁情中"国破夫亡"的层面有了较为深切的认识。

（三）拓宽阅读视野，在群文阅读中读懂诗词

　　在上述两个教学环节中，学生已经以品读语言为核心，分析了《声声慢》外部与内部的"时间"。从外部而言，时间从整体上对词作产生了影响：特定的历史事件、人生经历使得李清照词作的感情基调由恣意活泼转向哀婉悲切，前后期词作呈现出截然不同的面貌。另一方面，《声声慢》词作的内部亦蕴含了李清照对时间的细腻感触：当她惊觉于时间流逝之快时，飞速流逝的都是那些快乐的、青春无羁的好时光；而当她深感时间难熬之时，皆因是孤身一人、凄凉寂寥。正是在这种时间感的对比之下，李清照的愁绪显得更深、更重了。至此，学生对李清照"国破夫亡"的个人境遇之愁有了较为深刻的认识。但是，本堂课的教学并未止步于此。

　　必修上册第三单元的单元教学目标中强调，要使学生能够"体察诗人对社会与人生的思考，理解诗人的精神境界"。因此，本课在先前两个教学环节的基础上再度引入一组李清照的诗词，请学生以小组合作学习的方式比较阅读李清照南渡之后的三首作品《夏日绝句》《渔家傲·天接云涛连晓雾》和《声声慢》，通过感受李清照在《夏日绝句》与《渔家傲》字里行间展现出的与《声声慢》截然不同的气魄，进一步体会《声声慢》中"愁"情的内涵。在诵读这一组作品后，学生能够从作品语言风格的变化中直观地感受到李清照身上有不同于一般女子的豪情壮志，笔者顺势引导学生思考，这种"与众不同"是否会使李清照的愁情更加深厚？在点拨之下，学生逐渐触及《声声慢》之"愁"最深沉的内涵——在那个默认"才藻非女子事也"的社会，在那个风雨飘摇的乱世，李清照心中的豪情壮志只能给她带来更深的孤寂与彷徨——在如此博大的时空中，其实根本无人理解她的内心，那愁情的本质是一种超越时空的孤独。

　　本环节是本堂课的第二次群文阅读，与课堂初始阶段的比较阅读相比，此环节中的群文阅读对学生提出了更高的要求，不仅需要从感性的角度认识作品间的差异，更需要综合调动学习经验，理性地分析作品间呈现出差异的原因，进而形成对《声声慢》一词更加深刻的理解。通过两次不同要求、不同目的的群文阅读，学生的阅读视野、鉴赏能力都在一定程度上获得了提升。

（四）归纳学习路径，在方法提炼中发展思维

　　《普通高中语文课程标准》强调，语文课应注重提升学生的思维品质，使学生"自觉分析和反思自己的语文实践活动经验"，因此，本课并没有收束在对《声声慢》单篇词作的分析上，在课堂的尾声，笔者带领学生经由本课对《声声慢》的分析路径，总结归纳出了一种具有普适性的古典诗词鉴赏方法——

　　首先，可以关注外部时间（即人生际遇）对于作品的影响；在此基础上，关注作品的内部是否也展现了词人、诗人对时间的细腻感触，这种感触往往与外部时间高度相关，

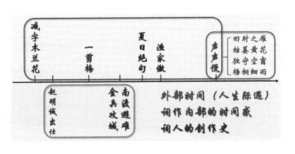

同时又更加感性、动人，能够帮助我们走近作品的内核；最后，还可以把作品放置在词人、诗人的作品谱系中，关注单篇作品在创作史中的位置，以及它与其他作品之间的关联、差异，从而更好地理解作品，走近古典文学家的内心世界。

　　此举既帮助学生回溯了整堂课的学习过程，梳理了自己的学习经历，又从思维的角度提炼和概括了诗词学习的路径，旨在为学生今后的古典诗词学习提供"支架"。经过对特定文本的分析与鉴赏，以及在此基础上提炼出具有普适意义的诗词鉴赏方法，学生的思维品质和审美鉴赏能力获得了提升，这也能够帮助他们更好地理解古典诗词和传统文化。

（五）强化鉴赏方法，在迁移训练中提升审美

必修上册第三单元隶属于"文学阅读与写作"任务群，该任务群的目标之一是要使学生在提升文学欣赏能力的基础上，"尝试文学写作，撰写文学评论，借以提高审美鉴赏能力和表达交流能力"。基于此，本课设计了两项作业，供学生根据个人兴趣和学习水平自主选择。

第一项作业是请学生参考本课对《声声慢》的分析路径，从诗词外部与内部的时间入手，并结合作者的创作史，分析必修上册教材第三单元中的任——首诗词。本项作业意在帮助学生对课堂所学的古典诗词鉴赏方法进行"迁移"，加深对必修上册第三单元八首诗词作品的理解。第二项作业则侧重对词人李清照的整体认识，要求学生在补充阅读梁衡先生的作品《乱世中的美神》的基础上，以撰写文学短评的方式，结合具体词作谈谈对李清照的理解，读写结合，以期更好地提升学生的语文学科素养。

总体而言，本堂课的设计打破了以往诗词教学中单篇细读精讲的模式，通过两次不同意图的比较阅读，为学生创设了不同的阅读情境，聚焦于诗词作品的语言，细致品读其中蕴藏的情感，从而帮助学生深入理解李清照愁情的内涵，提升审美鉴赏能力。更为重要的是，本堂课致力于发展与提升学生的思维品质，引导学生在课堂中生成了以群文阅读为基础、以"时间"为线索的古典诗词阅读"支架"，为学生今后的古典诗词学习提供了方法论意义上的指导，使其更好地理解古典诗词，提升文化判断力，增强民族自豪感。

#

高中生经过近十年的语文学习，本身具备一定的古诗词阅读能力，只是囿于阅读经验的不足以及日益增长的学业压力，往往无法切近古人的生活经历，较难真切地体会到穿越千年时空的深沉情感。而古典诗词中凝聚着中华民族语言、文学的结晶，包孕着中华文化的基因，无论是对于文学教育还是民族情怀的培养而言，都有着举足轻重的作用。因此，作为语文教师，有责任也有义务通过自己对古诗词教学的精心设计，创设出研读古典诗词的适恰情境，建立起

有效的阅读与赏析"支架"，为学生搭建起与中华经典诗词对话的桥梁，使学生切实地感受到古典诗词中流淌的民族血液，更加主动地探寻与感知本民族的文化基因。

群文阅读作为一种与传统的单篇研读不同的阅读教学方式，在帮助高中生理解与鉴赏古诗词的过程中能够起到特别的作用。教师通过选取诗词作者在不同的人生阶段创作的作品，引导学生比较其情感指向与内容表达的异同，能够使学生直观地感受到同一作者不同作品间的变化，进而明晓人生际遇对作品产生的重大影响，更加全面、深入地理解作者与作品。值得一提的是，群文阅读的开展不可与单篇研读孤立开来，在阅读教学中，它们二者相辅相成、缺一不可。在古诗词教学中，诗词的细读同样不可忽视，唯有将群文阅读与单篇研读结合起来，才能为学生解读古诗词提供更好的"支架"。

而要想让群文阅读成为理解古诗词的"支架"，教师必须首先对"群文"之"文"进行仔细的、基于学理的选择，让"群文"为教学目标服务，使群文阅读成为古诗词教学的手段，而非课堂的最终目的。此外，教师在运用"群文阅读"帮助学生理解古诗词时，也不应局限在通过某一组或两组"群文"帮助学生理解某一具体的文本、走近某一位诗人，还应重视群文阅读作为一种方法与模式对学生今后自主阅读与学习古典诗词的帮助，努力让群文阅读成为学生自发的阅读行为，甚而演化为学生的阅读习惯，使学生在习得具体知识的同时，也总结和建构出自己的古典诗词阅读模式。

随着年纪与知识量的增长，学生势必会接触到更多的古诗词作品，掌握了群文阅读的方法，能够帮助他们在面对新的古诗词作品时，调动起已有的学习经验，将碎片式的单篇诗词不断纳入到有序的作品史、文学史结构中，让古典诗词在生命的长河中熠熠生辉，真正与学生个体的生命产生关联，进而更加深沉而长久地激荡每一位中华儿女的心胸——这，也是每一位语文教师的使命所在。

（《声声慢》课例曾获 2020 年上海市中华经典诵读教案评比中学组二等奖）

【参考文献】

[1]普通高中语文课程标准[M].北京：人民教育出版社，2020.

[2]普通高中教科书教师教学用书（语文必修上册）[M].北京：人民教育出版社，2019.

[3]孙绍振.月迷津渡：古典诗词个案微观分析[M].上海：上海教育出版社有限公司，2015.

从"方法论"到社会"本体论"：统编本高中语文先秦诸子文本教学的思考

巢　越

摘　要：统编本高中语文教材涉及先秦诸子的相关篇目，在单元设计上更倾向于"求同"的融合理解，而对诸子思想的"求异"问题有进一步探索的空间。本文认为应当从"方法论"追溯到社会"本体论"问题，并可在"双新"课程改革背景下充分利用"整本书阅读"资源中的《乡土中国》作为阅读参考，帮助学生更深入地探究先秦诸子思想，从而更好地继承"传统文化之根"。

关键词：先秦诸子　社会"本体论"　乡土中国

一、统编本高中语文教材对先秦诸子思想的"求同"解释

先秦诸子思想历来是高中语文学科教学的一大重点内容。统编本高中语文教材以"大单元"教学理念指引，在必修上、必修下、选择性必修上的四个单元中收录先秦诸子作品共计10篇（不包括《烛之武退秦师》等先秦散文以及《大学之道》等后世儒家作品），涉及儒、道、墨、法四家学说内容。如下页表格所示：

其中，选择性必修上册第二单元在选材内容上最具代表性。在该单元的"单元导语"部分，先秦诸子的思想内容（本单元收录儒、道、墨三家作品）被视作具有"立德树人、修身养性的现实意义"的中华传统文化资源①。在"单

---

① 参见《普通高中教科书语文选择性必修上册》，温儒敏主编，第43页。北京：人民教育出版社，2020年。

相关单元	必修上第六单元	必修下第一单元	必修下第五单元	选择性必修上第二单元
收录篇目	《劝学》	《子路、曾皙、冉有、公西华侍坐》《齐桓晋文之事》《庖丁解牛》	《谏逐客书》	《论语》十章、《人皆有不忍人之心》《老子》四章、《五石之瓠》《兼爱》
单元主题	学习之道	文明之光	使命与抱负	百家争鸣
学习任务群	思辨性阅读与表达（一）	思辨性阅读与表达（二）	实用性阅读与交流（三）	中华传统文化经典研习（一）

元研习任务"部分，"学习中华优秀传统文化，应该学以致用，知行合一。本单元课文大都是谈论立身处世之道的……梳理本单元各篇课文所讲的立身处世的道理，并思考它们在当今社会生活中的现实意义"一段表明①，本单元的专题研习围绕着"立身处世"，即从认知和实践两个方面来统筹理解本单元所收录的篇目。

在选文内容方面，选必上第二单元倾向于呈现"君子""小人""圣人""有道者"等人的具体行动，让学生直观认知先秦思想家眼中的理想人格"是什么"；而他们关于"君子"等人"如何做"的论述，也为学生提供了实践方面的指引。因此，从相关选文可以看出，单元涉及的认知与实践两方面要求，实际上通过实践来加以统摄，并使二者交融。

另一方面，选文本身关注"方法论"的倾向，也强化了"立身处世之道"这一落脚点。首先，就儒家思想本身而言，《论语》《孟子》更多涉及具体的为人之道、治世之道，本身更侧重于现实的道德、伦理、政治等问题，以及礼乐制度的实践。但仅着眼于"方法论"，并不能进一步帮助读者理解儒家之外的其它先秦诸子思想。以道家选文为例，当读者试图探究《〈老子〉四章》中"故有之以为利，无之以为用"等涉及"有""无"关系的道家思想时，会发现《老子》统摄全篇、阐述有无相生理念的首章内容并没有被选入其中。而方法论层面的解读思路，可能会使诸如"为者败之，执者失之"等语句，引向老子思想消极悲观的结论。

上述问题出现的原因在于，统编本高中语文教材试图以"求同"的思路贯

① 节选自《普通高中教科书语文选择性必修上册》，温儒敏主编，第51页。北京：人民教育出版社，2019年。

穿先秦诸子思想的学习。选必上第二单元"单元导语"部分，先秦诸子的思想内容（本单元收录儒、道、墨三家作品）被视作具有"立德树人、修身养性的现实意义"的中华传统文化资源①。即使以"百家争鸣"为单元人文主题、"百家争鸣，百花齐放"为单元导语来提醒学生诸子思想存在差异，但由于最后落脚在"修身"和"致用"的"知行合一"，因此不可避免地要走向"求同"式的融合。

　　从影响上看，统编本高中语文教材对先秦诸子思想的"求同"，可能会走向一种"比较"思维下的认知学习。一方面是对先秦诸子选文中内容相近的部分进行整合概括，另一方面是对内容存在差异分歧的地方，加以方法论层面上的整合。例如《〈老子〉四章》中的"自知者明"与《〈论语〉》十二章中的"见不贤而内自省也"，可被概括为在实践层面上先秦思想家要求个体"认识自己"；"千里之行，始于足下"，也能与"譬如平地，虽覆一篑，进，吾往也"一起，被理解为个体要发挥主观能动性、从点滴小事做起；既要有儒家的君子之道、家国担当，又要注意道家的"无用之用"，等等。这样，先秦诸子选文会成为供高中学生"修身致用"的不同层次和角度的思想资源②，同时也体现传统文化资源的丰富性。

　　另外我们也可以注意到，学习任务群为"中华传统文化经典研习"的选必上第二单元，并没有收录任何法家作品。纵观统编本高中语文，我们也没有看到具有代表性的法家人物作品或体现法家思想的人物传记，只有李斯的《谏逐客书》被选入学习任务群为"实用性阅读与交流"的必修下册第五单元中。而无论是《谏》的内容、还是本单元学习任务群的主题，都可以看出对于先秦诸子中的法家，统编本教材以淡化的方式加以涉及。究其原因，是因为在求同融合的背景下，法家和儒家的矛盾显得难以调和。统编本教材在这里的选文编排，也成为我们理解上文论述的一个注脚。

----

① 参见《普通高中教科书语文选择性必修上册》，温儒敏主编，第43页。北京：人民教育出版社，2020年。

② 《〈老子〉四章》课后"学习提示"部分，有这样一段话可供参考：通常情况下，人们偏执于这种对待关系的一面，比如"有""知人""胜人"等。可《老子》却总是提醒世人重视那通常被忽视的一面，其论说有很强的思辨性，对现实人生有一定的启示。节选自《普通高中教科书语文选择性必修上册》，温儒敏主编，第48页。北京：人民教育出版社，2020年。

二、"本体论"问题意识下的先秦诸子思想"存异"空间探讨

高中语文从高一年级的"必修"到高二的"选择性必修",存在教学难度上的差异。温儒敏教授认为,"高二转向'专题研习'了,更加突出探究性学习,是带有一定研究意义的学习"[①]。所以"专题研习"不等同于个别"任务"的学习,"如果把经典课文降格为完成某个任务的'材料'和'支架',有可能窄化了对经典课文丰富内涵的理解,造成阅读的表面化、肤浅化"[②]。

因此统编本教材也特别关注了先秦诸子在思想上的差异。《兼爱》课后的"学习提示"部分提到,"儒家讲'爱人',墨家讲'兼爱';前者强调'亲亲''尊尊'的等级差别,后者则主张爱无等级差别,不分厚薄亲疏"[③]。这表明,儒墨两家的"爱"存在有等级和无等级的区别。但"学习提示"止步于此,当学生进一步探究差异时,可能会再次进入到方法论的比较思维中去,讨论"尚贤""节葬""非攻"等墨家主张与儒家在治世之道上的异同。当我们把视野仅停在"方法论"层面,会出现上文提及的,我们需要进一步追溯到"本体论"层面来探讨问题。

这里的"本体论"并非世界构成元素意义上的本体论,而是一种社会"本体论",涉及到对社会形态以及社会结构的认识。在这种本体论视野下,我们首先应关注墨家的社会结构特点。墨家"兼爱"的平等是取消人与人之间等级关系后形成的普遍平等,而这需要通过严密组织与纪律约束来实现。"巨子";财产共有,维持墨家信徒在一种低水平平均的生存状况;充分发展生产,创造更多的社会财富。《吕氏春秋·去私》说道,"墨者之法,杀人者死,伤人者

---

① 参见温儒敏《"学习"与"研习"——谈谈高中语文"选择性必修"的编写意图和使用建议》,第 5 页。《语文学习》,2020 年 08 期。

② 参见温儒敏《"学习"与"研习"——谈谈高中语文"选择性必修"的编写意图和使用建议》,第 7 页。《语文学习》,2020 年 08 期。

③ 节选自《普通高中教科书语文选择性必修上册》,温儒敏主编,第 52 页。北京:人民教育出版社,2020 年。

刑"，可以直接反映墨家组织的纪律性①；另外在《墨子·公输》中，墨子在最后向公输班施压所言，"然臣之弟子禽滑厘等三百人，已持臣守圉之器，在宋城上而待楚寇矣"②，也可以侧面反映墨子区别于儒家的组织严密性所带来的作战能力。即使墨家声称自己同样也志在恢复三代之风，但从根本上替换了由血缘亲疏传统沿袭而来的社会形态和和社会秩序。墨家要实现其政治理念，必须克服基于私欲、人际关系等所形成的传统等级秩序，而在完美的社会道德主体、充分发达的生产力和社会财富没有出现之前，墨家只能诉诸严密组织与纪律约束等手段。

墨家思想诞生于"礼崩乐坏"的传统秩序瓦解的时代，并且采取了一种更加激进的方式，构造更具均质化、原子化色彩的"现代"社会结构。在这个理想社会图景中，墨家的"兼爱"和其它主张，是其社会结构的思想外显，而不是内核。而孟子对于墨家批判儒家的回击非常激烈③，原因也根源于此。儒墨思想无法实现调和的本质矛盾在于理想社会形态的差异，而这样的社会"本体论"意识有助于学生理解先秦诸子在"方法论"层面上的百家争鸣。

三、"双新"课改背景下可利用教育资源与教学方向思考

因此，先秦诸子文本的教学在深度学习过程中，首先可以引导学生具备一种社会"本体论"的视野，从而帮助学生初步在探究先秦诸子思想异同之时，理解其根源所在。在上文讨论的儒墨两家教材选文以外，对于《老子》的选文也应如此。老子以"有""无"作为世界本原，"无"生"有"，因此才有"生于毫末""慎终如始"等论述，这些并非是方法论层面的实践，而是本体论意义上对

---

① 墨者有钜子腹䵍，居秦，其子杀人，秦惠王曰："先生之年长矣，非有它子也，寡人已令吏弗诛矣，先生之以此听寡人也。"腹䵍对曰："墨者之法曰：'杀人者死，伤人者刑'，此所以禁杀伤人也。夫禁杀伤人者，天下之大义也，王虽为之赐，而令吏弗诛，腹䵍不可不行墨者之法。"不许惠王，而遂杀之。子，人之所私也，忍所私以行大义，钜子可谓公矣。节选自《吕氏春秋》（上），陆玖译注，第29—30页。北京：中华书局，2011年。

② 节选自《墨子》，方勇译注，第472页。北京：中华书局，2011年。

③ 《孟子·滕文公下》孟子对墨家的完全否定和批判态度："墨氏兼爱，是无父也，无父无君是禽兽也"、"杨墨之道不息，孔子之道不著，是邪说诬民，充塞仁义也。仁义充塞则率兽食人，人将相食"。节选自《孟子》，万丽华、蓝旭译注，第138页。北京：中华书局，2006年。

世界和社会构造的认识。

其次，帮助学生完成自主性的阅读和研习，在实施"双新"（新课程、新教材）教育改革的背景下，显得尤为重要。"整本书阅读"独立设计单元，作为统编本高中语文教学的拓展型学习资源，除拓宽学生视野面、培养自主探究能力以外，在内容上也可以与特定单元的学习相互贯通。其中，费孝通《乡土中国》作为整本书阅读的篇目之一，能够为学生更进一步探究儒家社会形态与理念提供支持。

《乡土中国》本是一部研究中国乡土社会形态的著作，由授课讲义整理出版，并没有直接关涉到先秦诸子思想内容。但是一方面，中国历史长期以来普遍形成的乡土社会，正是由儒家士绅主导、儒家思想浸染的社会格局；另一方面，费孝通在书中也大量援引《论语》等儒家典籍，来说明传统乡土秩序形成的思想渊源和具体呈现。因此，《乡土中国》能够作为一个宝贵的教学资源，与统编本教材儒家相关选文的学习互相参照。

在必修下册第一单元收录的《子路、曾皙、冉有、公西华侍坐》一文中，孔子所说"莫春者，春服既成，冠者五六人，童子六七人，浴乎沂，风乎舞雩，咏而归"的理想图景，蕴含顺应时节、长幼有序、礼乐和谐的儒家理念，可以与《礼治秩序》一节互相参照，明晰他们所共同遵守的行为规范从何而来；《大学之道》所概括的儒家"修齐治平"的理想境界，也能够通过《差序格局》中的"波纹"——由个体到家庭到社会国家的社会结构加以理解[1]。

先秦诸子的思想是中华文明的瑰宝。我们可以在"双新"课程改革理念的指引下，借助可利用的教学资源，充分调动学生学习自主性，去理解那个"百家争鸣"的先秦时代，从而帮助高中学生在涉及诸子思想的单元学习中，更好地继承"传统文化之根"。

---

[1]　参见费孝通《乡土中国》，第 71、第 34 页。北京：北京出版社，2004 年。

高中生道德说理文写作：问题与对策

张子川

◇◇

摘　要：高中生道德说理文写作由道德的主题、说理的方式以及写作的形式三部分要求构成，是语文学科核心素养的综合体现。本文通过对高中生道德说理文写作的一次分析，发现学生在进行道德说理文写作时，出现以下三个问题：论据不够充分、思维缺乏逻辑、说理缺少针对性。进而发现，学生的道德判断水平发展至科尔伯格道德判断发展的第二水平，并且仍残留着第一水平的特征。高中生的道德判断发展是不充分的，其道德说理文的写作能力仍停留在义务教育阶段，需要老师的进一步教学指导。针对这一情况，本文提出了以下建议：丰富道德说理文写作的论据类型，提升论据质量；训练逻辑思维，构建道德说理文写作的一般说理路径；提高写作针对性，加强道德说理文写作意识。

关键词：高中语文　道德说理　议论文写作　逻辑思维　语文核心素养

　　2017 年，教育部发布《普通高中语文课程标准》（以下简称《新课标》），开始了新一轮的高中课程改革。《新课标》对高中语文课程的性质、基本理念、目标、内容以及结构等做了详尽的规定与解释。其中，"基本理念"的第一条即指出："坚持以德树人……充分发挥语文课程的育人功能"①。显然，高中语文

---

① 　中华人民共和国教育部，《普通高中语文课程标准（2017 年版 2020 年修订）》，人民教育出版社，2020 版，p2.

课程应当融入德育内容，而"道德教育"作为"德育内容"中的基本部分就显得尤为重要。然而，翻看《新课标》，仅在首页关于"课程性质"的解读中可以看到"道德"一词："普通高中语文课程，应使全体学生在义务教育的基础上，进一步提高语文素养，形成良好的思想道德修养和科学人文修养"①，而在后文的"基本理念""学科核心素养""课程标准"乃至规定具体课程内容的"学习任务群"等诸章节中，都没有出现"道德"二字。《新课标》中直指"道德教育"的内容是缺位的。可以想见的一部分原因是，基本道德的学习在义务教育阶段已经完成，道德主题在高中阶段不再单独进行与考察；另一部分原因是，高中语文还有许多的课程目标及内容尚需完成，专项的道德教育已不再是学习的重点与难点。因而，"道德"主题的学习常常渗透在日常的语文教学过程中，潜移默化地发挥着育人功能。那么，高中生的道德学习是否已经完成？高中生的道德判断水平发展到了什么阶段？面对情境更为复杂的道德问题，学生是否有能力作出令人满意的判断？学生是否需要更进一步的道德教育……这些问题在我们实施《新课标》前是必须要厘清的。高中生道德说理文写作是了解及回应以上问题的有效途径。通过分析学生在道德说理文写作中出现的问题，教师可以把握学生的道德判断的发展水平，确立自身的教学发力点，从而提高课程实施水平，深化课程改革。

一、高中生道德说理文写作的基本要求与特征

（一）高中生道德说理文写作的要求

"道德说理文写作"并不是高中语文写作教学中的一个既有概念，但却符合《新课标》中学习任务群6"思辨性阅读与表达"的相关要求。《新课标》指出，该任务群"旨在引导学生学习思辨性阅读和表达，发展实证、推理、批判与发现的能力，增强思维的逻辑性和深刻性，认清事物的本质，辨别是非、善恶、美丑，提高理性思维水平"②。

道德说理文写作由道德的主题、说理的方式以及写作的形式三部分要求所

① 中华人民共和国教育部，《普通高中语文课程标准》，人民教育出版社，2020版，p1.
② 中华人民共和国教育部，《普通高中语文课程标准》，人民教育出版社，2020版，p18—19.

构成。关于道德的主题，任务群6具有"辨别是非、善恶"的导向。对于道德行为，学生应当认清是非、明辨善恶，追求并形成正确的价值观，进而培养高尚的道德情操，"具有理想信念和社会责任感"①。道德说理文写作的道德主题包含人们公共生活中的行为准则与规范，关涉"是非、善恶"的判断，符合该任务群的要求。关于说理的方式，任务群6具有其他任务群所没有的关于"实证、推理、批判和发现"的逻辑思维要求。任务群6共设有3个学习目标，其中的第二个学习目标包含了三个学习内容："学习表达和阐发自己的观点""学习多角度思考问题""学习反驳"②，分别指向了观点的拟定与证明、分论点的提出以及驳论，这与道德说理文的说理的方式相契合。至于写作的形式，任务群6在"学习提示"中明确指出："学习用口头与书面语言阐述和论证自己的观点，驳斥错误的观点"③。通过写作的形式，既能帮助学生逐步澄清自己的观点，完善自己的推理过程，又能帮助学生准确把握在说理过程中出现的问题，进而促进学生更准确地表达自己的看法，"增强思维的逻辑性和深刻性"。这些都与道德说理文写作的形式相吻合。

总的来讲，高中生道德说理文写作符合《新课标》中"学习任务群6思辨性阅读与表达"的相关要求。高中生道德说理文写作有利于训练学生的逻辑思维，发展学生的道德判断水平，承载了语文学科核心素养中"思维"维度的发展与提升，指向了"发展逻辑思维""提升思维品质"④的两大课程目标，契合了《新课标》"坚持立德树人……充分发挥语文课程的育人功能"和"以核心素养为本，推进语文课程深层次改革"⑤的两大基本理念。

（二）高中生道德说理文写作的特征

1.道德认知发展性。在义务教育阶段，学生通过学习形成了基本的道德规范，对日常生活中的常见道德行为有了正确的判断，符合社会的基本需要。然而，这些学习情境通常是简单的、理想的，学生做出的道德判断也就相对缺乏

---

① 中华人民共和国教育部，《普通高中语文课程标准》，人民教育出版社，2020版，p3.
② 中华人民共和国教育部，《普通高中语文课程标准》，人民教育出版社，2020版，p19.
③ 中华人民共和国教育部，《普通高中语文课程标准》，人民教育出版社，2020版，p19.
④ 中华人民共和国教育部，《普通高中语文课程标准》，人民教育出版社，2020版，p6.
⑤ 中华人民共和国教育部，《普通高中语文课程标准》，人民教育出版社，2020版，p2.

深刻性，很难具备现实意义。因此，学生的道德判断需要更为全面的发展。而通过道德说理文写作训练，学生可以面对真实、复杂情境中的道德事件，努力厘清纷杂的表象，"认清事物的本质"，挖掘出事件背后的问题，给出恰当的判断，进而逐步完善学生的道德认知，发展出理想的道德判断水平，达成《新课标》的育人目标。

2.逻辑思维规范性。初入高中的学生缺少议论文写作训练，常常表现出形象思维的特征，夹杂着个人的主观情感，具有很强的感染力。他们对于道德事件的认识常常浮于表象、流于感性，缺少思辨性。因此，《新课标》设立了"发展逻辑思维"的课程目标，提出"能够辨识、分析、比较、归纳和概括基本的语言现象和文学现象"的要求。在"思辨性阅读与表达"任务群又进一步提出"……发展实证、推理、批判与发现的能力，增强思维的逻辑性和深刻性"[①]。逻辑思维的发展，无疑是课改的重点与难点。通过高中生道德说理文写作的训练，学生可以逐步培养辨识、分析、比较等思维能力，条理清晰地表达自己的认识，进而"提高语言运用的能力，增强思维的深刻性、敏捷性、灵活性、批判性和独创性"[②]，最终实现"提升思维品质"[③]这一课程目标。

3.论说辩驳针对性。在义务教育阶段，学生关于道德主题的学习大多是阅读单一情景的课文，对学生的学习要求通常停留于识记与辨识层面，不做更进一步的要求。高中的道德说理文写作对学生提出了更高的要求。高中道德说理文写作材料一般基于复杂、真实的情境，其中的一些字词具有一定的语境义和文化义，限制着写作的说理与表达。通过道德说理文写作，学生不仅要对道德话题进行思考与论述，还必须仔细审题，兼顾材料中的诸多限制，回应材料中的不同立场，从而展开针对性的论说与辩驳，形成有效对话。

二、高中生道德说理文写作的基本问题与表现

本文以上海某一高二班级为例，统计学生写作中道德论题的讨论情况，了

---

① 中华人民共和国教育部，《普通高中语文课程标准》，人民教育出版社，2020 版，p18—19.

② 中华人民共和国教育部，《普通高中语文课程标准》，人民教育出版社，2020 版，p6.

③ 中华人民共和国教育部，《普通高中语文课程标准》，人民教育出版社，2020 版，p6.

解高中生道德说理文写作中的存在问题以及学生的道德判断水平，进而提出相应的建议。此次写作，笔者给了学生以下作文题目：

　　辽宁本溪市一位小学生金妮拾到巨款，还给失主，但是她希望失主能够送给她一面锦旗。失主安英淑没有这样做，还说："锦旗我是不会送的，我一分钱也不给。拾金不昧是中华民族的传统美德，如果她不还给我就是犯法，我可以告她。"对此你有怎样的看法？要求：写作没有标准答案，写出你最真实的看法，证明它。字数不少于800字。

　　该作文材料涉及四个道德论题。第一个论题是针对金妮的行为所提出的：论题一"'希望送锦旗'是否道德"？另外三个是针对失主的回应所提出的：论题二"'一分钱不给'是否合情"？论题三"'拾金不昧'是否是中华民族的传统美德"？以及论题四"'不还就告'是否道德"？作文材料中，每个人物立场都有充分的理由驳斥另一方立场，并没有明显倾向某一立场的情况，具有一定的解读空间与对抗性，符合《新课标》学习任务群6的相关学习目标与要求。另外，该材料并非抽象的现象或哲理，而是贴近学生生活的事例，具有一定的灵活性、开放性，符合《新课标》所强调的"真实的语言运用情境"的导向，破除了学生和写作材料之间的隔阂，更能调动起真实情境中的相关知识，激发出学生写作的兴趣与动机，写出自己的真实的想法与水平。此次写作共收集到33位学生的习作，发现学生存在以下三大问题。

（一）论据缺少充分性

　　结果论与非结果论是道德说理中特有的思维方式，它们常常被运用在道德说理文的论据中。结果论"只根据行为的后果来说服学生按要求行事，或者接受某种道德价值观"，而非结果论则"只根据普遍的伦理原则或道德义务，为各种行为规范辩护"[①]。在论据层面，结果论论据可以分为个人层面结果论论据和社会层面结果论论据两大类。顾名思义，它们各自强调了行为对个体层面或对社会层面所带来的或好或坏的结果。非结果论论据则包含了"普遍的伦理原则"论据和"道德义务"论据两大类型。其中，"普遍的伦理原则"论据又包

---

① 黄向阳.德育原理［M］.上海：华东师范大学出版社，2000. p161.

含了"普遍的公正原则、人权互惠、平等的普遍原则，尊重人的生命和尊严的普遍原则"[1]。而"道德义务"论据包含了具有非强制性的"道德"论据和具有强制性的"义务"论据。如果再进一步划分，"道德"论据又包含了私德论据和公德论据、职业道德论据三大类[2]，它们分别强调了社会公共生活领域、私人生活领域以及职业领域中的道德规范。简单来讲，区分公德以及私德的方式在于，道德行为的指向是具体的个体还是抽象的国家或社会。比如，"关心陌生人"这一道德行为，虽然其对象是社会中的人，但涉及的是具体的个人，是他人定向的道德，因此属于私德。而"爱护公共设施""服务社会"指向的是抽象的社会，因此是公德。在复杂语境中，公德和私德的界定有时会比较复杂，这需要在具体语境中具体分析。

证据类型分类表

一级分类	二级分类	三级分类	四级分类
非结果论证据	普遍的伦理原则证据		
	道德义务证据	道德证据	公德证据
			私德证据
		义务证据	
结果论证据	个人层面结果论据		
	社会层面结果论据		

在非结果论推理中，学生私德类论据使用占比较大，公德类论据、义务类论据、普遍的伦理类论据相对占比较小。笔者对学生习作中运用到的非结果论论据进行了统计，情况如表（一）所示。其中，私德论据共16篇，出现了诸如"感恩、没礼貌、虚荣"等标准，占比70%，所占比例较大。公德类论据涉及1篇，提出"拾金不昧"这一论据，占比4%。义务论据共涉及6篇，占比26%。需要解释的是，该数据中除了包括学生所提及的"义务、法律"这两个论据为义务类论据外，学生给出的"权利"也归为义务类论据，其背后的逻辑是"这是法律或社会习俗所规定的，所以是应当执行的"。普遍的伦理原则证

① 黄向阳.德育原理［M］.上海：华东师范大学出版社，2000.p223.
② 黄向阳.德育内容分类框架——兼析我国公德教育的困境［J］.全球教育展望，2008（9），p51.

据共涉及 0 篇。所有道德义务标准共出现于 23 篇文章中，各论据类型占比情况如（图一）所示。

表一

论题	判断标准	涉及篇数	论题	判断标准	涉及篇数
论题一	功利	3	论题二	感恩	3
	虚荣	2		没礼貌	1
	权利	2		自我中心	1
	谦逊	1		不道德	1
	道德绑架	1		权利	1
	贪婪	1		义务	1
	拾金不昧	1		同情心	1
论题三	无	无	论题四	法律	2
				人情	1

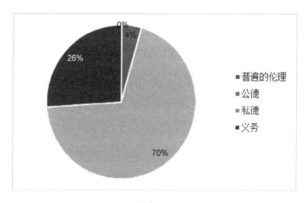

图一

而在结果论论据中，学生的个人层面结果论论据占比较多，社会层面结果论论据占比较小。笔者对材料中各论题中的结果论论据进行统计，33 份作业中共有 20 篇涉及结果论说理，如表（二）所示。其中，只使用社会层面结果论据的习作有 7 篇，只使用个人层面结果论据的习作有 10 篇，二者都使用的有 3 篇，未使用结果论论据的有 13 篇。总的来讲，涉及个人层面的结果论论据共 13 篇（其中仅有 2 篇涉及到失主，其余 11 篇均从安妮角度论述），占所有篇目的 65%，社会层面的结果论论据只占 30%。占比情况如图（二）所示。

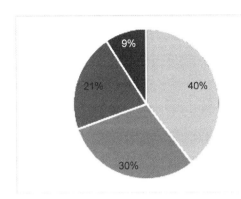

- 未使用结果论证据
- 只有个人层面结果论证据
- 只有社会层面结果论证据
- 个人及社会层面结果论证据

图二

表二

论　题	篇目序号	结果论论据类型	学生表述
论题一	307	个人（安妮）＋社会	成为老师眼中的好学生；使动机不纯者纷纷效仿
	321	个人（安妮）	激励自己做好事
	323	个人（安妮）	以后也会索要；反悔拒绝帮助他人
	330	个人（安妮）	追求利益物质的生活，精神世界的缺失
	336	个人（安妮）	纪念这件事；显摆
	303	社会	热心人才会越来越多，人们才不会变得越来越冷漠
	322	社会	帮助无法得到满足，那还会有人帮助别人吗？
论题二	312	个人（安妮）＋社会	打击学生；形成"有法无情"的不良社会风气
	315	个人（安妮）	使学生对中华民族传统美德有更深刻的理解
	320	个人（失主）＋社会	失主不可能拿回丢失的钱；整个社会风气也许会因此而扭曲。
	326	个人（安妮）	带来的伤害是巨大的
	330	个人（安妮）	鼓励她继续做好事；帮她树立了不正确的价值观
	332	个人（失主）	这笔钱或许永远拿不回来了
	336	个人（安妮）	对于目的是好的的小学生，则会造成一定打击
	327	社会	所有人看见遗落物都会假装看不见
	331	社会	对于他人做好事的一种激励
	311	社会	塑造社会病态
	318	社会	把拾金不昧成为新的风尚，新时代的潮流
论题四	314	个人（安妮）	伤害到了一个孩子幼小的心灵
	329	社会	影响社会风气

从以上证据使用情况可以得出，学生的论据缺少充分性。在非结果论论据中，学生倾向于使用私德类论据，这种论据通常削弱了论证的说服力。比如篇名为《拾金不昧》的习作中，学生的观点是"此次事件是失主错了"，而给出的却是"失主的行为没礼貌"这一论据。这样的论据无法说服我们——倘若失主讲话礼貌了，那么失主不给锦旗的行为是否就道德了呢？"没礼貌"这一私德类论据是学生小学阶段学习的内容，通常运用于与该年龄段相适配的简单情境中。此处的复杂情境中涉及"拾金不昧是否是美德""'不还就告'是否道德？"等诸多需首要回复的论题，提出"没礼貌"这一私德类论据虽然证明了学生提出的观点，但是并不解决材料中呈现的主要矛盾，这就使得学生论证的说服力大大降低。与之形成对比的是，学生的公德类、义务类论据和普遍的伦理论据使用相对较少。深入分析学生的公德类、义务类论据使用情况可以发现，学生通常只是提出这些论据，并没有深入的分析解释。比如《浅谈"美德"》中，学生提出观点"我认为金妮所提的锦旗，不能说做了好事要求回报是错误的"，进而给出论据"她有权利提出一些要求"就结束了论述，并没有对自己所提出的"权利"进行深入分析——什么权利？谁赋予的？……缺乏这些必要的分析，使得说理不够透彻，无法提高证据的有效性与说服力。过多强调狭隘的私德类论据、缺少高质量的论据，使得说理成了体现个人道德偏好的争辩，转移了事件的讨论重点，回避了材料应当首要解决的矛盾冲突，使得一个具有社会争议性质的事件演变为了私人领域的个人修养问题，不符合材料中公共事件的表达情境。

而在结果论论据中，学生倾向于使用个人层面结果论证据，这种证据也通常削弱了论证的说服力。比如学生会提出"反悔拒绝帮助他人""造成一定打击"、"精神世界的缺失"等结果，这些结果大多是学生根据其有限的个人经验进行的推测，缺少充分性，不具备说服力。在社会层面结果论论据上，学生的推理则稍具说服力。比如学生会提出"使动机不纯者纷纷效仿""热心人才会越来越多，人们才不会变得越来越冷漠"等。由于脱离了个人视角转向了社会语境，因此这些论据具有一定的充分性。当然，仍有大部分学生直陈论据，缺少必要的分析去揭示行为与结果的关联，而使得行为与结果的因果联系跨度过大，缺少一定的充分性，有滑坡谬误的倾向。比如《公序良俗不可忘》一文中，学生认为："给金妮精神上的鼓励，这个世上的热心人才会越来越多，人们才不会变得越来越冷漠。"要达到"这个世上的热心人才会越来越多"这样的结果，不仅需要"给金妮精神上的鼓励（给金妮锦旗）"，还需要"媒体的宣传"、"人们的学习"等各种条件的支持。学生如此的判断缺少充分性。更有甚者提出诸如"整个社会风气也许会因此而扭曲""塑造社会病态""所有人看见遗落物都会假装看不见"等极端结果，这些论据和个人层面结果论及一样，都缺乏必要的事实依据或基于事实作出的合理推断，很难支撑相应的观点。

总之，学生的这些论据缺少分析、没有纵深，缺少充分性。这些论据将讨论的问题或置于简单狭隘的语境中，或推向极端的可能情景中，将需要解读、分析的材料化约为一个简单的道德辨识问题，削弱了材料所应探讨的社会价值。

（二）思维缺乏逻辑性

在说理过程中，学生的习作还体现出缺乏逻辑性的问题，主要有两大表现。第一个表现是形象思维比较显著，使用了过多的修辞。笔者罗列了学生几个包含修辞手法的说理部分，如（表三）所示。这些修辞并没有对自己提出的观点进行证明，大多是随着前文中与观点无关的一个词或一句句子进行的联想或想象，帮助读者理解这个观点或词语的含义。比如在《浅谈"美德"》中，作者提出"不应当以美德要求他人"的观点，但是后文却联想起了现实的风气，觉得人们"人情味变少了"，没有围绕观点进行深入的阐述。而在《道德的悖论》中学生分析到："向别人索要锦旗的行为和勒索他人钱财在现实的意义中有什么区别吗？她又做错了什么呢？"这里直接运用反问手法增强语气，其意图似乎是提出"索要锦旗"和"勒索他人钱财"是"一个性质的"看法。但是学生并没有具体指明二者行为之间的相同点，也没有深入分析安妮的"索要锦旗"行为为何严重到和"勒索他人钱财"一样的性质。这样的论断是有争议的，或者说是错误的。这些修辞通常是学生对观点或字词表层含义的解释，增强了文章的感染力。但是修辞不是说理，它并不能消除观点的争议性，更不能解释判断的真假。

（表三）

修辞手法	篇　名	学生表述
联想	《浅谈"美德"》	当今社会时时刻刻都存在一些值得深思的问题。随着科技化、现代化发展，人与人之间的人情味变少了，多了一些圆滑、冷漠的形式主义。
	《帮助是无条件的吗》	现如今已有许多现象诸如公车霸道老人"强迫"别人让座。
想象	《道德也需要被鼓励》	金妮此刻或许是十分委屈的。她不可能无理取闹强求报酬，她只能交还巨款后默默离开。可在她幼小的心灵中，是不是会埋下这样的疑问：为什么我做了好事却得不到表扬呢？
	《善是人的选择》	但她向对象索求报答，这份报答也许是她的父母代为提出，也许可以为她带来未来的一些帮助
反问	《道德的悖论》	向别人索要锦旗的行为和勒索他人钱财在现实的意义中有什么区别吗？她又做错了什么呢？
	《于白中的那一点黑》	我们不能用过于复杂和黑暗的眼睛来看待小孩和身边发生的善事，那这样的话，还有谁会愿意做善事呢？

　　第二个表现是学生在形式逻辑上的推理方式单一，不会有意识地贴合论题运用恰当的推理方式。从思维的形式划分，推理可分为类比推理、演绎推理和归纳推理。笔者对材料中各论题运用的推理方式进行了统计，结果如表（四）所示。在论题一、二、四中，大多数学生以演绎的方式进行推理。论题三是一个抽象的观点，理应运用（不完全）归纳推理，但是所有学生都回避了对其观点的探讨，没有对其进行论证。运用类比推理的，仅在论题一和论题二中出现，共有五篇。各推理方式的使用占比如图（三）所示。可以看出，学生最常用的推理方式是演绎推理，不常用的是归纳推理与类比推理。

（表四）

	涉及篇数	推理方式		
		演绎	归纳	类比
论题一	20	19	0	1
论题二	23	23	0	4
论题三	0	0	0	0
论题四	5	5	0	0

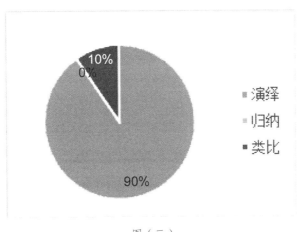

图（三）

　　深入分析学生的推理情况可以发现，学生运用形式逻辑不规范，常常堆砌观点与证据，说理层次不清。以类比推理为例，在《拾金不昧是中华民族的良好传统与品德》一文中，学生先是提出了观点："当然，失主能进行奖励与报酬则是上升到更高道德层次了。"接着用德国民法典的内容和材料进行类比："在德国民法典中：拾得物价值在一千德国马克以下的，其报酬为该价值的百分之五，超过此数的，超过部分按百分之三计算。"可以推测，学生此处进行类比推理，其本意是想通过二者相同的情况指出失主或国家应当如何处理此类事件。但是学生既没有明确点明材料与类比事例的相似点，也没有明确指出推导出的结论，只是平铺直叙地交代德国民法典情况，没有规范的类比推理步骤，读者很难把握类比事例的侧重以及作者的观点。而在演绎推理中，学生的说理前提大多以"隐含前提"的形式存在，但这些"隐含前提"又常常是有争议的，这就使得说理很不充分。比如在《锦旗该不该给？》一文中，学生论述到："但她还是一个小学生啊，怎么会有这么功利的想法呢？"这句话中隐含了两个前提："索要锦旗是功利的想法"以及"功利行为是错误的"。然而，为什么索要锦旗就是功利的想法？为什么功利行为就是错误的？学生没有对这些前提的合理性进行有意识的证明。缺少与读者共识的澄清，演绎推理只是带着成见生硬地将论据和观点粘合，说理自然也就讲不深、讲不透了。

　　总之，学生思维缺乏逻辑性。由于学生思考时形象思维特征突出、缺乏思辨性的语言，说理时常常置身于具体的语境中来表达自身的想法、感受。于是，学生的道德说理文写作不是动态的说理过程，而是静态的描述过程。他们不会从材料出发逐步完成论证，而总是将自身提出的论点、论据当做不言自明的判断，缺乏精密的推理过程。因此常常堆砌论据、缺乏分析，推理出现诸如滑坡谬误、诉诸情感、诉诸武断、稻草人谬误等逻辑上的问题，判断也更容易被个人感性的直觉喜好或是社会的传统习俗等僵化的成见所绑架，难有说服力。

（三）说理缺失针对性

在说理针对性上，学生道德论题的说理意识不足，没有围绕材料所涉及的论题进行回应。首先，学生没有围绕材料出现的论题进行回应。笔者统计了各个论题被讨论的篇数，情况如图（四）所示。在四个论题中，讨论论题一、论题二、论题三、论题四的文章各有 20 篇、23 篇、0 篇和 5 篇。其中，论题一是金妮的言论，论题二、三、四都是失主的言论，每个论题都是分析讨论双方行为道德性的依据。但是学生大多将论述聚焦在论题一、二上，论题三、四涉及过少。没有紧扣材料进行分析，学生说理的力度与效率无疑是大大降低的。其次，学生不会兼顾双方立场探讨问题。一个充分的推理必定兼顾金妮和失主两人的立场，对其各自提出的论点或论据进行回应。经统计，仅有 13 篇文章涉及了两方的立场，占所有文章的 39.4%。学生大多片面选取自己所赞成的一方立场进行讨论，有意或无意地忽视对自己不利的对立观点或论据，不会对双方言论进行针对性的分析。最后，笔者还对每人所讨论的论题个数进行了统计，统计结果如（表五）所示。学生讨论材料的论题数过少，讨论论题数的中位数为 1，过半的学生只讨论了材料四个论题中的一个道德论题，有 4 篇文章一个论题都没有讨论。

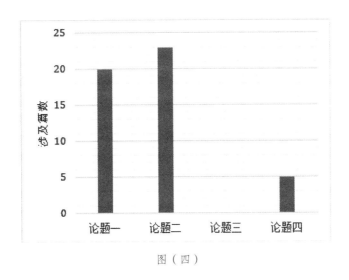

图（四）

（表五）

讨论论题数	人　数
0	2
1	17
2	10
3	4
4	0

　　从以上数据可以得出，学生的说理缺乏针对性。承前所述，学生说理时常常运用联想、想象等大量的修辞，再加上学生说理缺乏逻辑性，文章常常会表现出诸如偏题、详略不当、言辞空废、无效论证、无效论据等的问题。这些现象使得学生的说理非常随意，常常具有独白性质，无法和材料形成有效的对话。比如，《锦旗背后的功利观》一文花费长篇幅探讨"现代社会功利至上"话题，从思想文化冲击、社会阶级的分化与人与人之间的人际关系的改变、教育三个角度回应"现代社会功利至上"的原因。这些无用的笔墨都是从材料联想出去的，占据了文章很大的篇幅，而对于材料中的四个论题都未涉及。《不仅仅是一面锦旗》一文则花费近四分之三的篇幅探讨了材料这种现象的原因：小孩子的"虚荣心""家长的教育"以及"当代人的不自信"三大理由。学生

的说理脱离了材料，没有聚焦写作的论题，更没有回应材料迫切需要解决的问题，有效的说理就非常少了。缺失针对性，学生就不会择取材料双方的观点，更不用说难整合双方立场给出令人满意的论述了。

三、高中生道德说理文写作问题诊断与成因分析

高中生道德说理文写作出现以上问题，究其原因在于，学生的道德判断水平呈现比较自然的面貌，没有得到充分的发展。根据科尔伯格的理论，人的道德判断发展可以分为三个水平和六个阶段，如表六 [①] 所示。此次学生写作出现的问题在这些水平上有很好的展现。

（表六　科尔伯格道德发展水平表）

道德判断水平	道德判断的阶段
前习俗水平	阶段1：以惩罚与服从为定向。以行为对自己身体上所产生的后果来决定这种行为的好坏，而不管这种后果对人什么意义和价值。避免惩罚和无条件地屈从力量本身就是价值，而不是尊重为惩罚和权威所支持的那种基本的道德秩序。 阶段2：以工具性的相对主义为定向。正确的行为就是那些可以满足个人需要、有时也可以满足他人需要的行为。人与人之间的关系是根据像市场地位那样的关系来判断的。儿童知道了公平、互换和平等分配，但他们总是以物质上的或实用的方式来解释这些价值。交换就是"你帮我抓痒，我也帮你抓痒"，而不是根据忠义、感恩或公平来进行的。
习俗水平	阶段3：以人与人之间的和谐一致或者"好男孩—好女孩"为定向。凡是讨人喜欢或帮助别人而为他们称赞的行为就是好行为，其中许多符合大多数人心目中定型了的形象或"自然的"行为。经常用意图去判断行为。第一次把"他的用意是好的"作为行为的一个重要因素。好孩子就会获得别人的赞许。 阶段4：以法律与秩序为定向。行为是服从权威、固定的规则和维护社会秩序的。尽自己的义务、对权威表示尊重和维护既定的社会秩序本身就是正确的行为。

---

① 科尔伯格、杜里尔著，魏贤超译：《道德发展与道德教育》（1971年）；瞿葆奎主编，余光、李涵生选编：《教育学文集.德育》，人民教育出版社，1989年版，p444—446。

（续表）

道德判断水平	道德判断的阶段
后习俗水平	阶段 5：以法定的社会契约为定向。总的倾向带有点功利主义的色彩。正确的行为往往取决一般的个人权利和已为整个社会批判考核而予以同意的标准。儿童清晰地意识到个人的意见和价值是相对的，从而相应地强调要求有一个取得一致意见的程序和规则。除了在宪法上民主地同意了的事物，权利是关于个人的价值和意见的事，所以其结果是强调法律的观点，但同时也强调要根据对社会是否有用的理性思考来改变法律的可能性（不像以法律秩序为定向的阶段 4 那样死板地维护法律）。在法律领域之外，自由同意和契约乃是遵守职责的一个具有联结作用的因素。 阶段 6：以普遍的伦理原则为定向。根据良心作出的决定就是正确的，而所谓根据良心作出的决定就是根据自己选择的具有逻辑全面性、普遍性和融贯性的伦理原则作出的道德决定。这些原则是抽象的和伦理的，而不是一些具体的道德规则。实质上，这些原则就是普遍的公正原则、互惠原则、人权平等原则和尊重个人的人类尊严的原则。

第一道德判断水平是前习俗水平。该水平的道德判断基础是"道德价值存在于外在准物理事件、坏行为或准物理需要之中，而不存在于人和规范之中。"[①] 面对道德事件，人的判断从实际解决问题的角度出发，关注点常常落在自己或者具体的个人，有着强烈的自我中心主义倾向。

学生写作在该水平的表现是，使用个人层面结果论论据以及形象思维特征明显。一方面，由于该水平所呈现的自我主义倾向，学生常常将自己投射进材料的人物中进行思考，以"我"的视野及立场进行判断，提出相应的道德判断：或规避失主或安妮的不良结果，或由于互惠等价原则提倡给予安妮好的结果等。诸如学生论述道："若遇到一个没有强烈美德意识的拾金者，那么失主不可能拿回丢失的钱""伤害到了一个孩子幼小的心灵"等。也正因如此，学生常常使用个人层面结果论论据，说理也就不会是面向公众的表述，而是从自己的视角出发朴素说理，论据也就没有纵深，缺少充分性。而另一方面，该水平的学生使用这种实际的解决方法来思考问题，其根本原因在于学生的逻辑思维未获得充分发展，运用的仍旧是形象思维。因此，学生的推理常常运用联想、想象等个人揣测，同时运用反问、设问等的修辞手法抒发个人情感。他们没有能力灵活使用思辨的语

---

① （美）科尔伯格著，郭本禹等译，《道德发展心理学：道德阶段的本质与确证》，华东师范大学出版社，2004.6，49.

言、抽象的道德伦理标准去分析问题。

水平	阶段	道德推理的特点	主要关注点	
前习俗水平	第一阶段	以惩罚与服从为定向	自己或具体的个人	规避坏处
	第二阶段	以工具性的相对主义为定向		得到好处
习俗水平	第三阶段	以人与人之间和谐一致或"好男孩－好女孩为定向	社会期望或规范	社会对"好人"的判断
	第四阶段	以法律与秩序为定向		法律与社会秩序
后习俗水平	第五阶段	以法定的社会契约为定向	超越习俗的社会价值观	契约可以改变
	第六阶段	以普遍的伦理原则为定向		普遍的伦理原则

基本问题	具体表现	对应道德判断阶段
论据缺少充分性	私德类论据占比较大，公德类论据占比较小	三
	义务类论据占比较小	四
	个人层面结果论据占比较多	一、二
	社会层面结果占比小	四
思维缺乏逻辑性	形象思维特征明显	一、二
	说理没有逻辑性	一、二、三、四
说理缺失针对性	没有围绕材料出现的论题进行回应；不会兼顾双方立场探讨问题；讨论材料的论题数过少	一、二、三、四

　　第二道德判断水平为习俗水平。此水平的道德判断基础是"道德价值存在于扮演好或坏的角色以及维持习俗的秩序和他人的期望。"[①]此水平的判断克服了个人角度的局限，开始站在社会的立场按照相应的要求与期待行事。

　　学生写作在该水平的表现是，第三阶段运用公德、私德类非结果论论据，第四阶段运用义务类非结果论论据和社会层面结果论论据。第三阶段以人与人之间的和谐一致或者"好男孩－好女孩"为定向，他们"对自己和别人都提出更高的要求。他们希望建立一种更为积极的人际关系，那就是相互信赖，相

---

① （美）科尔伯格著，郭本禹等译，《道德发展心理学：道德阶段的本质与确证》，华东师范大学出版社，2004.6，49

互忠诚，相互尊重。"①为了构建这样的人际关系，学生开始触及一些抽象的标准，即社会领域人际关系的公德以及私人领域人际关系的私德。这些标准通常是非强制性的，符合社会对一个人行动的期待。然而，这些价值标准源自社会的建构，大多是既定的、提前预设好的。学生在进行道德判断时，就会被这些外部价值所裹挟，不再积极思考，形成惰性思维。比如学生在说理时，很容易被"美德""自私""惩罚"等既定的标准所牵制——"美德"就一定要遵守，"自私"就一定要反对，"惩罚"就一定要避免。学生的这些认识是前反思性的，无法主动打破对这些道德规范的刻板认知。第四阶段以法律与秩序为定向，"进入阶段4的成年人，主要关心的是社会制度的作用问题。……他们已经懂得，任何社会都受到道德的约束，其中有许多道德协议还编制成法律，强加推行。而破坏这种协议的行为，都会在一定程度上威胁社会制度的巩固。"②此阶段的学生在阶段三的人际关系上更进一步，开始考量更为抽象的社会秩序本身。他们担心不道德的行为对社会带来不良的影响，破坏了社会的秩序。学生相对应的表现是使用社会层面结果论论据，以及为了维护秩序提出强制性的义务类非结果论论据。因此，学生在此次写作中提出了诸如"整个社会风气也许会因此而扭曲""塑造社会病态"等社会层面结果论论据和"法律""义务"等义务类非结果论论据。

值得注意的是，尽管克服了第一水平出现的问题，第二水平的说理仍旧存在着局限性——说理缺乏逻辑性以及道德论题的说理意识不足。一方面是因为学生对于这些道德依据并没有真正认同。对于这些道德价值背后的逻辑、原理、出发点等，学生没有真正理解，大多只是迫于个人或社会的权威而机械遵从。因此，学生说理会表现出缺乏逻辑性。比如演绎论证时，学生常常运用道德义务论据进行简单的三段论推理，原因在于学生是默认道德义务标准是权威的、合法的。他们不会对其合理性进行论证，因此只能机械地堆砌，无法体现复杂的说理过程。而另一方面，由于材料中的双方言论都是符合学生的道德判断水平的，再加上学生没有更高阶的判断标准去整合互相矛盾的低阶判断标准，因此学生本身的判断标准就是矛盾的，其针对性也就无法体现出来。对于

---

① 黄向阳．德育原理［M］．上海：华东师范大学出版社，2000．p220．
② 黄向阳．德育原理［M］．上海：华东师范大学出版社，2000．p222．

对立观点，学生很难正面回应，因此只能避而不谈——诸如赞同安妮的学生会回避失主提出的论点、论据，一味强调失主不懂得感恩，没法和失主的言论形成针对性的对话。这些问题归根结底在于，前两个水平的道德价值存在于外部，学生迫于这些外部权威，进行道德判断时只能机械、被动地运用这些道德价值。道德价值没有存在于"自我"之中，因此不敢反叛外部权威，更无法主动调停这些问题，只能回避冲突矛盾。也因此，第一、第二水平的道德判断容易无法体现出更为细致的逻辑性，更无法在说理时具有针对性，只能死板地做着权威的传声筒。这些问题就需要发展至第三道德判断水平来克服了。

第三道德判断水平为后习俗水平。该水平的道德判断基础是"道德价值存在于自我对共同的规范、权利或责任的服从"[1]，"在这个水平上，儿童显然努力在摆脱掌握原则的集团或个人的权威，并不把自己和这种集团视为一体从而去确定有效的和可用的道德价值和原则。"[2]。此时的价值存在于"自我"，学生开始真正认同道德价值，并开始积极处理道德两难问题，对习俗水平的社会法律制度和道德秩序进行反思与超越。

在第五阶段，学生面对两难问题会意识到，习俗水平的社会法律制度、传统道德秩序存有一定的问题，其合理性是需要经过论证的。"既然是契约，就存在一定的范围，也存在更改的可能。"[3]而为了证明改变契约的合理性，则必须有一个取得一致意见的程序和规则——这个程序就是能够体现逻辑性的说理过程中，这个规则就是经过论证（通常是打破权威）后得出的新的价值标准。比如在这一阶段，学生会质疑材料中失主提出的"拾金不昧是中华民族的传统美德"这一传统观点的合理性，并思考其成立的条件，也可以暂时搁置安妮"索要锦旗"行为的道德性，并对其行为的初衷进行反思等。在这样注重思辨的过程中，学生一方面敢于质疑常规的价值标准，积极地处理双方立场的观点，一方面又打破了前两个水平所呈现的呆板的说理形式，自然地补足了论证过程，开始具备逻辑性。

---

① （美）科尔伯格著，郭本禹等译，《道德发展心理学：道德阶段的本质与确证》，华东师范大学出版社，2004.6，49.

② 黄向阳.德育原理［M］.上海：华东师范大学出版社，2000.p217.

③ 黄向阳.德育原理［M］.上海：华东师范大学出版社，2000.p223.

当然，第五阶段同样存在着问题：既然契约通过论证可以改变，那是否意味着道德判断难以达成共识？这就需要进阶到第六阶段。在第六阶段，学生开始以普遍的伦理原则为定向进行判断。其判断的标准是最为抽象的普遍的伦理原则，即"普遍的公正原则，人权互惠、平等的普遍原则，尊重人的生命和尊严的普遍原则。"[①]。这些普遍的伦理原则"具有逻辑全面性、普遍性和融贯性"的特征，能够作为最高标准去调和材料中的两难矛盾冲突。这是学生道德判断发展的方向，也是我们教学所要达到的目标。

四、高中生道德说理文写作教学的优化建议

此次写作可以看出，高中生处于科尔伯格道德发展水平的第二水平，残留着第一水平的问题，尚未达到理想的第三水平。高中阶段，学生的道德判断发展并没有结束，道德说理文写作的要求尚未完成，学生还有很大的发展空间。这就需要我们高中老师重视道德说理文写作的教学，促成学生道德判断水平的提升。对此，笔者有以下三点思考。

1. 丰富道德说理文写作的论据类型，提升论据质量。

首先，补充道德论据积累，完善道德论据类型。教师应当补充公德类、义务类、社会层面结果论等高质量的论据，弥补个人层面结果论和私德类论据的局限。可以围绕学生生活、社会新闻等寻找相关的阅读学习材料，在真实情境中对这些论据有整体的了解与认识，逐步加深对不同类型的论据的深刻理解。其次，积累思辨性语言支撑高质量的论据。由于学生注重形象思维、思维缺乏逻辑性，因此无法进行辨识、分析、比较、归纳和概括等思维活动。积累思辨性语言，帮助学生更好地展开论述。积累诸如平等、公正、秩序等抽象的高质量论据，以及关于"公信力、道德滑坡、程序正义"等解释分析这些论据的论述，取代学生原有的形象表达，为逻辑思维的发展做足准备。最后，发展学生道德判断水平，提高证据的质量。围绕电车难题、海因茨偷药等道德两难话题，举办演讲、辩论、讨论、观影等活动，引起学生认知失衡，导向第三道德

---

① 黄向阳.德育原理［M］.上海：华东师范大学出版社，2000.p223.

判断水平的发展。展示更高水平的论据，让学生在比较、质疑和讨论中，意识到早先论据的局限性，进而习得第三水平的道德推理模式，提高论据质量。

2. 训练逻辑思维，构建道德说理文写作的一般说理路径。

首先，补足形式逻辑知识，规范推理过程。结合统编本教材必修上"逻辑的力量"单元，进行专项的逻辑思维训练。能够针对各种论题使用恰当的推理方式，丰富形式逻辑推理的使用，改善推理方式单一的情况。同时，还要深入开发逻辑课程，诸如挖掘论证中隐含前提、利用逻辑规律找出逻辑谬误、辨别"诉诸情感、诉诸无知"等非形式逻辑谬误等，能够帮助学生自查自纠写作过程中出现的逻辑谬误情况。其次，结合道德论题，提升道德判断的逻辑性。面对具体语境中的道德问题，学生除了要应用形式逻辑推理，还要结合自身阅历主动调动自己积累的道德标准进行判断和推理，这种综合考察对学生来说是种挑战。可以通过段落写作的方式聚焦某一道德论题，让学生用一个段落给出相应的观点及论证，引导学生关注论据与观点之间的逻辑性，完善基本的说理过程，提高论证严密性。最后，教师也可以开发学习工具，帮助学生自己反思写作的逻辑性。利用学生形象思维的特征，引导学生使用思维导图、投影图、鱼骨图等的思维工具细化写作过程，帮助学生从形象思维过渡到逻辑思维。如此，学生既可以自主挖掘并澄清推理中的隐含前提、适时证明具有争议性的前提，提高说理的层次，进而提升说理的逻辑性。

3. 提高写作针对性，加强道德说理文写作意识。

首先，进行道德说理文写作审题训练，明晰材料指向。道德说理文写作材料中通常由观点、证据、事件、现状、背景等常规部分所构成，每一部分都构成了材料写作的论题。学生关注这些部分，并进行其真假的判断，可以养成审题的习惯，才能够将材料说清说透，真正和材料形成对话。其次，提高道德说理文写作频次，提高学生适应能力。相比常规的高中议论文写作，道德说理文写作强调学生联系生活实际以及预设的道德价值来围绕材料进行说理。其特别的思考路径，对写作材料的选择以及写作的方向有着很大的制约。教师应当增加其在写作课中的课时比例，从而让学生不断适应道德说理文写作，增强写作的对话意识。最后，构建道德说理文写作的教学序列。教师应当开发道德说理文写作的教学序列，以科尔伯格道德判断发展为参照，设立相应的道德说理文写作教学目标。开发系列的写作专题，诸如道德说理文的审题训练专题、形式逻辑专项训练专题、挖掘隐含前提训练专题等，将这些内容穿插于高中三年的写作教学中，帮助学生逐步适应道德说理文写作，培养道德说理文写作意识，增强说理的针对性。

互联网⁺时代的阅读教学新问题

胡一之

摘　要：互联网⁺时代，深阅读教学过程中经常遇到读什么、怎么读、反馈与评价的问题，而用一系列操作性较强的选文策略、可视化痕迹、评价标准、读写流程等，可帮助学生养成良好的阅读习惯，切实提升阅读素养。

关键词：深阅读　评价标准　考评规范

引　言

互联网时代，高中生乐于读图、读屏而冷落甚至遗忘了真正的文字阅读，早就不足为奇。本应通过文字锻炼智识的孩子更热衷接触影像画面、游戏角色……更值得担忧的是，流行的短视频 app，一味强化感官刺激，把更多的孩子拖进无知无畏乃至无下限的"快乐"之中，弱化了思维与心灵的培养。

一、阅读教学中的四大问题

语文教学的本质是以汉语言文字为载体的交流、发现与创造，语文教学的目标本然地指向价值观的培育，审美力的养成，思维品质的提升。有效的阅读是达成这一目标的唯一途径，而深度阅读才是真正有效的阅读，是能克服杂乱无章的碎片式阅读导致的"见木不见林""只看现象，无视本质"等弊端的阅读方式。可以这么说，如果没有深阅读对知识进行整理和深化，那么经由浅阅读得来的讯息不过就是琐碎的纸片，随风飘散，任意东西，最后不知所踪。

那什么样的深阅读才是有效阅读呢？笔者认为必须做到阅读时注意力高度集中，理顺文脉，留意细节，品味内涵，鉴赏特色，对文本有纵向、横向的类比或对比的延展，以及在此基础上的体悟与反思，最终融会贯通、举一反三，并诞生自己的创见。

要让学生群体达到深阅读的状态，确实要经历一个艰难而渐进的过程，在尝试了不少举措之后，笔者总结了推进深阅读的教学过程中出现的四个具有普遍性的问题：

1.忽略个体差异，强行推荐远超出学生水平的书目，也即《学记》上所提到的："蹭等而学""陵节而施"。阅读书目的推荐一定要在了解学情的基础上有针对性地开列，不顾学生原有的基础，只管把自己认为好的书塞给对方，对于接受者来说固然勉强，对于这本书来说更是明珠投暗。

2.拓展阅读选文的随意性太强，而反馈性不足。补充性质的阅读文本一般多由任课教师自行选介，但受到一时好恶及个人兴趣的影响，数量时多时少，难度时高时低，缺乏连贯性、序列性、系统性。批改反馈方面又无法保证公平性、及时性、有效性和延续性。

3.不设任何要求的"放羊式"阅读，对于自律性较差的学生来说毫无意义。教师固然是引导者，但更是督促者。在阅读习惯、阅读规范上，不仅不能不作为，更要有行之有效的方法和强有力的手段。

4.考试评价体系的功利性，极大影响了读书过程中的享受感、愉悦感；唯分数论，扼杀了大部分学生的阅读兴趣，在分数排名和升学率面前日趋冷淡、机械、麻木。

二、在实践中解决问题

针对以上弊端，笔者在教学实践中相应做了如下调整：

1.分级与进阶——解决读什么的问题。

对不同年级来说，要体现梯度；对不同学生个体来说，要体现可选性。

　　下面的阅读计划参考表格，根据叙事类、写景类、思辨类、理论类、专题类等类别，分成由浅到深、由易到难的六级阅读书目，列出必读与选读两大模块，可在此基础上指导学生，根据自身情况、现有水平，在6级阅读模块中，自选感兴趣的篇目生成个性化的三年阅读计划表。

分级及类型	必　读	选　读
一、叙事、写景（上）	梁衡《把栏杆拍遍》 余秋雨《文化苦旅》 欧亨利《欧亨利小说名篇》	王晓磊《六神磊磊读唐诗》 毕淑敏散文选 迟子建散文选 李娟《我的阿勒泰》 金庸小说选读
二、叙事、写景（下）	杨绛《干校六记》 莫泊桑《莫泊桑小说名篇》 鲁迅《故事新编》	肖复兴《音乐笔记》 鲍尔吉原野散文选集 汪曾祺散文集 丰子恺《缘缘堂笔记》 王安忆散文选
三、思辨、理论（上）	周国平《人生哲思录》 鲍鹏山《寂寞圣哲》 王开岭《精神明亮的人》	毛姆读书随笔 鲁迅杂文选 沈致远《科学是美丽的》 钱穆《人生十论》 骆玉明《简明中国文学史》 书评、影评选读
四、思辨、理论（下）	熊培云《自由在高处》 冯友兰《中国哲学简史》 刘擎《西方现代思想讲义》	培根随笔 布鲁克、理查德《批判性思维》 徐贲《明亮的对话：公共说理十八讲》 张中行《诗文鉴赏方法二十讲》 中外演讲名篇选
五、专题系列（上）	汉语的特点及相关文化 中国传统民俗节日 中国传统戏曲（讲义）	左民安《细说汉字》 鲍鹏山《附庸风雅》 梁羽生《名联观止》 王国维《人间词话》 骆正《中国京剧二十讲》
六、专题系列（下）	古典诗歌中的意象 科学与科幻 讨论与辩论（讲义）	袁行霈《中国古典诗歌的意象》 江晓原主编《科学史十五讲》 王沪宁、俞吾金《狮城舌战启示录》

　　2.选文与反馈——进一步确定具体读什么，并引入阅读过程可视化、阅读

效果评价等一系列反馈机制。

配合教材上的课文进行的拓展阅读篇目，在选择上参考权重由重到轻排列为：（1）同题材；（2）同作者；（3）同体裁；（4）同时期；（5）同手法。

定为拓展阅读的篇目必须油印或印刷为纸质手册在年级层面统一下发，规定好阅读时间、阅读方式、阅读反馈及评价手段。

评价基本标准：

（1）、能有效圈画重点、难点；

（2）、能将由此引发的联想、思考用完整、通顺的长句形式表达出来。

（3）、能将全文信息有效整合，提炼出主旨并发表自己的意见。

每周一次反馈，分别评以优＋、优、良＋、良四档等第，不合基本要求的不予等第，当周重做。

3. 方法与规范——进一步解决怎么读的问题，并确立阅读过程中的操作规范。

俗语说："不动笔墨不读书"，纸张与笔墨仍然是我们学习的好伙伴。要想通过阅读提升写作能力，就必须对阅读材料有深入的理解、有目的的选择、有独到的视角与合理的创见。这就要求学生力避浅表浏览式的阅读，丢掉浮躁，静下心来，动起笔来，划一划、圈一圈、写一写，甚至还可以画一画（思维导图）。

鉴于学生在阅读习惯上的随意粗疏，笔者在多次口头提醒无效后，把阅读操作流程落实下来，以便学生有据可依，按样一一对照完成。

读前准备：

收起手机、关闭电脑，拿出准备好的纸质读物、两种颜色的笔。

阅读过程：

定好计时器（15—25分钟为一个"番茄时间"）

第一遍——圈画重点、难点词句，或者自己感兴趣的词句。在旁批栏中写下关键词或感想、赏析类文字。（字数不限）

学生水平各不相同，能将重点、难点划出来固然皆大欢喜，暂时划不出也不必焦虑。这一遍圈注主要还是看学生个人的兴趣点在哪里，不宜因为琐碎、偏颇就横加指责，扼杀了学生的阅读兴趣。

　　第二遍——明确文章主旨、情感倾向。换种颜色的笔在旁批栏中围绕中心补写感想、评析。（总字数可控制在１５０以内）

　　这一遍圈注可以作为教师评价作业的依据，主要看能否抓住文章要害，观点是否合理，是否存在误读情况等等，这些也是教师讲评的抓手与重点。

　　最后在总评里写一段概括性较强的文段（２００字以上）。

　　一般总评要求对作品的主题和艺术特色进行分析和评价，难度较高。学生可以根据自身情况选择综述、概括、读后感等较为浅易的形式，当读写能力渐渐提升，对文本的鉴赏能力增强之后再写总评，字数由少到多，循序渐进，经过两到三个学期，无论是理解能力、思维品质，还是表达能力、审美品位必然可以有明显的改观。

　　4.考评与展示——

　　为了保护学生阅读的兴趣，考评不以分数排名，只要能按要求完成作业的同学都给予良以上的等第，并换算成经验值累计到个人语文学分账户（1分相当于语文有效学习时间1分钟），有兴趣多读多写的同学可以额外获得奖励学分。教学过程中的考评，其目的不是筛选人才，而是判断、诊断学生的学习状况，目标是让所有的学生都能得到最大限度的发展，真正掌握阅读技能，并借此提高自己的语文素养，体验到进步的快乐。

　　阅读能力不是一蹴而就的，它一定要经历一个从深度学习到模仿体验，从模仿体验到创造尝试，从教师搀扶到学生独立，从教师指令规范到学生习惯生成的慢长过程。作为一名基层语文教师，笔者非常乐意伴随着一届又一届的学生一步一个脚印地在深阅读的路上走向那个没有终点的诗意的远方。

运用网络平台　促进合作学习

张唯婷

新课程理念已经逐步被广大教育工作者所接纳。课堂上教师的教学方式与学生学习方式发生了很大的变革。《语文课程标准》中指出："语文课程必须根据学生身心发展和语文学习的特点……倡导自主、合作、探究的学习方式。"[①] 提倡学生"自主、合作、探究"的学习方式，已成为当前教学探究的主旋律。合作学习是推进学生主动学习的有利举措，是拓展学生情感交流的重要渠道，更是提高语文教学效果的有效方式。多媒体网络时代为语文合作学习的发展提供了新的契机。丰富多彩的网络平台——QQ 群、微博、论坛和云空间等可以把学生有效组织起来，形成网络学习共同体，为开展语文合作学习提供了更广阔的空间。

一、建立网络平台，营造语文合作学习氛围

1. 传统课堂语文合作学习现状

在语文课堂上运用合作学习的教学方法可以培养学生对语文的学习兴趣，有助于学生发展思维能力和提升语言表达能力。但是课堂合作学习过程中会出现时空限制、资源缺乏、班级学生人数众多和小组学习不均衡等情况。有的同

---

① 《语文课程标准》（2011 年版），中华人民共和国教育部制定.

学热情高涨，有的同学却始终不参与讨论，没有深入的独立思考时间、空间，也无法真正与合作小组进行融合。甚至出现了"为了创新而创新，为了合作而合作"的形式主义现象，阻碍着合作学习的进一步发展。

2. 网络平台促进语文合作学习

网络环境下的云空间、聊天工具、远程学习平台、BBS 讨论系统、网络日志（BLOG）、微博等交流工具都可以成为学生语文合作学习的平台，为学生构建了极富个性和主体性的交流空间、知识共享空间。比如，笔者曾试用"有道云协作"平台进行高二（下）"科学与艺术"单元课文的贯通教学。"有道"将云空间功能与交流功能结合一体。笔者首先在云空间里设置"科学与艺术"群，然后进一步建立资源子目录"课文研讨""时评阅读"和"作文分享"。学生的资料阅读与交流在同一界面，每个学生都可以使用优秀学习资源，创建云笔记，分享他人的观点与学习成果，记录下自己的反思。与此同时，笔者可以持续看到学生学习、认知发展的轨迹。学生可以自主设置合适的学习目标、制定合理的学习计划，选择合适的学习内容；可以拥有独立的空间进行深入思考，不受小组牵制；可以不受时空束缚，自由选择学习伙伴，进行交流分享。这种形式激发了每一个学生对话语权的渴望，便于自由表达思想观点，彰显自我个性。最后笔者还进一步建立了《爱因斯坦与艺术》课文的独立空间，并分"初读感想""我眼中的爱因斯坦""时文观点提炼""素材积累""作文交流"等子空间供学生交流、评论和分享作文。学生在发问者、解释者、协助者和评价者等角色间进行自由转换。网络平台营造了一个宽松、自由的语文合作学习氛围，对维持学生学习兴趣，促进学生自主发展，形成和谐合作的关系和提升语文学习效果起到一定的作用。

二、活用网络平台，优化语文合作学习资源

1. 提供丰富的学习资源，传递迅速、更新快

语文教学不是一个封闭的学科系统，语文知识犹如浩瀚的海洋，开放性是保证它充满活力的源泉，它肩负着拓宽学生文化视野和思维空间，把学生的目光引向更广阔天地的使命。而网络平台为语文教育的开放性提供了更广阔的

空间。比如数字图书馆，将海量的、能帮助学生提高综合素质的各种资料数字化、规模化和组织条理化，便于学生检索信息资料，学生可以随时随地在网上浏览自己想看的信息，涵盖宇宙万物，囊括心灵情思。网络资源的丰富性打破了教师对知识的权威垄断，将学习的主动权交还给学生，并且网页更新速度快，信息量变化大，确实能不断开阔学生的眼界，提高了他们主动学习的积极性。

语文学习本身就注重开拓学生思维能力，鼓励学生表达自己思想，讨论产生思维碰撞，而且，学生随机涌现出的各种不同的观点和见解又成了学习资源。在传统的课堂里，这类资源具有不可预料、不可重复和瞬间性等特点，在课堂上往往一闪而过难以被留存。而网络平台可以即时捕捉到这些信息，即时生成可供学生学习的智慧资源，并可以无限次重复查阅、下载。网络合作学习中共享的不仅是学习的资源、学习的过程，更是智慧的结晶。

2. 创设语文合作学习情境，整合分享资源

网络平台可以将文字、声音、图表、影像、动画等多种多样的资源整合在一起，创设学习意境，吸引学生兴趣，激发他们合作交流的欲望。比如，在笔者执教的"QQ群诗歌创作交流会"上，同学们可以通过配乐朗读、字幕展示、联合跟帖等方式展示自己的作品。直观的画面、悦耳动听的音乐、声情并茂的解说，使每个学生产生了身临其境之感。创作者尽情抒发情感，创造天性得以自由释放，聆听者从他人作品中的"此情此景"感受到了"我情我景"，在"入情"中达到潜移默化的情感熏陶。还有学生将自己觉得有益的文章、视频链接分享给自己的好友或者放到网络平台上，互相讨论，实现了成果交流、资源共享。同时，笔者能以管理者的身份将课件、微课、课前课后作业以及与教学内容相关的图片、小视频等素材上传到诸如微信公众号、校园网络资源库和"有道云协作"等网络平台，供学生随时登陆查阅。教师还可以将资料进行整合、反馈，从而实现内容共享，极大地丰富了教学资源。

三、转变教师的角色，提高语文合作学习效率

1. 教师角色的转变

传统课堂教学发展到网络合作学习的过程中教师的角色发生了根本变化，由前台的"演"转为后台的"导"。在网络平台上，笔者要扮演几种角色：问题情景的创设者、研究探索的引导者、教学资源的提供者、交流评价的参与者。[①] 特别重要的是在网络合作学习过程中，教师要随时密切关注学生的讨论进展，可参与、可倾听，对于学生合作学习的成果要及时给予肯定和赞扬。比如，笔者曾线上分享微信推文《第一批 90 后已经出家了》，然后指导学生在网络上查找相关资源，诸如对"佛系养娃""佛系员工""佛系购物"等现象的相关评论，引导学生思考提炼观点，从而展开对"佛系"生活态度的讨论。当学生的观点形成分歧时，笔者又适时地从肯定或否定的角度进行归纳分类，对于能运用事实论据进行论证的同学及时进行表扬，教师成了学生学习的伙伴，完成了由"扶"到"放"的过程。在教师的鼓励与引导下，学生逐渐能利用网络资源进行学习、整理和归纳，并能与师生进行多种形式的交流研讨，掌握了分析问题的方法，提高了学习效率，培养了自主学习的能力。

2. 教师需要提高网络技术水平

当然，为了更好地开展网络合作学习，教师要熟悉网络管理，熟练进行网页制作，构建利于学生浏览的资料库和创建网上论坛。教师必须不断地学习现代信息技术，提高自己的理论水平和操作能力，把自己融进现代信息技术中去。

四、实现"多边互动、即时交流"，提升语文合作学习效果

1. 师生全面互动，在平等中成长

新课改下的语文课堂，是学生质疑问难的探究场所，也是师生、生生以及

---

① 彭永宏《发挥网络资源优势，引导学生探究学习》，《现代语文：教学研究版》，2006.

师生与文本之间相互交流与沟通的地方，更是学生探寻真理、充实心灵的快乐天堂。但是课堂里师生面对面的状态下，学生往往有思想包袱，回答问题举手示意往往有心理压力，很容易产生迟疑退缩的心态。另外，由于受教室空间的限制，同学之间的交流也仅限于前后座，局限性很大，由此语文课很容易出现沉闷的气氛。网络平台就弥补了以上不足。网络平台是开放的合作学习空间，变课堂单向性传递为多向性传递，使学生原来的那种静态、封闭和固化的学习模式，变为动态、开放和弹性的学习活动。[①] 发言者彼此都有独立空间，又有自由发言的机会，能即时进行互动交流，建立平等对话关系。比如说，教材课文教学完成后，教师可以在校园网共享空间里设立"课文解读""知识要点""课文拓展""课堂点评"等栏目；在论坛上建立课后讨论空间让学生学习交流、解疑释惑；在教师博客上，学生可以自由评论，与教师进行实时互动；教师可以在微信公众平台上发布信息、问题、图片视频或文本资料，甚至是思考问题的支架，学生们可以进行辩论，分享不同观点，互相点评；还可以通过在线会议系统、论坛系统、网络电话等进行全员实时交流和互动。"即时交流"功能，可以让学生及时消除学习障碍，超越时空的对话方式给了师生更开阔的思考空间。只有师生进行全面互动，才能更好地了解学生的思维过程以及学习水平。

2. 生生积极互动，在碰撞中进步

章兼中指出："课堂教学中师生交往的形式是多种多样的，但学生之间和小组之间的交往尤为重要，更主要的是生生交往。"[②] 学生们在网络平台上群聊一些问题时，总能发现一些很有价值的讨论点，在碰撞中产生思想的火花。比如利用微信平台进行社会热点讨论。网络平台的优势就在于，这种讨论都是全员参与、跟帖交流，从个体到群体、他人到自我、历史到人文、古代到现代、国家到世界各方面进行联想与分析，信息量非常大，而且信息更新迅速。观点上的冲突和交锋营造了互动的氛围，点燃了学生学习的热情，大家集思广益，互相借鉴，互相点评，形成一定的辩证思考能力。学生在合作学习环境中建立相互信任、互相平等和互相尊重的合作学习关系，更使学生对团体产生参与感、

---

① 双海艳《信息化网络条件下的语文教学整体优化》，中国教师研修网，2014.

② 章兼中《外语教育学》.

认同感与归属感。

　　综上所述，中学师生可以灵活运用各种网络平台功能进行语文合作学习，让全体师生在网络平台上参与对话、交流经验和共享资源，这对弥补 40 分钟课堂教学的不足有着重要的应用价值。虽然信息技术发展加速教育现代化进程，但是网络平台不是万能的钥匙。我们也会在教学实践中碰到一些问题，比如网络技术欠缺和专业网络课程缺乏，学生上网条件限制和网络语言呈现碎片化状态。这需要我们在理论上深入研究，在实践中努力探索，最大限度挖掘网络平台的潜力，让语文合作学习在网络平台上实现有效性。

新教材中常用逻辑用语板块教学内容研究

许　瑞

摘　要：本文为教师提供了对新教材中常用逻辑用语板块进行拓展教学的内容指导，对于逻辑用语中教材之外的拓展部分进行了详细举例和阐述，适合对能力较强的学生进行拓展教学。

关键词：真值表　逻辑联结词　量词　否定　反证法

引　言

上教版新教材常用逻辑用语板块涉及命题、充分条件与必要条件、反证法三个板块，纵观全国其他新教材逻辑用语板块还包括全称量词命题与存在量词命题及其否定，笔者认为适当的补充该部分内容以及数理逻辑中的逻辑联结词、真值表等相关内容，是必要的。

一、讲授真值表的教学内容

1. 假言命题的真假与真值表

假言命题若 p，则 q 的真假是由 p，q 的真假来确定的，具体可以用真值表表示：

p	q	若p，则q
真	真	真
真	假	假
假	真	真
假	假	真

当条件p不成立时，所得的命题都为真命题．

课堂教学举例：

① 若太阳从西边升起，那么 $2>1$；

② 若 $1=2$，那么 $1+1=2+2$．

其中①可以结合命题：若太阳从东边升起，那么$2>1$，也就是说无论太阳从哪边升起，总有$2>1$，显然规定①中命题为真命题是合理的；

②则反应了等号的性质：等量加等量相等．因此（2）也是真命题．

2.假言命题的否定（非命题）

假言命题若p，则q的否定是命题p且非q，通过真值表可以看清其关系：

p	q	非q	若p，则q	p且非q
真	真	假	真	假
真	假	真	假	真
假	真	假	真	假
假	假	真	真	假

课堂教学举例：

① 如果明天下雨，那么我就不出门了．

否定：即使明天下雨，我也要出门．

② 若 $x<1$，则

这是一个全称肯定命题可以更明确地表述为：

对与任意x，若 $x<1$，则 $x^2<1$

否定：存在x，虽然 $x<1$，但是 $x^2 \geqslant 1$

3. 反证法的逻辑

利用反证法来证明命题若 p，则 q 的结论 q 成立的一般格式的符号表述为：

$$(\overline{q} \to p) \wedge (\overline{q} \to \overline{p}) \to q$$

我们同样可以通过真值表来验证反证法的逻辑正确性，即证明上式为恒真的，也称为重言式：

q	$\overline{q}$	p	$\overline{p}$	$\overline{q} \to p$	$\overline{q} \to \overline{p}$	$(\overline{q} \to p) \wedge (\overline{q} \to \overline{p})$	$(\overline{q} \to p) \wedge (\overline{q} \to \overline{p}) \to q$
真	假	真	假	真	真	真	真
真	假	假	真	真	真	真	真
假	真	真	假	真	假	假	真
假	真	假	真	假	真	假	真

由最后一列恒真我们知道了不论条件和结论的真假，反证法的证明在逻辑上总是正确的，另外关注上表中的前两行可知，利用反证法总可推导出结论 q 成立的.

课堂教学举例：

① 要证明：$\sqrt{3}$ 是无理数.

反证法：假设 $\sqrt{3}$ 是有理数.

② 要证明：三个整数中至少有一个奇数.

反证法：假设这三个整数都是偶数.

二、讲授含有逻辑联结词"且"、"或"、"非"的命题的教学内容

1. 逻辑联结词："且"、"或"、"非"

（1）很多复杂命题都是由简单命题加上逻辑联结词"且"、"或"、"非"形成的，为了叙述方便，我们用小写字母 p，q，r 等来表示命题.

课堂教学举例：

① 2 是偶数且 2 是质数；（说明："p 且 q"的形式）

②$8 \geqslant 7$；（说明：理解为"$8 > 7$ 或 $8 = 7$"是"p 或 q"的形式）

③π 不是整数．（说明：命题 p：π 是整数，则"π 不是整数"就是命题"非 p"）

2."p 且 q"，"p 或 q"，"非 p"三种命题的真假：

（2）我们规定：当 p，q 两个命题都是真命题时，p 且 q 是真命题；当 p，q 中有一个是假命题时，p 且 q 是假命题．

课堂教学举例：

①"2 是偶数且 2 是质数"是真命题；

②"1 是奇数且 1 是质数"是假命题．

（3）我们规定：当 p，q 两个命题有一个是真命题时，p 或 q 是真命题；当 p，q 两个命题都是假命题时，p 或 q 是假命题．

课堂教学举例：

①"$8 \geqslant 7$"是真命题；

②"16 能被 3 整除或 16 能被 4 整除"是真命题；

③"$2 < 1$ 或 $2 > 1$"是真命题（这里实际意思就是 $2 \neq 1$，这当然是真命题）

（4）命题非 p 也叫做命题 p 的否定，我们规定：若 p 是真命题，则非 p 必是假命题；若 p 是假命题，则非 p 必是真命题．

课堂教学举例：

①p："所有的马都是白色的"的否定是非 p："至少有一匹马不是白色的"，

其中 p 假命题，非 p 是真命题．（说明：有些同学会认为"所有的马都是白色的"的否定是命题"所有的马都不是白色的"很显然这两个都是假命题，不符合 p 与非 p 总是一真一假的结果）

三、讲授含有量词的命题及其否定的教学内容

1. 全称量词命题与存在量词命题："任意"、"所有"、"存在"、"至少有一个"

（1）一些含有变量 x 的语句，如"$5x - 1$ 是整数"，"$x^2 - 1 = 0$"等，由于不知道 x 代表什么数，无法判断它们的真假，因而它们不是命题．然而，当

赋予变量 x 某个值或一定条件时，这些含有变量的语句变成可以判定真假的语句，从而成为命题.

课堂教学举例：

① 当 $x = 5$ 时，$5x - 1$ 是整数，是真命题；

② 对所有的整数 x，$5x - 1$ 是整数，是真命题；

③ 对任意的有理数 x，$5x - 1$ 是整数，是假命题；

④ 至少有一个整数 x，$x^2 - 1 = 0$，是真命题；

⑤ 存在一个整数 x，$x^2 - 1 = 0$，是真命题；

⑥ 至少有一个实数 x，$x^2 < 0$，是假命题.

（2）短语"任意"、"所有"在陈述中表示所述事物的全体，逻辑中通常叫做全称量词，一般用符号"$\forall$"表示. 含有全称量词的命题，叫做全称命题

课堂教学举例：

① $\forall$ 实数 x，$x^2 + 1 > 0$ 是真命题；

② $\forall$ 实数 x，$x^2 > 0$ 是假命题；

③ $\forall$ 实数 x，$x + 1 \geqslant x$ 是真命题.

（说明：这个命题的完整表述为：$\forall$ 实数 x，$x + 1 > x$ 或 $\forall$ 实数 x，$x + 1 = x$. 根据 3 可知整个命题为真命题）

（3）短语"存在"、"至少有一个"、"有些"在陈述中表示所述事物的个体或部分，逻辑中通常叫做存在量词，并用符号"$\exists$"表示，含有存在量词的命题，叫做存在性命题.

课堂教学举例：

① $\exists$ 实数 x，$x^2 - 2 = 0$ 是真命题；

② $\exists$ 实数 x，$x^2 + 1 < 0$ 是假命题；

③ $\exists$ 实数 x，$x + 1 \geqslant x$ 是真命题.（说明：只关心是否存在，存在即为真）

2. 全称量词命题与存在量词命题的否定（非命题）

（1）一般命题的否定.

课堂教学举例：

① p：$y = x^2$ 是二次函数；非 p：$y = x^2$ 不是二次函数；

②p：$(-2)^2 = 2^2$；非p：$(-2)^2 \neq 2^2$；

③p：1不是奇数；非p：1是奇数；

④p：$7 > 6$；非p：$7 \leqslant 6$．

（2）"p且q"的否定是"非p或非q"．

课堂教学举例：

①r：$4 < 5 < 6$，非r：$5 \leqslant 4$或$5 \geqslant 6$；

②r：正方形既是菱形又是矩形，非r：正方形不是菱形或正方形不是矩形；

③r：长江和黄河都流入太平洋，非r：长江不流入太平洋或黄河不流入太平洋．

（3）"p或q"的否定是"非p且非q"．

课堂教学举例：

①r：15能被5整除或15能被3整除，非r：15既不能被5整除也不能被3整除

（说明：虽然同学们可能感觉命题r这里应该用且联结更准确些，但是从数学角度用或来联结也能构成一个命题）

②r：小王不是班长或小王不是团支书，非r：小王既是班长又是团支书

（说明：数学中的"或"是可兼的，也就是说"小王不是班长或小王不是团支书"这个命题包含三种情形：小王不是班长但小王是团支书；小王不是团支书但小王是班长；小王不是团支书且小王不是班长．所以这个命题的否定就要讲的是这三种情况的反面，即最后一种情形：小王既是班长又是团支书）

（4）含有量词的命题的否定

全称命题的否定一般是一个存在性命题．

课堂教学举例：

①p：所有的质数都是奇数，非p：存在一个质数／有一个质数／至少有一个质数，不是奇数．

②p：对任意实数x，$x^2 - 2x + 1 \geqslant 0$，非p：存在一个实数x／有一个实数x／至少有一个实数x，使$x^2 - 2x + 1 < 0$．

（5）存在性命题的否定一般是一个全称命题．

一般地，我们有："$\forall x, p(x)$"的否定为"$\exists x$，非 $p(x)$"，

"$\exists x, p(x)$" 的否定为 "$\forall x,$ 非 $p(x)$",

这里的 $p(x)$ 是一个与 x 有关的语句.

课堂教学举例:

① p: 有些三角形是直角三角形,非 p: 所有的三角形都不是直角三角形;

② p: 存在实数 x,使 $x^2+1<0$,非 p: 对任意实数 x,$x^2+1\geqslant 0$.

结束语

通过对上面几个方面的剖析,可以使得广大师生对于常用逻辑用语这块内容有了稍微深入的了解,很多似是而非的问题在一定程度上得到了解答,如果希望进一步了解相关内容,可以学习数理逻辑的相关内容.

【参考文献】

［1］王宪钧．数理逻辑引论［M］．北京：北京大学出版社,1998:3—24.

［2］普通高中教科书数学必修第一册［M］．上海：上海教育出版社,2020:13—18.

［3］普通高中教科书数学必修第一册［M］．江苏：江苏凤凰教育出版社,2020:25—39.

［4］普通高中教科书数学必修第一册 B 版［M］．北京：人民教育出版社,2019:22—37.

高中生数学素养之数学知识与技能的现状调查研究

——以"复数"为例

洪文嘉

1 研究背景及意义

1.1 研究背景

根据《普通高中课程方案和各学科课程标准（2017年版）》，结合数学核心素养：数学抽象、逻辑推理、数学建模、直观想象、数学运算和数据分析。基于文献研究，结合《上海市中小学课程标准（试行稿）》，经过团队成员的讨论及专家论证，复旦附中研究小组将"知识与技能""思想与方法""数学能力"和"数学意识"作为数学核心素养的重要内涵指标。本研究在此基础上，参照复旦附中研究小组已经做过的数列与数学归纳法的研究样例，以"复数"这一章的知识与技能为研究内容，以上海市杨浦高级中学高二学生为研究对象，以问卷调查为调查工具，开展以复数为主题的数学素养之知识与技能板块的问卷调查。

1.2 研究意义

本研究旨在了解高中生数学素养的现状，分析造成该现状的原因，提出相关解决问题的对策，从而提升高中生的数学素养。之所以选择复数这一部分作为研究内容，是因为复数这一内容涉及的数学素养较为丰富：如数学运算、数学抽象、数学建模、几何直观等。并且高二学生近阶段刚学习完复数这一章节，是最好的检测其实际掌握情况的时候。本文试通过问卷调查研究，了解高中生在"复数"部分知识与技能点的掌握情况，研究分析造成该现状的原因，对"复数"部分的课堂教学提供一些有价值的建议，同时将调查结果作为数学核心素养的评价指标之一，本文为数学素养之知识与技能研究的第一部分，后续将展开"思想与方法"和"数学能力"的深入研究。

1.3 复数知识与技能点的界定

研究小组根据《上海市中小学课程标准（试行稿）》，将复数部分的知识与技能点划分为 10 个代码编号，相应的内容描述如表 1 所示。

表 1　复数部分的知识与技能点

代　码	内　容
AVf1	了解数的产生和发展简史，知道数集扩展的意义和扩展的基本原理
AVf2	理解复数及有关概念
AVf3	掌握建立复平面，用复平面上的点表示复数
AVf4	掌握复数的向量表示、复数的模、共轭复数等概念
AVf5	会用复数关系式描述复平面上简单的几何图形
AVf6	掌握复数的四则运算及其运算性质
AVf7	理解复数加减法的几何意义
AVf8	会解决负数开平方的问题
AVf9	掌握复数集内解实系数一元二次方程的问题
AVf10	完整掌握实系数一元二次方程的解，完善实系数一元二次方程的基本理论

2 研究的设计

2.1 研究目的

通过对高中生在"复数"部分知识与技能的问卷调查，了解他们在该部分内容各知识与技能点的掌握情况，分析造成这种现状的原因，进而在课堂教学和作业设计等方面提出一些有价值的建议。

2.2 研究对象

本次调查以上海市杨浦高级中学的高二两个平行班和两个理科班的学生为研究对象，共计学生 151 人。由于问卷是课堂上当场完成的，实发 151 张问卷，收回有效问卷 151 份。

2.3 研究过程

首先，笔者通过查找文献，研读了复旦附中已经做过的关于数列的"高中生数学素养之数学知识与技能的现状调查"，为本研究提供了强有力的指导与支持。其次，经复旦附中前期专家论证指导，已经形成了具有专业认证的调查问卷，为本调查的研究提供了可靠性。笔者先在两个平行班做了随堂测试，并进行了初判，测试结果与预期并不是很符合，于是又在两个提高班进行了问卷调查，相对之前的较为理想。结合两个平行班两个提高班的问卷调查中的问题进行归纳与分析，得到本研究的最终结论与建议。

2.4 研究方法

本研究主要采用问卷调查法，调查问卷（见附录）共 10 道题目，问卷的内容结构见表 2.1，例如对于题目 A2. 复数 5–12i 的平方根是_____。

其主要考查点为 AVf8（会解决负数开平方的问题），对于 AVf6（掌握复数的四则运算及其运算性质）需要也有考查到，但在 A4 中的考查更为明显和突出，因此在 A2 中不做主考查点。

表 2.1　调查问卷的结构

题目编号	知识与技能点编号	题目编号	知识与技能点编号
A1	AVf8	A6	AVf4
A2	AVf6，AVf8	A7	AVf2
A3	AVf2	A8	AVf3，AVf5，AVf7
A4	AVf6	A9	AVf9
A5	AVf10	A10	AVf5

问卷统计过程中，题目 A1—A6 采用表 2.2 中的编码进行数据统计，题目 A7—A10 采用表 2.3 中的编码进行数据统计。

表 2.2　题目 A1—A6 编码说明

编　码	编码说明	掌握情况
00	判断错误	未掌握
01	判断正确，但没写理由，或理由不充分	部分掌握
11	判断正确，且理由正确	已掌握

表 2.3　题目 A7—A10 编码说明

编　码	编码说明	掌握情况
000	该题未作答	未掌握
001	第一问作答正确，第二问未作答	未掌握
010	归纳猜想错误，且未用数学归纳法证明	未掌握
100	归纳猜想正确，但未能用数学归纳法证明	部分掌握
101	归纳猜想正确，但未用数学归纳法，用递推公式解出	部分掌握
110	归纳猜想正确，但未能运用数学归纳法正确证明	部分掌握
111	归纳猜想正确，且能正确运用数学归纳法给出完整证明	部分掌握

例如，

A6. 设 $z_1, z_2 \in C$，$z_1 \neq z_2$，$A = z_1 \overline{z_2} + z_2 \overline{z_1}$，$B = z_1 \overline{z_1} + z_2 \overline{z_2}$，

问 A 与 B 是否可以比较大小？若可以，试确定他们的大小关系；若不可以，试说明理由。

笔者选取了几份具有代表性的问卷进行了编码说明（图 2.1—图 2.3）。有 122 位学生能够运用复数的代数运算做出正确的判断（记为"已掌握"）；22 位同学判断正确，但是没写理由，或理由不充分，或计算出错（记为"部分掌握"）；还有 7 位学生直接判断错误，或没有写理由或误以为 A 和 B 是复数不能比较大小（记为"未掌握"）。

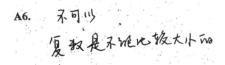

图 2.1　编码为 00 的代表样卷

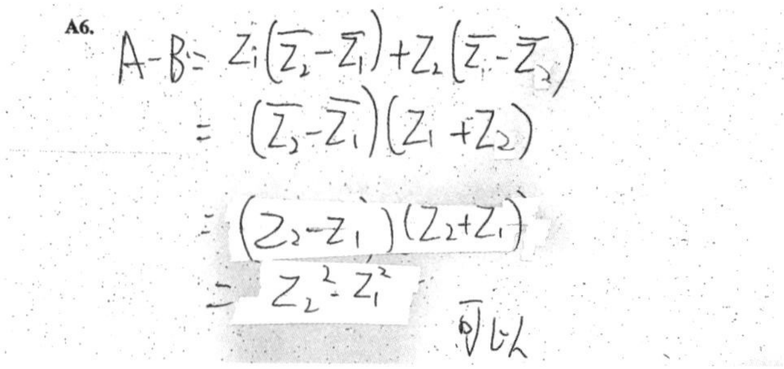

图 2.2 编码为 01 的代表样卷

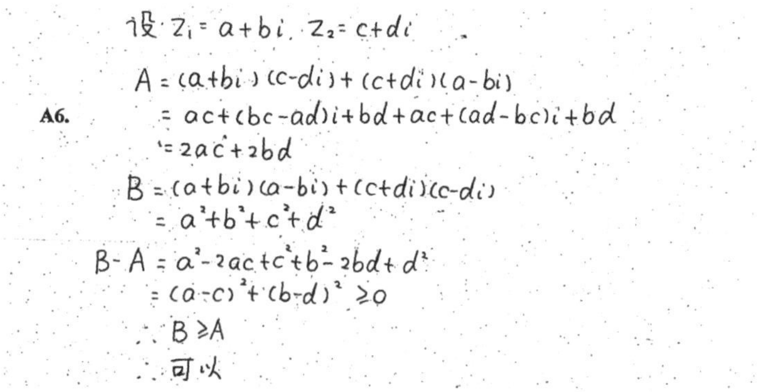

图 2.3 编码为 11 的代表样卷

表 2.4 题目 A6 编码说明及作答情况

编 码	编码说明	统计人数
00	判断错误，误以为 A 和 B 是复数不能比较大小	7
01	判断正确，但没写理由，或理由不充分，或计算出错	22
11	判断正确，且理由正确	122

3 调查结果及分析

3.1 各知识与技能点的整体掌握情况

为了方便统计，笔者首先按照表 2.2、表 2.3 中给出的编码方式将题目 A1—A10 进行了逐题统计，图 3.1 呈现了 151 位学生的整体作答情况。

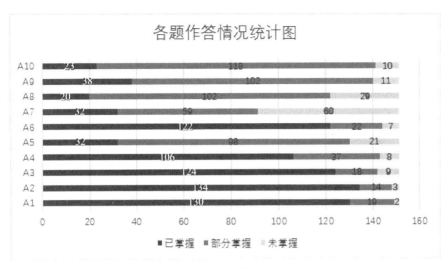

图 3.1　各题作答情况统计图

为了了解学生对于每个知识与技能点的掌握情况，笔者将统计结果按照表 1 中列出的知识与技能点进行整理，其中编号为 AVf1（了解数的产生和发展简史，知道数集扩展的意义和扩展的基本原理）的知识与技能点未考查，其他知识点均被考查到，整理为表 3.1。

表 3.1　各知识与技能点的整体掌握情况统计表

测试内容编号	题目编号	已掌握	部分掌握	未掌握
AVf8	A1	86.09%	12.58%	1.32%
AVf6，AVf8	A2	88.74%	9.27%	1.99%
AVf2	A3	82.12%	11.92%	5.96%
AVf6	A4	70.20%	24.50%	5.30%
AVf5	A5	21.19%	64.90%	13.91%
AVf4	A6	80.79%	14.57%	4.64%
AVf2	A7	21.19%	39.07%	39.74%
AVf3，AVf5，AVf7	A8	13.25%	67.55%	19.21%
AVf9	A9	25.17%	67.55%	7.28%
AVf5	A10	15.23%	78.15%	6.62%

由表 3.1 可以看出，在问卷所考察的 9 个知识与技能点中，有 4 个知识与

技能点（AVf2、AVf4、AVf6、AVf8）的掌握率超过了 80%，3 个知识与技能点的掌握率只有 20%，还有 3 个知识与技能点（AVf3，AVf5，AVf7）的掌握率只有百分之十几；而再反观学生的未掌握率情况，可以看到，有 4 个知识与技能点（AVf2、AVf3、AVf5、AVf7）的未掌握率超过了 10%，其中只有一个知识与技能点（AVf2）的未掌握率超过了 30%，说明学生对 AVf2（理解复数及有关概念）知识与技能点的理解不太理想，但对于复数的各知识与技能点整体掌握情况良好。

下面笔者将对表 3.1 中高两表示的掌握率低于 20% 和未掌握率高于 20% 的知识与技能点作进一步分析。

3.1.1 知识与技能点 AVf2

对于知识与技能点 AVf2（理解复数及有关概念），对应考察的问题为

A7. 复数 z 满足 $|z|=1$，且 $z^2 - 2z - \dfrac{1}{z} < 0$，求 z。

该知识与技能点的掌握率很低为 21.19%，同时未掌握率也很高为 39.74%. 然而从掌握数来看：已掌握 32 人，部分掌握 59 人，未掌握 60 人。可以发现，学生对复数概念的理解并不是很好，同时学生的计算能力也欠佳。在阅卷过程中发现，多数学生能把 z 表示成 $a+bi$ 的代数形式，但是对于进一步求解方程组遇到了小困难。因为接下来是要求一个二元二次方程组的过程，不少学生在此望而却步了。

3.1.2 知识与技能点 AVf5

对于知识与技能点 AVf5（会用复数关系式描述复平面上简单的几何图形），对应考察的问题为

A8. 设复数 z 在复数面内所对应的点 Z 在一个圆上运动，此圆的圆心是复数 $1+i$ 在复平面内所对应的点，半径为 1，求 $w = \dfrac{1-zi}{1+zi}$ 在复平面内所对应的点的轨迹。

该知识与技能点的掌握率为 19.21%，同时未掌握率为 13.25%. 从掌握数来看：已掌握 20 人，部分掌握 102 人，未掌握仅为 29 人。可以看出绝大多数学生其实是部分掌握了该题的，也就是说，学生对于用复数关系式描述复平面上简单的几何图形还是基本掌握了的，这体现在绝大多数学生能把 z 在复平面上

表示的几何图形写成复数关系式。然而对于 w 在复平面内对应点的轨迹表示无从下手，体现在要么留白，要么通过大量计算却推导不出最终结果。究其原因还是学生的计算能力欠佳。

3.1.3 知识与技能点 AVf7

对于知识与技能点 AVf7（理解复数加减法的几何意义），对应考察的问题为

A10. 复平面上三点 A，B，C 分别对应 z_A，z_B，z_C，若 $\dfrac{z_B - z_A}{z_C - z_A} = 1 + \dfrac{4}{3}i$，试求三角形三边长之比。

该知识与技能点的掌握率很低为 6.62%，同时未掌握率不高为 15.23%。从掌握数来看：已掌握 23 人，部分掌握 118 人，未掌握 10 人。这说明学生对复数加减法的几何意义是部分理解的。这体现在绝大多数学生能把 $\dfrac{z_B - z_A}{z_C - z_A}$ 化简为 $\dfrac{AB}{AC}$，但是对于模运算的运用并不是很熟练，尤其是对 $\dfrac{BC}{AC}$ 更是无从下手，即使有一些学生把等式右边的 1 移项移到了左边，化简成了 $\dfrac{AB}{AC}$，也就是三条边之比都表示出了，但没有想到取模长继而求解，戛然止步于此。因此，可以部分归因于学生对复数的模即 AVf4（掌握复数的向量表示、复数的模、共轭复数等概念）知识与技能点的掌握度欠佳。

3.2 学生对复数的整体掌握情况

为了了解每个学生对于复数部分知识与技能点的整体掌握情况，笔者对试卷进行了赋分，具体做法如下：（1）整张试卷满分 100 分，其中题目 A1、A2 满分 8 分，题目 A9、A10 满分 12 分，其余各题满分 10 分；（2）在统计过程中被认定为"已掌握"的学生该题记为满分，被认定为"未掌握"的学生该题记为零分，记为"部分掌握"的学生根据各题不同的内容将分之做如下设置（见表 3.2）

表3.2　各题目的赋分情况汇总表

题目编号	已掌握	部分掌握1	部分掌握2	部分掌握3	未掌握
A1	8	4	–	–	0
A2	8	4	–	–	0
A3	10	5	–	–	0
A4	10	5	–	–	0
A5	10	5	–	–	0
A6	10	5	–	–	0
A7	10	6	4	–	0
A8	10	6	4	–	0
A9	12	8	5	–	0
A10	12	10	8	6	0

最终得到各题目的得分情况统计表（如表3.3）

表3.3　各题目得分情况统计表

题目编号	平均分	得分率	标准差	最高分	最低分
A1	7.39	92.38%	1.58	4	0
A2	7.47	93.38%	1.58	8	4
A3	8.93	89.27%	2.60	10	6
A4	8.25	82.45%	2.90	10	5
A5	5.36	53.64%	2.95	10	0
A6	8.81	88.08%	2.63	10	5
A7	4.46	44.64%	3.93	10	0
A8	4.03	40.26%	2.81	10	0
A9	6.40	53.31%	3.50	12	0
A10	6.52	54.30%	2.77	12	0
总体情况	67.61	67.61%	14.46	96	20

笔者将151份问卷的最终得分情况做成图3.2所示的频数统计图，可见，仅有29位（占19.21%）学生可以达到优良水平（80分以上），绝大多数（94位，占62.25%）学生处于中等水平（60分以上），不合格的学生有28位（占18.54%）。

因此可以得出结论，学生在复数部分，对知识和技能点的掌握情况一般。

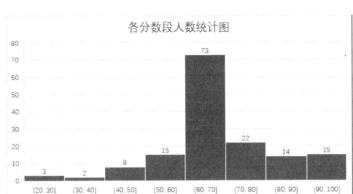

图 3.2 各分数段人数统计图

4 结论及建议

4.1 结论

4.1.1 对复数知识与技能点的整体掌握情况

由表 3.1 和图 3.2 可以看出，学生对复数部分的知识与技能点的整体掌握情况一般。在问卷涉及的 9 个知识与技能点中，"已掌握率"超过 70% 的有 5个，"未掌握率"超过 10% 的有 3 个（其中只有 1 个知识与技能点的"未掌握率"高于 30%）。从学生的得分情况来看，整张问卷的优良率（80 分及以上）达 19.21%，不合格率为 18.54%。学生在复数部分，对知识和技能点的掌握情况一般。

4.1.2 对有关复数概念相关知识与技能点的掌握情况

学生对理解复数及有关概念的掌握情况一般。仅有 21.19% 的学生能够完全掌握该知识点，部分同学（39.74%）虽然能理解复数的概念，但是对于如何进行代数求解还是存在着诸多困难。当然，这也是学生计算能力相对薄弱导致的原因之一。

4.1.3 对复平面等相关知识与技能点的掌握情况

学生在涉及用复数关系式描述复平面上简单的几何图形时表现得还算可以。这体现在该知识与技能点的掌握率为 19.21%，同时未掌握率仅为 13.25%。也就是说，学生对于用复数关系式描述复平面上简单的几何图形还是基本掌握了的。然而掌握率低究其原因还是要归因于学生的计算能力欠佳。

4.1.4 对复数几何意义相关知识与技能点的掌握情况

该知识与技能点的掌握率看似很低只有 6.62%，但同时未掌握率不高为 15.23%。这说明学生对复数加减法的几何意义还是部分理解的。实际上 A8、A10 都涉及复数几何意义，学生掌握程度表现都不佳，其中很大一部分原因还是学生对一些代数计算技巧和计算能力欠佳导致的。

4.2 建议

基于上述研究，给出以下建议：

（1）虽然 AVf1 在此次问卷调查中并未考察到，也比较难以考察，但是复数的产生和发展简史，对学生理解复数这一抽象的概念还是十分重要的，也是间接考察学生数学素养的重要内容之一。尤其体现在学生对 AVf2（理解复数及有关概念）知识与技能点掌握率比较低。不妨可以尝试从数学史的角度以选择的形式考察学生，鼓励学生在学习数学新知时多去了解其背后的数学史，知其然也要知其所以然。在进行复数概念教学引入时，教师也可以通过数学史的角度进行课堂引入，使学生更易理解为什么会出现复数这一必然性。

（2）在有关复数的模的教学过程中，教师应强调模运算的一些基本性质及其运用，以及模和复数积运算以及商运算的可交换性。尤其是要不断地提醒学生当遇到较为复杂的复数运算时，要学会用复数的模去求解的意识起到化繁为简的作用。

（3）在有关复平面的教学时，教师应强调复数关系式和复平面上几何图形的对应关系。可以借着前一章节解析几何中刚学习过的一些圆锥曲线，帮助学生建立起代数与几何之间的联系。进一步培养学生的数学抽象和几何直观素养。

（4）最后，需要再次强调的是，教师在教学过程中也要不忘提醒和训练学生的数学运算能力。作为数学核心素养的重中之重，数学运算是本也是魂，任何数学系素养都离不开数学运算，因此提高学生的数学运算能力是作为数学教师责无旁贷的职责之一。

【参考文献】

［1］杨丽婷 高中数学专题学习［M］.上海 2018.

［2］冯璟 高中生数学素养之数学知识与技能的现状调查［J］——以"数学与数学归纳法".上海 2019.

附录：

高中数学素养评估测试题——复数

答题要求：

（1）请在答题纸上认真填写个人信息；

（2）时间为 40 分钟；

（3）将所有题目的答案写在答题纸对应位置，每道题应有适当的解答过程，只写答案的不得分。

A1. 复数一立方根是 i，它的另外两个根是（　　　）

A. $\dfrac{\sqrt{3}}{2} \pm \dfrac{1}{2}i$　　　　B. $-\dfrac{\sqrt{3}}{2} \pm \dfrac{1}{2}i$　　　　C. $\pm\dfrac{\sqrt{3}}{2} \pm \dfrac{1}{2}i$　　　　D. $\pm\dfrac{\sqrt{3}}{2} - \dfrac{1}{2}i$

A2. 复数 $5 - 12i$ 的平方根是____。

A3. 已知 $(a - i)^2 = 2i$，其中 i 是虚数单位，那么实数 $a =$____。

A4. 复数 $z = \dfrac{(1+i)^3(a+i)^2}{\sqrt{2}(a+3i)^2}$，且 $|z| = \dfrac{6}{7}$，则实数 $a =$____。

A5. 对任意的非零复数 a，定义集合 $M_a = \{w \mid w = a^{2n-1}, n \in N^*\}$，若 a 是方程 $x = \dfrac{1}{1-x}$ 的根，求 M_a（用列举法表示）。

A6. 设 $z_1, z_2 \in C$，$z_1 \neq z_2$，$A = z_1\overline{z_2} + z_2\overline{z_1}$，$B = z_1\overline{z_1} + z_2\overline{z_2}$，问 A 与 B 是否可以比较大小？若可以，试确定他们的大小关系；若不可以，试说明理由。

A7. 复数 z 满足 $|z| = 1$，且 $z^2 - 2z - \dfrac{1}{z} < 0$，求 z

A8. 设复数 z 在复数面内所对应的点 Z 在一个圆上运动，此圆的圆心是复数 $1 + i$ 在复平面内所对应的点，半径为 1，求 $w = \dfrac{1 - zi}{1 + zi}$ 在复平面内所对应的点的轨迹。

A9. 在复数范围范围内解 $2x^2 - 5x + x + (x^2 - x - 2)i = 0$。

A10. 复平面上三点 A，B，C 分别对应 z_A，z_B，z_C，若 $\dfrac{z_B - z_A}{z_C - z_A} = 1 + \dfrac{4}{3}i$，试求三角形三边长之比。

"微话题"牵手"微教学"

——高中英语听说"双微"系列教学研究与设计

刘　平

　　摘　要：高中英语听说"双微"系列教学指的是在高中英语的日常教学中，让听说教学内容以教材为基础，以从课本科学拓散开的"微话题"为中心安排一系列日常的英语听说"微教学"活动。高中英语听说"双微"系列教学将弥补高中英语听说教学的空白，具有系列性和创新性的特点。研究中将搭建系列教学框架研究设计"微教学"听说课堂系列教学活动，研究听说"微教学"各种方法和途径，探索如何通过微型任务型活动和完成项目来实现听说教学目标，探索如何辅以适当的信息技术作为载体围绕着某个"微话题"进行的英语微型听说系列教学活动研究和设计。

　　关键词：微话题　微教学　高中英语听说"双微"系列教学

一、高中英语听说"双微"系列教学核心概念和定义

1. 微话题：

　　指以上海市《普通高中英语教科书（上外版）》各模块和单元的课文话题为主核心，参考上海市高中英语基本学科要求，科学有序地扩散成围绕各个主核心话题的"微话题"设计课堂听说教学活动，通过任务型活动和完成项目来实现听说教学目标。

2. 微教学：

是指以适当的信息技术作为载体围绕着某个"微话题"进行的英语微型听说教学活动。微教学具有短、小、精、便等特点。

与近年来大热的"微课程"概念的异同：微课程概念源于 20 世纪 60 年代美国阿依华大学附属学校对短期课程的开发，微课程通过短小精炼的表达方式，将教学视频作为载体，以课件、动画、视频录制等作为主要技术手段，教师在不超过 10 分钟的短暂时间段内将某一个知识点进行透彻的讲解，通过制作微课的过程，教师强化语言组织及表达能力，以最佳方式使学生通过观看视频理解该知识点。

本研究探讨的"微教学"概念指的是日常听说教学中的一个微型的教学设计和过程，时间也是控制在 5—10 分钟，虽然这一教学活动也可能含有一个教学视频甚至微课程视频，但却包含了一个完整的学生参与其中的课堂教学小环节，可以放在每日的课堂教学中穿插进行。

3. 高中英语听说"双微"系列教学：

全称为高中英语听说"微课程"与"微教学"系列教学活动。是指在高中英语的日常教学中，让听说教学内容以教材为基础，以从课本拓散开的"微话题"为中心安排一系列日常英语听说的"微教学"活动，将教学内容精炼化、时效化、实用化。简称高中英语听说"双微"系列教学。

二、高中英语听说"双微"系列教学意义和价值

1. 重要性：

（1）听说教学理应成为英语教学的重要组成

近年来，上海的英语教学越来越强调听说技能，2017 年高考更是将听说考核直接纳入了高考。在日常交际活动中，45％的信息是通过听获取的，30％的信息是通过说的形式传递的，而读与写仅各占 16％和 9％（Rivers，1997）。听和说在人们的日常交流中扮演着重要的角色。随着我国基础教育的不断发展和完善，如何搞好中学英语听说教学，已成为当今英语教学改革的重要课题。

（2）新的高中英语教学形势呼吁听说教学系列化的改革

加之上海英语高考中专门设置了听说测试，中学英语的听说教学越来越受到重视。然而，受应试教育和传统教育思想的影响，目前我国高中英语教学中存在重知识讲解而轻能力培养的问题，语言实践不足，尤其体现在听说方面，不利于学生语言综合素质的提高。所以实行高中英语听说教学的研究迫在眉睫。

2. 必要性：

基于上海市中小学英语课程标准，目前上海市高中英语教材在听说环节的设置与高中英语听说能力标准的要求相去甚远。《普通高中英语教科书（上外版）》教科书以话题为核心，以结构和功能项目为主线组织和安排听、说、读、写活动，通过任务型活动和完成项目来实现教学目标。因此，教材中创设了大量的语言运用活动，使学生能够通过亲身参与的实践来体验并感悟英语，发展语言技能，进而逐步获得综合语言运用能力。但是在教材中，听说部分的练习，尤其是说的训练，与高考听说考试的要求相去甚远，内容和主题也过于宽泛，非常不利于日常的听说教学。在新课程标准的理念下，教师应该"用教材教，而不是教教材'。教材是教学资源中的核心部分，但不是全部。本课题组认为，教师要善于结合教学实际，灵活地、创造性地使用教材，如对教材的内容、编排顺序和教学方法等进行适当的取舍或调整，对教材内容进行适当的补充和删减，替换或扩展教学内容及教学活动和步骤等。为此，本课题将依据上海市《普通高中英语教科书（上外版）》各模块和单元的课文话题为主核心，科学有序地扩散成围绕各个主核心话题的"微话题"设计微型课堂听说教学活动，通过任务型活动和完成项目来实现听说教学目标。

3. 优越性：

（1）听说"双微"系列教学是创新性的听说系列教学的研究和探索

听说教学如此重要，但目前为止，整个上海乃至全国都没有一个完整的、科学的、成系列的高中阶段的听说教学的研究和方案，本研究希望通过对高中英语听说"双微"系列教学这一创新性的系列教学形式的研究和探索，设计研究出一个能运用于高中英语日常听说教学的一个既具创新性有又具有实用系统性的研究与设计。

（2）听说"双微"系列教学切实解决目前上海高中英语听说教学的困难

听说教学的重要性不容置疑，但提高听说教学效果却非易事。多种因素制约着高中英语听说教学，比如高中英语教学课时总课时少，单日教学时间短，很难实施浸润式教学法；又如教材所学内容与听力材料语言的差异问题；还有的学校虽然开设了听说课堂，却觉得用一整节课上听说课太"浪费"——"教材都来不及讲了"，往往流于形式；又或者有的学校每周安排一整节课专门上听说课，学生的注意力难以长时间集中，这些都成为教师、学生落实听说训练的障碍。

高中英语听说"双微"系列教学能在高中英语的日常教学中，让听说教学内容以教材为基础，以从课本拓散开的"微话题"为中心安排一系列日常的英语"微教学"活动，这样的教学使教师在平时的课堂教学中进行英语听说训练时，立足于课本，根据各单元的微话题在课堂上有针对性地进行短小高效的微型任务型教学以促进学生听说能力的提高，既巩固了课本的内容，更兼具实用性和实效性，让教师在日常的教学中细水长流式地进行听说训练，也没有增加学生的负担，更使整个高中英语听说读写一系列教学活动能相辅相成，良性循环。

根据《上海市高中英语学科教学基本要求》（下文简称《学科基本要求》），高中英语教学中涉及的话题主要围绕"人与社会"和"人与自然"展开，具体子话题多达几十个。下面是笔者根据《普通高中英语教科书（上外版）》教材，结合《学科基本要求》，针对必修第一二三册和选必修第一二三册《普通高中英语教科书（上外版）》listening、viewing 和 speaking 板块整理的关于听说教学的微话题表格，课题组根据这个微话题表格撰写了若干微话题教学设计：

教材	Units	Topic	Micro topics	Strategy
必修第一册	Unit 1	School Life	Life guide/ Describing an ideal school life	Showing interest with proper expression
	Unit 2	Language and culture	Body language/mini–lecure about culture	Attracting the audience's attention
	Unit 3	Travel	Travel dialogues / Proposing a travel plan	How to joining in a discussion
	Unit 4	Customs and Traditions	Coming–of – Age Tradition	Introducing a presentation
必修第二册	Unit 1	Nature	Music/The beauty of Nature/ Research report	Maintain good posture and eye contact
	Unit 2	Animals	Zoo/Animal Heroes/ /opinions and facts	Sharing stories
	Unit 3	Food	Food and Culture/Dining customs/ introduce food traditions of a particular culture	Giving gestures
	Unit 4	Sports	Sports commentary/interview	Asking for and giving clarification
必修第三册	Unit 1	Road to Success	Understanding of Success/A Predictor of Success/Formula for Success	Pacing your speech
	Unit 2	Art and Artists	Vincen van Gogh/Bob Dylan/art museum	Emphasising important words
	Unit 3	Healthy Lifestyle	Old age/Blue Zone lifestyle/Forming a new habit	Connecting your ideas with others'
	Unit 4	Life and Technology	New technology/VR technology/use of smart apps	Pausing and collecting your thoughts
选择性必修第一册	Unit 1	Learning for Life	Try something new/interview about learning experiences outside the classroom/Making learning plans	
	Unit 2	Volunteering	Volunteer/a mini–survey about volunteering	Emphasising key points
	Unit 3	Adventuring	Exploration/adventurer/Class live show/planning an imaginary adventure	
	Unit 4	Future Living	What Human Beings Will Be Like/ Artificial intelligence/How AI impacts on human intelligence/ Creating a daily routine	Expressing agreement or disagreement

（续表）

教材	Units	Topic	Micro topics	Strategy
选择性必修第二册	Unit 1	Scientists	Stephen Hawking/Female scientists/Stories of scientists	
	Unit 2	Language and Mind	Saving Critically Endangered Languages/Why we learn foreign languages?	Signaling a transition
	Unit 3	Charity	Suggesting a creative charity/Charity traditions of ancient China	Expanding on your ideas
	Unit 4	Disaster survival	How to survive Natural Disasters/News reports/awareness of self-protection methods in natural disasters	Role–playing in a disaster scene
选择性必修第三册	Unit 1	Fighting Stress	Dealing with School Stress/Ways to relax/Creating a solution to a problem	Presenting with effective visuals
	Unit 2	Cherishing Friendship	Interview on Friendship/introducing classical Chinese poems to foreign friends	Checking comprehension by paraphrasing
	Unit 3	Exploring the Unknown	Conducting an interview on teenagers' curiosity about the moon/Doubts about existing explanations of a mystery/Mysterious places on Earth	
	Unit 4	Protecting the Environment	Young Environmentalist/Solutions to environmental problems /How to reduce carbon footprint	

（3）听说"双微"系列教学使高中英语听说教学有序、成系统

高中英语听说教学开展难，有序开展更难。目前很多学校在进行听说教学时往往就拿一本高考听说的模拟题进行训练，这种随意无序的教学往往使学生对英语听说失去兴趣，老师的教学激情也难以激发，使高中英语的听说教学效果难以达到要求。在高中三年的听说教学中，教师应尽早计划并落实听说教学的内容和能力目标，开展有效的教学活动。要使高中阶段英语听说训练不滞后于读写训练，决不是一朝一夕就能解决的问题。因此，教师要注意在日常的课堂教学中融入听说训练。高中英语听说"双微"系列教学的研究将有序的安排

高中英语听说"微话题"学习任务，用日常的听说"微教学"进行落实，并和教材的内容和谐统一，相辅相成，逐步提高学生对英语听说的兴趣，使教师对高中英语听说教学做到"每日教学微型有效，每周教学系列巩固，三年目标全面系列。"这样才使英语听说教学真正落到实处，达成效果。

三、研究目标、研究内容。

（一）研究目标

基于上海市中小学英语课程标准，结合上海高考英语听说题型的要求，把微型任务型听说教学与高中英语微型听说话题相融合，对听说课堂的教学模式进行研究和反思，探索高中英语听说"双微"系列教学的方法和途径。

本着优化语言认知、促进语言输入和输出实现动态平衡的目的，探讨高中英语听说系列教学的有效模式与方法，切实解决上海市高中英语听说教学不成系统，方式传统陈旧的困境。

同时通过本课题的研究，以研促教，提高高中英语听说教学质量，进而反过来促进学生听说读写各方面综合能力。

（二）研究内容

1. 在理论研究的基础上形成科学翔实有序的高中英语听说"微话题"框架

以上海市《普通高中英语教科书（上外版）》各模块和单元的课文话题为核心，在充分的理论研究的基础上结合上海市高中英语学科基本要求，科学有序地扩散成围绕各个主核心话题的"微话题"系列框架，同时阐明该"微话题"系列框架和教材在话题、内容、词汇、句型、写作等方面的联系，进而证明高中英语听说"双微"课堂对高中英语其他教学任务的促进作用。

2. 进行高中英语听说"双微"系列教学研究

根据高中英语听说"微话题"系列教学框架，研究设计"微教学"听说课堂系列教学活动，研究听说"微教学"各种方法和途径，探索如何通过微型任务型活动和完成项目来实现听说教学目标，探索如何辅以适当的信息技术作为载体围绕着某个"微话题"进行的英语微型听说系列教学活动研究和设计。

课题组将高中英语"双微"课堂教学切实运用于教学实践，通过课堂教学观察、课后反思、组内讨论、学生问卷调查以及调查实证研究深入探索高中英语"双微"系列教学的方法、策略以及评价机制。

四、高中英语"双微"系列教学的特点和形式

1. 材料多样 使用灵活

教师可以充分利用各种英语媒体、网络资源等，适时下载和改编，以适应牛津课堂的听说教学训练。最新的网络资源既能适应新的形势和时代的要求，做到了紧跟时代，常变常新，又能将文化视点突出、文化蕴含丰厚、时代内容新颖、贴近学生生活以及有可读性和趣味性等内容应用到相对落后的教材中去，形成一系列有体系、内容新颖而实用的双微教学素材。经过几年的教学实践，我校中青年英语教师已积累了符合我校学生学习特点的、较为成熟的听说教学系统。

除了在网站上获得相关资料外，还可以使用手机上的各类英语 APP，再使用同屏技术后，更能够让学生的听说训练得到更好的开展，称为牛津教材的补充。

2. 日常教学，日积月累

有些学校专门设置了听说课程，但笔者认为听说能力的训练可以渗透在各种课型中。无论是词汇课，语法课，还是阅读课，教师都可以设置一些听说训练，对听说教学那个日积月累持之以恒的渗透式教学，并对学生的输出进行有效的指导，使学生的听说能力得到切实的提高。

日常教学中最常见的一种听说教学模式就是截取对应教材相应话题的新闻和访谈，以每周更新多次的速度可以给学习者充分的听读和模仿的时间，如果学生能够每天模仿朗读 1—2 次，它们就能消化吸收相关语言知识，并将它们储存在长时记忆中。一周后，教师再将相关话题进行拓展，搭设足够的支架，给学生口头表达的机会，甚至在同学面前展示的机会，日积月累，学生的听说能力必将得到极大的提高。

3. 搭建微平台，鼓励展示

每日的听说微话题输入后，教师一定要搭建平台，给学生充分的空间进行展示，如果学生能有展示自己的机会，将大大激发他们锻炼和培养英语听说能力的主动性和积极性。根据材料的特点，设计适当的语言输出活动：

1）模仿秀：模仿音频视频材料的内容，比一比哪组同学模仿配音最像最自然，语音语调最地道。在模仿对话的过程中，可以适当地改编，加入自己的理解和查找到的相关内容，使表达的内容更符合学生的实际生活和思想。学习者在意义协商的过程中会修改不正确的假设，从谈话对象得到相应的反馈，并且这种形式更加自由，能够引导出更多的输出内容。

2）合作表演秀：以4—5人为单位的小组，可以根据材料的不同特点编排访谈类节目或戏剧表演：分配好相互的角色，利用听力材料中的相关词汇和内容，用自己的语言进行加工处理，并结合自己的想法，进行材料加工与整合，这样既可以锻炼他们的语言组织能力，又有助于增强学生的语言基础。

3）微话题辩论：有些微话题是具有一定的争议性的，教师指导学生充分理解微话题材料，学习者搜集相关资料，从而得到更多的语言输入，对教师提供的微话题进行辩论，而辩论过程本身就能使学习者最大限度地输出语言。这种辩论还能锻炼学生的批判性思维能力，从而更进一步锻炼提高英语的语言能力和思维能力。

五、特色创新之处

1. "双微"系列教学研究将形成前所未有的系列化完整化的高中英语听说教学系统

目前为止，整个上海乃至全国都没有一个完整、科学、系统的高中阶段听说教学的研究和方案，本研究希望通过对高中英语听说"双微"系列教学这一创新性教学形式的研究和探索，形成一个能运用于高中英语日常听说教学的一个系列并相对普适性的成果。

2. "双微"系列教学研究是一项能科学解决听说实施难的实用性研究

高中英语听说"双微"系列教学的研究将有序安排高中英语听说"微话

题"学习任务，以日常的"微教学"落实，逐步提高学生对英语听说的兴趣，使教师对高中英语听说教学做到"每日教学微型有效，每周教学循环巩固，三年目标心中有数。"这样才使英语听说教学真正落到实处，达成效果，解决目前广大高中英语教师听说教学的种种困境。

3."双微"系列教学研究的评价系统能作为听说课教学评价的保障

课题组结合听说"双微"系列课堂教学实践，掌握第一手资料和数据，及时进行进一步的优化调整。形成通过课堂教学观察、课后反思、组内讨论、学生问卷调查以及调查研究，形成高中英语"双微"系列教学的方法策略以及评价机制。这一系列教学体系及配套评价机制，是极其实用，具有实践意义，能作为广大一线高中英语教师听说课教学评价的保障。

高中英语听说"双微"系列教学弥补了高中英语听说教学的空白，具有系列性和创新性特点，必能为高中英语教学开创一条新路。

【参考文献】

［1］Brown，G. The Nature Of Comprehension［J］.外语教学与研究，1997，（4）：37—44.

Grabe，W & Stoller，F. L. 2005［M］. Beijing：Foreign Language Teaching and Research Press.

［2］新高中英语教与学［M］.北京人民教育出版社，2006.

［3］鲁子问，康淑敏.英语教学方法与策略［M］.上海：华东师范大学出版社，2008.

（本文是上海市杨浦区重点课题《"微话题"牵手"微教学"——高中英语听说"双微"系列教学研究与设计》（项目编号 2016-1-30）研究成果之一）

基于主题语境的高中英语听说教学探索与实践

秦 亮

◇◇

2017 年，上海高考英语科目增加了听说考试，把"说"纳入了考查范围，并计入高考总分，这对高中英语教学带来了全新的挑战。《普通高中英语课程标准》（2017 年版 2020 年修订）也提出"在设计听、说、读、看、写等教学活动时，教师既要关注具体技能的训练，也要关注技能的综合运用。在综合性的语言实践活动中，教师要关注学生的生活经验和认知水平，选择既有意义又贴近学生生活经验的主题，创设丰富多样的语境，激发学生参与学习和体验语言的兴趣，以使学生能够在语言实践活动中反思和再现个人的生活和经历，表达个人的情感和观点，在发展语言技能的同时，提高分析问题和解决问题、批判与创新的能力。"然而，反观目前高中英语教学现状，读、写训练较为集中，而听、说训练常常得不到应有的重视。囿于课时、学情、教材等原因，听力训练主要来源于课文和听力习题，口语训练则见缝插针，随意化、碎片化的现象较为明显。笔者觉得高中英语教师不妨将听说教学与主题语境相结合，在听力中加强主题信息和词汇的输入和积累，在口语中提倡基于主题语境的有效表达，让听说教学摆脱无序和随意，成为系统的、具有可操作的教学新热点。

一、主题语境

在语言学习中，听、说、读、看、写各项学习活动都离不开主题语境。根据《普通高中英语课程标准》，高中英语课程主要涉及人与自我、人与社会和人与自然三大主题语境。人与自我涉及"生活与学习""做人与做事"等两个主题群下的 9 项子主题；人与社会涉及"社会服务与人际沟通""文学、艺术与体育""历史、社会与文化""科学与技术"等四个主题群下的 16 项子主题；人与自然涉及"自然生态""环境保护""灾害防范""宇宙探索"等四个主题群下的 7 项子主题（见表一）。这些丰富的主题语境几乎涵盖了高中学生生活、学习的方方面面，可以成为教师开展听说教学的参考框架。

（表一）

主题语境	主题群	主题语境内容要求
人与自我	生活与学习 做人与做事	1. 个人、家庭、社区及学校生活； 2. 健康的生活方式、积极的生活态度； 3. 认识自我，丰富自我，完善自我； 4. 乐于学习，善于学习，终身学习； 5. 语言学习的规律、方法等； 6. 优秀品行，正确的人生态度，公民义务与社会责任； 7. 生命的意义与价值； 8. 未来职业发展趋势，个人职业倾向、未来规划等； 9. 创新与创业意识。
人与社会	社会服务与人际沟通 文学、艺术与体育 历史、社会与文化 科学与技术	1. 良好的人际关系与社会交往； 2. 公益事业与志愿服务； 3. 跨文化沟通、包容与合作； 4. 小说、戏剧、诗歌、传记、文学简史、经典演讲、文学名著等； 5. 绘画、建筑等领域的代表性作品和人物； 6. 影视、音乐等领域的概况及其发展； 7. 体育活动、大型体育赛事、体育与健康、体育精神； 8. 不同民族文化习俗与传统节日； 9. 对社会有突出贡献的人物； 10. 重要国际组织与社会公益机构； 11. 法律常识与法治意识等； 12. 物质与非物质文化遗产； 13. 社会热点问题； 14. 重大政治、历史事件，文化渊源； 15. 社会进步与人类文明； 16. 科技发展与信息技术创新，科学精神，信息安全。

（续表）

主题语境	主题群	主题语境内容要求
人 与 自 然	自然生态 环境保护 灾害防范 宇宙探索	1. 主要国家地理概况； 2. 自然环境、自然遗产保护； 3. 人与环境、人与动植物； 4. 自然灾害与防范，安全常识与自我保护； 5. 人类生存、社会发展与环境的关系； 6. 自然科学研究成果； 7. 地球与宇宙奥秘探索。

二、听

听作为语言输入的重要来源，是语言学习的重要一环。课程标准要求学生在听的过程中能够达到理解语篇的主旨大意，获取事实信息、推理判断和理解说话者的态度等要求。主题语境下的听力教学可以有效地提升学生的听力素养，为口语的输出打下坚实的基础。

1. 按主题语境梳理听力素材

主题语境下的听力教学的首要任务是按主题对听力素材进行梳理。高中阶段，学生听力素材的来源多半源于课本、各类试卷、听力练习册和各种网络资源，如 TED 演讲、CNN 学生新闻、BBC 纪录片、MOOC 课程等等。教师可以参照课程标准提供的主题语境（表一），将听力素材进行归类整理，有条件的话可以进行电子归档，创建话题听力库。例如：

（表二）

HUMAN AND NATURE

	Topic	Title	Source	Time	Difficulty
1	Plants and animals	The interesting world of plants	Oxford English S1B2 U3	3mins	easy
2	Plants and animals	Creatures large and small	Oxford English S1B2 U4	4mins	easy
3	Plants and animals	Animals	Reference book on listening	8mins	medium
4	Plants and animals	What are animals thinking and feeling?	TED	19mins	medium
5	Plants and animals	Plants	BBC documentary	45mins	difficult

2. 重视主题信息的提取

具备听力素材后，教师可以按照听前—听中—听后的模式来指导学生。听前，师生可以简单就话题聊一聊，了解学生的信息储备，激发学生听的兴趣，适时扫除一些词汇障碍。听中，应鼓励学生抓住主旨大意，同时兼顾细节信息的提取。教师可以设计一些练习获取学生的反馈情况。听后，可进行相关主题信息的总结或评述。

例如：在教授《英语（牛津上海版）》S1B——Unit 4 *Creatures large and small* Reading *Friend or enemy?* 时，教师让学生听课文两遍，要求学生在听中填写表三，对文本主要论点和论据进行概括。教师可以鼓励学生在理解原文的基础上进行关键字提炼。如要增加难度，可规定填进空格的关键字字数，以训练学生的概括能力。表格完成后，教师还可鼓励学生根据表格内容进行课文复述，加深对 Spiders 相关话题信息的掌握。

（表三）

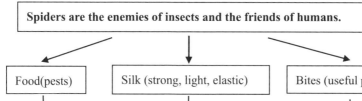

3. 鼓励主题词汇的积累

在听力训练过程中，学生一定会较为集中地碰到不少特定主题的词汇。如果学生不借此机会进行积累，那就如若置身宝库而空手返，实在令人遗憾。所以教师应大力培养学生积累、整理话题词汇的意识，建立词汇积累的长效机制，为口语的输出打下坚实的基础。

例如：在这篇关于 Snack Industry 的听力文本中，就出现了不少和饮食相关的词汇，学生应及时进行整理，进一步扩充自己原有的 **Food and drinks** 的主题词汇库。

Today, we found that the **snack industry** in China has been growing at a steady clip of roughly 1% annual growth. It was worth more than 200 billion yuan this year, and it's forecast to be worth 480 billion yuan in 6 years.

Although growth is still significant, it has seen a steady decline in the past decade. The growth rates for **sweets** have declined to about 10% currently, and similarly, **instant noodles** are down. **Fruit juice** has seen the growth rates halved in the last three years reaching 7% this year. So as you can see, though the snack industry is still strong, it is suffering from an overall downward trend. As Chinese consumers especially begin to have higher income and greater **awareness of health issues**, they are buying fewer prepared food and snacks. Five or ten years ago, instant noodles were a cheap source of **nourishment**, making it the most popular snack for years. But consumers now have more income to spend on better food, and consume snacks mostly for instant satisfaction or energy.

Research suggests that 88.5% of interviewee feel that snacks don't offer any **nutrition**, and are particularly wary of those **containing saturated fat and sugar.** Therefore, more **nutritious**, **low-fat** and **healthful** snacks are more and more popular such as **nuts**, **yoghourt** and **black chocolate**.

（表四）

My Vocabulary on **Food and Drinks**

Drinks & Snacks (饮料和小吃)

1. 含酒精饮料	alcohol drinks		7. 红酒	red wine
2. 热饮	hot drinks		8. 薯片	potato chip
3. 软饮料	soft drinks		*9. 方便面*	***instant noodles***
4. 矿泉水	mineral water		*10. 坚果*	***nuts***
5. 瓶装水	bottled water		*11. 黑巧克力*	***black chocolate***
6. 绿茶	green tea			

Meat&Dairy Products (肉类和乳制品)

1. 香肠	sausage		5. 羊肉	lame
2. 火鸡	turkey		6. 牛肉	beef
3. 培根	bacon		7. 奶油	cream
4. 猪肉	pork		*8. 酸奶*	***yogurt***

Nutrition (营养)

1. 纤维	fiber		5. 均衡的膳食	a well-balanced diet
2. 矿物质	mineral		*6. 不含脂肪的*	***fat-free***
3. 蛋白质	protein		*7. 饱和脂肪*	***saturated fat***
4. 富含维他命 A	rich in vitamin A		*8. 不饱和脂肪*	***unsaturated fat***

Ingredient(配料)

1. 面粉	flour		3. 酱汁	sauce
2. 胡椒粉	pepper		4. 烹饪油	cooking oil

Dining(就餐)

1. 咬	bite		4. 吮吸	suck
2. 咀嚼	chew		5. 品尝	taste
3. 吸收	digest		6. 吞	swallow

Restaurants &Services (餐馆和服务)

1. 顾客	customer		6. 外出用餐	dine out
2. 开胃菜	appetizer		7. 点餐	order
3. 账单	bill/check		8. 预留	reserve (a table)
4. 甜点	dessert		9. 外卖	takeout food
5. 主菜	main course		10. 剩菜	leftovers

　　再例如：学生在听一段奥斯卡颁奖典礼致辞后，可以将不少有用的词汇、句型进行摘录，汇入到 Cultures and customs 的主题词汇库，确保日后交际用语

的正确性和得体性。

I'm very grateful to receive this award for "Best Actress". I can't begin to tell you how much I appreciate this great honor. There are many people I'd like to thank. First of all, I want to thank my parents for bring me into this world. I also want to express my gratitude to all of teachers over years, but especially to my acting teacher, Jim Jones, who taught me everything I know. I want to thank my husband for his understanding and kindness. And finally, I want to express my appreciation to all of my friends for their support, especially to Martin Miller, for being there when I need him. This award means a great deal to me. Words can't express how honored I feel at this moment. I will remember this night for the rest of my life. Thank you very much.

（表五）

My vocabulary on an Awarding Ceremony

Words and expressions

receive award；best actress；great honor；appreciate the honor；bring … into the world；a great deal；very grateful to do something；I can't begin to tell you…；first of all；I want to thank … for …；express one's gratitude to someone；express one's appreciation to … for …；… means a great deal to …；words can't express …；remember … for the rest of one's life

Structural expressions

Step I　I'm very grateful to … for …(表达能获此殊荣的感激之情)

Step II　I want to thank …for …；I also want to express my gratitude to … for …；I want to express my appreciation … for …(表达对相关人员表示感谢)

Step III　Words can't express how honored I feel at this moment.
　　　　I will remember … for the rest of my life （表达喜悦之情以及对此奖项的珍视）

Step IV　Thank you very much （对全体致谢）

三、说

语言是一个从输入到输出的过程，听、看、读属于输入，而说和写则属于输出。如果没有大量的听、看、读的输入，说的能力就像是无源之水，得不到有效提升。在保证有优质足量输入的基础上，口语教学在主题的框架中可以较好地得以开展。具体教学时，有几点原则需要注意。

1. 即时性

每当学生读到或听到一篇主题有料又有趣的文章时，内心往往会产生共鸣或触动，随之而来的就是自我表达和与人交流的欲望。此时，教师应巧妙地利用学生此刻的心理，及时鼓励他们依托文本中的素材和词汇，大胆陈述观点，提出论据，甚至进行针锋相对的辩论。此时，教师不必过于关注学生语言表述的准确性，也不必过于囿于课时进度的安排。因为，这样围绕主题、有感而发的即兴口语表达真实、自然，闪耀着思维的火花，是语言学习中不可多得的珍贵瞬间。

2. 长效性

口语能力的提升不是一朝一夕就能实现的，学生需要循序渐进地长期练习。在明确目标之后，教师应该和学生共同商议，制定出一套行之有效的可持续性训练方案。依照训练方案，教师监督、同伴鼓励和个人内驱三管齐下，切实促进口语能力提升。

3. 多样性

口语训练活动的多样性和实效性是提升口语的关键。围绕课程标准所提供的主题语境（表一），教师可以展开丰富多彩的口语训练活动。

① Presentation

Presentation 是最易操作，可持续的一种口语训练模式。教师可以组织学生按指定话题或自选话题在每节英语课开始的 3—5 分钟内进行演讲。学生可以做 PPT 辅助演讲，也可不做，但是最好要求学生脱稿演讲。通过观摩学生的 presentation，教师可以全方位了解演讲学生的语音语调、表达连贯性、话题适切性、肢体语言等信息，为日后指导提供依据。Presentation 后，应鼓励观众围绕演讲主题进行提问。对于刚入学的起点年级，My Interest and hobby，My Dream，Differences between Junior and Senior High School 都是不错的话题，既可增进同学间的相互了解，也可引导学生为高中学习做好准备。

② News Report

News Report 也是一项时效性、操作性很强的口语训练方式。教师可以建议学生每天在网络上收看 CNN10 学生英语新闻（视频），截取其中一条或两条新闻，模仿朗读，作为自己第二天的播报内容。有条件的话，也可运用录屏软件，摘录新闻视频内容，在播报时，作为背景画面同步播放。如果适逢国内外有重大活动，也可鼓励学生进行相应介绍。

③ Discussion

Discussion 需围绕一定话题展开，充分体现重批判性思维、重交际运用的特点。例如：在教授《英语（牛津上海版）》S2A Unit three Fashion 时，笔者围绕"Who is campus fashion icon?"话题，以高二年级六位各具特色的同学为原型，提供了候选人材料，供学生展开讨论。由于该主题属于 School life 的范畴，学生讨论的氛围热烈，汇报时各抒己见，精彩纷呈，讨论的结果在很大程度上也反映出学生的价值观，是一次将主题阐述与德育渗透相结合的有益尝试。

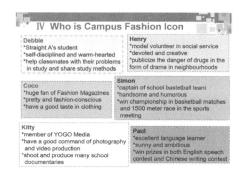

④ Picture talk

作为英语听说考试的题型之一，看图说话要求学生能在三大主题语境范围内，对人物和事件进行口头描述、解释和评述。应该说，这是一项很有挑战性的开放式题型。学生需要在 1 分钟的准备时间里看懂四格漫画的内容并迅速构建起叙述结构，组织好语言，在随后 1 分钟的表达时间里说上至少五句话来陈述图片中的故事情境。为了帮助学生尽快适应这一题型，教师可在平时的教学中有意识地把一些口语练习用 Picture talk 的方式呈现。例如：在教授《英语（牛津上海版）》S1A Unit Four Entertainment Reading Surprises at the studio 时，笔者就选取课本多处插图形成四格漫画，要求学生进行看图说话。这样一来，既达到复述课文的目的，熟悉了 Entertainment 相关主题词汇，又起到了针对该口语题型的实训作用。

除了课本素材，教师也可在浏览互联网的过程中有意识地积累、整理不同主题的漫画甚至发动有美术特长的同学选取师生感兴趣的主题绘制四格漫画。相信师生在用英语分享、交流、评述这些漫画的过程中一定会收获超越语言学习本身的乐趣。

⑤ Role play & Drama

Role play & Drama 是一项深受学生喜爱的语言交际活动。按照剧本在情境中扮演角色对学生的语音语调、情绪把握、表情体态等方面都提出了较高的要求，需要反复练习和相互配合，但是在排练过程中学生往往获得了丰富多元的学习体验，在表演中也获取了极大的满足感。这些积极的体验不仅增强了学生使用英语的信心，激发了学生学习英语的兴趣，也会给学生留下难忘的美好回忆。笔者曾经指导学生排练 The Phantom of the Opera The Necklace Hamlet 等文学名著片段，也曾组织学生编排课本剧，均取得较好的效果。

⑥ Dubbing

随着网络信息技术的普及，Dubbing 逐渐受到学生的欢迎，成为锤炼语音语调、促进流利表达的一大利器。一些知名英语学习平台会提供大量可供配音的视频素材，内容涵盖 Movie，TV series，Animation，Documentary，Advertisement，Speech 等多种类型。教师可指定素材也可让学生自选素材进行配音，并将配音作品上传至班级群组。在分享交流中，教师可以对学生的作品进行点评，同学之间也可以相互学习，实现同侪激励的效应。

⑦ Debate

Debate 是一项对学生综合能力要求很高的语言交际活动。从破题到立论，从搜集资料到雕琢辩稿，从场下分工到场上攻防，辩论的确对学生的思辨能力、表达能力、反应能力、团队合作以及心理素质都提出了很高的要求。课程标准中提供了不少可供辩论的主题，教师也可结合课本的单元主题组织学生开展辩论。笔者在教授《英语（牛津上海版）》S2A Unit Three Fashion 时，组织学生就 Fashion contributes a lot to society V.S. Fashion contributes nothing to society 展开辩论。在教授《英语（牛津上海版）》S2A Unit Five Virtual Reality，组织学生就 AI will replace human beings V.S. AI will never replace human beings 展开辩论。在整个辩论准备和实战过程中，学生一直保持高涨的热情。虽然在辩论中，有些学生的表达不够熟练，措辞偶有错误，但是瑕不掩瑜，辩论本身就是学习和成长的过程。

⑧ Script Redevelopment

众所周知，听力书后的 Script 提供了听力试题的原文参考，但是听力原文的功能不应该仅仅停留在"仅供参考"的层面上。教师可以大力提倡学生对听力原文，特别是按主题编排的听力单元，进行二次开发——提取话题信息与词汇、反复模仿纠正发音、熟悉交际场景、操练交际用语、进行拓展思考等。在这样的二次开发中，学生将充分利用手中的听力书，实现口语训练的附加功能。

四、评价

鉴于英语听说能力的评价较难量化，教师可以更多地关注学生的学习过程，充分运用非测试性评价激发学生学习的积极性。例如：教师可以借助打卡程序、个人电子档案袋等形式对学生练习听力、口语的内容和次数进行记录，对坚持时间长、参与次数多的同学进行表扬；同学可以形成小组，对听说训练的学习态度、活动参与度和个人作品进行自评和互评并推荐出最佳作品；教师也可以介绍专业口试评分标准（pronunciation, articulation, fluency, relevance etc.），引导学生对自身口语的现有水平进行客观评估，并针对薄弱环节开展训练和提升。

利用高中英语教材落实指代教学的实践探索

——基于高考完型填空的分析

卢 哲

摘 要：本文以高考完型填空为切入口，分析了指代这一知识点在高考完型填空中的考查，通过问卷访谈等方式了解学生在完形填空解题过程中对指代运用所存在的问题及其原因，并以《高中英语》（上外版）教材为主要抓手，探索如何利用好高中英语教材，培养学生指代的意识和增强运用指代解决问题的能力，落实课标关于指代运用的要求。

关键词：指代 高考完形填空 教材

引 言

《普通高中英语课程标准》（2017 年版 2020 年修订）（以下简称《课标》）在语篇知识内容要求中提出：学生在必修阶段需要掌握语篇中的显性衔接和连贯手段，如通过使用代词、连接词、省略句、替代等手段来实现的指代、连接、省略、替代等衔接关系。但是作为一名一线教师，笔者发现所任教的高二学生在平时练习中，对于指代的运用依然存在比较大的问题。

为了更好地在日常教学中落实课标关于高中生对指代的掌握要求，笔者以高考完型填空（以下简称完型）作为切入口，力图找出学生在指代运用中所存在的问题。笔者选择 2008 年到 2016 年上海高考完型填空题作为研究对象，分析指代在完型出现的频率以及完型中关于指代的考查，利用问卷访谈等方式查找学生在完型中关于指代所存在的问题及原因，并以《高中英语》（上外版）教材为主要抓手，探索在日常教学中如何培养学生使用指代解决问题的意识和能力。

一、研究背景与意义

1. 课标背景

《课标》指出，所有的语言学习活动都应该在一定的主题语境下，即围绕某一具体的主题语境，基于不同类型的语篇，在解决问题的过程中，运用语言技能获取、梳理、整合语言知识和文化知识，深化对语言的理解，重视对语篇的赏析，比较和研究文化内涵，汲取文化精华。

语篇无疑是语言学习的主要载体和基础。指代属于语篇微观组织结构中的一部分，理清指代内容有助于语言使用者有效理解所读到的语篇。所以，《课标》在语篇知识内容要求中提出：学生在必修阶段需要掌握语篇中的显性衔接和连贯手段，如：通过使用代词、连接词、省略句、替代等手段来实现的指代、连接、省略、替代等衔接关系。

2. 指代研究

2.1 指代概念

指代，supposition，来源于拉丁语"suppositio"，译为替代。这个词的词根是"sup-pono"，意思是把某物放在某物之下，意为取代、替代。

Occam（奥卡姆）在《逻辑大全》中给出的定义是："指代被说成是一种替代。这样，当一个词项在一个命题中以某种方式代表某个东西，使得我们用这个词项表示这个东西，并且这个词项或（如果它在间接格）它的主格真谓述这个东西（或那个指这个东西的代词）时，这个词项就指代这个东西；或者至少当接受这个词的意义时，情况是这样。"一般意义上说，指代是使用一个词项来代表某物，也就是说，或者一个东西或者一句说出的话或者一个概念。"（奥卡姆，2010）

Halliday（韩礼德）认为替代（指代）指的是用一个替代词去取代语篇中的某一个部分。在语法和修辞上，替代被认为是为了避免重复而采用的一种语言手段。替代即发生在句子的层面也发生在语篇的层面。在句子的层面，替代的主要作用在于避免重复并发挥句内衔接功能。在语篇的层面上，替代可以通过替代成分与替代对象之间的照应关系使语篇中的句子紧密地连接在一起，从而起到语篇衔接的作用。（Halliday，1976）

2.2　起指代作用的词块（以下简称为指代词块）的分类

Halliday 认为指代可以分为回指和下指两类。根据指代的概念和类型，指代词块主要分为三类：

（1）代词：如：he, it, they, them, his, this, those 等。

（2）the/this/that/these/those +（形容词）+ 名词：如 this brilliant idea。

（3）从句语法产生的指代：如定语从句中的 which, whom, that 和名词性从句中的 what 等。

3. 研究意义

3.1　为日常教学落实指代课标要求探索了一个途径

指代，作为课标中语篇知识的要点，无法像语法知识那样进行系统化的教授，所以在教学中一直会被忽略。笔者通过教材语篇探索如何在日常教学中培养学生使用指代解决问题的意识和能力，即落实了课标对指代的掌握要求，又为教师提供一个探索落实语篇知识要点的途径。

3.2　为完形填空解题提供了一个思路

目前高考完形填空的研究主要集中在对整体语篇的分析和对句间关系的连词或副词的研究，而对指代在完形填空的运用研究非常少见。因此笔者认为作为一名一线教师，了解学生在完型填空中关于指代运用所存在的问题，并针对问题利用教材语篇指导学生运用指代，加强对语篇理解，理清语篇结构，有助于提高完型填空的正答率。

二、研究内容与方法

1. 研究对象

以 2008—2016 年的高考完型填空为对象。

对象人群为杨浦高级中学高二 3 班和 10 班，3 班为文科班，共 28 人；10 班为理科班，共 39 人，这两个班级的英语水平在年级中处于中等偏上。

2.研究方法

2.1 文献法

阅读关于指代概念、分类以及指代在语篇中的作用等文献，了解指代的作用、分类和指代词块的类型等。

2.2 问卷调查法

根据研究目的（即了解学生对于指代在完型中的运用存在哪些问题），从学生对指代这一知识点的掌握情况，运用指代解题的意识和方法，以及教师对指代的指导明确性和讲解有效性这三个维度设计调查问卷，对高二 3 班和 10 班进行问卷调查，并使用 SPSSAU 对调查结果进行信度和效度的测试。

2.3 访谈法

基于 2008 年和 2015 年高考完型填空题的测试结果，笔者选取了 20 位不同分数段的学生进行访谈，其中期中期末考试成绩居于年级前 30% 的学生（下文简称为 A 类学生）共 3 名，期中期末考试成绩居于年级 31%-70% 的学生（下文简称为 B 类学生）共 12 位和期中期末考试成绩居于年级 70% 之后的学生（下文简称为 C 类学生）共 5 位进行了个别访谈和群体访谈，以进一步了解学生关于指代在完型中的运用时所存在的问题以及问题的原因。

3.研究步骤

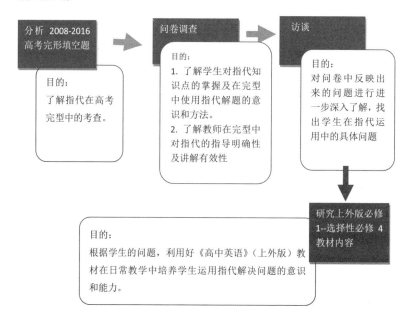

三、研究成果与反思

1. 研究发现

1.1　上海高考卷完型填空题型中对指代的考查

按照指代对于解题的重要性和相关程度，笔者把上海高考卷完型填空题型中对于指代的考查分为三类：

第一类：带有空格的语句中有指代词块，但即使学生不知道指代词块所指代的内容或对指代词块理解有错误也不会影响到正确答案的选择；

第二类：带有空格的语句中有指代词块，并且能否正确理解指代词块所指代的内容会影响到句式结构的梳理或整句内容的理解，从而影响到正确答案的选择；

第三类：带有空格的语句中有指代词块，并且空格本身就是对指代的考查。

研究结果见表1：

（表1）

	主　题	共有指代考点数	考点分析		
			第一类	第二类	第三类
2008 年	人与社会	9	5	3	1
2009 年	人与自我	9	4	3	2
2010 年	人与社会	5	1	3	1
2011 年	人与社会	8	3	5	0
2012 年	人与社会	9	7	1	1
2013 年	人与社会	8	6	1	1
2014 年	人与社会	7	4	3	0
2015 年	人与社会	7	3	2	2
2016 年	人与社会	7	3	3	1

从表1可看出，带有空格的语句中出现指代词块的题目占到高考完型总量（共15题）的1/3到2/3，高考完型中考查指代词块的比率达到了1/7到1/3，

并且除了 2011 年和 2014 年之外，每年高考中都会有 1—2 个空格直接考查指代词块。

为了进一步研究学生是否真正掌握了指代这一知识点，笔者整理了 2008—2016 年部分年度高考完形填空题考查指代相关的第二类和第三类题目的高考得分率。（数据来源于复旦出版社出版的教辅书《中级英语测试指导》）（见表 2）。

（表 2）

	2008 年	2011 年	2012 年	2013 年	2015 年	2016 年
题号	52	51	55	54	53	52
得分率	80%	50%	66%	81%	54%	73%
题号	53	52	64	56	56	57
得分率	72%	57%	55%	90%	21%	59%
题号	54	54	/	64	60	58
得分率	68%	57%	/	70%	87%	88%
题号	64	55	/	/	64	65
得分率	56%	56%	/	/	42%	74%
题号	/	64	/	/	/	/
得分率	/	30%	/	/	/	/

从表 2 看，对比历年的完形填空总得分率 70%，除去个别题目，大部分考查指代知识点的题目得分率相对而言比较低，最低的只达到了 21%。综合表 1 和表 2 分析可见，学生对于指代的理解和运用能力，很大程度上影响到他们对于语篇的理解，和完型答题的正答率。

1.2 问卷调查

1.2.1 问卷设计及信度效度

问卷分为三个部分：第一部分（第 1 题 - 第 3 题，即 A1—A3）主要调查学生对指代这一知识点的掌握情况；第二部分（第 4 题—第 12 题，即 B1—B9）调查学生在完型中运用指代解题的意识和方法，其中第 6 题和第 11 题为反向问题，但在调查过程中，笔者发现第 11 题的效度的因子关系较差，所以此题被删除，因此这一维度共有 8 道题；第三部分（第 13 题—第 16 题，即

C1—C4）调查教师在完型中对指代的指导明确性及讲解有效性，其中第 15 题为反向问题。

本次调查收回问卷 64 份，其中 3 份为无效卷。把删除 1 题后的 15 道问卷按三个维度放入 SPSSAU 进行信度和效度检测，结果见表 3：

（表 3）

	信度（Cronbach α 系数值）	效度（KMO 值）
知识点掌握（A1—A3）	0.935	0.742
意识与方法（B1—B9）	0.926	0.881
教学有效性（C1—C4）	0.801	0.78

从表 3 可见，三个维度的 Cronbach α 系数值均大于 0.8 且各分析项的 CITC 值均大于 0.4（详情见附录 2），说明分析项之间具有良好的相关关系，同时也说明信度水平良好。三个维度的效度 KMO 值数值均处于 0.7~0.8 之间，说明比较适合信息提取，从一个侧面说明效度较好。通过 Bartlett 检验，对应 p 值均小于 0.05（详情见附录 2）。综上所述，本次问卷的数据信度和效度都较高，可用于进一步分析。

1.2.2 问卷结果和分析

① 知识点掌握

61 位学生中只有 6 位表示对指代词块这一知识点非常清楚，其余 56 位同学或多或少在指代这一知识点上存在问题，尤其是在定语从句中 which, who 的指代内容的理解有一定的困难。

② 意识与方法

意识方面：问卷中 8% 的人（5 位同学）表示没有寻找指代内容的意识，但在第 6 题中，有 43% 的人（26 位同学）表示他们经常会或一直会凭感觉去确定指代词块的指代内容，这显然存在着矛盾，笔者需要通过测试和访谈进一步确认问题所在。

方法方面：两极分化比较严重，且仍有 70%（43 位学生）表示有时或经常没有方法找到指代词块的指代内容。同时有 60%（36 位学生）表示当句式比较复杂或遇到长句时，他们经常没有耐心去考虑指代词块的指代内容。

③教师在完型中对指代的指导明确性及讲解有效性

78%（48位学生）表示教师在讲解时一般都不涉及指代词块的讲解；47%（29位学生）表示教师使用翻译法讲解完形填空，会使学生经常忽略指代词块的作用；并且在教师完成完型讲解后，88%（54位学生）表示不会去反思指代运用的错误。

1.3 访谈

笔者利用2008年和2015年的高考完型对高二3班和10班共67位同学进行测试，在指代词块相关题目犯错的学生中，笔者选取了20位不同分数段的学生进行个别访谈和群体访谈（具体分数段和学生人数已在研究方法访谈部分中进行了详细说明，在此不再赘述）。个别访谈主要针对测试中相关题目的解题思路，群体访谈主要针对教与学的策略问题（具体访谈问题见附录3）

1.3.1 个别访谈

通过个别访谈，笔者进一步确定学生对于指代知识点的掌握是存在问题的，主要问题如下。

①崇尚直觉

通过访谈，笔者发现不同英语水平的学生都会出现凭直觉解释指代内容的问题。比如2008年的第54题：

Many researchers believe adults, especially parents and coaches, are the main cause（53）of too much aggression in children's sports. They believe children 54 aggressive adult behavior. This behavior is then further strengthened through both positive and negative feedback. Parents and coaches are powerful teachers because children usually look up to them.

54. A. question   B. understand   C. copy   D. neglect

正确答案为C。本次受测学生中共有23位选择了错误答案，其中选择B的共有21位：3名A类学生，9名B类学生，8名C类学生。通过与其中的部分学生进行个别访谈发现不同英语水平的学生都会出现凭直觉猜测指代词块所指代内容的问题。他们想当然地认为they指代的是父母和教练这些成年人，但显然they指代researchers，从前后两句句式及内容来看，本句中的believe与上文的believe相呼应，上文的adults与本句的adult behavior中的adult相呼应，这就不难看出本句解释为"研究者们相信孩子模仿了家长和教练等成年人的好斗行为"，所以家长和教练这些成年人是孩子运动中过多好斗的主要原因。这儿的 they 毫无疑问是 researchers，而不是 adults。在访谈中，当学生明白了 they 的正确指代内容后，所有人都得到了正确答案。

②有意识无方法

2015 年高考完型测试中，第 53 题正答率为 56%。通过个别访谈，笔者发现部分同学虽有指代意识，但苦于没有方法把指代词块与指代内容联系起来，依然选择了错误答案。如第 53 题：

In modern times, when food is available in grocery stores, finding love is more central（52）to people's lives. The ___53___ is all around us. It is easy to prepare a list of modern stories having to do with love. An endless number of books and movies qualify as love stories in popular culture.

53. A. priority　　B. proof　　C. possibility　　D. principle

在访谈中，部分学生能够意识到 the + 名词是一种指代，并找出了指代内容在 finding love is more central to people's lives 词句中．但依然选择了错误答案 C. possibility。显然他们不知道用什么方法把指代词块与指代内容联系起来。由于 the + 名词等同于指代内容，同位语从句与 the + 名词也是等同关系，所以，于是笔者对题目做出了这样的填补：The _____ that finding love is more central to people's lives is all around us. 当用同位语从句补上指代内容后，所有被访谈的学生都选择了正确答案 B. proof。

③长难句的干扰

在访谈中，笔者发现，句子的复杂度和难度会影响到学生的心情。如 2015 年高考题的第 64 题（本题正答率仅为 41%），有不少同学表示当看到 the way 时，他们有在前一句寻找指代内容的意识，但前句比较长，他们就不知道怎么寻找，也就没有耐心去找。

Being fond of someone seems to have a number of factors, including seeing something we find attractive. Researchers had people judge faces for attractiveness（63）. The participants had 0.013 seconds to view each face, yet somehow they generally considered the images the same as people who had more time to study the same faces. The way we <u>64</u> attractiveness seem to be somewhat automatic.

64. A. enhance   B. possess   C. maintain   D. assess

本题正确答案是 D。事实上，64 题需要一个动词，所以只要从上文的动词 judge，view，consider 就可以看到这些是人们评价吸引力的方式。

1.3.2 群体访谈

在群体访谈中，大部分同学没有意识到指代词块的重要性，就是按部就班地做题，很少意识到指代词块是解题的关键。平时教师在讲解完型填空时，也主要是把整篇文章翻译下来，不会强调指代词块以及所指代的内容。所以，在错题反思时学生也没有意识到自己的错误点是在指代理解上存在问题。

2. 教学研究与实践

无论是 Occam 所认为的指代是使用一个词项来代表一个东西，一句话或一个概念，还是 Halliday 所说的指代在语篇的层面上可以通过指代内容与指代对象之间的照应关系使语篇中的句子紧密地连接在一起，都表明了指代词块使得前后句之间在内容上，甚至形式上构成了一种相互的呼应，这即避免了句式的简单重复，又使得句与句之间关系更为紧密。对于这种指代所形成的照应关系（内容或形式的呼应）的灵活运用就是前文调查所反映出来的学生所欠缺的能力。只有在语篇教学中不断激活不断训练学生使用指代的照应关系，才能使学生真正掌握并能灵活运用指代。高中英语教材语篇作为日常教学的最主要内容无疑是教师的最好抓手。所以，笔者认为，在日常教学中（上外版）教材，通过语篇标题中的指代词块，教材语篇中的指代词块和课后作业中的指代词块这三种途径，探索提高学生在语篇中运用指代解决各种问题的能力，落实课标关于指代运用的要求。

2.1 利用语篇标题中的指代词块

笔者整理了《高中英语》（上外版）共 7 册教材，标题中出现指代词块的语篇如下（见表 4）。

（表 4　《高中英语》上外版教材语篇标题中含指代词块的分类表）

the+（形容词）+ 名词或 sb's + 名词		
教材	学习项目	语篇标题
必修 1	Unit 2 Reading A	The confusing way Mexicans tell time
必修 2	Unit 1 Reading A	The Natural Garden
必修 2	Unit 1 Reading B	The Beauty Of Nature
必修 3	Unit 1 Reading B	Malaria Fighter's Path To Nobel Prize
选择性必修 2	Unit 2 Reading A	How Language Shapes The Way We Think
选择性必修 2	Unit 3 Reading A	To Give Or Not To Give：What Prompts Us To Donate To Charity?
选择性必修 2	Unit 4 Reading A	Surviving The Earthquake
选择性必修 3	Unit 2 Reading B	The Last Leaf
选择性必修 3	Unit 3 Reading B	The Most Unknown and Mysterious Places on earth
选择性必修 3	Unit 4 Reading A	The Villain In The Atmosphere
选择性必修 4	Unit 3 Reading A	The Grand Canal
选择性必修 4	Unit 3 Reading B	The Silk Road：Connecting The East And The West
what 引导的名词性从句		
教材	学习项目	语篇标题
必修 2	Unit 3 Reading B	What Food Tells Us About Culture
选择性必修 1	Unit 2 Reading B	What I Learned From A Volunteering Trips To Tanzania
代　词		
教材	学习项目	语篇标题
选择性必修 2	Unit 3 Reading B	Pay It Forward

2.1.1 利用语篇标题中的指代词块，引发学生对语篇主旨的思考

教师可以充分利用语篇标题中的指代语块，围绕这个指代词块，提出一系列问题，一步步引导学生思考语篇主旨和作者的写作意图，使学生更好地理解把握语篇的主旨。以必修 Unit 2 Reading A The confusing way Mexicans tell time 的语篇标题为例。标题的主干是指代词块 "the way"，这儿有两个定语修饰 the way：，一是形容词 confusing，二是定语从句 Mexicans tell time。围绕 the way 这个指代词块，教师设计了几个问题，引导学生理解 the way 的指代内容，并

对两个定语进行了深入挖掘，更好地把握了语篇的主旨：文化差异导致了对语言的不同理解，引起学生对语言与文化之间关系的思考。

教师：What is the way?

学生：Ahorita.

教师：The title indicates it's a confusing way. Would you please tell me for whom it's a confusing way?

学生：For the author.

教师：It's the confusing way Mexicans tell time. Mexicans are the natives, then for Mexicans, what kind of person is the author?

学生：A foreigner.

教师：Then do you think what perhaps caused the confusion?

学生：Culture difference.

教师：Yes, that's it. Can you specify the confusion with the sentence " For the foreigner, Ahorita means_____ while for the natives, it refers to _____." ?

学生：For the foreigner, Ahorita means **right now** while for the natives, it refers to **tomorrow, in an hour, within five years or never.**

教师：Can you find the topic sentence in the passage meaning the culture difference causes the confusion about "Ahorita"?

学生："I discovered that understanding 'Ahorita' took not a fluency in the language, but rather a fluency in the culture."

同样地，选择性必修 2 的 U3 reading B Pay It Forward 的标题中含有指代代词 it，作为上外版唯一一篇标题中含有代词的语篇，如果教师直接告诉学生 pay it forward 的含义的话，是不太明智的做法。事实上，教师可以提取出指代词块"it"，让学生寻找 it 的指代内容——bill，在此基础上，再引导学生感知这儿的 it 也可以引申到为对 love 的指代，并引出课文的主旨：爱的传递。这样学生对本文主旨的理解更深入，对这一语篇有更深刻的印象。

2.1.2 利用语篇标题中的指代词块，帮助学生对语篇文体的理解

指代词块指代的是上文或下文提到的一个东西，一句话或者一个概念，是

一种特指的指代。教师可以利用好语篇标题中的指代词块，与相同主题的不同文章标题进行对比，猜测语篇的文体，对比不同文体语篇的结构，使学生更加清晰地认识到不同文体的语篇结构，更顺利快速地完成语篇的阅读。

以选择性必修 2 Unit 4 Disaster Survival 大单元下的两个语篇 Reading A Surviving The Earthquake 和 Reading B How To Survive Natural Disasters 为例。Reading A Surviving The Earthquake 标题中含有指代词块 the Earthquake，教师可以利用这个指代词块让学生认识到 the earthquake 是特指的某一次地震，对比 Reading B How To Survive Natural Disasters 标题中的 natural disasters 是泛指的各种自然灾害，所以从文体角度来看，学生很容易会想到前者为记叙文，而后者为说明文。利用教材语篇后的练习，让学生理清 Reading A Surviving The Earthquake 作为记叙文具有五要素：who，what，when，where 和 how。

Exercise 1. Complete the sentence based on the clues below.

| when | where | who | what | how |

The text is mainly about _____.

同时记叙文经常是以时间为主线的，本语篇也不例外，所以教师可以利用教材语篇后的练习，按照时间主线让学生描述地震前中后及几天后的事件细节和作者的心理变化。

Exercise 2.

Time	details	Mental state
Before the earthquake	Most people in the city were still sleeping. Shopkeepers arranged their shoes Carriage drivers fed their horses Newsboys picked up their newspaper	
During the earthquake		confused and scared
Shortly after the earthquake		
Days later		

对比 Reading A 的记叙文，Reading B How To Survive Natural Disasters，作

为说明文，更倾向于对几种自然灾害的特点及自救方法的介绍，同样教师也可以利用课文后的练习让学生从自然灾害的 name，location，cause，effect 和 action to take 的角度来了解说明文的结构特征。

2.1.3 利用语篇标题的指代词块，强化学生对指代方法的运用

有些学生尽管有寻找指代词块所指代内容的意识，但不知用什么方法去确定指代内容，正如同上文笔者提到的 2015 年高考完型填空第 53 题中学生所反映出来的没有方法的问题，所以在日常教学中教师也可以利用语篇标题中的指代词块，让学生在语篇中找到与之照应的内容，并提醒学生关注两者之间表达同一概念的词，强化强调学生运用指代中的同义转换方法。

以选择性必修 2 Unit 2 Reading A How Language Shapes The Way We Think 为例。教师根据语篇标题中的 the way 这一指代词块，让学生从文中找出 the way we think 列举的一些例子，并得出正确答案（以下语句来自课文原句）：

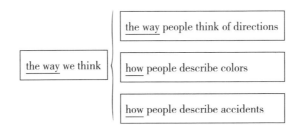

通过罗列的图表，教师就可以提醒同学 how 与 the way 表达的是同一含义，从而帮助学生理解和强化指代运用的方法。

2.2 利用教材语篇中的指代词块

指代词块与指代内容的照应关系指的是指代词块与指代内容之间在指称意义上的相互解释关系。在语篇中，利用好指代词块与指代内容之间的照应关系，可以更好地帮助学生猜测语篇中的生词含义，理清句间关系，解决长难句问题。

2.2.1 利用教材语篇中的指代词块，帮助学生猜测生词含义

上外版教材的难度比之前的教材有了一定的提高，特别在选择性必修教材中出现了不少的超出考纲范围的词汇。利用好语篇中的指代词块，也能够帮助学生猜测一些生词的词义，同时也提高学生利用指代词块解决问题的意识，这

样学生也会越来越重视指代词块。

以选择性必修 2 的 Unit 4 Reading A Surviving The Earthquake 一课中的 rumble 这一生词为例。rumble 出现在语篇的第三段：When the rumble started, Leo thought it might be thunder. 由于上文一直在讲地震的事情，所以很多学生想当然地认为 rumble 是地震的含义，但是通过教师 ppt 的互动演示，学生意识到指代词块 it 所起的作用，明白了 rumble 表示一种类似于雷声的声音。

> When the **rumble** started, Leo thought it might be thunder.
>
> it=?（the rumble）
> it ≅ ?（the thunder）
> so, the rumber ≅ ?（the thunder）

2.2.2 利用教材语篇中的指代词块，帮助学生理清句间关系

利用好指代词块和指代内容的照应关系，可以使句式变得更为清晰易懂，学生更能把握句间关系。以选择性必修 1 Unit 2 Reading A Growing Up While Making A Difference 第三段为例：

Jake and Max, who are 14-year-old twins, launched the Kids That Do Good database to allow young people to search for volunteer opportunities based on age, interest, or location. **It** all started when **the boys** began cooking meals to serve the homeless with a family friend in his home kitchen. "**We** asked **him** to take us with him to serve the meals, but when **he** looked into it, someone told him, 'No, **they** are simply too young'," said Max. **That**'s when they decided to start the website, which receives an average of 100 visitors every day and has a growing number of organisations, such as animal shelters and urban farming groups, requesting to be listed.

本段出现的指代词块主要有 2 组 7 个。

明确了人称的指代，学生对人物之间的关系以及事情的来龙去脉有一个比较清晰的了解。同时观察 it 与 they 所在的句式。

It all started when **the boys** began...

That's when they decided to start...

分　　组	指代词块	指代内容
人称的指代	the boys，we，they	Jake and Max （Kids That Do Good 数据库的创立者）
	he/him	a family friend
其它指代	it	Kids That Do Good 数据库
	that	前句内容，即 Max 所说的"当他们的家庭朋友帮他们调查时，有人告诉他 Jake 和 Max 年龄太小不能做（这种招待无家可归之人的志愿者工作）"的时候

这两句话中存在相呼应的地方：start 和 when，所以不难看出本段主要是讲 Jake 和 Max 什么时候萌发了创立 Kids That Do Good 数据库的这个想法，也就是他们有这个想法的初衷。因此，本段结构很清晰：**It** all started when **the boys** began... 是对下文的简单陈述，下文 We asked...**That**'s when they decided to start... 都是对细节的详细描述。

在本段的授课过程中，笔者发现学生对 that 的指代内容理解有偏差，由于 that 在多数情况的指代的是上文所说的事情，但是这儿 **That**'s when they decided to start... 的句型表示了 that 应该指代的是发生上文所说事情的时间点。在纠正指代内容的过程中，学生再次学习了如何找寻指代内容的方法。同时，也证明了单词只有在语境中才有其真正的含义。

2.2.3 利用教材语篇中的指代词块，帮助学生解决长难句问题

利用好指代词块与指代内容之间的照应关系，也可以帮助学生理解长难句。以必修 2 的 Unit 1 Reading B The Beauty Of Nature 的第三段为例，本段只有一句句子：

It is sad to think future generations will not have <u>the natural things to enjoy</u> as **we** have had，and that **they** will be paupers when it comes to <u>the offerings of the natural world</u>.

本句不仅长，而且句中又有 paupers 这一生词，这些都影响到学生对于整句的理解，特别是后半句的理解，但是如果能利用好几个指代词块间的照应关系，问题就不难解决了。

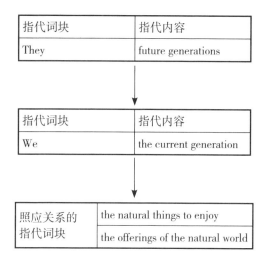

从这些指代词块可以看出前半句 future generations will not have the natural things to enjoy as we have had 和后半句 they will be paupers when it comes to the offerings of the natural world 是一种并列，释义补充的关系，也就很容易推断出 paupers 指的是 people who will **not** have the natural things to enjoy，所以后半句可以理解成：当谈及从大自然带来的馈赠，我们的后代就是个穷光蛋。

2.3　利用课后作业中的指代词块

在课文讲解结束后教师经常会布置一些与课文内容相关的作业，在此不妨尝试一些与指代相关的作业。利用课后作业中的指代词块，帮助学生反思指代运用。

笔者就一些指代词块比较多或指代词块意义比较难理解的语篇布置了一项小组合作任务：找出文中的指代词块（由 C 类同学完成），写出指代词块所指代的内容（由 B 类同学完成），检查之前两位同学的作业，并利用指代词块出1—2 道习题，可以是语法填空，完型，也可以是阅读题（由 A 类同学完成）。下面是一些小组同学的作业图片。

在小组合作中，同学们不仅巩固了指代词块的学习成果，而且通过各小组的作业分享，了解了自己对这一知识点的认知和运用的不足。

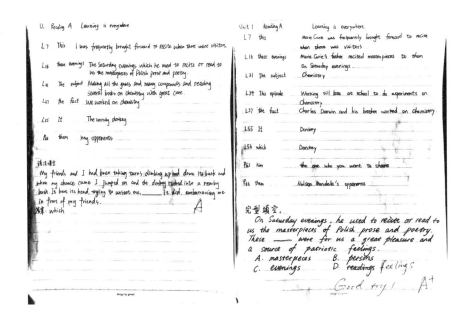

结束语

指代词块在语篇中非常常见，在完型填空中，对指代词块的理解要求更高，所以笔者以完型作为切入口了解了学生在指代运用上存在的问题，并利用《高中英语》（上外版）教材的日常教学培养了学生利用指代解决问题的意识和能力，对一线教师落实课标的指代要求有一定的启发。

【参考文献】

［1］中华人民共和国教育部制定.普通高中英语课程标准（2017年颁，2020年修订）.人民教育出版社.

［2］奥卡姆.王路，译.逻辑大全［M］.北京：商务印书馆，2010.

［3］Halliday M.A.K. & Hasan R. Cohesion in English［M］.London：Longman，1976：97—115.

［4］184.黄关福.中级英语测试指导—高考英语上海卷试题汇析［M］.复旦出版社，2009，2012，2013，2014，2016，2017：7—27.

［5］胡壮麟.语篇的衔接与连贯［M］.上海：上海外语教育出版社，2001：122—123.

附录1　关于指代词块在完型填空中运用中所存在问题的调查问卷

亲爱的同学：

　　您好！由于研究需要，现诚挚地邀请您完成一份调查问卷。本问卷无标准答案，且答案无对错之分，只需要您在每题选项中选择您真实的答案即可，请务必如实作答。本次问卷将以匿名的方式进行，将严格保证您的信息隐私性。请根据您的选择在每道题后的选项表格相应位置前打"√"。

　　衷心地感谢您的配合和合作，祝您在学业更上一层楼，生活快乐圆满！

1. 除了代词 it，they，we 等词，你对 this，that 所指代的作用有了解吗？

　　A. 一点也不了解　　　B. 不太清楚　　　C. 基本了解 D. 非常了解

2. 除了代词有指代作用外，the/this/that/those/these +（adj.）+n（s）也有指代作用，你对这一点有了解吗？

　　A. 一点也不了解　　　B. 不太清楚　　　C. 基本了解　　　D. 非常了解

3. which，who，whom 指代先行名词，这种指代作用，你了解吗？

　　A. 一点也不了解　　　B. 不太清楚　　　C. 基本了解　　　D. 非常了解

4. 在做完形填空时，你是否意识到句中出现了一些指代作用的词？

　　A. 从来没有 B. 通常没有　　C. 有时有　　　D. 经常有　　　E. 一直有

5. 在做完型填空时，你是否会有意识去寻找指代词所指代内容？

　　A. 从来没有 B. 通常没有　　C. 有时有　　　D. 经常有　　　E. 一直有

6. 在做完型填空时，你是否会凭感觉去理解句子，感觉指代词块就应该是指代你所认为的内容？

　　A. 从来没有 B. 通常没有　　C. 有时有　　　D. 经常有　　　E. 一直有（反向）

7. 在做完型填空时，如果空格所处句中含有 it，they，we，this，that 等代词且对所填答案有一定的影响，你是否会查看上文并一定要弄清它的指代内容？

　　A. 从来没有 B. 通常没有　　C. 有时有　　　D. 经常有　　　E. 一直有

8. 在做完形填空时，如果空格所处句中含有 it，they，we，them，he 等代词时，你是否会想到利用这些代词去梳理上下句间的结构以及关系？

　　A. 从来没有 B. 通常没有　　C. 有时有　　　D. 经常有　　　E. 一直有

9. 在做完形填空时，如果空格所处句中出现有 which，who 等的关系代词时，你是否会有意识用先行词来代替 which 或 who，whom 等？

　　A. 从来没有　B. 通常没有　　C. 有时有　　　D. 经常有　　　E. 一直有

10. 在做完形填空时，如果空格所处句中含有 the/this/the/this/that/those/these +（adj.）+n（s）等有指代作用的名词且对所填答案有一定的影响，你是否会查看上文并一定要弄清它的指代内容？

　　A. 从来没有　B. 通常没有　　C. 有时有　　　D. 经常有　　　E. 一直有

11. 在做完形填空时，如果句式比较长或复杂时，你是否还会有心情去弄清楚一些指代词块所指代的内容？

　　A. 从来没有　B. 通常没有　　C. 有时有　　　D. 经常有　　　E. 一直有

12. 你的老师在分析完型填空时，是否会着重强调某个指代词块的指代内容？

　　A. 从来没有　B. 通常没有　　C. 有时有　　　D. 经常有　　　E. 一直有

13. 你的老师在分析完型填空时，是否会分析他是如何找到指代词块所指代的内容的？

　　A. 从来没有　B. 通常没有　　C. 有时有　　　D. 经常有　　　E. 一直有

14. 你的老师在讲解完形填空题时，主要是用翻译法，所以你会忽略一些指代词块的理解错误造成了你对文章或本句的误解？（反向）

　　A. 从来不会　B. 通常不会　　C. 有时会　　　D. 经常会　　　E. 一直会

15. 在老师分析完型填空后，你是否会对自己的指代方面的错误进行反思吗？

　　A. 从来不会　B. 通常不会　　C. 有时会　　　D. 经常会　　　E. 一直会

知识掌握情况：题号 1—3

一点也不了解	不太清楚	基本了解	非常了解
0	1	2	3

意识与方法：题号 4—12，第 5 题分值反向

从来没有	通常没有	有时有	经常有	一直有
0	1	2	3	4

教学有效性：题号 13—16，第 15 题分值反向

从来没有	通常没有	有时有	经常有	一直有
0	1	2	3	4

附录 2　问卷的信度和效度

Cronbach 信度分析			
名称	校正项总计相关性（CITC）	项已删除的 α 系数	Cronbach α 系数
A1	0.827	0.937	
A2	0.906	0.974	0.935
A3	0.871	0.904	
标准化 Cronbach α 系数 =0.936			

效度分析结果		
名　称	因子载荷系数	共同度（公因子方差）
	因子 1	
A1	0.92	0.847
A2	0.961	0.923
A3	0.944	0.891
特征 根值（旋转前）	2.66	–
方差解释率%（旋转前）	88.677%	–
累积方差解释率%（旋转前）	88.677%	–
特征 根值（旋转后）	2.66	–
方差解释率%（旋转后）	88.677%	–
累积方差解释率%（旋转后）	88.677%	–
KMO 值	0.742	–
巴特球形值	157.573	–
df	3	–
p 值	0	–

Cronbach 信度分析			
名称	校正项总计相关性（CITC）	项已删除的 α 系数	Cronbach α 系数
B1	0.691	0.92	
B2	0.832	0.91	
B3	0.717	0.919	
B4	0.803	0.912	
B5	0.856	0.908	0.926
B6	0.727	0.918	
B7	0.636	0.925	
B8	0.751	0.916	
标准化 Cronbach α 系数：0.927			

效度分析结果		
名　称	因子载荷系数	同度（公因子方差）
	因子 1	
B1	0.769	0.591
B2	0.882	0.777
B3	0.789	0.622
B4	0.85	0.722
B5	0.895	0.801
B6	0.794	0.63
B7	0.716	0.513
B8	0.82	0.672
特征根值（旋转前）	5.329	–
方差解释率%（旋转前）	66.612%	–
累积方差解释率 %（旋转前）	66.612%	–
特征根值（旋转后）	5.329	–
方差解释率%（旋转后）	66.612%	–
累积方差解释率 %（旋转后）	66.612%	–
KMO 值	0.881	–
巴特球形值	357.272	–
df	28	–
p 值	0	-

Cronbach 信度分析			Cronbach α 系数
名称	校正项总计相关性（CITC）	项已删除的 α 系数	
C1	0.725	0.691	0.801
C2	0.521	0.801	
C3	0.668	0.723	
C4	0.594	0.766	
标准化 Cronbach a 系数：0.805			

效度分析结果		
名　　称	因子载荷系数因子 1	共同度（公因子方差）
C1	0.867	0.752
C2	0.713	0.509
C3	0.828	0.686
C4	0.767	0.588
特征根值（旋转前）	2.535	－
方差解释率 %（旋转前）	63.380%	－
积方差解释率 %（旋转前）	63.380%	－
特征根值（旋转后）	2.535	－
方差解释率 %（旋转后）	63.380%	－
积方差解释率 %（旋转后）	63.380%	－
KMO 值	0.78	－
巴特球形值	76.326	－
df	6	－
p 值	0	-

附录 3　访谈问题

1. 个别访谈（根据 2008 年和 2015 年高考完形填空题进行的访谈）

（1）你知道 *** 为指代词块吗？指代什么？

（2）你是否有意识去查找指代词块的指代内容？还是凭感觉觉得它就应该指代什么？

（3）你是怎样找到这个指代内容的？

2. 群体访谈

（1）你们觉得指代词块在完型填空中重要吗？

（2）你们老师讲解完型填空题会提到指代问题吗？

（3）你们是否会对完型填空的一些指代问题进行反思？

重写作微技能　促思维高品质

——例谈高中英语概要写作教学

刘　平

摘　要：本文从概要写作的定义谈起，列举了上海高考概要写作题型的特点和考察目标，分析了高中英语课堂概要写作教学的一些问题，依据概要写作的写作原则和阅卷评判标准，重点分析了教师教学中概要写作的微技能教学实践，从明确写作流程、关注标题、重视思维导图和概要写作的语言技巧入手，例谈高中英语概要写作如何促进学生思维品质的提升。

关键词：概要写作　微技能　思维品质

概要写作是上海高考英语写作的重要题型，一般是选取一篇 350 词以内的短文，要求考生根据所提供的阅读材料写一篇 60 词以内的内容概要，阅读体裁以议论文、说明文和记叙文为主。概要写作要用自己的语言概括原文的主旨大意和核心信息。不同专家和权威书刊、网站对概要写作的定义有不同的看法和表达：

Lee Brandon，Kelly Brandon 在 2014 年对概要写作下的定义为：A summary is a written, shortened version of a piece of writing in which you use your wording to express the main ideas

柯林斯高阶词典中对 Summary 的解释为：A summary of something is a short account of it，which gives the main points but not the details.

维基百科的定义是：shortening a passage or a write-up without changing its meaning but by using different words and sentences.

丁往道，吴冰（2002）在《英语写作手册》中的概要写作定义为：A summary is a brief restatement of the essential thought of a longer composition.

尽管表述各有不同，但各定义的关键词都是：main ideas, shortened version, your wording，强调用"自己的语言"说出"主旨"。其实，summary writing 中不仅仅包括主旨（main idea, key points and essential details），也应该包含文中最主要的核心信息。这些定义可以概括出概要写作的几个特点：一要忠于原文，二是要用作者自己的语言。另外，就是概要应该体现主旨大意而不是细枝末节。本文将依据概要写作的定义，对概要写作的写作原则、目前概要写作教学呈现出的问题以及概要写作微技能教学的教学实践进行举例分析。

一、概要写作题型的写作目标和特点

国际知名二语习得研究专家 Rod Ellis 教授曾经列出的概要写作的几个目的：

· Reasons for teaching summarizing

· It aids reading comprehension-e.g. distinguishing a main point from supporting points

· It aids writing-i.e. helps students to identify text structure

· It involves analytical thinking

· Some international examinations（e.g. the new TOERL）include a summary question

· It is essential for developing research skills

· It is a useful adjunct to extensive

笔者采访了所在学校的外语教师，多数外语老师对概要写作的评价为：概要写作是评价较为客观公正的题型；概要写作题型是区分度较为明显的题型；在日常的教学中，教师和学生对于概要写作教学的成就感较强；概要写作的文章短小精悍，易操作，有助于提高学生写作水平；概要写作题型设计科学，考查角度多，对思维品质的要求比较高……

由此可见，概要写作在高中教学实践中，是一道受教师和学生好评、评价比较科学客观的高质量题型，对概要写作的教学实践进行研究，对研究如何提高学生思维品质有着非常重要的意义。

二、概要写作的写作原则与阅卷评判标准

通常来说，概要写作的写作原则和要求包含以下几点：

1. Needs to be clear to someone who hasn't read/seen the original material（概要写作是写给没看过原文的读者看的）；

2. Give only the main points（只呈现主要的观点）；

3. No specific details, details, dates, or figures unless absolutely essential or necessary（没有具体的细节、日期或者数据除非有必要）；

4. Be concise, no wordy.（要精简不要啰唆）；

5. Maintain good paragraph structure（保持好的段落结构）；

6. Follow the same order as original（和原文的写作顺序保持一致）；

7. Be objective. Do not add your opinon（要客观，不要添加自己的观点）。

根据高考阅卷的要求，概要写作的评判标准主要从以下四个方面来评判：

1 对原文要点的理解和呈现情况；

2 应用语法结构和词汇的准确性；

3 上下文的连贯性；

4 对整个语篇的篇章结构把握情况。

理解概要写作的写作原则与阅卷评判标准，是教师指导学生写好概要写作的重要前提。

三、教师在概要写作教学实践中出现的问题

在高中老师日常的概要写作教学实践中，通常存在以下三种问题：

第一，在教学层面上，概要写作要求学生精准寻找文本要点和合理创设语篇衔接。不管是要点的寻找还是衔接的创设，都要求学生具有较强的语言能力和较高的思维水平，部分甚至超出一些学生的现有水平。这就给师生的教与学

都设置了一个很大的难题。

第二，在学生层面上，由于没有掌握系统而有针对性的方法和策略，学生在写作时经常会遗漏要点，或把细节内容误当作重点内容；同时，由于衔接词块和句式匮乏，部分学生往往倾向于抄写文本原句，导致得分很低，这些能力和技巧的提升需要系统化的技能教学和针对性练习。

第三，在教师层面上，目前许多教师在写作教学中缺乏对写作素材和教学策略的思考、整理和分类，在概要写作教学大多沿袭以前寻找主题句的老方法，鲜有创新。这种教学方法传授的知识太多、太零碎，导致学生学习兴趣不浓厚，教学效果不理想。

所以，提升学生的思维品质，教授微技能，是概要写作教学的重要方法。这些微技能包括提高学生区分支撑性观点与结论的能力，引导学生关注上写文衔接手段，提高解读文本的能力和写作的连贯性，引导学生抓住题材与语篇的特点，关注作者写作意图，注重提升语言准确性与丰富性，夯实学生的语言基础，引导他们学会灵活表达，增强语言的丰富性，这些技能都与学生思维品质的发展有着密不可分的关系。接下来笔者会对这些微技能的教学实践进行举例阐述。

四、概要写作微技能教学

依据概要写作的写作原则与阅卷评判标准，教师在概要写作的教学中应注重概要写作的技能讲授，尤其关注概要写作的微技能教学，促进学生思维高品质发展。下面的概要写作微技能教学都来自笔者平时的教学实践。

1. 明确规范概要写作流程

华东师范大学邹为诚教授曾经引用 Hacker & Sommers 的 5 条概要写作要领，提出概要写作的步骤分为："复读原文"、"提取关键词"、"定位观点"、"囊括细节"、"总结全文"的重要性。

在此理论基础上，笔者在教学实践中将概要写作的步骤进行进一步细化，总共包含八个步骤，帮助学生在写作中理清思路，逐步完成概要写作的全过程。

表1　概要写作八步法

Step 1	Reading the title and making a prediction
Step 2	Reading the article and highlighting content words
Step 3	Paying attention to reiteration
Step 4	Analyzing the logic（mind map）
Step 5	Marking the main points and important details
Step 6	Writing a summary
Step 7	Polish one's summary draft
Step 8	Reflecting on tips on summary writing

教师在日常的写作中应该坚持要求学生按照八步写作法循序渐进地训练，有助于学生理清思路，养成良好的写作习惯，这将对写作能力的提高、思维能力的提升，大有裨益。

2.明确主题内容中心话题

很多概要写作的文章都有标题，教师应该要求学生关注概要短文的标题，帮助学生选择主要信息，进行取舍。这是概要写作的重要微技能。

表2中列举了近几年概要写作出现的标题，这些标题都能明确的呈现文章的主题、写作目的或中心论点，能引导学生了解作者的写作意图，真正抓住概要的写作重点和要点。

表2　近几年概要写作标题、类别和语法形式

概要出处	标　题	类别	语法形式
2017 年春考	Shyness	主题内容	名词
2017 年秋考	Learning by Rote in the Digital Age	主题内容	分词
2018 年春	To Laugh Is Human	中心论点	不定式
2018 年秋考	Becoming an attractive employee	中心论点	分词
2019 年春考	Where are the bees?	主题内容	疑问句
2022 年春考	Light the cities of the future	主题内容	祈使句
2021 杨浦一模	What Is Zero Waste?	主题内容	疑问句
2021 浦东一模	Solving the Problem of E-Waste	中心论点	分词

从表2能看出，上海高考和模考概要写作的文段标题以名词、词组、问句、分词、不定式、祈使句等形式巧妙地呈现了文章的主题、要点或写作目的，引导学生观察文章标题，有助于学生提升概要写作的准确、完整性。

以2021年普陀一模概要写作为例，文章第一段用了三行讲述了老人参加太极拳锻炼、身体各方面得到改善并能减少老人的摔跤情况，这一研究发表于某科学杂志。这一段看似要点很多没有重点，但学生只要注意观察标题 Tai Chi Can Reduce Falls in Old People，就能发现重点就落在"太极防止老人摔跤"上，同时判断下文也是和太极防老人摔跤有关，这样就能迅速抓住重点，提升写作效率。

Tai Chi Can Reduce Falls in Old People

Old people who took part in a structured programme of Tai Chi found that their balance and physical strength improved，reducing the risk of falls，according to a paper in the latest Journal of Advanced Nursing.

……

第一段概要参考答案: *A structured Tai Chi program can help old people avoid falls.*

3. 运用思维导图帮助学生理清文章框架

教师在教学中经常会发现，在概要写作的过程中，有些学生只会简单地从文章中提取几个零散出现的关键词，缺乏对整篇文章系统的理解，也不会对文章的整体结构进行层层剖析，从而导致偏离主题，抓错重点。教师要首先和学生明确强调概要的定义: A summary is a brief review of a piece of written material. It should include only main ideas **and key supporting details**. It should NOT include minor details or any personal opinions（概要写作是对书面材料的汇报和回顾，应该包含主要观点和主要的分论点，不能包含次要要点和任何个人观点）。

也就是说，在写作的过程中学生应该 Marking the main points and important details. Write down the key support points for the main topic，but do not include minor detail（标注主要观点和重要细节，概括主题的主要论点，不要包含次要的细节）。也就是说教师要指导学生学会抓住文章的要点和重点。图1、2是笔者在教学中向学生展示的文段，向学生明晰 main idea（文章中心论点）、key supporting details（主要分论点）、minor details（次要细节）的区别，定位每一段的中心句或中心论点，引导学生注意抓大放小。

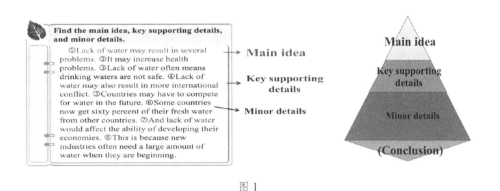

图 1

　　图 2 的两篇概要题型短文取自 2017 年、2018 年上海春考，教师在教学中要指导学生在写作的过程中学会准确定位各部分的主题句，准确定位和理解主题句是抓住概要写作要点的重要前提，更是高考阅卷评分的重要指标。

微技能-Locate the main idea of each part

Shyness (2017春)

If you suffer from shyness, you are not alone, for shyness is a universal phenomenon. It is not surprising that social scientists are learning more about its causes.

The first environmental cause of shyness many be a child's home and family life. ....

A second environmental cause of shyness in an individual may be one's culture. ....

Technology may also play a role. ....

It appears that most people have experienced shyness at some time in their lives. Therefore, if you are shy, you have lots of company.

To Laugh Is Human (2018春)

Most of us don't know why we laugh at some jokes and not at others. Scientists know that we are able to laugh at birth. Babies begin to laugh at three to four months of age, well before they produce their first words. What scientists are interested in is **why we laugh.**

Scientists believe humans laugh with others primarily because it makes us feel connected with one another, which in turn gives us a sense of trust and comfort. To scientists, laughter is an unconscious reaction; consequently, when we laugh, others can be certain that it is an honest reaction, and honesty is key when building and maintaining friendships.

Since laughter is seen as a social signal that we send to others, it can also help explain why it is so infectious. Studies have proven that when people see or hear something funny, they are 20 times more likely to laugh when they are with others than when they are alone. Wanting to be accepted by others is part of human nature. And mirroring other people's laughter is a way to signal to others that you feel the way they do, which makes us feel more connected with one another.

Humans have not always laughed just so they can feel closer to others, however. Scientists point out that this social function of laughter was born out of an even more fundamental human need. Laughter, they believe, came about because it contributed to our very survival as a species. Scientists assume that sharing laughter ensured our ancestors a higher survival rate because it led to greater cooperation between individuals. Humans learned quickly that greater cooperation led to survival, and the brain in turn realized that laughing with others increased out chances of finding people to cooperate, hunt, eat, live, and eventually, survive with.

图 2

4. 用思维导图帮助学生理清脉络

在概要写作的教学过程中笔者发现，思维导图（Mind map）可以更加直观地反映篇章的组织方式，在有限的时间里帮助学生快速记忆和提取文章的关键信息，把各级主题的关系用相关隶属与相关层级图表现出来，把握个要点信息之间的关系和侧重点，创建写作框架，厘清文章脉络，并为他们接下来的写作夯实基础。图 3 和 4 是笔者在教学中教学生在概要写作中常用的树形图训练示例。

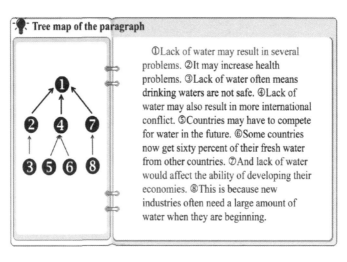

图 3　思维导图训练一

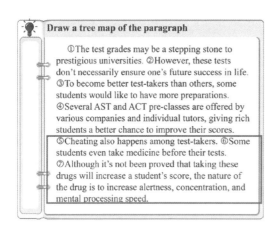

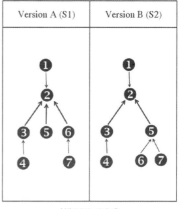

图 4　思维导图训练二

思维导图有助于提升学生的逻辑思维，教师在日常教学中坚持思维导图的

训练，学生就能更准确更迅速地把握概要文段的脉络和结构。图 5、6、7 都是
笔者在日常教学中坚持运用思维导图指导学生概要写作的习作。

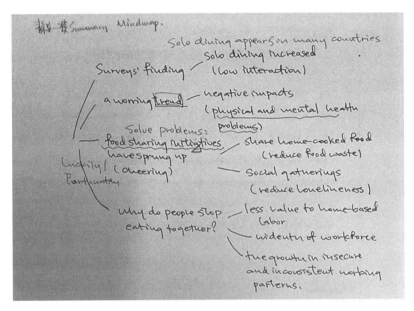

图 5　学生思维导图作业一

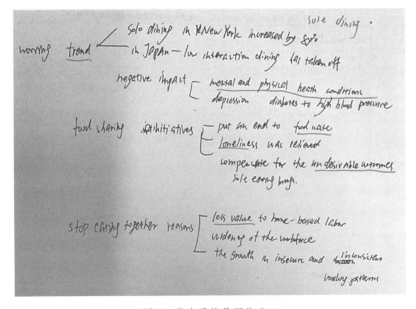

图 6　学生思维导图作业二

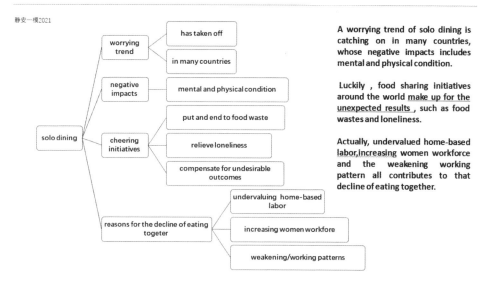

图 7 学生思维导图作业三

5. 巧用修辞，妙写概要

修辞手法是增强语言表达效果的一门艺术，研究增强语言表达效果的规律，能解决语言好不好的问题。教师在概要写作的教学过程中，要指导学生巧用修辞，帮助学生妙写概要，提升概要写作的语言水平。

概要写作常见的修辞有以下几种：

（1）Climax（层递）：英语修辞格 Climax 是修辞学中常用的一种手法，通常表现为逐渐升高的语气或递进的结构，使得读者感受到事情的重要性和强烈的情感。一般使用几个成分相同的词、短语或者从句平行并列，使其按照一定的顺序逐层依次递进，如按照大小、轻重、深浅、多少等顺序这种技巧可以使文章更有力度，更具说服力。Climax 要符合三个条件：第一，并列的成分要有三项以上；第二，并列的成分所表达的事物要有一定的内在联系；第三，所表达的事物要有一个递增或递减的层次。以 2021 闵行区一模概要的参考答案为例：

Curiosity determines one's academic performance and can lead to new discoveries（1分）. However, **technology seriously endangers** curiosity（1分）. **It prevents people** from thinking deeply and engaging with each other（1分）. Worst of all, **it keeps feeding us** what it thinks we like instead of exposing us to new ideas（1分）. Therefore, to develop curiosity, we need to rely less on technology（1分）.（57 words）

　　整个 57 个字的段落用整齐的主谓结构短句从科技阻止人们深度思考谈到科技能使我们思维固化、不接触新的观点，层层递进强调科技能危害好奇心这一观点，使语言排列整齐，逻辑清晰，气势连贯，起到加强语势的作用。

　　（2）Tautology（同义反复）：英语修辞格 Tautology 在修辞学中是指用指用意义相同或者相近的词或者短语，替代之前使用过的某个词或短语，形成意义相同或相近的词或短语的反复使用。概要写作要求最终的答案控制在 60 词之内，在控制词数的短文写作中使用 Tautology 修辞，能够起到避免重复、丰富词汇的作用。例如图 8 中的概要写作，短文围绕 "daydreaming"（做白日梦）展开，重点阐述了做白日梦的好处。文章每一段都有自己的主题句，要点清晰。在写作时，我们要注意语言的转化，即尽量少使用原文语句；同时，要尽量避免重复使用词语。短文阐述做白日梦对于情绪、记忆力和自我了解的好处时，分别使用了 "help" "develop" 和 "get to know" 三个动词。我们可以对这三个动词使用 Tautology 修辞，分别替换成 give rise to、trigger、hinder 既进行原语言的转化，又避免词语重复：

Tautology（同义反复）

The majority of people say that by daydreaming we waste our time and energy in something that is nothing less than unproductive things. But many medical studies have showed something different. They've stressed on the fact that daydreaming works wonders on our imagination power, creativity and situation-handling technique. In fact, many problems can be easily solved if we daydream.

The topmost benefit of daydreaming is that your mood gets the right improvement. You get happiness from it and this happiness changes into a source of energy that helps you in working in a good mood.

Many psychologists have said that people who daydream tend to have a sharper memory. Since daydreaming activates the nerves of your brain, you tend to have higher attentiveness and your ability to remember things develop.

When you daydream, you automatically imagine yourself as your heart says and therefore, you get to know yourself better.

写作一稿

　　Most people regard daydreaming as a waste of time and energy. However, that's not the case. Many medical studies have found that daydreaming has a lot of benefits. First of all, daydreaming can keep you in a good mood. What's more, it helps improve your memory. Last but not least, daydreaming assists you to know yourself better.

运用同义反复的技巧进行修改

　　Lacking water contributes to several problems, giving rise to health problems, triggering more international conflict, and hindering economic growth.

图 8　同义反复修辞使用示例

　　（3）Antithesis（对照）：Antithesis 一词源于希腊语，是"相反，相对"的意思。Antithesis 是指故意把相反或相对的词、短语或从句用平行或对称的结构排列起来，以表达相反或相对的意思，使得两层概念互相对照，形成反差，以加强表达效果。如果文章中恰好有相对的概念，我们可以巧妙使用 Antithesis 修辞，形成反差，简洁地概括文章内容。例如图 9 中的 2021 年崇明一模概要写作，在出题者给的参考答案中，passively 和 actively 形成反差对比，less time 和 more frequently 形成对比，清晰了表达了原文中对改善记忆力的方法和避讳。

Antithesis（对照）　（崇明一模2021）

> Your memory can improve if properly trained and practiced. Firstly, instead of receiving what you learn passively, use it actively and frequently in various ways, which helps you remember it better. Secondly, spend less time reviewing it each time but more frequently. Lastly, review it soon after the learning. (49 words)

图 9

　　（4）Parallelism（平行）：Parallelism 是一种在语句结构上常用的修辞手法，是指用相同或相似的结构来表达两个或两个以上的相同、相似或相关的事物。其所表达的几个事物在重要性上是相等的，在意义上是平行的。使用这种修辞手法，可以突出语言的意义，明晰概念，使语气更加连贯。对于短文中的平行概念，我们可以使用 Parallelism 修辞进行概要写作，使之文气贯通，读来朗朗上口。

Parallelism（平行）（2021一模崇明）

> Your memory can improve if properly trained and practiced.
>
> Firstly, instead of receiving what you learn passively, use it actively and frequently in various ways, which helps you remember it better.
>
> Secondly, spend less time reviewing it each time but more frequently.
>
> Lastly, review it soon after the learning. (49 words)

图 10

图 10 还是 2021 年崇明一模的概要写作参考答案，这一版本的答案换了一种写法，使用祈使句进行平行排比：use it actively and frequently……spend less time reviewing……review it soon……三个祈使句读起来有力简洁，朗朗上口，连贯流畅，简单中透着语言的美感，建议也显得声声入耳。

总之，在日常的概要写作教学中，只要教师有意识地帮助学生掌握概要写作的微技能，比如寻找主题句的技能，提高区分支撑性观点与结论的能力，关注上写文衔接手段，提高解读文本的能力和写作的连贯性技能；引导学生关注作者写作意图和行文逻辑，提升语言准确性与丰富性，夯实学生的语言基础，引导他们学会灵活表达，增强语言的丰富性，就能促进学生思维品质的发展，在概要写作中游刃有余。

【参考文献】

［1］闫守轩. 思维导图：优化课堂教学的新路径［J］. 教育科学,2016（3）：24—28.

［2］顾仁富，陈娟. 图表法在高中阅读理解教学中的实践与探索［J］. 中小学外语教学（中学篇），2010（9）：43—49.

［3］王伟文. 2017. 高中英语概要写作策略的实践探索［J］. 中小学外语教学（中学篇），（6）：34–39.

［4］傅咏梅. 英语新高考写作微技能导学［M］. 杭州：浙江大学出版社，2017.

［5］黄晓辉. 浙江高考英语概要写作题型研究［J］. 中小学英语教学与研究，2016，（6）：64—68.

（本文根据作者在上海市杨浦区英语教研活动中所做的高考复习主题讲座内容整理）

基于自然博物馆资源的"群落是多物种种群构成的复杂空间结构"教学设计

梁逸伦

摘　要：以崇明东滩湿地群落作为整节课的线索，利用自然博物馆"上海故事"中展出的图示、模型等资源，将抽象的概念以及难以用具象的形式来展示的事例，以形象生动的方式展现在学生面前。学生在了解群落的组成和结构的同时，理解生物在进化过程中与周围的环境相适应，树立保护环境的社会责任意识。

关键词：群落　生态环境　复杂空间

一、教材分析与设计思路

"种群是多物种种群构成的复杂空间结构"这一内容，对应《生物学课程标准（2017版）》中选择性必修课程大概念2"生态系统中的各种成分相互影响，共同实现系统的物质循环、能量流动和信息传递，生态系统通过自我调节保持相对稳定的状态"的次位概念2.1.3和2.1.4"举例说明阳光、温度和水等非生物因素以及不同物种之间的相互作用都会影响生物的种群特征"和"描述群落具有垂直结构和水平结构等特征，并可随时间而改变"[1]。该内容位于选择性必修2《生物与环境》第1章"种群和群落"的第3节"群落是多物种种群形成的复杂空间结构"，包括群落的物种组成、种间关系、群落的结构等内容，是之后要学习的"群落的演替"以及"生态系统"的基础。

在上海自然博物馆"上海故事"展厅，以上海崇明东滩湿地作为线索，可以在教学中以此作为情境，通过介绍崇明东滩的生物资源，说明其物种丰富，引出群落的概念以及多种种间关系。通过例举种间关系的具体例子，理解物种之间会因相互适应而形成一定的动态平衡。从图片中归纳并概括群落具有的垂直结构，展示上海自博馆拍摄的示意图，说明群落中的动物也有分层现象。展示上海滩涂群落照片，说明群落的水平结构具有镶嵌性，这一特点为生物提供了更丰富的栖息地类型。介绍东滩在不同的季节，候鸟的种类发生变化；鱼类降海、溯河洄游等，都会导致群落的组成和结构发生变化，引导学生可以利用博物馆资源拓展学习，为其终身学习打下基础。将本节内容贯穿，用鲜活的例子说明群落中的各物种之间相互关系和联系，以及随时间变化而发生变化，同时增加学生对家乡环境的保护意识，提升学生的社会责任。

二、教学目标

基于课程标准的内容要求、学业要求，围绕学生核心素养的培养要求，制定了如下教学目标：

（1）通过对特定群落的分析和讨论，运用推理、概括等科学思维方式，阐述群落是多物种组成的有机整体。

（2）通过列举各种种间关系的具体例子，理解各物种之间的相互作用和相互联系的本质，形成进化与适应、稳态与平衡的生命观念，树立正确的生命意识。

（3）通过对群落空间结构以及随时间而改变的分析和解释，阐述生物与生态环境之间的适应关系，形成环境保护意识，培养社会责任。

三、教学过程

3.1 用崇明东滩的生态环境，创设情境 教师展示一段崇明东滩的视频资料，引发学生思考：什么是群落？视频中的群落都有哪些生物组成？接着，教师追问：群落的外貌是由什么物种决定的？从而引出群落是由各物种种群组成，且群落中的植物类型决定了群落的外貌。

设计意图：创设的情境是上海本地崇明东滩，学生会有一定的亲切感，也有学生亲临过此地，对此会有一定的探索欲，且贴合学生的生活经历。用视频资料来展示，可以让学生更直观地认识到群落的组成和面貌特征。

3.2　用具体事例构建种间关系的概念　为了介绍并解释多种种间关系，教师通过分步提供具体的事例来引导学生构建种间关系的概念。

事例1：群落中白鹭捕鱼，捕食者和猎物的种群数量在自然状态下会呈现动态平衡，教师展示种群数量的曲线图。请学生思考，如果增加捕食者的数量，如过度放牧，种群数量会发生怎样的变化？学生根据之前已提供的曲线图，描述捕食者数量增加，猎物的种群数量会随之减少。教师接着问：长此以往会出现怎样的生态危害？引导学生认识到过度放牧会导致草原沙化，人类的活动可能会打破原有的生态平衡，甚至带来危害。

事例2：海三棱藨草和藨草是同属植物，形态相似，是崇明东滩的本地种，在一定的环境条件下，会因为争夺共同的生存资源而形成竞争关系[2]，种群数量会呈现此消彼长的现象。引入互花米草后，与本地种海三棱藨草形成种间竞争关系，排挤并抑制本地种[3]。请学生思考并画出，随着时间的推移，互花米草与海三棱藨草种群数量的变化曲线。

设计意图：通过对具体事例的比较，引导学生理解自然群落中的种间关系是物种之间长年以来相互适应的结果，形成正确的生命观念，而人类有意或无意的活动干扰，可能会破坏原有的生态平衡，需要提高生态环境的保护意识。同时运用模型与建模的方式理解抽象概念，提升科学思维能力。

3.3　认识群落的空间结构　教师展示实地拍摄的不同群落的照片，由学生观察得出群落中的植物在垂直方向上具有分层现象。教师提问：植物的垂直分层现象的原因是什么？学生从形态与功能、进化与适应的角度得出阳光是影响分布的主要原因。接着，教师出示从自然博物馆拍到的照片，展示在崇明东滩的芦苇群落中，动物也有着垂直分布现象。教师展示上海滩涂照片，提问学生：照片中的群落在空间上有什么特点？学生观察后得到，群落在水平方向上具有镶嵌性。接着教师提问：群落的水平结构有什么意义？教师用实景照片来解释群落的水平结构意味着多样的栖息地类型，能承载更多的生物。

设计意图：在日常生活中，群落中植物的垂直分布现象是比较容易发现的，所以利用照片的形式展示给学生，引导学生要善于观察身边事物，热爱环境。但是，群落中动物的分布是比较难观察到，所以利用自然博物馆的资源，用模型图示的形式形象地表示出动物的分布也存在分层现象。通过介绍群落的水平结构能为更多的生物提供不同的栖息地，引导学生提高环境保护的意识。

3.4　利用博物馆资源理解物候期　教师提问：群落是静态的吗？学生从日常生活中寻找出一些例子，引出物候期这一概念。教师展示博物馆中鸟类迁徙和鱼类洄游的模型照片，介绍崇明东滩在一年四季中鸟类种群的更迭，以及鱼类的降海溯河洄游导致群落组成的改变，得出不同的物候期使群落会随时间而发生变化这一结论。

设计意图：利用自然博物馆中的资源，用形象生动的事例来解释物候期这一比较抽象的概念。同时，引导学生学会利用博物馆资源进行进一步学习，为"终身学习"[4]打下基础。

3.5　学以致用，提升社会责任　教师提问："自然群落中，植物会因为对阳光的需求不同而呈现垂直分层现象，这是生物常年进化与环境相适应的体现。能否根据这一原理，仔细观察小区、校园中的人工群落，并提出肯定或改进的建议呢？"最后，鼓励学生可以在生活中利用所学知识，为家乡的绿水青山做出努力和贡献[5]。

四、教学反思

本节课内容是从宏观维度认识群落，用到了大量的具体事例来解释一些理论概念。结合上海自然博物馆中的资源，一方面弥补了教师难以用具象形式呈现的不足，另一方面期望学生能学会利用博物馆资源进行深入学习，拓展知识面的同时，也为其"终身学习"埋下种子。不足之处在于，教学过程中留给学生思维空间的深度还不够，有待进一步探索。

【参考文献】

[1]中华人民共和国教育部.普通高中生物学课程标准（2017年版2020年修订）[M].北京：人民教育出版社，2018：2—5.

［2］项世亮.崇明东滩莎草科植物群落格局及其形成机制研究［D］.华东师范大学，2017.

［3］王倩，史欢欢，于振林，王天厚，汪承焕.盐度及种间相互作用对海三棱藨草、互花米草萌发及生长的影响［J］.生态学报，2022，42（20）：8300—8310.

［4］饶琳莉，于蓬泽.上海自然博物馆校本课程的开发与实施［J］.科学教育与博物馆，2018，4（04）：270—273.

［5］甘甜，代红春.基于乡土课程资源的"主动运输与胞吞胞吐"教学设计［J］.生物学教学，2022，47（09）：44—47.

（上海市杨浦区课题：高中生物教学"模型与建模"示范性案例及评价体系的开发与实践）

关于《习近平新时代中国特色社会主义思想学生读本》在中学思想政治学科的实施情况及改进建议

许天韵　杨　鹏

摘　要：随着新课程、新教材的落地，思想政治学科在培育英才方面的作用愈发得到重视，《习近平新时代中国特色社会主义思想学生读本》（以下简称"《学生读本》"）也作为思想政治新教材的一部分在全国中小学全面普及。为了使《学生读本》更好地与中学思想政治教学进行融合，本文以杨浦区为样本展开调研，调查《学生读本》在中学思想政治学科的教学实施现状，并依据呈现出的问题给予改进建议。

关键词：学生读本　思想政治学科　建议

一、调查背景

2021 年，《习近平新时代中国特色社会主义思想学生读本》（以下简称为《学生读本》"）正式进入教材体系，并走入全国各地中小学的课堂之中。未来，各地高校也即将投入使用大学生版本，《学生读本》将覆盖全学段。

中学阶段是学生身心发育的高速成长阶段，既与小学相承接，又是大学阶段的铺垫。在此阶段，需要通过课程学习引导青少年学生建立科学的世界观、人生观、价值观以及开拓学生的视野。《学生读本》能够弘扬正确的价值导向，发挥教材在育人育才中的重要作用。

要推动《学生读本》进课堂更上新台阶，其效果和满意度需要学生的反馈。为此，在杨浦区和崇明区两个大区开展大调查。针对杨浦区高中学生，主要采用了问卷调查的方式，对《学生读本》的兴趣程度、满意度、教学实施情况等方面进行了调查。

二、调查概述

问卷共分为四大模块，第一部分为基本信息，收集受访者的性别、学校性质、家长学历等信息，以便全面把握本区中学生的总体特征。第二部分为课程体系满意度，主要收集受访者对推进《学生读本》进课堂方面的认知态度。第三部分为教材满意度，主要用以考察中学生对《学生读本》的满意度。第四部分为课堂教学，主要调查中学生对《学生读本》在课堂教学中应用的态度。四个模块间具有内在联系，旨在总结《学生读本》的教学工作在本区各方面要素的情况。

本研究的样本为上海市杨浦区内所有普通高中学生、初中学生，横跨预备年级至高三年级。调查团队共发放学生线上问卷 650 份，回收有效问卷 603 份，问卷回收率为 92.77%。在对数据进行分析的基础上，呈现出当前《学生读本》在中学思想政治教学的基本情况。同时，通过归因分析概括实施过程中的共性问题，并在此基础之上提出对策建议，为后续更好地使《学生读本》在课程中发挥作用提供参考。

三、调查结果

（一）基本信息

表1　基本信息统计结果

信息	类别	频数	百分比
性别	男	236	39.14
	女	367	60.86
	合计	603	100.0
学校性质	市实验性示范性学校	12	1.99
	区实验性示范性学校	14	2.32
	民办普通学校	86	14.26
	公办普通学校	487	80.76
	其他	4	0.66
	合计	603	100.0
家长最高学历	小学	16	2.65
	初中	13	2.16
	高中	32	5.31
	专科	84	13.93
	本科	330	54.73
	硕士	93	15.42
	博士	35	5.8
	合计	603	100.0

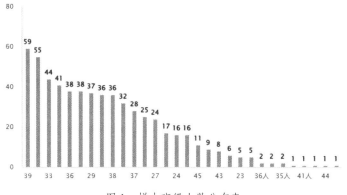

图1　样本班级人数分布表

参与此次问卷调查的中学生中，在性别方面，男生占比39.14%，女生占比60.86%，分布较为均衡。在学校性质方面，参与问卷调查的学生主要集中在公办学校之中。在家长素质方面，样本的家长素质普遍较高，超过半数的家长拥有本科及以上学历，本科学历的家长和硕士学历的家长合计高达70.15%。班级人数方面，分布情况如图1所示，大部分班级人数集中在27—39人的区间，班级规模较为合理。总体而言，本区的学生、学校、家长都体现出高质量、高素质的整体特征，这为本次调查研究提供了较好的信息样本。

（二）教材及课程满意度

为考察本区中学生对推进新课程新教材实施示范区建设工作的满意度，问卷采用若干问题收集受访者在课程、课本、课堂等方面的满意度，用以反映学生个人层面对推进新课程新教材工作的接受度和认可度。

1. 学生认知态度

前三个问题主要考察中学生对于《学生读本》进课堂的认知水平和支持态度，回答的主要结果如表2所示。

表 2　认知态度统计结果

信息	类别	频数	百分比
对《学生读本》进课堂的满意度	非常不满意	61	10.12
	比较不满意	15	2.49
	一般	21	3.48
	比较满意	84	13.93
	非常满意	422	69.98
	合计	603	100.0
对《学生读本》进课堂的了解度	十分了解	444	73.63
	很少了解	142	23.55
	一般了解	13	2.16
	没有了解	4	0.66
	合计	603	100.0
对《学生读本》进课堂的支持度	非常支持	523	86.73
	比较支持	56	9.29
	支持	16	2.65
	无所谓	8	1.33
	合计	603	100.0

　　据统计，在满意度方面，69.98% 的受访中学生对《学生读本》进课堂"非常满意"，13.93% 的受访中学生表示"比较满意"，持满意态度的中学生占比高达 84%，仅有 10% 左右的学生表示不满。在支持度方面，表示"非常支持"和"比较支持"的学生比例同样居于高位，高达 96%。在了解度方面，同样也有 96% 的中学生对《学生读本》进课堂的政策比较了解。

　　学生的满意度、了解度和支持度三者之间呈现出了正相关的关系。总体而言，中学生对《学生读本》进课堂展现出了积极的态度。

2. 教学实施情况

　　用五个问题考察受访学生所在学校中《学生读本》的教学实施情况，整理统计后如表 3 所示，可以反映在日常课程体系中《学生读本》的应用情况。

表 3　教学实施情况统计结果

信息	类别	频数	百分比
所在学校是否提供《学生读本》	提供	557	92.37
	未提供	46	7.63
	合计	603	100.0
所在班级是否开展了《学生读本》课堂教学	开展了	554	91.87
	未开展	11	1.82
	不清楚	38	6.30
	合计	603	100.0
所在班级是否结合课堂教学开设《学生读本》相关课程	开设了	552	91.54
	未开设	51	8.46
	合计	603	100.0
所在班级是否开展了与《学生读本》有关的活动	开设了	556	92.21
	未开设	47	7.79
	合计	603	100.0
思政或道法课堂上老师是否会结合时政介绍《学生读本》	比较频繁	303	50.25
	提到过	251	41.63
	没印象	49	8.13
	合计	603	100.0

　　数据显示《读本》在教学中的普及度较高，杨浦区教学实施普及度超过了

90%。具体来说，91.54% 的学校对《学生读本》开设专门课程，91.87% 的班级开展课堂教学。可是当调研《读本》在课堂教学中的实施形式时却显现出了问题。

当问及学生"思政或道法课堂上老师是否会结合时政介绍《学生读本》"时，超过 40% 的学生表示仅仅是"提到过"，仅有一半学生表示"比较频繁"，甚至有将近 10% 的学生表示"没印象"。由此可知，大多数思政教师依然只是在课堂中对《学生读本》进行简单引用，并未将读本特色与统编教材进行深度融合。

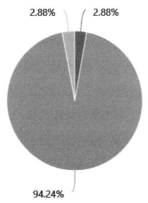

图 2　所在的班级开展与《学生读本》有关的活动形式

依据图 2 所示，大部分班级都开展了与《学生读本》相关的教学活动，杨浦区的所有受访学生所在校都有活动开展。值得注意的是，其中 94.24% 的班级都利用团课、班会课时间开展相关室内活动，仅有 2.88% 的班级有户外活动形式。

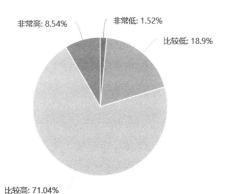

图 3　教师认为《学生读本》的学习难度

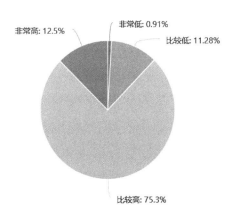

图 4　教师认为《学生读本》的教学难度

此外，较多教师们在调查中反馈对于学生而言学习难度较高或非常高，总计占比高达 80%。相应地，有 87.8% 的教师们也认为《学生读本》的教学难度也较高或非常高，两者成正相关。

3. 教材及课程满意度情况

用三个问题考察受访学生对《学生读本》教材本身和课程方面的满意度，统计结果如表 4 所示。数据显示，杨浦区有超过 70% 的学生认为特别有趣；27.11% 的学生认为比较有趣；仅有 1% 左右的学生认为编写比较无趣；暂时没有学生认为十分无趣。可见学生在问卷调查中对《学生读本》本身的编写表示高度认可。

表4　课程体系满意度统计结果

信息	类别	频数	百分比
《学生读本》教材编写是否有趣	特别有趣	400	71.81
	比较有趣	151	27.11
	比较无趣	6	1.08
	十分无趣	0	0
	合计	557	100.0
开展课外活动落实《学生读本》是否增加课业负担	增加很多	27	4.86
	增加一些	41	7.37
	没太增加	207	37.23
	没有变化	281	50.54
	合计	556	100.0
认为课堂内外活动形式、类型是否丰富	比较沉闷	0	0
	比较单一	11	1.98
	比较丰富	243	43.71
	非常丰富	302	54.32
	合计	556	100.0

当问及与《学生读本》有关的课外活动是否会增加课业负担时，50.54%的学生认为开展课外活动落实《学生读本》并未增加课业负担，37.23%的学生表示"没太增加"。同时，总计有98%的学生认为当前的相关课内外活动"非常丰富"和"比较丰富"，仅有不到2%的学生认为"比较单一"。

总体而言，近九成的学生不认为相关活动带来负担，并且大部分学生们对此具有浓厚兴趣，这对于思政教师如何在日常教学中处理好理论与实践、讲授与活动的关系带来一定思考。

4.课程展望及学习意愿度情况

用两个问题考察受访学生对未来《学生读本》相关课程形式的期待以及继续学习的意愿情况，统计结果如图5和表5所示。

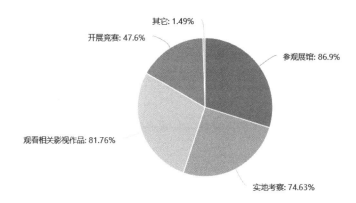

图 5　期望开展的活动形式

表5　课程学习意愿度统计结果

信息	类别	频数	百分比
是否愿意进一步加深对《学生读本》的理解认识	非常愿意	459	76.12
	愿意	140	23.22
	不愿意	4	0.66
	合计	603	100.0

　　图 3 的数据显示：学生中有 86.9% 期望参观展馆，有 81.76% 希望观看影视作品，希望学校开展实地考察活动的比例也高达 74.63%。可见，受访学生对走出校门的实践类活动具有较高热情和兴趣。同时表 5 显示，76.12% 的学生表示"非常愿意进一步学习《学生读本》"，23.22% 的学生表示"比较愿意"，学生们对《读本》相关课程的学习依然具有一定的期待。

表6　课程评价方式统计结果

信息	类别	频数	百分比
教师倾向于《学生读本》进课堂的评价方式	结合思想政治课教学进行等级性评价	163	49.7
	结合思想政治课教学进行合格性评价	118	35.98
	单独安排诸如撰写论文等评价方式	3	0.91
	不需要安排评价	44	13.41
	合计	328	100.0

在问及教师期望的评价方式时，49.7% 近半数的教师希望结合思想政治课教学进行合格性评价，同时也有 35.98% 的教师认为应当结合思想政治课教学进行等级性评价。从中我们可以看出大部分教师认为思想政治课教学应与《学生读本》相融合，并且应当构建合理的评价体系。

四、问题呈现

通过分析问卷数据，可以发现《学生读本》在中学阶段的教学实施过程中有如下问题：

（一）课程缺乏知识性和活动性的统一

杨浦区历来是教育大区，是普通高中新课程新教材实施国家级示范区，拥有多所市区重点学校。根据调研的样本显示，当前杨浦学生的家长大部分都是本科及以上的学历，反映出学生及其家庭的高水平、高素养，而这样的家庭则更会对学生学习的众多课程提出更高要求，寄希望于将学生培养为全面发展的人才。

然而，调研发现，当前《学生读本》在教学实施过程中依然是以课程讲授为主，许多学校的读本课程只是与时政进行简单的结合，偏重于读本本身的知识点讲解，并未与现实题材进行深度融合，没有给予学生广阔的思考空间、未呈现出对学生自主思考能力和高阶思维能力的培育。

（二）缺乏多样的教育资源和教学活动

当前《学生读本》的教学活动略显单一，大部分都是利用班会课、团课时间组织知识类的活动。调查发现：学生对其他活动类型有高期待，尤其是实地考察、场馆参观等社会实践类活动深受欢迎。但是，这与大部分学校有限的教育资源以及对学生安全保障的考虑产生冲突，如何开发教育资源、组织多样的教学活动成为一个重要问题。

（三）缺乏合理的任务布置与评价体系

根据数据反馈的情况，本区中学生对教材的满意度总体较好。学生普遍认同《学生读本》编排的科学性和趣味性；普遍认为现阶段对于《学生读本》的学习压力不大，尤其是绝大部分同学表示相关课外活动也不会增添课业负担。但主要是由于现阶段对于《学生读本》的课后任务几乎没有。

同时，目前对于《学生读本》的学生学习评价是空缺的，大多数教师也意识到应当结合思想政治课教学进行合格性或等级性的评价，那么如何既满足学生对于多样性活动的需求，又给予学生个体的学习评价成为一个亟需解决的问题。

五、改进建议

（一）深度开发课程有关的教育资源

根据数据统计的结果，学生对《学生读本》的课外学习活动的兴趣远高于课内学习活动，但是各校有限的学习资源，无法较好地满足学生的学习需求。杨浦区自身是一个百年工业、百年大学的区域，可以积极探索与《学生读本》相关的红色资源，建议各校积极开发如杨浦滨江、各大高校等在地资源，积极联络形成校外实践基地。

（二）构建基于核心素养的活动型《学生读本》课程

调查表明，绝大多数中学思政教师已经认识到《学生读本》与思想政治学科之间密不可分的联系，但是在对于《学生读本》在课堂中的融合应用形式还需加强探索，做到课程内容活动化、活动内容课程化。

在课堂内，可以考虑将《学生读本》的问题与思想政治教材的综合探究相结合，给学生更多自由讨论、自主思考、相互交流的空间。在此过程中，培育学生的表达能力、小组合作能力以及全面思考问题的能力。在课堂外，可以考虑布置合理、适量的实践类活动任务，让学生从校内小学堂走向社会大课堂，在活动中培育公民素养，为成为一个合格的社会公民奠定基础。

（三）建立合理、有效的评价体系

面对当前双新背景下的教育教学改革，学生们更多的是在活动中学。因此，我们既要改变传统的以教师为主的评价方式，让学生、教师共同参与评价，又要摒弃以往只注重结果的评价模式。

笔者建议的新课程评价原则：一是过程性评价，即注重评价学生在整个课程中能力、素养等维度变化与发展情况；二是自主性评价，即注重学生的自我监控、自我反馈。

依据评价原则，建议《学生读本》相关课程采用多元评价方式，涉及的主体有教师和学生，甚至也可以是家长或其他教育者，实现评价主体的多元化。当然，需要根据活动内容和相应的教学目标确定评价标准。为了更好地在课程学习中对学生进行表现性评价，应将评价标准进一步分解为评价指标，对评价指标进行分级，构建规范的评价量规以便师生共评。最后教师通过合理的分析与评价，给予最终评价以反映学生在学习与发展过程中的努力、进步状况或达成目标情况。

结　语

一代人有一代人的使命，当代青年学生肩负实现中国梦的历史使命，需要通过不断的理论学习，认识到我国的发展历史是不断探索发展的历史，也是创新思想理论发展的历史，更是中华民族伟大复兴不断推进的历史。《学生读本》带领学生一同认识、理解、掌握新理论的知识与新时代的实际，希望未来能在学校课程、在学生成长中发挥更为重要的作用。

"家国情怀"素养在
高中历史教学中的涵育

——以《辛亥革命》为例

韩俊杰

摘　要： 家国情怀是学习和探究历史应有的价值取向和人文追求，体现了对国家富强、人民幸福的情感，是诸素养中价值追求的目标。本文以《普通高中历史教科书·历史·必修·中外历史纲要（上）》第18课《辛亥革命》为例，从"重构主旨""立德树人"和"问题意识"三个角度来论述如何使"家国情怀"素养落地。

关键词： 家国情怀　高中历史　辛亥革命

一、重构主旨：爆发看意义

根据《义务教育历史课程标准（2022年版）》的相关内容，学生进入高中前就已经了解了孙中山早年的革命活动，了解武昌起义和中华民国成立的史实。进入高中后，学生在高一第一学期也学习了统编思想政治教科书《思想政治必修1·中国特色社会主义》中的马克思"五种社会形态说"，知道人类社会从封建社会演进到资本主义社会是人类发展的客观发展规律。

但是高一年级学生的问题在于：容易对辛亥革命的意义停留在事件结果的表层认知上，难以从当时的背景或整个近代史的宏大视角去理解辛亥革命的伟大意义。只有将辛亥革命进一步置于更丰富的历史情境和宏大视角下，学生方能感悟并理解辛亥革命的历史意义不仅在于从结果上终结了君主专制、完成制度鼎新，更在于革命的爆发开创了近代中国救亡图存的全新尝试。故本课以"辛亥革命的爆发"为切入和特色，论述辛亥革命的伟大意义。

二、立德树人：温情与敬意

就育人目标而言，2003 年发布的《普通高中历史课程标准（实验）》指出："热爱和继承中华民族的优秀文化传统，弘扬和培育民族精神，激发对祖国历史与文化的自豪感。"《普通高中历史课程标准（2017 年版 2020 年修订）》进一步指出："在树立正确历史观基础上，从历史的角度认识中国的国情，形成对中华民族的认同感和正确的民族观，具有民族自信心和自豪感；了解并认同中华优秀文化、革命文化、社会主义先进文化，认识中华文明的历史价值和现实意义。"[1]可见，"新课标"在落实立德树人根本任务的教育途径上有了进一步的补充和完善，更强调学生在学习和探究革命史中应具有人文追求。中国近代史不止是"打了大败仗，发生了大崩溃"，[2]中国近代史更是一部探索抗争史，可谓"黑暗中有光明，憎恨中有理解"。[3]学生应对近代中国革命先烈们抱有"温情与敬意"。因此，本课的第二个特色是将"育人"贯穿于整个课堂之中，切实落实立德树人的根本任务。

课堂伊始，我便展出 2019 年国庆阅兵的孙中山先生的画像，要求学生思考：党和国家为什么要这样安排呢？学生在回答的过程中，能够认识到在民族危难之际，以孙中山先生为代表的仁人志士与革命先辈们筚路蓝缕、救亡图存。轰轰烈烈的辛亥革命推翻了清王朝，结束了两千多年的君主专制，打开了中国的进步闸门，进而学生能够涵养对辛亥革命的高度认同感。

讲述辛亥革命的社会背景时，我向学生问道：谁曾想要推翻满清，却最终身首异处？谁曾疾呼"扶清灭洋"，却最终被统治者无情出卖？谁曾提出"自强求富"，却因为一场海战的失败而功亏一篑？谁曾尝试改革政体，但触动了顽固派的利益，最终流亡海外？通过连续的发问渲染课堂气氛、叩击学生灵魂，进而学生能够涵养对不同阶层在民族危机日益加剧的境遇下坚持救国的温情、形成对革命党人在出路探索屡遭失败的情况下毅然革命的敬意。

辛亥革命虽已过去百年有余，但中华民族伟大复兴的中国梦和岁月的静好，依旧需要当今青年学生们的共同奋斗和力量。为了进一步增强课堂的育人性，在课堂的最后，我再次展出孙中山先生的画像，并引用孙中山的名言与学生共勉："惟愿诸君将振兴中国之责任，置之于自身之肩上！"进而激发学生对实现中国梦的高度认同感、归属感、责任感和使命感，将个人前途与国家命运连为一体。

三、问题意识：课堂即探究

教学的整个过程就是解决问题的过程。为此我设计了本节课的核心策略：学生通过生疑、释疑、论疑，理解辛亥革命是 20 世纪初中国唯一的选择。

（一）生疑：改良还是革命？偶然还是必然？

在上课前，我已通过充分的阅读以掌握学术前沿动态，选取典型且能突破学生认知的材料，激发学生探究欲望。学生知道在 20 世纪前清政府发起了洋务运动、维新变法两次改良运动，它们均以失败告终。然而李泽厚在《告别革命》中依然认为："中国应该通过改良的方式来实现社会转型。"这造成了学生原有认知冲突，学生开始陷入迷惑和困顿。当这种认知落差和情感冲突一旦产生的时候，便是提出问题的最佳时机。于是，提出了本课的第一个问题：改革和革命，哪个在当时的中国能够救亡图存？

随后，继续为学生呈现材料："辛亥年，武昌发生的那点事，是一场意外，意外里的意外。"[4] 学生进而意识到：之所以有人认为改革可能在当时的中国实现救亡图存，是因为作为辛亥革命第一炮的武昌起义被认为是偶然！接下来，我用原有的问题套出新生的问题：革命真的只是一场偶然的"意外"吗？至此通俗易懂而又富有哲思的问题链得以形成，贯穿于整节课堂，问题的核心意识也得以凸显。

接下来，为学生创设了武昌起义的历史情境。在与学生共同复盘武昌起义如何打响的过程中，学生逐渐认识到武昌起义是被逼无奈临时起义，它的爆发是非常有偶然性的。至此学生萌生了更大的疑惑：为何之前的起义一次次失败，而这次却取得了成功？

（二）释疑：定格和平改良与暴力革命的博弈

为了帮助学生解释疑难，我主要从三个维度为学生解读革命爆发的成因。

首先，帮助学生放眼于鸦片战争以来中国近代的广域视角。中国近代史60年来列强侵略加剧，民族陷入危亡之中；然而，社会各阶层的救亡图存均以失败告终。在20世纪初，革命派坚持以暴力斗争方式改造社会，立宪派志在改造王朝推行君主立宪，清政府希望通过改良实现自我挽救。于是，中国出现了改良与革命的博弈。

然后，引领学生将目光定格于革命爆发前10年间诸多历史要素。学生通过律令、回忆录、图表等不同类型的史料，在辨析它们历史特点和证据价值的同时，认识到清廷的改革已取得一定成效，实现了多维求变。改革之门越宽，革命之门越窄！革命党进行着启蒙宣传，有了自己的团体和口号，但依旧是方兴未艾，无法与当时的清政府抗衡。

最后，引导学生聚焦同盟会成立之后的6年。民族危亡不断加深之际，改良与革命的博弈如火如荼。体制内的改革者在制度方面踌躇不前、抱残守缺：清廷接连推出《钦定宪法大纲》、"皇族内阁"，并镇压保路运动。这些举措也是清廷力图加强专制统治的必由之路。改革之门关闭之日，就是革命之门洞开之时！革命派和立宪派的分歧，终因清廷在新政中的罔顾民意而得到消解。两派作为同路人一起推动革命形势迅速发展。本课的第一个问题得到了解决：革命成为了救亡图存的唯一道路。

（三）论疑：明晰维护专制与代表民意的胜负

本课仍有一个问题需要解决：为什么革命是20世纪初中国必然的道路、唯一的道路？我要求学生前后进行师生互动、分组合作讨论。讨论结束后，先引领学生总结讨论的偶然因素，进而学生能够理解必然性与偶然性的辩证关系。

之后，再引导学生思考：有什么方面能够反映辛亥革命爆发的必然性？通过板书建立纵向联系和横向联系，引导回顾革命党和清政府博弈的关联。就纵向联系而言，清政府推行新政，实行教育改革、编练新军，取得了一定的进展；就横向联系而言，清政府罔顾民意、执着于专制王权，最终使它自己母腹中成长的新的阶级及其塑造的新型知识分子和新军兵士对其大失所望，成为王朝的掘墓人，反而推动了革命形势的发展。正如古罗马政治家和历史学家塔西佗的著名定律——"塔西佗陷阱"所认为的那样，"当政府不受欢迎的时候，好的政策与坏的政策都会同样地得罪人民。"即使清政府想要有所改变，人民已经不信任它了——既不信任它有力量领导这场变革，也不相信变革的收益者会是人民。本课的第二个问题在学生的论证、互动中也得到了解决。

小　结

本课注重培养学生历史学科"家国情怀"核心素养，注重在"时空观念"的基础上，培养学生"史料实证""历史解释"的能力，通过创设学术情境和社会情境，感受清政府与革命党之间的博弈关系，理解辛亥革命爆发的必然性，感悟近代中国民主进程曲折艰难，进而涵养为民族事业奋斗终身的家国情怀。在解决核心问题的过程中，尤为注意课堂架构的设计，落实孙中山、武昌起义以及两个课堂探究的首尾呼应，使整堂课的逻辑结构更加紧密、问题意识自然明确，引起共鸣。

【参考文献】

［1］中华人民共和国教育部.普通高中历史课程标准（2017年版2020年修订）［M］.北京：人民教育出版社，2020.

［2］罗荣渠.论美国与西方资产阶级新文化输入中国［J］.近代史研究，1986，（2）.

［3］李峻.高中历史教学哲思录［M］.上海：复旦大学出版社，2018.

［4］张鸣.辛亥：摇晃的中国［M］.桂林：广西师范大学出版社，2011.

《普通高中历史教科书·历史（选择性必修）》配套地图册比较研究

韩俊杰

摘　要： 目前市面上流通的《普通高中历史教科书·历史（选择性必修）》配套地图册，共有四个不同的版本：上海市中小学（幼儿园）课程改革委员会组织编写的历史地图册（本文简称为"上海版选必历史地图册"）、人民教育出版社组织编写的历史地图册（本文简称为"人教版选必历史地图册"）、星球地图出版社组织编写的历史地图册（本文简称为"星球版选必历史地图册"），以及浙江省教育厅教研室组织编写的历史学习图册（本文简称为"浙江版选必历史学习图册"）。这些历史地图册的编写体例和具体内容虽各有不同，但都体现了对新课程、新教材的理解和思考。本文从编写形式、环节设置和具体内容分析四版选必历史地图册，以此探究上海版选必历史地图册的优势以及值得借鉴之处。

关键词： 历史地图册　历史选择性必修　高中历史　上海

一、上海版选必历史地图册

在编写形式上，上海版选必历史地图册以课为单位，每课固定安排 2 页内容。历史地图册中的历史地图、历史图片、图表、史料不一定按照课文顺序编排，而是依据本课的重点编排。每课都设有主图部分和辅图部分，一般每课第 1 页为主图部分，第 2 页为辅图部分。

在环节设置上，上海版选必历史地图册的扉页分别放置了中国政区图和世界政区图，这两张地图也是整本历史地图册唯二的跨页地图。每课的主图均是历史地图，设置"读图旨要""问题导引"两个环节。每课的辅图可能是历史地图，也可能是历史图片、图表，设置"看图释史"和"历史解释"两个配套环节。"读图旨要""看图释史"位于每一页版面的开头，具有引导性质。这两个环节用精炼的语言对所选的历史地图、历史图片进行概括，帮助学生在读图前先对各材料的内容及共性有一个大概的了解，避免过于关注地图或图片中的非必要元素。"问题导引"和"历史解释"一般位于每一页版面的下部，具有提问性质。这两个环节根据历史地图册中的资源向学生提出问题，帮助学生在更有针对性地阅读材料的同时，养成全面、客观地论述历史和现实问题的能力。

在具体内容上，上海版选必历史地图册每课的篇幅只有 2 页，主图及其配套内容占 1 页，辅图及其配套内容占 1 页。历史地图册精选资源，不追求面面俱到。因为编写力求精简，所以历史地图册一般不给主图或辅图配备注解文字，除扉页部分外不存在跨页地图。其选必 3 历史地图册第 7 课相关内容可参见图 1。

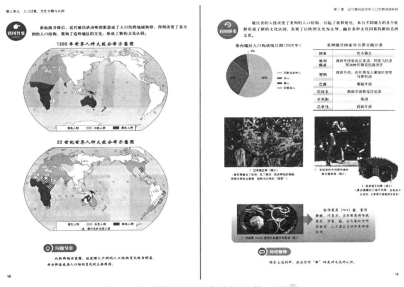

图 1　上海版选必历史地图册第 7 课①

①　上海市中小学（幼儿园）课程改革委员会：《历史地图册·选择性必修 3·文化交流与传播》，北京：中国地图出版社，2021 年，第 18—19 页。

二、人教版选必历史地图册

在编写形式上，人教版选必历史地图册以单元和课为单位，正文部分固定安排 69 页内容，但每单元和每课安排的内容页数不定。所有的历史地图、历史图片、图表、史料等内容都按照课文相关内容的顺序排列。

在环节设置上，人教版选必历史地图册的扉页放置中国政区图，尾页放置世界政区图。每个单元设置单元立体时间轴和单元导读，创设时空大情境，设计问题链。单元导读根据"课程标准"编制若干问题组成问题链，凸显本单元重难点。单元立体时间轴一般由两部分组成，如图 2 所示。

各类人教版选必历史地图册的单元时间轴特点各有特色。选必 1 历史地图册的单元立体时间轴以东西方各国制度建设和社会治理的发展为经，

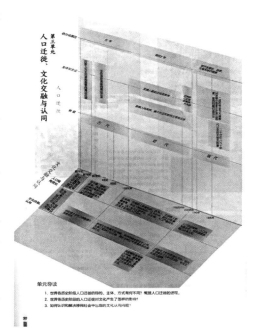

图 2　人教版选必历史地图册第三单元的单元立体时间轴和单元导读①

以上层建筑各领域框架纬度及其要素的由来、重要成就为纬；②选必 2 历史地图册的单元立体时间轴以中外不同人群经济与社会生活的发展进程为经，以经济基础的构成及其要素、功用为纬；③选必 3 历史地图册的单元立体时间轴以中外历史所及重要文化产品和文化成就交流传播的进程为经，以人类文化交流传播

---

① 　人民教育出版社：《历史地图册·选择性必修 3·文化交流与传播》，北京：中国地图出版社，2020年，第 30 页。

② 　人民教育出版社：《历史地图册·选择性必修 1·国家制度与社会治理》，北京：中国地图出版社，2020 年，第 70 页。

③ 　人民教育出版社：《历史地图册·选择性必修 2·经济与社会生活》，北京：中国地图出版社，2020年，第 70 页。

的主要方式、途径和载体为纬。①

　　人教版选必历史地图册中的每一课由"课时导读""课时时间轴"和"时空解释"组成。"课时导读"根据"课程标准"和教科书编制若干问题组成问题链，凸显本课重难点，帮助学生确定学习目标。其中的问题明确要求学生从历史地图册中的指定图片或信息中寻找答案，指向性非常明确，进而帮助学生建立相关历史现象的基本结构，掌握研究方法，提高以历史学科视角观察、分析和解决同类历史问题的能力，最终涵养历史解释素养。"课时时间轴"以时间轴的形式梳理本课的时间脉络，提示学生本课的重要历史事件。

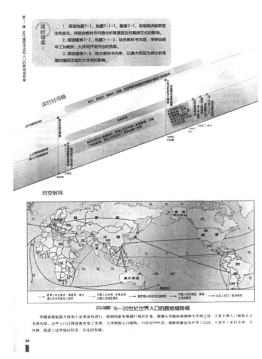

图 3　人教版选必历史地图册第 7 课的"课时导读"、"课时时间轴"和"时空解释"②

"时空解释"则由历史地图、历史图片、图表、史料等内容组成，是每一课的主要内容。上述内容可参见图 3。②

　　在具体内容上，人教版选必历史地图册将选取的材料确定为历史地图、历史图片、图表三大类型。历史地图册围绕历史学大概念展开，与此同时也力图帮助学生详尽地了解每一课的课程内容和前因后果。因此，历史地图册相当注重细节，大部分历史地图和历史图片都配有详细的文字注解。历史地图册中的不少历史地图还配有相关的子图，也有跨页地图。每张历史地图、图表都有相应的编号，如地图"7-1-1"，代表第 7 课中的第 1 张地图的第 1 张子地图。这便于师生能够快速找到材料，提高了课堂和阅读的效率。其内容可参见图 4。

①　人民教育出版社：《历史地图册·选择性必修 3·文化交流与传播》，北京：中国地图出版社，2020年，第 70 页。

②　人民教育出版社：《历史地图册·选择性必修 3·文化交流与传播》，北京：中国地图出版社，2020年，第 34 页。

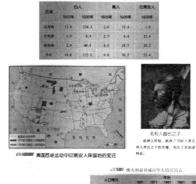

图 4　人教版选必 3 历史地图册第 7
课相关内容①

课文相关内容的顺序排列。

值得注意的是，因为历史地图册追求详尽，导致历史地图册会重复使用一些地图。如选必 2 历史地图册使用了地图"世界市场的形成"，② 在选必 3 历史地图册中也出现了。③ 另外，人教版选必历史地图册的历史图片并没有相应的编号。

三、星球版选必历史地图册

在编写形式上，星球版选必历史地图册以课为单位，每本历史地图册正文部分固定安排 70 页内容，但每单元和每课安排的内容页数不定。所有的历史地图、历史图片、图表都按照

在环节设置上，星球版选必 1、选必 2 历史地图册均不设置中国政区图和世界政区图，但选必 3 历史地图册的尾页设置了世界政区图。历史地图册中没有任何配套环节，也没有搭配文字史料。历史地图和历史图片均是独立成图，不存在从属关系。

在具体内容上，星球版选必历史地图册中绝大部分内容都是历史地图，并搭配少量的历史图片、图表。历史地图的数量非常多，显示了翔实的细节，力图向学生全方位展示本课所涉及的历史知识。历史地图册中有的历史地图和历史图片也对本课未涉及的知识进行了补充。历史地图册中存在着跨页地图。其

---

① 　人民教育出版社：《历史地图册·选择性必修 3·文化交流与传播》，北京：中国地图出版社，2020年，第 35 页。

② 　人民教育出版社：《历史地图册·选择性必修 2·经济与社会生活》，北京：中国地图出版社，2020年，第 33 页。

③ 　人民教育出版社：《历史地图册·选择性必修 3·文化交流与传播》，北京：中国地图出版社，2020年，第 47 页。

选必 3 历史地图册第 7 课相关内容可参见图 5。

四、浙江版选必历史学习图册

在编写形式上，浙江版选必历史学习图册与其他版本的历史地图册有着明显的不同。在命名上，浙江版的图册被命名为"历史学习图册"。在框架上，历史图册的编写存在主线和暗线，以单元和每课的子目为主线，以课为暗线。与其他非上海版选必历史地图册相同的是，每课安排的内容页数不定。

在环节设置上，浙江版选必历史学习图册不设置中国政区图和世界政区图。历史图册中每个单元都设置了单元导言。每个单元均由单元下各课的子目构成。历史图册每介绍完一课的内容后，设置与该课内容相对应的"知识拓展"环节。

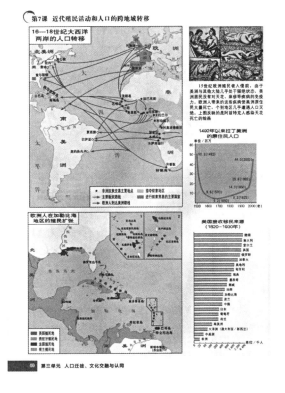

图 5　星球版选必 3 历史地图册
第 7 课相关内容①

在具体内容上，浙江版选必历史学习图册绝大部分内容是历史图片而非历史地图，这正与书名"历史学习图册"相呼应。除了历史图片和历史地图外，还配有一定数量的图表。对于一些历史图片，历史图册会配上一小段文字，帮助学生详实地了解本课内容。所有的历史地图、历史图片和图表都有编号，如"3—5"，代表第 3 单元里的第 5 项资料。与人教版选必历史地图册不同的是，浙江版选必历史学习图册所有的历史地图、历史图片和图表都没有按照不同的材料类别对应编号，全部采用混搭的形式。其内容可参见图 6。

---

①　星球地图出版社：《历史地图册·选择性必修 3·经济与社会生活》，北京：星球地图出版社，2020 年，第 40 页。

图 6 浙江版选必 3 历史学习图册第 7 课
相关内容①

图 7 《历史·选择性必修 3·文化交
流与传播》第三单元导言②

值得注意的是，浙江版选必历史学习图册中的单元导言与教科书中的单元导言并非一致。浙江版必历史图册在教科书单元导言的基础上进行了简化，力图帮助学生迅速抓住单元重点，提升阅读效率。

以选必 3 第三单元"人口迁徙、文化交融与认同"为例，教科书的单元导言如图 7 所示：

浙江版选必 3 历史图册中的第三单元导言如图 8 所示：

① 浙江省教育厅教研室：《浙江省普通高中历史学习图册·选择性必修 3·文化交流与传播》，北京：中国地图出版社，2021 年，第 40 页。
② 教育部：《历史·选择性必修 3·文化交流与传播》，北京：人民教育出版社，2020 年，第 33 页。

第三单元
人口迁徙、文化交融与认同

> 人类是在不断迁徙中发展壮大起来的。人口迁徙带来了不同文化的交融。古代游牧民族的几次大迁徙对主要区域文化的形成和转型产生了重大影响。近代欧洲人的殖民扩张改变了美洲和大洋洲的人口结构，带来了这些地区的文化重构，形成了新的文化认同。20世纪以来，文化认同等问题成为现代移民社会的新课题。

图 8   浙江版选必 3 历史学习图册第三单元导言 ①

可以看出，浙江版选必历史学习图册简化了教科书的单元导言，可以帮助学生更快地了解人口迁徙在古代、近代和当代的不同作用。但浙江版选必历史学习图册单元导言介绍近代人口迁徙时，省略了欧洲人主导的近代人口迁徙带来的破坏。笔者认为这一点是值得商榷的，学生有可能无法全面、辩证地看待这一时期的人口迁徙现象。

小　结

通过上海版选必历史地图册与其他版本选必历史地图册的比较，笔者认为上海版选必历史地图册的独到之处，在于上海版选必历史地图册更符合高中学生的思维认知层次。高中生在思维上基本完成了向理论思维的转化，已经形成了抽象逻辑思维，所以高中历史教学不应再以知识为核心内容。上海版选必历史地图册中的知识和细节最少，每一课选取的内容都是最核心的内容，不追求数量和面面俱到。上海版选必历史地图册每课的篇幅只有 2 页，一般不给主图或辅图配备注解文字，除扉页部分外也不存在跨页地图。所以上海版选必历史地图册是市面上流通的选必历史地图册中最精简的，更符合高中学生的思维认知层次，对学生而言，上海版选必历史地图册也是使用难度最低的，更符合国

---

① 　浙江省教育厅教研室：《浙江省普通高中历史学习图册·选择性必修 3·文化交流与传播》，北京：中国地图出版社，2021 年，第 31 页。

家"双减"政策要求。由此可见，上海版选必历史地图册不是简单的历史地图合集，也不仅仅聚焦于"时空观念"，而是全面培养学生历史学科核心素养的重要工具。

与此同时，笔者发现人教版选必历史地图册和浙江版选必历史学习图册也具有不少创新和独到之处，能够为上海版选必历史地图册的完善提供借鉴：

第一，浙江省教育厅教研室将历史地图册命名为"历史学习图册"，这一命名更加精准。浙江省的编写人员已经认识到历史地图册应全面培养和提高学生历史学科核心素养，而不能以地图为唯一主体，或仅聚焦于某一个核心素养。

第二，人教版选必历史地图册和浙江版选必历史学习图册都以单元为单位进行编写，并设置了相应的问题链，按单元建构学习体系。人教版选必历史地图册更加充分地展现了指向"深度学习"的单元教学理念。

第三，人教版选必历史地图册普遍设置了时间轴，更能够加强学生"时空观念"核心素养的培育。

第四，人教版选必历史地图册和浙江版选必历史学习图册选取的材料都有明确的编号，这有利于师生更加快捷地找到所需要用的材料，进而提高课堂效率。

总而言之，上海版选必历史地图册可以借鉴其他版本选必历史地图册的以上亮点，进一步提升地图册的质量。

历史"视野"决定你的"世界"

——浅谈通过单元设计培养学生"圆融通透"的历史核心素养

武颂华

　　"核心素养"这一概念，伴随新一轮基础教育课程改革的启动，逐渐成为教育界聚焦的热点。根据钟启泉教授在《核心素养的"核心"在哪里》一文中的观点，"核心素养"是指"学生借助学校教育所形成的解决问题的素养与能力"，是近年来世界各国教育界研究的重要课题之一，先后形成了"五大支柱说""八大素养说""关键能力说"等不同的研究成果。"核心素养"，从宏观层面而言，是形成"国民核心素养"的重要基础，对于国民素质的塑造、提升意义重大；从微观层面而言，对于各学科基础教育的研究发展具有极强的指向性意义。各学科应立足自身特点，挖掘"学科核心素养"，助力基础教育的新一轮改革。

　　上海高校与中学历史学科的专家学者，通过多年的理论与实践研究，提出了中学历史课程核心素养的基本框架。中学历史课程的核心素养是寻史知真、释史求通、鉴史厚德；从"人格发展"角度看，应重点培养学生的证据意识、发展观念、兼容气度、民族精神、全球视野、时代担当等思维品性；从"关键能力"角度看，初步运用唯物史观的立场、观点和方法，积极而谨慎地观察和思考历史问题是教师需要着重培养学生的关键能力，两方面共同构成了历史学科的核心素养。

　　其中"发展观念"和"全球视野"是历史学科很有特色的核心素养。俗话说，你的"视野"决定你的"世界"，因为历史学科是时间、空间和事件相互交织而成的学科，"发展观念"和"全球视野"归根究底就是要学生运用"时空观念"，发现事物发展的内在"联系"。用"联系"的眼光看待问题，对于培养学生多元视角分析问题的能力、形成通达透彻的世界观有着重要的作用。

用"联系"的眼光看问题，则不仅仅是时空观念了，而是形成"三维立体"的视野。"X"轴是时间的联系，"Y"轴是空间的联系，"Z"轴是社会发展各层面的联系，这三根"轴"相互交织，就形成了复杂而立体的世界观念——我称之为"通透圆融"的历史视野——"历史"便是各种因素在"联系"中相互作用而生成的，所以发现"联系"是"通透圆融"的历史视野的核心。

这种"通透圆融"的历史视野的培养，本身就蕴藏在课程的"单元设计"之中。人人皆知学科教育是按"单元设置"的，但并非人人皆会按"单元设计"进行学科教育。由于长期"应试教育"的影响，很多教师眼中只有"单课"——甚至只有"考点"——而无"单元"，以至我们的教育是碎片化的、非系统化的。在"单元设计"中，本身就蕴藏了核心素养的培养意图，迫切需要得到重视、开发和利用。"单元"与"单元"之间、"单元内部"各课题之间，本身就是有机联系的整体。那么如何在历史学科教育中，通过"单元设计"体现"通透圆融"的历史视野这一历史核心素养的培养呢？

首先，需要"发现"——用分析的眼光，挖掘单元设计中"通透圆融"的内在联系。我们以高中历史第四册第一单元"15~16 世纪西欧社会的演变"——包括"资本主义生产关系的萌芽""民族国家的形成""开辟新航路和早期殖民活动"和"文艺复兴与宗教改革"四课——为例进行分析。

从"X"轴——也就是时间联系的角度看，15~16 世纪的西欧社会是西方资本主义发展承上启下的重要历史阶段。从发展的观念看，它上承欧洲中世纪的封建社会，下启资本主义时代的来临，是欧洲从"黑暗"走向"光明"的"黎明"时期。所以在单元设计上，一方面，教师应该"向前"看——与第一分册中第五单元"欧洲中世纪"相联系，要认识到这一时间西欧的发展，是中世纪中后期"城市复兴""城市自治""等级君主制形成""世俗文化兴起""神权与教权兴衰"等历史现象演化的产物；另一方面，则应该"向后看"——与第四分册第二单元"17~18 世纪资产阶级革命"相联系，要意识到这一时期的发展，为之后"英国革命""启蒙运动""美国独立战争""法国大革命"

的爆发奠定基础。以本单元为中心，前通后达，将第一册和第四册，以及第四册第一单元和第二单元进行整合，有助于学生对事件之间因果关系的更高认识。

从"Y"轴——也就是空间联系的角度看，西欧在这一时期的发展，放在全球视野看，中国正值明朝中后期，日本处于幕府时代，俄国则是沙皇统治，虽然都是封建社会衰落时期，但西欧封建社会的衰落是以"瓦解"的形式展现的，而中日俄却以"强化"的形式出现的，不同空间的社会发展趋势的异质对比，能让学生开拓视野，从更宏大的时代背景下，看待西欧历史发展的重大意义，同时也能更好地理解中国后来的衰落，以及日俄之后的变革。所以，教师在单元设计时，放弃孤立的眼光，与第三册第六单元中"明朝前期的经济与政治"、"明朝对外贸易"、"早期西学东渐"三课的相关内容做适当的联系，这样可以更好地让学生理解中欧不同的历史发展轨迹是如何形成并带来不同影响；同时也可与第四册第五单元中"明治维新"和"俄国的改革和资本主义发展"两课的相关内容相勾连，为以后谈到日本明治维新和俄国彼得一世改革、农奴制改革埋下伏笔。

从"Z"轴——也就是社会发展的角度看，这一单元中的四课本身就是从经济发展、政治体制变革、对外交往方式、文化思想勃兴四个社会发展角度全面立体地展现了西欧社会的演进图景，这几个方面之间也存在复杂微妙的内在联系。正是资本主义生产关系萌芽的发展推动了民族国家、君主专制的形成，刺激了新航路的开辟，为文艺复兴和宗教改革的兴起奠定经济基础；民族国家和君主专制的形成，反过来推动了资本主义发展，同时为新航路开辟和宗教改革提供政治支持；新航路的开辟中有着文艺复兴对科学技术发展的推动，又通过对外殖民进一步推动资本主义发展；文艺复兴和宗教改革之间是继承和发展的关系，同时与当时社会政治、经济等变革休戚相关……这些都需要教师有意识的渗透在授课内容之中，帮助学生透过现象看本质，利用多元、发展、联系的视野分析问题。

时间、空间、社会发展三根"轴"以"15~16世纪西欧社会的演变"这一单元为"原点"，从不同的方向延展教学思路，打通各册书、各单元以及单元内部各课目之间的联系，形成"圆融通透"的史学视野，为教师授课提供更大的生长空间。教师或将"明朝后期开放海禁和澳门的繁荣"与"新航路开辟"相联系，或将俄国沙皇专制、中国皇帝制度、西欧君主专制做比较等等……总之，当教师开始用系统的、联系的眼光进行单元设计，就能创造性形成发散思维，从而为拓宽、挖深、整合学生的历史观念，助力历史核心素养的培养奠定基础。

　　然后，需要"达成"——用教育的手段，落实单元设计中"通透圆融"的内在联系。理念需要科学的方式才能加以呈现。如何让学生在历史学习中，潜移默化地养成"圆融通透"的历史视野呢?

　　一，是通过"乾坤大挪移"的手法，也就是通过联系的眼光，按照历史的内在规律，而非课时安排，适当调整单元设计，体现"通透圆融"的历史视野。历史单元设计不是按部就班、墨守成规的，教师完全可以根据自身的主旨教学需要，重新调整，使之更好地为培养学生历史核心素养服务。

　　例如第四册第二单元"17~18世纪资产阶级革命"原本只有"英国革命""启蒙运动""美国独立战争""法国大革命"四课，我们则完全可以将第五单元中"俄国的改革和资本主义发展"这一课中的"彼得一世改革"，和第三册第六单元中"清朝康乾盛世"的内容，与前者合并为一个单元进行设计，看上去打乱了单元设置，但以同一时间节点——17~18世纪，可以让学生看到不同空间——英、俄、中，社会发展的不同方面——政治、经济、文化、对外交往——的各自变革，对本国历史所产生的不同影响，从而使学生能更全面、透彻地理解历史发展的因果关联。再如，从单元外部看，第四分册第三单元"工业社会的来临"，第四单元"社会主义运动和马克思主义"，以及第五册第一单元"天朝的危机"，完全是不同的单元，但从"圆融通透"的历史视野看，它们实际上都是统一在"工业革命"这一划时代事件之下的历史产物。从单元内部看，第三单元又分成"英国工业革命""资本主义经济制度的确立""工业时代初期的社会矛盾"三课，但它们都是工业革命在不同社会发展层面上直接或间接的产物，所以这一单元的设计就可以用"工业时代的来临"为主旨，将单元内部各课、相关各册各单元的内容来个"串烧"，这种看似打乱章节体系的设计，恰恰是将时间、空间、社会发展三大历史维度加以整合，更能突显时代主旨，引导学生形成"圆融通透"，动态、多层次的观察和分析历史问题的思维品质和关键能力。

二，是通过"四两拨千斤"的功夫，也就是利用各种材料和问题，通过分析讨论等学生参与性活动，由浅入深地揭示历史的内在联系，养成"通透圆融"的历史视野。单元设计也好，核心素养的养成也好，都是以"人"——学生——为本的，所以教师的设计意图固然重要，但学生的参与、体验、认知更重要。

教师可以用问题讨论的形式达到以点透面的教育目的。仍然以第四分册第二单元的设计为例。为了让学生认识到英国革命、俄国彼得一世改革、中国康乾盛世对世界历史和自身发展带来的不同影响，教师可以在上完单元内容之后，设计这样一个开放性的问题，"英国的威廉国王、中国的康熙大帝、俄国的彼得一世是同时代的国家统治者，根据对他们各自作为的认识，你认为谁更伟大？"这几个历史人物都有着多元的历史面目——比如，从国王的权力来看，威廉显然因为英国革命的成功、君主立宪制度的确立而作为最小，但从国家的发展来看，威廉对权力的放弃反而利于第三等级推动英国成为一个法制、民主的资本主义国家，从而为国家腾飞创造条件。在学生不同观点的碰撞中，从浅的层面看，学生对英国革命、俄国彼得一世改革和中国康乾盛世的历史影响会有更深刻、辨证的认识；从深的层面看，透过几个孤立的历史人物，教师可以引导学生看到，处于资本主义时代来临、社会转型的历史大潮面前，英国选择资本主义的革命，俄国选择封建主义的改良，中国选择封建主义的固守，不同的历史选择，为以后英国成为世界第一强国，俄国摆脱落后又不彻底，中国鸦片战争爆发沦为半殖民地社会而艰苦转型各自埋下了伏笔。学生对时间、空间、社会发展不同层面的认识会更全面、更深刻，对于培养其唯物史观的立场、观点和方法，积极而谨慎地观察和思考历史问题等历史核心素养也有很有很大的作用。

教师也可以通过材料分析的设计来达到上述教育目的。仍以第五册第一单元"天朝的危机"为例。这一单元有"鸦片战争与《南京条约》""第二次鸦片战争""太平天国运动""洋务运动"四课组成。为了让学生理解"鸦片战争"爆发的历史背景，可以利用文献材料——"1792 年，英国王乔治三世派遣以马嘎尔尼为首的使团来华，谒见乾隆皇帝，要求通商。双方互赠礼物，英国赠给中国的礼物有太阳系天体运行仪、航海望远镜、战舰模型等；中国回赠英国的礼物有丝绸、宣纸、各种工艺美术品等。"教师利用"这段材料发生于什么时期""中英各自处于什么历史阶段""中英互赠的礼品有何差异，这一差异说明了什么，会对后世带来怎样的影响"等几个问题，从"时间维度"看，让学生通过建立康乾盛世与鸦片战争之间的联系，意识到马嘎尔尼来华实则是鸦片战争的第一声"炮响"，从而打通第三册最后单元和本单元之间的关系；从"空间维度"看，通过所送礼物的不同，让学生发现中国与英国——农业社会与工业社会、封建社会与资本主义社会——不同发展水平，从而打通第四分册第三单元与本单元之间的联系；从"社会发展维度"看，让学生透过礼物分析当时中英政治、经济、文化、对外关系等不同社会发展层面的比较，从而在看问题的"广度"之外再加"深度"，更深刻地认识到鸦片战争是两种不同文明之间碰撞的产物。三个维度，通过一个材料、几个问题，在教师的引导和学生的思考中，自然而然地开拓和加深了学生的历史视野，"通""透"的基础上整合成"圆"，"融"汇贯通，"通透圆融"的历史视野奠定学生历史核心素养的基础。第二课"第二次鸦片战争"则可以通过数据材料（如下）

年代	1842	1844	1846	1848	1850	1852	1854	1856
正当贸易	96.6	230	179	144	157	250	100	221

利用"中英贸易在鸦片战争后呈现怎样的变化趋势""为什么""这会产生怎样的影响"三个问题，让学生打通第一次鸦片战争和第二次鸦片战争之间的关系，使之理解"第二次鸦片战争是第一次鸦片战争的继续"这一重要主旨。第三课"太平天国运动"则可以通过马克思"推动了这次大爆炸（指太平天国运动的爆发）的毫无疑问是英国的大炮"这一材料的分析，让学生认识到太平天国运动与鸦片战争之间的关系。（第四课"洋务运动"则根据单元设计要求挪到另一单元，此处略过）。为了让学生从时间上认识到各"天朝危机"的内在联系，以及从空间上与世界发展之间的联系，教师事先设计的几个问题，看似各不相干，实则环环相扣，以点代面地从三个维度打通各单元、各科目之间的关系，在学生提取、分析材料，回答问题的过程中，教师悄然将核心素养的

培养渗透入教育活动中，勾前带后，联左顾右，上通下达，学生的"通透圆融"的历史视野就慢慢地形成了。

　　当然，这种利用单元设计，发展"通透圆融"的历史视野的培养，还可以加入更多的维度，比如於以传老师在一次讲座中，从史学研究方法培养的角度打通各单元科目的设计，就令人耳目一新。这也说明，如何以单元设计为载体，培养学生的历史核心素养的研究，实在有很大的探讨空间值得我们教师进一步探索。

指向深度学习的高中地理单元教学设计

——以主题五"大气的受热过程与运动"为例

皋万莉　左加慧　张　峦

摘　要：指向深度学习的高中地理单元教学是指在教师的引领下，学生全身心参与具有挑战性的学习主题，在教师创设的情境中通过探究问题、地理实验等学习方式掌握地理核心概念，获取地理思维方法，收获丰富情感体验、养成正确的价值观，从而达到深度学习的目的。本文以主题五"大气的受热过程与运动"为例，从创设真实情境、问题链设计、地理实验设计等方面，探讨指向深度学习的地理单元教学设计。

关键词：深度学习　创设情境　问题链　地理实验

一、引言

指向深度学习的高中地理单元教学是指在教师的引领下，学生全身心参与具有挑战性的学习主题，在教师创设的真实情境中通过探究问题、阅读图表、地理实验、小组讨论等学习方式掌握单元地理核心概念，获取地理思维方法，收获丰富情感体验、养成正确的价值观，在学习过程中体验成功，获得发展，最终达到有效落实教学目标，提升地理核心素养的目的的教学活动。本文以主题五"大气的受热过程与运动"为例，从创设真实情境、问题链设计、地理实验设计等方面，探讨指向深度学习的地理单元教学设计。

二、指向深度学习的单元教学目标

1. 课程标准解读

本主题内容对应的课程标准是"运用示意图等，说明大气受热过程与热力环流原理，并解释相关现象[1]。"本条课程标准表达了三个要点[2]：

（1）大气的受热过程实际上是太阳辐射、地面辐射和大气辐射之间的相互转化过程。要求学生掌握大气的热源，说明大气的受热过程。

（2）大气的热力环流原理是理解大气运动所必备的基本原理

（3）学习和说明大气受热过程，需要借用一些原理示意图，如大气受热过程示意图、大气热力环流形成示意图等，也可以借助一些模拟实验。

2. 学情分析

主题五地理原理性较强，对学生学习的要求较高，涉及的知识点比较抽象。高中生具备一定的生活观察经验，对上海的气候有所感知但物理知识较欠缺，对单元核心地理概念比较陌生，运用地理原理解决实际问题的能力较弱。笔者想从学生最熟悉的家乡入手，找到与上海纬度相似但天气情况差异巨大的"拉萨"作为对照组，创设一对父子跨越空间的对话串联整个主题教学，利用问题式任务及地理小实验还原探究的过程，落实深度学习。

3. 单元教学目标

根据课程标准结合学情，制定以下教学目标：

（1）阅读示意图，说出太阳、地面和大气之间能量转换的过程，解释拉萨昼夜温差大，夏季气温低，多晴天的原因，培养学生的区域认知及综合思维能力。

（2）通过热力环流实验，归纳影响气压高低的因素，推理热力环流原理；由热力环流原理，演绎海陆风、山谷风，分析拉萨夏季多夜雨的原因；增强学生的地理实践力

（3）通过上海风电场的选址理解某区域风能的应用，培养人地协调观。

（4）通过对上海、拉萨城市风道建设的探讨，理解城市工厂布局、城市绿化与风道建设的重要性，培养区域认知与人地协调观。

4. 单元教学流程

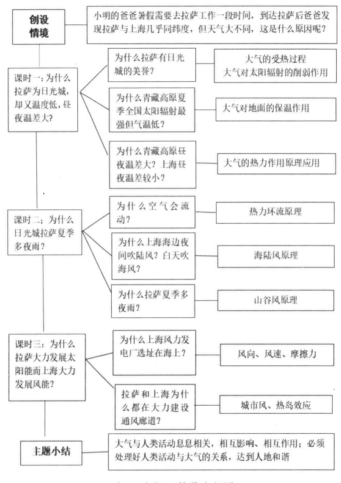

图 1 主题五教学流程图

三、指向深度学习的地理情境创设

1. 真实情境的创设与深度学习的关系

（1）真实的情境往往来源于生活，创设真实情境可以拉近课程内容与学生的距离，增强学生学习热情与兴趣，唤醒参与课堂的积极性，促进学生深度学习。

（2）在真实情境中发现问题、探究问题、解决问题的过程，是学生主动构建知识，思考世界的过程，有利于学生综合思维能力的提高。

（3）递进式连续性问题情境，能拓展学生思维的深度和广度，提高学生解决实际问题的能力。

（4）生活是学习的最好素材，以生活实践创设连续性问题情境，让学生在情境学习中提高地理认知能力，进而落实对学生地理学科核心素养的培养[3]。生活中的地理，往往还包含着人与环境的复杂关系，通过生活中的情境可以增强生活体验，给予学生更深的情感收获，帮助学生全面的建立人地协调观。

2.巧设真实情境促进深度学习

教师创设具体、生动的教学情境，有助于学习者与学习环境的互动，当教师呈现出精心设计好的问题情境时，会使学生的注意力处于高度集中状态，并产生强烈的求知欲和浓厚的学习兴趣。情境贯穿整个教学，通过特定的学习场景增加学生的体验，可以使学生在积极主动的学习中达到地理认知、地理能力和学科素养的全面发展，有利于深度学习的开展[4]。

设置的情境问题要有梯度，做到由浅入深、由表及里，这样的课堂有较强的逻辑感和梯度感，让学生生经历完整的知识处理过程，从而有效加强学生对知识的深刻理解，实现知识的自主建构、能力的提升[5]。

表1　主题五情境创设案例

课　时	情境设计	设计意图
课时一 上海、拉萨 天气大不同	导入环节：小明的爸爸暑假需要去拉萨工作，到达拉萨后爸爸发现当地与上海几乎同纬度，但天气大不同。	上海与拉萨对照组的建立，可以很好地将情境贯穿在整个主题中。
	环节一探究拉萨日光城的原因：小明爸爸刚到拉萨一周，皮肤就晒得很黑。 拉萨全年日照时间在3000小时以上，素有"日光城"的美誉，而上海日照时数为1852，为什么拉萨太阳辐射这么强呢？	通过上海与拉萨日照时数的对比，突出拉萨日光城的美誉名副其实，激发学生探究热情
	环节二探究青藏高原夏季太阳辐射强但气温低的原因：虽然太阳辐射很强，但每天傍晚小明爸爸还是要穿着厚外套，不仅拉萨整个青藏高原是中国夏季平均气温最低的地方，这是什么原因呢？	通过真实天气数据，结合拉萨太阳辐射很强但是气温却很低的现实，制造学生的认知冲突，在情境中通过分析书本图2-16、图2-18自主学习得出结论，获得解决现实问题的能力

（续表）

课　时	情境设计	设计意图
课时一 上海、拉萨 天气大不同	环节三探究青藏高原昼夜温差大的原因：小明爸爸去参加聚会，看到藏族朋友穿着掉袖藏袍，这种服饰与当地地理环境有什么关系？	利用当地民族服饰，结合大气受热过程原理，进一步分析文化与地理环境的关系，树立正确人地协调观
课时二 神奇的"夜雨"	导入环节：小明爸爸发现，日光城拉萨白天天气晴朗，夜晚却经常下雨，为什么？	呈现日光城多夜雨的事实，再一次通过情境设置认知冲突，营造积极的学习氛围
	环节一空气为什么会流动？教师出示生活中夏季空调、冬季暖气片应用图片	利用生活中案例，增加学生探究兴趣，增加关注生活中地理的意识
	环节二为什么上海的海滨白天刮海风？晚上刮陆风？小明这两天和妈妈在浦东芦潮港度假，在海边的时候感受到白天风从海面吹来，晚上却是从陆地吹来。	良好的情境认知环境将现实世界与书本知识紧密联系在一起，让学生在不断解决现实情境问题的过程中理解知识，应用知识。
	环节四为什么拉萨夏季多夜雨？如果你是小明，你能利用热力环流原理来向他爸爸解释拉萨夏季多夜雨的原因吗？	通过把进入角色学习，可以提高学生的课堂参与度，让其对所学内容留下深刻印象。
课时三 神奇的"风"	导入环节：小明和妈妈度假一路从芦潮港来到东海大桥，看到了许多风力发电机（图片），电话里他问爸爸："拉萨有风力发电机吗？"，爸爸回答拉萨多太阳能光伏发电（图片），你了解上海的风力发电吗？	承上启下，在新旧知识的衔接处导入生活化情境，则可以让学生在熟悉的生活情境中学习地理知识，既吸引学生的注意力，也降低了学习难度。
	环节一：为什么上海东海大桥风电厂选址在海上？东海大桥海上风电场作为亚洲第一座大型海上风电场，在我国风力发电建设发展史上具有里程碑意义，那么上海为什么选择海上呢？	拉萨与上海的气候不同，可以利用的资源也不同，通过对比理解人与自然的关系
	环节二为什么拉萨与上海都在大力建设通风廊道？小明在搜索拉萨是否有风力发电的资料时，无意间发现上海和拉萨都在大力构建城市通风廊道，什么是通风廊道？，为什么两座城市都在大力构建，又如何构建呢？	在比较上海与拉萨这两个城市在对"风"的利用中，更全面、更深刻地认识"风"，认识人类活动对气候的影响，树立人地和谐观。

3. 巧设问题链情境促进深度学习

本次指向深度学习的单元教学设计里，笔者将情境中的各个问题以问题链的形式呈现，希望通过问题链串联起该单元知识结构，让学生在单元主题情境下不断思考、不断探究，学会发现问题、分析问题、解决问题，以达到提高综合思维水平的目的。

（1）引入式问题链激发学习兴趣

主题五中，笔者设计了三个具有层次性、联系紧密的课时主题问题："为什么拉萨为日光城，夏季却又温度低，昼夜温差大？""为什么日光城拉萨夏季多夜雨？""为什么拉萨大力发展太阳能而上海大力发展风能？"组成了"引入式"问题链。引入式问题链可使单元间知识点平滑转接，为后续教学埋下伏笔。拉萨对生活在上海的同学们来说是陌生又新奇的，它的各种天气、气候现象与上海大相径庭，利用其与上海的差异来设计问题链，可以很大地挑起学生的求知欲。

（2）递进式问题链引发认知冲突

递进式问题链是根据地理知识间的联系，利用正向或逆向思维方式提出一连串由浅入深的问题，引导学生的思维和认知向广度和深度发展，从而理解知识、掌握知识、培养学生思维的深刻性和广阔性[6]。课时一中，"为什么拉萨有日光城的美誉？""为什么拉萨夏季太阳辐射强但气温低？""为什么青藏高原昼夜温差大？"组成递进式问题链，利用表面看似冲突的现象，制造认知冲突，引导学生进一步探索、辨析太阳辐射、地面辐射、大气辐射三者的概念，理解三者之间的关系，获得思维上的提升。

（3）迁移式问题链提升地理思维

课时二中，"空气为什么会流动"与"为什么上海的海滨白天刮海风，晚上刮陆风""为什么拉萨夏季多夜雨"组成迁移式问题链。学生先通过观察与实验，习得了热力环流原理，再利用原理，分别解释海陆风与山谷风的成因，在绘制海陆风与山谷风的过程中既训练了读图与绘图方法，又提高了学生在新情境中应用地理概念、原理、方法与规律的能力。最后，学生将理论运用于实践，解释拉萨夏季多夜雨的原因。迁移式问题链还原了科学研究的过程，在不断的迁移知识的过程中获得了地理的思维方法，体现地理课程的价值。

（4）比较式问题链揭示地理规律

课时三中，对比式情境导入与任务中的问题构成了比较式问题链。"为什么上海多风力发电，拉萨多太阳能光伏发电？""上海与拉萨都建通风廊道，为什么？""两者通风廊道的构建有何相同与不同处？"比较式问题链的设置，使学生从科学知识的角度拓宽了思维，认识地理规律，也从辩证的角度思考了人类活动对气候的影响，明白人地和谐的重要性。

综上来看，在专题五的单元教学设计中，一系列有层次、有联系的问题情境，将生活中学生碰到的那些蕴含了抽象地理原理、复杂的地理知识点进行拆解，转化为一个个易于突破的问题[7]。问题链蕴含了地理的原理和规律，是理解人地关系的关键[6]。通过不同类型问题链的设置，学生能够掌握知识点，形成地理思维方法，达到深度学习、培养地理学科核心素养的目的。

四、指向深度学习的地理实验设计案例

地理实验是支持学生地理学科核心素养发展的重要手段，也是地理教育中一贯关注的重要内容。有趣而简单的地理实验不仅可以帮助学生更好地发现和正确掌握地理知识，同时还可以培养学生的综合实践能力。《地理课标（2020年修订）》在教学建议中，也强调要加强地理实践，让学生"走出去""动手""行动"，在实践中获得直接经验，在认识中获得解决问题的真实能力、最终获得独立认知世界、独立生存的本领[1]。

主题五的地理原理性强，学生学习难度高。充分利用实验探究地理原理，既能激发学生的学习积极性，又能加深学生对知识体系的理解，达到深度学习的目的。

实验案例1：探究二氧化碳是温室气体

实验器材：温度计 2 根，厚塑料袋 1 个

实验过程：

1.一根温度计放在窗台；

2.另一根温度计放在吹了气的塑料袋内（代表装了二氧化碳的容器）；

3.一刻钟以后观察比较两根温度计的度数变化。

实验结论：发现塑料袋内温度计温度较高，表明二氧化碳是温室气体。学生可以通过简单实验理解二氧化碳可以大量吸收对流层的地面长波辐射，起到增温的效果。

实验案例 2：探究推导热力环流

实验器材：一盏台灯、一张纸、一团棉线、剪刀、胶带纸、玻璃瓶、气球

实验过程：

1.观察小实验（教师课前拍摄视频），明确空气会流动，空气会热胀冷缩；

2.学生根据课堂展示，观察生活中夏季空调、冬季暖气片应用图片，尝试设计实验证明空气的流动并绘制热力环流图，初步思考热力环流的成因；

3.教师设计动画，提问比较四个不同地点气压的高低，由学生分析原因，归纳影响气压高低的因素。在这个过程中引导学生意识到，各点气压比较要有意义，必须是同一水平面和同一竖直面上的点比较。

实验结论：认识热力环流的形成过程，探索其原理。

实验案例 3：风向、风速、城市高大建筑对污染扩散的影响

实验器材：风扇、报纸、 一次性水杯、书本、文具等

实验步骤：

1.制作地面——将摊开的报纸用力捏成纸团，然后打开，注意保持报纸上的褶皱；

2.控制风扇的风力不变，保持风扇的风向，观察污染物的扩散状况，随后试着改变风力，观察污染物的扩散；

3.控制风扇的风力不变，改变风扇的风向，观察污染物的扩散；

4.增加"障碍物（可用一次性水杯、书本、文具）"，再次尝试步骤 2、3；

5.控制风力不变，保持风向不变，改变"障碍物"的布局，观察"障碍物"的排布对污染物扩散的影响；

6.观察风向与"障碍物"垂直或平行时，污染物扩散情况。

实验结论：通风廊道的建设需与城市风向一致，风力越大，廊道越宽，越有利于污染物的扩散，风道通过降温也能缓解热岛效应。

案例分析：主题五中的实验设计均选择与学生生活贴近、与社会贴近的探究任务，通过对自然环境观察描述，推导其原理，得出结论。

实验案例 1 探究二氧化碳是温室气体中，通过最熟悉的生活场景和最简单的实验材料，通过比较气温差异，引发学生思考二氧化碳的作用，进一步推测增温原理。

实验案例 2 探究推导热力环流中，学生通过观察生活中夏季空调、冬季暖气片应用图片，尝试设计实验证明空气的流动并绘制热力环流图，初步思考热

力环流的成因。通过实验观察、实验设计、尝试画图等一系列动手实践活动，还原从观察现象到探究规律到实践应用的科学方法，提升学生的地理实践力。

实验案例 3 风向、风速、城市高大建筑对污染扩散的影响中，同学们通过实验能直观感受到人类活动对城市热岛的影响，利用上海本土的数据与案例，感受地理的生活趣味，增强学生的地理实践力，培养地理学习的兴趣。

表 2　主题五地理实验设计

课　时	实验名称
第一课时	验证二氧化碳是温室气体
第二课时	1. 验证空气的运动 2. 观察：空气的热胀冷缩 3. 实验设计：验证热力环流 4. 热力环流实验视频（教师拍摄微视频）
第三课时	1. 实验：风向、风速、城市高大建筑对污染扩散的影响 2. 植被对温度的影响

主题五通过上述实验过程（见表 2），将目标落实到学生的地理行动与自主思考层面。为了让操作过程可行，实验设计突出简单直观的特点，兼顾对学生的感受、思考、行为、合作与交流等进行全方位引导。实验最后要求学生撰写实践报告，培养其求真务实的科学态度，在实验中不断思考和总结，既能提高学生对原理的理解，又能增加其实践能力，促进深度学习。

五、结语

指向深度学习的主题五教学设计基于学生的生活经验，联系教材内容和客观事实，通过创设父子间不同空间的对话构建出生活化的教学情境，既增加了高中地理课堂趣味性，又连贯地串联起本单元的核心地理概念；通过上海与拉萨的不同天气的对比学习及一系列问题链的探究，帮助同学们主动构建地理知识框架，掌握地理原理及规律；通过地理实验的体验，培养了同学们地理实践力，帮助其树立正确人地和谐观，落实地理核心素养，最终实现学生的深度学习。

【参考文献】

［1］韦志榕，朱翔.普通高中地理课程标准解读（2017年版2020年修订）［M］.北京：高等教育出版社，2020年.

［2］段玉山.地理教学参考资料［M］.上海：中华地图出版社，2021.

［3］李永娣.创设连续性问题情境，促进高中地理深度学习［J］.中学课程资源，2021（09）：18—19.

［4］刘春艳，杜瑶.高中地理情境教学探析——以人教版新教材为例［J］.中学教学参考，2021（01下旬）：26—28.

［5］任小芳.以情境创设搭建深度教学的桥梁［J］.试题与研究,2021(04)：15—16.

［6］方晓阳.基于问题式教学的高中地理思维链建构——以"地球的历史"为例［J］.地理教学，2020（21）：51—53.

［7］梁亮峰.基于微主题探究的高中地理深度学习模式与实践［J］.地理教学，2020（17）：39—43.

运用学历案优化高中地理线上教学的策略

姜俊杰

摘　要：通过实践总结高中地理线上教学存在的问题，基于学历案的思想与操作指导，探索优化高中地理线上教学的策略，包括课堂互动策略、教学实施策略、教学监控策略、学习动机激发策略、有效导教和促学。体现学生主体性，学生经历"在学习""真学习"，进而"会学习""要学习"，实现线上学习的增值。

关键词：学历案　线上教学　高中地理　教学策略

线上教学指异地师生以互联网为介质，借助网络平台和资源，远距离展开教学活动的网络教学模式。[1]《普通高中地理课程标准（2017年版2020修订）》提出关注信息化环境下的教学改革，深化信息技术应用，信息技术的发展和应用助推着地理教学改革，对改变学生学习方式和教师教学方式，帮助学生享有公平而有质量的地理教学具有重要作用。[2]结合普通高中培养目标，如何在高中地理线上教学中进一步提升学生综合素养，发展核心素养，使学生具有理想信念和社会责任感，具有科学文化素养和终身学习能力，具有自主发展能力和沟通合作能力值得思考与实践。

一、高中地理线上教学实践反思

互联网学习具有异步、异地、互动、个性、开放、共享和资源丰富的优势。[3] 线上学习是一种现代的地理学习环境。线上学习的交互性、开放性、实时性、丰富性与地理学习所需的空间性、综合性和实践性高度匹配，有利于培养学生的地理核心素养。

在当前的实际学习中，互联网是师生地理学习的另一本丰富多彩的地理教科书[4]，是另外一间无所不教的地理课堂，是另外一个我们真实面对的地理学习情境。很多学校都配有信息化网络地理学习教室，很多教师通过翻转课堂、微课或线上线下融合等形式进行了大量地理网络教学实践。

然而，当完全的高中地理线上教学发生的时候，师生们在教学实践中却发现了大量的问题。孙琪等人构建了高中地理在线学习体验影响因素的解释结构模型，在该模型中，师生交互、学生学习动机、学生自学能力是最高层的影响因素，直接影响着地理在线学习的体验。[5] 李雪等人认为初中地理线上教学存在的主要问题有教学资源形式单一，师生互动深度受限，学生自学能力较弱，学习过程难以监督。[6] 吴晨认为互动深广度受到了限制。[7]

笔者结合相关研究与教学实践将线上教学的问题进行梳理、关联，得出如下图 1 所示的关系链。

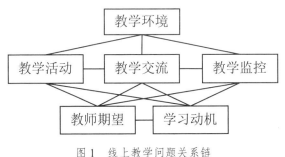

图 1 线上教学问题关系链

环境即教育[8]。线上教学由教学环境的变化引起，从教学的物理环境看，设施和时空环境由学校集体面授转变为使用电子设备的家庭网络环境。从教学的心理环境看，集体的气氛、教学的氛围逐渐变淡。学生易产生生理、心理疲劳。

教学即交流。有效的课堂交流是基本的教学行为，具有监测教学，调控教学，推动教学的作用。高中地理线上教学中师生、生生面对面的互动缺失，课堂交流的干扰和噪音增加。基于课堂环境、有效交流的教学行为、教学活动和教学监控操作成本上升，效果下降。

这样的线上教学就像水中的浮萍，教学丢失了交流、活动和监控，地理核心素养缺失了培育的土壤，教师丢失了活动的对象，学生缺位的教学走向盲目、失控和低效，最终导致教师期望、学生学习动机下降。师生缺失主动求变的愿望，深陷无奈、无力的泥潭，教学进入恶性循环，教学效果无从谈起。

二、学历案与线上教学

学历案是指教师在班级教学的背景下，为了便于儿童自主或社会建构经验，围绕某一相对独立的学习单位，对学生学习过程进行专业化预设的方案。[9]学历案由学习目标、评价任务、资源与建议、学习过程、作业与检测、学后反思等要素组成。此前较多对学历案研究集中在学历案是什么，有什么优势，怎么写，而利用学历案解决教学实际问题的较少。

目前的线上教学正在经历崔允漷教授所说的"替学""假学""虚学"现象，而学历案为有效线上教学提供了一套完整的解决方案。

在理论层面，学历案基于建构主义学习观，强调学生立场，学习中心，指导线上学习将主体性还给学生，让学习增值。

在操作层面，学历案是由教师设计的一个专业学习过程方案，是师生间线上教学的桥梁，学生线上学习的支架，教师主导线上教学的载体。有效线上教学活动以学历案为桥梁，搭建师生间互动的纽带，形成师生间对教学的共识。学生通过学历案主动构建知识，学生在同样的条件下学的更多，主动生成学习策略，增强学习动机。教师通过学历案获取学生学习起点、表现和反馈，据此设计教学、监控教学、调整教学。

三、基于学历案的线上教学策略

　　教学策略是在不同教学情境中，为现实教学目标和适应学生学习需要采取的教学行为方式或教学活动方式。本文针对线上教学的不足，结合互联网的优势，从高中地理学习的需要出发，基于学历案的思想和具体实践指导，提出有针对性的教学策略。以突破教学互动问题为基础，以教学实施、教学监控为核心，最终激发学生学习动机，提升高中地理线上教学质量。

　　学历案虽然基于建构主义学习观，但作为一种学习过程设计方案，并未限定某一种学习策略。所谓教无定法，只要符合学生特征、教学需要的教学方法就是好的，所以笔者结合教学中的思考与实践抛砖引玉，望同行不吝指正。

1. 基于学历案的教学互动策略

（1）创设互动

　　运用学历案中的学习活动、作业检测、学后反思等环节创设师生互动情境。例如学生完成学习任务的过程就是生生间目标明确的合作场景；教师对学习任务的指导、评价就是师生间交互式的交流场景；学习反思的分享、互助、评价就是生生间、师生间的平等沟通场景。

（2）由书面促口头

　　从学历案到课堂，由书面交流促成口头互动的发生。课前教师将学历案发给学生，通过文字向学生传递信息，学生通过学历案明确学习目标、任务评价，学习教学资源，浏览学习过程，书面完成学历案，向教师反馈信息，推动师生在课堂上基于学历案进行口头交流。

　　书面信息传输量大，便于理解，学生能在理解的基础上思考后进行表达，减少语言交流中的冗余，通过思考、组织的语言更符合书面考试的需要。书面文字将学生的思维过程外显，便于教师对学生进行评价、指导。书面交流受限制少，相对更加平等、友善。

（3）给互动一些时间

　　教师在运用学历案进行互动时，应多留一些时间。一方面让学生更充分地思考、学习和回应，这有利于更多学生参与互动，提高互动质量。另一方面让教师更充分地认识、评价和指导学生，有利于教师因材施教，根据教学生成的信息推动教学，提升对学生的期望。

课堂教学时间是有限的，从节流的角度，学历案已通过文字方案高效传递信息节约了课堂时间。从开源的角度，基于学历案书面文案的特征，教师可以通过课前预习、课后作业的方式充分利用学生课余时间。

2. 基于学历案的教学实施策略

学历案来源于构建主义学习观，它认为学习是个体原有经验与社会环境互动的加工过程，强调学习的主动建构性、社会互动性和情境性。[10]由于现代信息技术的运用，使学生有可能在地理教学过程中，从消极被动地接受知识、技能和方法，转变为积极主动地获取地理知识、掌握地理技能，学会地理学习和研究的方法。[11]崔允漷教授坚信学生的学习经历可以改变其学习效果，进而影响其学习能力。[12]

线上教学环境具有开放、共享和资源丰富的特征，教师应运用适当的教学实施策略设计整合信息技术的有效活动凸显地理学习时空性、综合性、实践性的特征，支持学生通过学历案主动建构知识，生成地理核心素养，习得线上认知策略。

（1）基于线下经典教学策略的线上学习

高中地理线上教学策略是为师生更好地进行地理教学活动服务的，不应花里胡哨、标新立异、喧宾夺主。线上教学策略应为教学目标服务，与教学任务统一，与教学方法协调，与学生认知结构相容，与教学条件相适应。[13]如先行组织者策略、因材施教策略、问题教学策略、板书结构化策略、合作学习策略、探究教学策略等线下教学中经典的教学策略可通过学历案与线上教学有机结合，相互支撑，使经典教学策略成为学生线上学习的支架。

案例1《资源与建议》：主要地貌类型的先行组织者，如下图2。

① 地位与作用：地貌是地球表面丰富多彩的形态。相较于初中学习的地形，尺度较小，主要由外力对地表的作用形成，是地球环境的主要组成部分，与人类生产生活关系密切。

② 重点难点突破：重点是通过野外观察或运用视频、图像，识别3—4种地貌，描述其景观的主要特点，难点是理解不同地区外力作用的差异对地貌景

观形成的影响。你可以回忆之前去过的地貌，观察其景观特征，根据地理位置分析当地主要的外力作用及其对地貌形成的影响。

③ 学习路径：观察长江从上游到下游流经地区的典型地貌景观差异，运用长江地势变化，理解各段外力作用的差异，学习流水地貌；基于长江重庆段，学习喀斯特地貌；观察、回忆黄河从上游到下游流经地区依次出现沙漠、千沟万壑的黄土、地上河景观，基于黄河流经地区从上游到下游地理环境的差异，学习风成地貌、并运用风成和流水地貌学习黄土地貌，理解地理环境的相互影响。

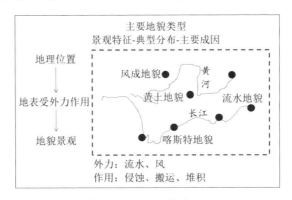

图 2　《主要地貌类型》先行组织者

（2）基于生成性资源的建构学习

建构主义学习观认为学习是学习者基于自己的经验背景建构知识的过程，不是由教师向学生传递知识的过程。[14]

学生通过学历案展示自己的经验背景，教师以学生共同的经验设计生成性的学习资源，为学生处理、转换和建构知识提供有针对性的支架。

学生观察到自己已有的学习经验，主动根据自己的知识、智能和经验结构在线上收集、选择、处理、分享、反馈和改进信息，建构新知识。

（3）基于即时互动的社会性学习

师生、生生间面对面的即时互动受限是线上教学环境最大的症结所在。构建主义学习观认为学习是学习者和助学者通过交流、分享、协作的社会活动，内化相关的知识和技能，掌握有关工具的过程。[15]

师生基于学历案中的学习活动、作业检测、学后反思等环节建立起直接联系，形成互动的基础。师生进行互动、问答、评价、指导与分享等教学活动，生生间开展合作学习，实现即时反馈的互动学习。师生通过互动相互影响、促进，师生通过互动形成全面的理解，学生通过观察、模仿专家型的行动和思维，建构自己的观念，提升学习质量和效率。

（4）基于网络情境的项目学习

构建主义学习观强调学习应与情境化的社会实践活动结合，应着眼于解决生活中的实际问题。[16] 项目教学让学生在体验项目的过程中融会贯通，对培养学生的地理学科核心素养、突出学生的主体性等都具有重要的作用。[17]

项目化学习适合在线上开展。学生面向真实的网络情境进行项目化学习，以某地理原理为中心，围绕某个真实、综合的地理问题，借助网络资源进行调查、研究和设计活动，形成公开成果。学生在项目化学习中自主构建地理概念，学会地理问题解决的方法，通过公开成果评价和反思自己的学习策略。教师从旁搭建支架，指导、支持学生进行项目化学习，在过程和公开成果中监控教学。

案例2《评价任务》：制作《最美流水地貌》宣传小报，表2为具体设计过程

表 2 《最美流水地貌》设计

活动设计	教学过程	设计说明
教学准备：学生选出去过的最美流水地貌	学生寻找之前经历过最美的流水地貌，在电子地图上标注地理位置、到达时间并分享景观照片，学生的分享师生皆可见	由于不同学生关于流水地貌的实际经验差异较大，该活动生成学生可观察的学习起点，学生明确已有经验，为新知识寻找生长点，教师根据学生经验设计教学。
学习支架：教师分享去过最美的流水地貌	教师汇总学生选出的最美的流水地貌，找到学生有共识且自己也经历的地貌作为案例，从地理视角、地貌成因、亲身感受等方面综合分析该地貌的美	① 教师以学生共同的经验设计生成性的学习资源，为学生从地理学的角度欣赏地貌的美提供支架。② 教师邀请学生分享选择某地貌的原因，在共同经历的促进下构建心理相容的教学氛围
评价任务：结合所学地貌知识，从地理视角，为当地旅游宣传制作《最美流水地貌》推介小报或视频	学生根据课程的学习、教师的分享、自己的经历和网络信息，制作并分享《最美地貌》推介小报或视频，师生分别打分，并在课堂上分享部分优秀作品及其制作过程与感悟	学生在理解外力作用概念的基础上，运用综合分析思维，经过审美性实践、技术性实践，以小报或视频为成果，推介自己认为最美的地貌，并在师生互评中获得榜样和反思。

　　本案例融合了建构主义学习观强调的主动构建性、社会活动性和情境性，基于学历案生成教学资源，学生真切体验学习的发生、自己的成长，学会项目化的线上地理学习策略。

　　（5）基于地理信息技术的线上学习

　　随着科技发展，地理信息技术已被公认为地理学的第三代语言。基于互联网和计算机设备的地理线上教学有利于充分融入地理信息技术，有利于学生基于地理信息技术情境直观感知地理事物特征，动态体验地理演化和发展过程，实时了解地理最新动态与发展，从地理视角实现身临其境的线上学习环境。

　　案例3《课中学习》：运用卫星地图学习流水地貌

　　任务一：

　　观察教师运用卫星地图定位、展示长江流域上、中、下游三地的典型遥感图片，据此描述三地地貌景观特征，结合当地地貌景观特征分析河流对当地地貌形成的作用，判断三地分别为上海、武汉或虎跳峡。

　　任务二：

　　通过小组合作，选择一条河流，运用卫星地图观察其上中下游三地的遥感图片，总结流水地貌的空间分布特征，并说明原因。

　　任务三：

　　运用卫星地图查找某河段不同季节和年代的遥感图片，根据教材相关概念，分辨河床、河漫滩和阶地的差异。

　　设计说明：任务一，学生观察教师演示卫星地图的使用方法，运用遥感图片理解长江三地地貌景观特点、形成原因，体会运用卫星地图进行地理学习的方法。任务二，学生先通过小组合作练习相关学习方法，总结流水地貌的特征、分布与成因。任务三，学生独立运用电子地图和书本学习相关概念，理解河流地貌的时间变化规律。

　　任务一通过教师操作，学生观察和思考形成学习支架。任务二、三学生从小组合作走向独立操作基于电子地图的地理学习。在这个学习过程中既落实了地貌空间分布和时间变化特征的学习，又培养了学生掌握地理技能，学会地理学习和研究的方法，能独立地获取地理知识。

（6）基于乡土的实践学习

地理学习需要走进自然，深入城乡，在真实的地理环境中通过实验、调查和研学等方式学习。线上教学不是只在家的教学，也是在乡土大环境下进行的，学生打开窗户就能观察自然环境，打开家门就能走进社会经济环境。另一方面，线上教学具有"异地"的优势，师生可以拿着智能设备在各处同时上线学习，突破了传统课堂教学空间同一的局限，实现了地理学习与真实环境的融合，师生在开放的环境中共同体验地理环境多样性的魅力。

案例4《检测与作业》:《环境对植被形态的影响》调查

调查目标：通过在家周边观察与网络查询，辨别身边的主要植被，说明其与自然、人文环境的关系。

调查方法：在家周边小区、路边、公园选取典型植物，观察其形态特征与当地的微观环境，通过网络查询和学习，结合上海的气候特征，说明该植被分布的合理性。

教学安排：

课前，将调查通过学历案发放给学生，学生熟悉调查目标和方法，预设样地位置，做好直播学习的准备。

课上，教师在小区内通过直播演示和讲解调查过程，学生随后在各自取样地进行实践，教师观察学生行为，进行指导。

课后，学生完成调查任务。

表1　植物形态与环境调查表

在电子地图上标注取样点信息：编号：____　时间：____　调查者：____　位置：____					
序号	植物名称	植被类型	形态特征	微观环境（光照、土壤、养护）	植物分布的合理性

3.基于学历案的教学监控策略

学历案为线上教学监控提供了依据。它其将教学过程作为监测目标达成的过程，不断镶嵌评价任务以引出、收集学生的评价信息，进而作出进一步的教学决策，以帮助或指导学生实现信息的第二次转换。[18]

（1）教师监控

一方面，教师通过学历案加强课堂互动、教学反馈和现场指导，有效监控教学，进而对教学计划实施的过程进行检查、评价、反馈、控制和调节；另一方面，教师通过学历案的模式提升学生自我的监控意识和能力，为学生元认知监控提供支架。

（2）元认知监控

最有效的对人的监控就是促使其自控。[19]学习自控的策略是可教的，学历案为培养学生元认知意识与能力提供了完整的方案，帮助学生生成制订计划、执行控制、检查结果、采取补救措施的元认知过程。学习活动前，学生通过教学目标、评价任务明确"要去哪里"，据此对自己的学习进行计划、准备并清楚学习目标与任务。学习活动中，学生通过完整的学习过程经历"如何去那里"，在这个经验构建的过程中学生了解了学习的方法、过程，形成自己的认知策略。在学习活动后，学生通过评价任务、作业和测试检测自己"是否已经达到"，通过学习反思评估自己的认知活动，据此学生对自己的学习效果进行检查、评价，发现学习中的问题，调整学习策略以提高学习效率。学生通过在教师引导下的多次实践，最终从外部到内部渐进生成自我监控的策略。

案例5《任务评价表》:《最美流水地貌》任务评价表，下表3。

表3 《最美流水地貌》任务评价量表

水平表现	一级水平	二级水平	三级水平
景观选择	景观不是流水地貌	景观是典型的流水地貌	景观具有美感、体现流水地貌的特征
地貌成因说明	没有分析地理环境对地貌形成的影响，说明有误，逻辑混乱	机械表述落差、流速、流水作用对地貌形成的影响，有一定逻辑，但未结合地理位置分析	从地理位置出发，综合分析当地地理环境，准确表述落差、流速、流水作用与地貌特征的关系，语言有逻辑
地貌之美	仅通过查阅资料，简单复制他人视角和观点，缺乏地理视角和自我体验	通过查阅资料与自我感性认知结合，对地貌之美进行相对主观描述，未体现地理视角和学习痕迹	查阅相关资料，结合自身感受，从地理视角，通过地理语言和文学语言描述地貌之美，甚至有自己与地貌动人的故事，体现人与地貌的关系
小报制作	从网络直接下载，颜色单调、布局混乱、阅读困难	能独立自主完成，布局清晰、便于阅读	版面设计美观、具有设计特色，能准确表达信息

根据学业质量水平确定评价标准，以便学生进行准确的自我评价与监控。学业质量水平是教师用来明确每个任务期望落实的教学标准，并不向学生展示，可作为叙写评价量表时的依据。根据《普通高中地理课程标准（2017年版2020修订）》的叙写规范，1—2代表区域认知水平1，左侧的1代表学业质量水平，共有4级，分别用1、2、3、4表示；右侧的2代表核心素养类型，综合思维与人地协调观为1，区域认知为2，地理实践力为3。以下为《最美流水地貌》小报任务评价表的学业质量水平标准。

2-1 根据选定的景观图，能够简单分析外力对地表的作用，描述地貌景观特征。讲述自己与地貌的故事，初步体会人与自然环境的关系

2-2 根据选定的景观图片及查阅的区域相关资料，辨识流水地貌特征

2-3 通过选定亲身经历的流水地貌景观，完成景观介绍小报，灵活运用知识

4. 基于学历案激发学习动机的策略

学习动机决定了学生的学习方向、目标，能有效增强学习的努力程度，影响学习的效果。张锦程[20]等通过调查问卷的方式从学习动机的角度研究高中生选考地理的依据，学生较多因为地理学习兴趣，地理实用价值和地理学习信心而选择地理。黄雯倩[21]等对高中生地理学习动机的影响因素进行研究，发现认知内驱力、效能期望影响强度最大。

以上研究指出高中学生地理学习动机主要由内驱力影响，但外部动力对内部动力具有促进作用。高中地理线上教学中，教师应运用学历案系统激发学生内、外部的学习动机，促成内外部学习动机相互支持和转化。

（1）匹配学生心理激发内部学习动机

结合奥苏泊尔对学校情境中成就动机的研究，高中地理线上教学应凸显地理学科的价值，促进学生对地理学科的认同，激发学生认知内驱力。教师通过生成性的教学资源匹配学生心理；创设认知冲突，进行问题解决的教学；构建真实情境，进行项目化教学带领学生学习生活中的地理、有用的地理。

高中地理线上教学应激发学生自我提高内驱力。师生以学历案为工具，有效改善线上教学中的问题，让学习增值，学生在同样的条件下学得更多，生成了线上学习方法，进而提升了地理学习成绩，培养了地理核心素养，增加了学

习地理的获得感。

高中地理线上教学应激发学生附属内驱力。师生通过学历案进行社会化的建构学习，学生从中获得支持、关心、认可和友谊。

（2）创设外部条件激发内外部学习动机转化

班杜拉强调人们的内部动机是后天习得的，应通过外部强化促使人进步、成功，成功使人产生自我效能，进而内部动机从无到有，从弱到强。

学历案为激发外部学习动机提供了一套系统方案，进而提升学生自我效能，提升地理学习信心。首先通过设置明确、具体、适当的学习目标、评价任务、资源建议支持学生具体了解学习情况，便于对学习性质进行评估。然后通过各种学习活动支持学生观察自己是如何学会的，掌握学习的策略，获取关于学习的直接经验。期间通过师生、生生多元互动为学生提供观察别人成败的间接经验。再通过难度适中、针对性强的评价任务和检测支持学生及时获得积极的学习反馈，进而获得学习的成就感。最后通过学习反思支持学生对学习活动进行正确归因。

案例6《学后反思》：《最美流水地貌》经验分享会

《最美流水地貌》成果展示后，教师收集学生自评、互评结果，结合自己的评价，选取综合表现良好、有特点以及制作过程有故事的作品，邀请相关学生介绍心得、成功的原因和有趣的故事，教师查阅后，引导学生着重介绍作品亮点和制作方法，关注跟自己之前比有哪些成长。在课上邀请学生面向所有同学进行经验分享与反思，教师恰当点评，引导学生正确归因，将学生的成功归因为努力和方法，激发学生改进学习态度，提升学习方法。

四、小结

随着时代的发展，虚拟现实技术不断迭代，教育将进入元宇宙时代。随着学生对教育要求的发展，高中地理进入培养学生地理核心素养的时代，以满足学生现在和未来学习、工作、生活的需要。我们必须意识到，虽然现在纯线上教学存在诸多问题，但这是教育在发展中必然的一次迭代。教师应发挥主观能动性，积极调整自己的期望，在变局中寻找有效教学的方案。

基于学历案进行高中地理线上教学虽然可能并不完美，但无疑是一种有益的尝试。它要求线上教学重新回到学生立场，以学习为中心，为课堂互动提供契机，为有效教学实施提供平台，为教学监控提供依据，激发学生学习动机，最终实现提升教学质量，培养地理核心素养。

【参考文献】

［1］段玉山，周维国.基于地理课程标准的高中学业水平考试命题研究［J］.中国考试，2018（09）：8—15.

［2］［3］中华人民共和国教育部.普通高中地理课程标准（2017年版）［M］.北京：人民教育出版社，2018.

［4］［11］［13］裘腋成.地理课堂教学设计［M］.上海：华东师范大学出版社，2001.

［5］孙琪，赵媛.高中地理在线学习体验影响因素研究［J］.地理教学，2020（19）.

［6］李雪，李晴.后疫情时代初中地理线上教学策略探讨［J］.地理教学，2022（5）.

［7］利用教育云平台构建地理线上高效课堂——以"天气系统"二轮复习课为例［J］.地理教学，2020（12）.

［8］施良方，崔允漷.教学理论：课堂教学的原理、策略与研究［M］华东师范大学出版，1999.7.

［9］崔允漷.指向深度学习的学历案［J］人民教育，2017（20）：43—48.

［10］［14］［15］［16］［19］张大均.教育心理学［M］北京：人民教育出版社，2015.7.

［12］惠明，武强.对"学历案"的再认知及其有效应用的思考［J］.中学地理教学参考，2016（3）.

［17］韦志榕，朱翔.普通高中地理课程标准（2017年版）解读［S］高等教育出版社，2018.

［18］卢明，崔允漷.教案的革命：基于课程标准的学历案［M］.上海：华东师范大学出版，2016.

［20］张锦程，林媚珍．基于学习动机理论的高中生高考选考地理的影响因素研究——以广东乳源瑶族自治县某中学为例［J］．地理教学，2020（23）．

［21］黄雯倩，孙裕钰，赖秋萍，卢晓旭．高中生地理学习动机的影响因素及作用强度研究［J］．中学地理教学参考，2019（6下）．

交互式电子白板在不同教学环节的应用策略分析

李赛超

摘　要：信息技术与教育教学的融合是我国推进教育信息化工作的重点内容，在普通高中新课程新教材实施的背景下，信息技术工具对教师转变教学方式、重塑教学模式起到重要作用。交互式电子白板作为数字化多媒体教学设备，有利于增强课堂互动，促进教师教学方式的转变。本研究采用文献研究和内容分析的方法，通过对优秀课例视频进行编码分析，提出交互式电子白板在不同教学环节的应用策略，以期为广大教师提供参考。

关键词：交互式电子白板　教学环节　应用策略

一、研究背景

信息技术与教育教学的深度融合一直以来都是我国推进教育信息化工作的重点内容。《国家中长期教育改革和发展规划纲要（2010—2020年）》中特别强调信息技术对教育发展具有革命性影响，必须给予高度重视[1]。2016年，《教育信息化"十三五"规划》中在肯定"十二五"以来教育信息化各项工作取得突破性进展的同时，也指出了加快推进教育信息化所面临的困难和问题，如信息化与教育教学"两张皮"现象仍然存在，因此，提出了"深化信息技术与教育教学的融合发展"等主要任务[2]。2018年，教育部发布的《教育信息化2.0行动计划》中，其中一个核心理念就是融合，要保持推进信息技术与教育的深度融合，使得教育信息化从融合应用向创新发展的高级阶段演进[3]。

教育部印发《普通高中课程方案和课程标准（2017 年版）2020 年修订》，在普通高中新课程新教材实施的推进过程中，强调教师要更新教学观念和视角，从传统的说教到项目化教学方式的转变，从学生被动的听讲到主动探究、自主学习等学习方式的转变，更加强调从传统教育教学环境到网络化、智能化、多媒体化教育环境的构建。尤其是后疫情时代，教学形态已迅速发生改变，改变传统教学方式，必然离不开信息技术工具的支持。

交互式电子白板（Interactive Whiteboard，简称 IWB），也称为智能白板，是将计算机中的内容通过投影仪来显示到电子白板屏幕上的数字化、智能化多媒体教学设备。交互式电子白板以其丰富强大的功能走进课堂，不仅具备传统黑板和其他教学媒体应有的编辑、呈现、展示等功能，还具有实时记录、教学特效、交互与共享等特色功能，交互式电子白板在课堂中的应用为信息技术与教育教学的融合提供了新的教学模式，大大增强了师生之间、生生之间、师生与技术之间的课堂互动，促使教师的教学方法从传统方式转变为综合使用语言、开放资源和小组合作等多种途径的新型方式[4]，激发学生的学习兴趣，对教学变革起到强有力的推动作用。

交互式电子白板在国外中小学的应用早已十分普遍。美国、加拿大及欧洲一些国家在政府的支持下在中小学大力投入使用交互式电子白板。我国自 2004 年与英国合作进行有关交互式电子白板应用的有效性和适应性评估的实验研究以来，交互式电子白板开始在我国中小学课堂中推广使用，并从 2009 年开始逐渐呈现普及趋势。然而，交互式电子白板这种媒体的出现本身并不能给教育教学带来实质性效果，关键在于教师如何将媒体有效地应用于课堂。在英国学校的交互式电子白板支持的课堂环境中，教师已经越来越意识到需要深刻理解技术和教学之间的匹配问题[5]。教学设计是支撑一堂良好课堂教学的重要支柱，如何通过教学设计使交互式电子白板高效地应用于不同教学环节中值得引起我们的关注。目前，教师对于交互式电子白板的使用存在比较生硬、流于形式，停留在表层互动与应用等问题[6]。要想改善课堂教学设计中存在的种种问题，为一线教师提供交互式电子白板在不同教学环节中的应用策略可以起到至关重要的作用。

因此，本研究根据交互式电子白板的功能及特点，在分析教师对交互式电子白板的使用情况，以及交互式电子白板对不同教学环节的支持情况的基础上，提出交互式电子白板在不同教学环节的应用策略，以期为一线教师提供参考。

二、研究目的和意义

本研究的主旨在于提出并分析交互式电子白板在不同教学环节的应用策略，阐述如何利用交互式电子白板的各项功能来支持教学过程的主要环节，以期为广大教师在借助交互式电子白板进行教学设计时提供参照。

本研究开展的意义主要包括以下两部分：一部分是探讨交互式电子白板在不同教学环节中的应用策略，从而帮助教师在进行教学设计时合理利用教学策略和方法，在课堂上进一步发挥交互式电子白板的功能，增强师生、生生和师生与技术之间的交互，提升教学效率，优化课堂教学效果，为推进课堂教学改革做努力；另一部分是对应用策略的分析可以为广大一线教师对交互式电子白板的使用提供参考，并在实践中起到借鉴作用。

三、研究内容和方法

本研究主要采用文献研究法和内容分析法。

文献研究是为了通过查阅相关文献资料，了解国内外研究现状，从中发现问题，从而确定研究内容和研究方向，同时指导进行下一步的研究工作。

内容分析法是一种研究各类文档，图片、音频或视频中的文本的结构化研究方法。通过系统地标记一组文本的内容，研究人员可以使用统计方法来定量分析内容模式，或使用定性方法分析文本内容的含义。

本研究选取了某全国性互动教学大赛中第一轮专家评分在 80 分以上的优秀参赛视频，视频中的教师均利用交互式电子白板进行教学设计，并以说课的形式展现一节课的完整教学过程，任课教师均具有良好的使用交互式电子白板的能力以及相应的信息化教学能力。这些教学课例涵盖了中小学多个学段的语文、数学、英语、物理、化学、信息技术等多个学科。通过对这些优秀课例视频进行编码，在分析编码结果的基础上，了解交互式电子白板在不同教学环节中的应用情况以及对各教学环节中的策略所起到的支持作用，进而分析总结出交互式电子白板在不同教学环节的应用策略。

四、交互式电子白板在不同教学环节的应用策略

1. 课堂导入环节

利用图片、音视频等多媒体功能创设情境，利用批注、拍照等功能灵活控制情境。创设情境有助于激起学生的学习兴趣，唤起学生强烈的求知欲望。为创设有利于学生探索问题的真实情境，交互式电子白板的图片显示、音频播放、视频动画等功能提供了多种方式和强有力的帮助。相比起传统的多媒体环境，交互式电子白板的优势不仅能帮助教师采用图片、音频、视频等多媒体展示功能呈现问题情境，还能使用拍照打点功能将音视频中重要的画面截取下来，方便后续讲授时使用，也可以直接在画面上进行批注，实现教师对所创情境的任意控制，帮助学生形象地建立问题情境，引起学生进一步探索知识的强烈欲望。

利用文本、图片呈现旧知，思维导图给出知识框架，蒙层擦出旧知，学生书写旧知，引出新知。复习导入是教师引入新课时通常采用的一种方法策略，一方面教师可以用文本或图片显示功能在白板上呈现旧知，在学生回忆的基础上借助蒙层遮盖功能一层层擦出旧知，充分唤起学生对旧知的记忆；另一方面学生还可以利用白板的批注、拖拽等编辑手段对已学过的知识进行编辑，帮助教师了解学生的初始水平。

利用批注、蒙层、视频等功能巧设问题，逐层显示，引起学生思考。在通过提问设疑导入新课时，教师可以借助交互式电子白板的批注编辑、蒙层遮盖等功能巧妙组织问题，设置符合学生认知结构中最近发展区的问题，给予学生充分思考的空间。还可以让学生通过观看视频动画，提出疑问，引发思考。

利用图片、动画、蒙层制造游戏，增强人机互动。根据课堂的需要和学生的特点，采用游戏活动导入新课的方法可以有效调动学生的积极性，吸引学生

对课堂的关注，使学生快速走进课堂。教师可以利用图片显示和蒙层遮盖等功能制造紧贴课程内容的游戏，或者利用白板本身的动画游戏功能制作游戏，随机抽取学生上台参与游戏，更多地为学生创造与白板互动的机会。

利用文本、图片展示贴近学生生活的实例，营造轻松的学习氛围。教师可选取与学生生活相近的实例来导入新课，可以借助文本显示和图片显示的功能在白板中呈现贴近学生生活的实例。学生通过自己熟知的内容走进新课，一方面可以创造学习的真实情境，帮助学生通过类比现实生活更好地理解知识；另一方面有助于在课程初始营造轻松学习的课堂氛围，集中学生注意力。

2. 课堂讲授环节

通过文本、图片等展示新的学习内容，批注细节知识，用放大镜和聚光灯强调重点。教师在讲解新知时，如果只是单纯地在白板中显示要讲授的内容，按照既定思路讲解知识，容易限制学生的思考，忽略学生在课堂听讲过程中的反应。因此，交互式电子白板为教师提供的批注编辑功能可以很好地帮助教师一边讲解一边批注，达到启发学生思考的目的。放大镜和聚光灯功能能够帮助教师放大重点内容，方便后排同学看清白板，帮助学生牢记知识，起到强调重点知识的作用。

利用思维导图提供指导，用蒙层效果逐步显示问题，理清教学思路。课堂讲授过程中教师一味地讲解容易导致课程出现满堂灌的现象，为锻炼学生独立思考的能力，教师恰当而有效的指导十分必要。在指导时，教师可借助交互式电子白板的思维导图功能帮助学生理清思路，利用蒙层遮盖功能在学生思考、回答的基础上逐层呈现有深度的问题，充分培养学生积极思考的习惯与能力。

利用资源管理、屏幕录制或虚拟实验功能为学生进行演示，改变知识呈现形式。教师演示也是教师在课堂讲授过程中的一条重要策略，交互式电子白板的内外资源、学科工具、屏幕录制、虚拟实验等功能为教师演示创造了多样化条件。对于语文、英语等语言类教学科目，教师可以借助白板的内置资源和学科工具为学生演示正确发音、书写顺序等内容；对于数学学科，教师可以利用学科工具中的尺规和几何画板在白板中作图，便于学生对图像的理解，也节省教师作图时间；对于物理、化学等理科教学，知识的学习往往伴随着大量实验，而这其中有些实验受条件限制难以在实际中演示，教师可以利用屏幕录制功能提前将实验过程录制，放在大屏幕上方便学生观察实验现象，也可以利用虚拟实验功能为学生演示仿真实验，有助于改变知识的呈现形式。

利用内置资源或外部资源为学生提供素材，改变教学组织形式。交互式电子白板丰富的内置资源以及兼容外部资源的特性为教师的分层教学和学生的自学、协作学习等提供了大量素材，教师可以结合课程内容，利用内外资源丰富教学过程，兼顾不同程度学生的能力布置任务，做到因材施教，提高学生学习的自觉性，达到班级整体优化。

学生自行搜索外部资源，锻炼学生的自主探究能力。交互式电子白板为学生提供了自行搜索外部资源的平台，教师需要给予学生自主探求真知的机会，启发学生搜索有用信息，从而进一步锻炼学生的自主探究能力。

借助虚拟实验或视频动画为学生模拟真实情境，加强理解。教师可以借助交互式电子白板的虚拟实验或视频动画功能，充分调动学生的各种感官和行为知觉，破除传统的填鸭式教学，增强与学生之间的互动，帮助学生将理论学习与实践应用有机结合，从而掌握知识。

利用计时器控制学生探究和合作时间，提高课堂效率。高效的课堂管理是一名教师基本教学素养的体现。教师可以利用交互式电子白板的计时器功能任意设定时间，给予学生一定的合作与探究时间，帮助教师合理控制课堂时间，有效管理课堂，充分提高课堂效率。

3. 练习巩固环节

利用文本或图片显示题目内容，蒙层、批注分层次设计习题，强化训练。利用文本显示和图片显示功能为学生设置练习题目是最基本的考察学生概念掌握情况的方法，必要时教师还可以增设一些变式训练来考察学生的课堂掌握情况。此外，更重要的是教师可以借助蒙层遮盖和批注编辑的功能由易到难、由浅入深地分层次设计习题，强化学生训练，以达到巩固提高的效果。

利用图片、动画游戏等功能制造游戏活动和知识配对练习，活跃气氛。知识配对练习是检测学生对基础概念掌握情况的重要方法，游戏活动是有效活跃课堂气氛的一种手段。交互式电子白板的图片显示、动画游戏等功能为教师制造游戏活动和配对练习提供了便利，使得学生在轻松愉快的氛围中达到检测知识的目的。

随机抽取学生进行练习，增强学生的参与性。交互式电子白板中随机抽取功能的使用，一方面让每个学生都有均等的机会，另一方面帮助减少学生在课堂上走神、交头接耳、不注意听讲的现象，提高学生的课堂注意力，增强学生的课堂参与性。

拍照记录学生互动练习和完成作品的过程，了解学生的知识掌握情况。学生在进行互动练习和完成作品时，往往过程比结果重要，教师单纯地在教室中巡视学生的练习情况，必定会出现顾此失彼的现象。合理利用交互式电子白板的拍照功能，可以将学生练习的整个过程拍摄下来，留存后方便教师更加透彻地了解学生课堂知识的掌握情况。

利用反馈器带动全班学生的练习，调动学生积极性。为了解全班学生的知识掌握情况，教师可以使用交互式电子白板的反馈器功能，让学生及时作出对习题的回答，收集全班学生的整体情况，提高整体的课堂效率，调动学生参与课堂的积极性，达到全班优化的效果。

4.总结评价环节

通过拍照或同屏投屏功能上传学生作品，即时点评批注。在学生即时展示作品成果时，教师可以利用拍照功能即时上传学生作品，或者利用同屏投屏功能将学生作品展示在大屏幕上，可以直接在上传的学生作品中作出批注，即时予以点评，同一问题在全班面前统一解决，在师生的互动交流中，课堂效果更好。

利用思维导图总结知识，梳理知识脉络，强化学生记忆。思维导图功能是教师用来总结知识的良好帮手。教师利用思维导图功能系统化地展示课堂知识点，帮助学生梳理知识脉络。在教师的引导下，学生在回顾知识的同时绘制思维导图，可以强化记忆，更好地归纳总结新知识。

利用文本、图片、音视频等多种方式拓展问题，深化学生思考。在总结评价环节，教师还可以利用交互式电子白板的文本显示、图片显示、音频播放、视频动画等功能为学生提供与当堂课程紧密相关的拓展内容，拓宽学生的知识视野，增强课堂教学的丰富性，培养学生不断探求真知的意识，激发学生继续学习的热情。

利用屏幕录制记录动态课堂资源，以供课后反思。课堂中学生对某个问题的回答，或者学生演示练习的解题步骤，都有可能激发教师的教学灵感，成为教师反思教学的重要依据。交互式电子白板的屏幕录制功能可以帮助教师记录动态课堂资源，录制学生在课堂中的表现及师生互动过程，还可以将师生对白板进行的批注、拖动、旋转等全部操作记录下来，既方便教师课后反思，也可以作为学生课后温习知识的重要资源。

【参考文献】

［1］国家中长期教育改革和发展规划纲要领导小组办公室.国家中长期教育改革和发展规划纲要（2010—2020 年)［M］.北京：人民教育出版社，2010.

［2］教育部.教育部关于印发《教育信息化"十三五"规划》的通知［EB/OL］. http://www.moe.gov.cn/srcsite/A16/s3342/201606/t20160622_269367.html，2016-06-07.

［3］任友群.走进新时代的中国教育信息化——《教育信息化 2.0 行动计划》解读之一［J］.电化教育研究，2018，v.39；No.302（06）：29—30+62.

［4］Jwaifell M，Gasaymeh A M. Using the Diffusion of Innovation Theory to Explain the Degree of English Teachers' Adoption of Interactive Whiteboards in the Modern Systems School in Jordan：A Case Study［J］. Contemporary Educational Technology，2013，4.

［5］Glover D，Miller D，Averis D，et al. The interactive whiteboard：a literature survey［J］. Technology，Pedagogy and Education，2005，14（2）：155—170.

［6］李芒，乔侨，李营.交互式媒体教学应用策略的发展研究［J］.中国电化教育，2017（5）.

趣味田径教学法在高中体育教学中的应用

金成吉

摘　要：体育课程对于高中阶段的教育而言至关重要，趣味性、娱乐性是其教学过程不可或缺的关键属性。对于高中专项化体育教学而言，田径运动的地位则不可撼动。因此需不断增强其趣味性，进而促使学生全员参加，提高教学质量。本文就趣味田径教学法在高中体育教学中的应用进行分析，旨在为今后的高中体育教学提供参考。

关键词：趣味　田径教学　高中体育

高中处于人生重要阶段，所以在高中三年学生的心理健康，身体素质非常关键。但是受教育体制影响，大多数高中学校只注重升学率，不注重学生身体健康发展。从而造成体育课的减少，学生得不到充足锻炼。课时减少往往也会导致学生对体育课失去热情；有过多的担忧，害怕在体育课中负伤影响学习；并且，在高中体育教育中，没有良好的体育环境对学生进行授课；缺少体育器材，体育课内容枯燥无味；从而导致学生身体素质降低，给学生的健康发展造成影响。田径运动又是体育课程中的关键环节，也是高中体育课程教学中的重点关注内容之一。大多数学生通常都认为田径训练形式单一、枯燥，很容易消耗运动量和体力导致比较疲累。少数田径项目可能存在以上特点，多数田径项目并不具备上述特征。因此，对于实际教学过程而言，教师应经常在田径项目训练过程中有效结合相应的趣味因素，提升教学方式的灵活性，促使学生对田径训练更感兴趣，训练更加有效。此类方式除了整体提高教学实际效果之外，还能显著提升学生的综合素质和运动技巧。

1. 趣味田径教学的基础特征

1.1 趣味田径教学具有活动趣味性

对于传统体育教学形式而言，趣味田径趣味性较强，能快速抓住高中学生吸引力还能促使全员参与活动，进而提高体育活动的教学质量和教学效果。通常来说，游戏的创新高度决定其竞争强度，同时也会导致其情节发展的生动性、趣味性越来越高，促使越来越多的学生自发地参与到教学活动中，进而提升其自身体育锻炼兴趣。

1.2 趣味田径教学具有活动竞争性

教师首先向学生讲授其关键技术，然后由学生向老师模仿，进而形成训练，此方法属于传统田径教学模式。趣味田径与其不存在较大差异性，该项运动使用竞技游戏方法进行训练，其训练过程中有机融合游戏中所学的技术，促使其游戏趣味性增加的同时提高其竞技强度，进而激发学生全员参与积极性。

1.3 趣味田径教学促进多项能力培养

趣味性教学法，既能促使学生细致化理解田径技术，又能促进学生其他方面能力有效提高。例如，学生的团体项目训练过程中注重培养其合作能力和合作观念；富有趣味性的寻宝教学活动有助于全面培养学生参与过程中的思维能力。趣味体育课堂教学不受体育教学限制，能全面发展学生的综合素质。

2. 趣味田径在教学中的运用

2.1 利用教学器材开展趣味教学

趣味性教学法与传统的教学方法不同，在教学过程中有多种器材的支持。利用这些丰富的体育教学器材，能够提升学生学习体育的兴趣。体育器材是体育教学活动开展的重要支撑，如果器材缺乏，体育活动就会失去其本身的魅力。丰富的器材能吸引学生的注意力。趣味性教学开展的过程中，教师应结合学生的身体状况以及心理追求，以当前的体育器材作为基础性器材，为学生开发出更多的器材，从来提高趣味田径教学的有效性。例如，在赛跑训练中，教师可以让学生锻炼来回跑，并且为他们计时，在跑道上设置一些标志性的物质，制定具体的往返点，让学生可以多次进行往返训练。在往返跑实施之前，教师可以组织学生利用标尺测量跑道，增加学生的体育学习感，从而尊重学生在体育教学中主体地位的发挥。

2.2 利用普通场地开展趣味教学

趣味田径教学对于教学场地的要求不高，一般来讲，每个学校的场地都具有实施趣味田径教学活动的条件。对于趣味田径来讲，其成功实施只需要有一片面积在 2000 平方米左右的平坦场地就可以。对于场地的要求不高，使得趣味田径教学具有可行性。在具体的高中体育教学中，教师可以根据场地条件的不同，进行不同的趣味田径教学安排。场地条件的优化会促进趣味田径教学活动质量的提高。比如在较为宽敞的场地中，教师可以组织学生进行障碍接力跑练习。教师可以利用多种物体为学生设置障碍，可以是废旧的垫子，也可以是专业的跨栏。障碍物的出现，使得平凡的跑步练习具有了别样的趣味。而在较为狭窄的场地中，教师可以组织学生进行青蛙跳练习，在满足学生运动量的基础上，尽量让学生体会到体育学习的快乐。在快乐学习的氛围中，学生会爱上体育学习，感受体育学科的魅力，促进学生体育能力的提高。

2.3 利用趣味田径，推进身心发展

体育教学，不仅具有提高学生身体素质的作用，还具有提高学生心理素质的积极作用。趣味田径在高中体育教学中的实施，是为了田径活动的竞技性以及健身性，也是为了加强体育教学活动与教学目标的改革。在教学中，教师利用趣味田径教学来提高学生的合作能力，端正学生的竞争观，使学生的人格更加健全，从而推动学生身心健康发展。比如，教师引导学生进行跑步练习，一般会让学生以班级为单位，共同围着操场跑。这样的跑步适合进行热身，在真正的竞技性练习中，教师要丰富教学方法，实施趣味田径教学。教师可以让学生进行双人跑，一人跑第一圈，之后双人再跑一圈。根据实际情况制定具体的体育教学规则。教师要引导学生通力合作，让学生认识到团体胜利的重要性。因此，趣味田径教学的实施，对于学生身心发展有积极作用。

综上，通过趣味性提升学生学习热情的同时促使热身活动的教学目的得以实现。此外，教师可以通过部分专门性准备活动促使热身活动对教学后续活动起到承上启下的作用，此项活动需具备反应速度和动作速度训练，可选择"黄河长江""喊号追人"等活动。如果热身活动之后需要进行长跑训练，此时训练过程中采用的游戏需要结合后续教学任务，帮助学生掌握长跑特点，进而促使学生快速接受和适应后续课堂训练。但是，对于此过程而言，教师需注重活动自身的生理科学性，避免学生积极参与的同时因为生理承受能力不佳导致身体遭受运动损伤。

趣味田径教学应用于技能教学田径项目运动量较大，其训练过程中不仅仅注重训练学生体能，而是注重提高学生的综合体能训练要求。但是，大多数运动项目都需要学生细致化了解和掌握其方法技能，同时该项掌握对于教学内容而言不可或缺。教师在教学运动技能过程中需要注重其渗透方法的合理性，进而促使其教学形式便于被学生接受和理解。对于该项运动技能教学而言，趣味教学是其设计基础，因此教师需要在实际教学中尽可能的有机结合有意思的游戏或者活动，促使学生的学习环境和气氛趣味性更高，进而有助于其快速理解和掌握此类运动技能。对于传统跳远课堂而言，教师通常主要讲解其技术要点，然后再由学生自主学习和训练，此类方式会易让学生降低学习兴趣，还易

导致教师教学管控效果不理想，进而无法实现最终的教学目的。但是，如果在实际的跳远教学时使用趣味教学法，如选择"多人跳远接力赛""跳远晋级"等趣味性活动，一方面通过游戏完成跳远的基本技术，提高其教学方法灵活性，另一方面提升其教学趣味性，刺激学生的兴趣，参与性会更高。对于中长跑训练课堂而言，学生厌倦和恐惧的跑圈教学形式，不利于学生的身心健康发展。但是，如果在其教学过程中结合趣味性教学方式，采用探险、撕名牌等方式完成课堂教学内容，提升学生参与积极性的同时还能有效提高其身体素质。但是，对于体育课堂的技术、技能教学过程而言，教师不能一味地注重使用趣味教学法，以致学生不能及时掌握基础技能，教学课堂演变为游戏课堂，进而导致最终教学效果不理想。

田径教学有助于锻炼、提升学生的综合素质和综合能力。高中体育专项化教师日常教学需注重添加游戏内容，借此提升学生的学习兴趣和课堂气氛，进而全面提高教学质量。

【参考文献】

[1]周宝，林春月.趣味田径教学法在体育教学中的运用[J].田径，2016，03：52—53.

[2]谭周扬，黄丽萍，新课改背景下趣味田径教学法在中学体育教学中的运用[J].内江科技，2017，02：157.156.

[3]张亚红.趣味田径教学方法实践探索中国校外教育，2009（8）：6—9.

[4]董镇伟.体育欣赏教育在高中体育教育中的应用探析[J].体育时空，2017（17）.

德智融合　全面发展

——杨浦高级中学教师论文集

创新篇——课程建设

主编：张田岚

文匯出版社

目　录

创新篇——课程建设

创新篇——课程建设

主编寄语　德智融合，五育并举　综合育人

——上海市杨浦高级中学"双新"课程建设探索之路

人民教育家、杨浦高级中学名誉校长于漪老师说："只有德育口号，没有专业能力，学科德育流于空洞；只有专业能力，没有德育融合，学科育人无法实现。"于漪老师提出的"德智融合"是其教育教学思想的精华，在今天"双新"背景下更显其现实意义。必备品格、正确的价值观、关键能力，核心素养的培育正是"德"与"智"融合的具体体现。今天，"德智融合"的理念正全方位、全过程地深入到杨浦高级中学的学校管理和课程建设中。

作为"上海市普通高中新课程新教材实施研究与实践项目学校"，学校开展了"德智融合特色课程建设与实践"的项目研究。学校在办学中继承和发扬于漪老师提出的"德智融合"的教育教学思想，确立了建设"德智融合、全面发展"的学校课程体系目标，力争形成一批有学校特色的"德智融合"精品课程，探索立体化施教、全方位育人的特色课程，推动学校特色课程持续完善，促进学科与德育的深度融合，提升学校全体教师的育德能力，促进学校整体教学方式的变革。

于漪老师说："学科本身有德有育，具备内在的育人价值，而教师要做的，就是把学科本身的德育特点激发出来，把它与知识传授能力的培养相结合，全方位育人，真正将立德树人落实到学科主渠道、课堂主阵地。"学校关注如何将各学科核心素养、德智融合的理念落实到教学中，鼓励教师依据学生发展核心素养和学科核心素养，以单元教学设计为载体加以落实，坚持"学生立场"，把握住"人"这一关键。学校开展了教师全员开课评课活动。"德见一题一课，育见一言一行"，要求教师认真开展德智融合、落实素养的教学实践活动。

作为"上海市中小学劳动教育特色校"，学校打造了"校园晨扫"和

"勤工俭学"品牌项目,在"双新建设"背景下,学校把劳动教育纳入人才培养全过程,与德育、智育、体育、美育相融合,紧密结合经济社会发展变化和学生生活实际,开发并推进新时代高中生"六艺"劳动课程。新时代高中生在劳动实践中应树立正确的劳动观念,具有良好的劳动品质,掌握必备的劳动技能,成长为德智体美劳全面发展的社会主义建设者和接班人。学校依据《大中小学劳动教育指导纲要(试行)》,按日常生活劳动、生产劳动、服务性劳动三大类别,开发新时代高中生"六艺"劳动课程,由"净""食""耕""数""创""志"六个版块组成。

教育的审美品格是教育的奇妙力量,校园内的一切,都是潜移默化的教育的力量,校园的一水一石,一草一木都能为育人开口说话。教育的审美品格,亦存在于学校的各种仪式中,仪式感是神圣而美好的感情引线。杨浦高级中学拥有花园般的校园,学生沉浸其中,感受学校"培根铸魂"的校园文化。在校园大道上,师生共同晨跑,在绿草如茵的大操场上集体早操,我们把学校的体育活动打造得更富有美感和仪式感,全校师生的精神面貌焕然一新。

在继承中谋创新,在创新中谋发展。继承传统,发扬特色,德智融合,五育并举,综合育人,杨浦高级中学正在"双新"课程建设的探索之路上,踏实前行,有所作为。

高中小说教学中的"德智融合"路径初探

——以《百合花》与《哦，香雪》为例

诸懿霖

◇◇

　　"双新"背景下的高中语文小说教学关涉"文学阅读与写作"任务群。2017 年颁布的高中语文新课标中列出"文学阅读与写作"任务群的学习目标与内容之一是"根据诗歌、散文、小说、剧本不同的艺术表现方式，从语言、构思、形象、意蕴、情感等多个角度欣赏作品，获得审美体验，认识作品的美学价值，发现作者独特的艺术创造。[1]"

　　值得留意的是，除了欣赏作品的角度，还有"发现作者独特的艺术创造"这一点。小说教学的传统方式通常是教师引领学生从"三要素"，即人物、情节、环境着手，通过梳理情节、分析人物形象、解读环境对人物的烘托作用来走近作品的主旨，再通过"知人论世"，了解小说的创作背景，作者的生平经历，最终揭示他的创作意图。于漪老师指出"语文教学在以语文智育为核心的同时，应渗透德育和美育。"[2]通过学习一篇篇古今中外的小说，学生收获"阅读之道"，达成智育层面的开发目标，至于德育目标的实现，似乎就是学生理解小说的主旨，获得思想上的成长。然而在实际的教学过程中往往会产生如下问题，比如教师在引领学生解读小说的时候容易以一己之见代替学生之见，常常会限制学生的思维发展，使小说的解读流于片面化、主观化，失去了开放性与多元性；或是不自觉地局限于小说三要素的分析，过于重视解读方法、应试技巧，使学生对小说的理解流于浅表化、碎片化，无法使他们在此过程中获得真正的思维提升和情感态度价值观的深层浸染。须知每一篇选入教材的作品

都是作者独特的艺术创造，其智育与德育价值是可以被多层次、多维度地开发的。教师应重视发掘每篇作品的独特艺术魅力，设计恰当的情境、提出合理的问题供学生讨论交流，给予每个学生各抒己见的机会，尊重并聆听他们的意见，积极调动学生思考与探求的积极性和主动性，耐心地培养他们思维的深刻性、多样性，耐心地熏陶、感染他们形成高尚的思想情操。

那么，如何在小说教学中"发现作者独特的艺术创造"，从而实现真正意义上的"德智融合，滴灌生命之魂"呢？

小说的独特性固然表现在不同的方面：有些小说的文本语言内蕴丰富，饱含弦外之音，值得细细品味，如《荷花淀》"话别"情节中对夫妻二人，尤其是对水生嫂语言的刻画；有些小说的情节蓄势陡转，结尾往往有出人意料、耐人寻味之效，如《最后的常春藤叶》；有些小说作者隐于文字背后，只客观呈现故事，几乎不作议论，不表露个人的态度与价值判断，如《项链》；有些小说塑造的人物形象非常典型，给人留下深刻印象，如阿Q、"套中人"别里科夫等；有些小说则淡化传统的"三要素"，以变形、荒诞、魔幻的方式表现故事，如《变形记》《百年孤独》等。面对如此复杂多元的"独特性"，教师首先应具备较深厚的细读文本的能力，能够捕捉、辨识出小说独特的文本特质，从而尽可能全面而准确地把握小说的多重内涵；其次，应充分了解学情，在此基础上设计与文本特征相适应的情境、教学环节，构建"融思想、语言、认识能力、素质培养于一炉"的"立体化·多功能"的课堂[3]，推动"德智融合"的实现。

以下将以统编高中教材《必修》上册第一单元的两篇小说《百合花》和《哦，香雪》为例来具体谈谈关于高中小说教学中实现"德智融合"的一些想法。

《百合花》和《哦，香雪》被编排在同一课，隶属于第一单元"青春激扬"。《百合花》写的是战争年代一名青年通讯员的牺牲，《哦，香雪》写的是改革开放初期山村少女对现代生活的向往。两篇小说的"三要素"俱全，都蕴含着青春情怀，但文本的独特性却各不相同。

《百合花》故事性似乎略强，学生读完这篇小说后普遍感到"有点看懂了"——看懂的是小说对小通讯员舍己救人英雄之举的歌颂，这必然是主旨的一个层面，然而有更多"看不懂"之处，如他们大多不能理解小通讯员和新媳妇之间有些微妙的关系，也分辨不清究竟谁才是小说真正的主人公。既然是对人物之间"关系"产生疑问，教师不妨就在课堂上组织大家对三个人物间的互动与关系展开分析——将人物置于重重关系之中，这恰恰是作者展现人物性格的主要途径。通过梳理与整合，学生不难发现"我"与小通讯员的关系发生着错位：当"我"由生气转而对他发生兴趣，想要亲近，甚至"从心底里爱上了"他时，他却只是害羞、闪躲，十分腼腆；在面对新媳妇时，他更是"慌慌张张"，遭逢了"工作失败"，还把衣服刮破了。这一切都指向这个人物形象的一个侧面——不擅长与女性打交道，显得傻里傻气，笨拙可笑。然而到了临近结尾处，"这位同志叫我们快趴下，他自己就一下扑在那个东西上了……"似乎有些出人意料地，他主动献出了年轻的生命，成了一个英勇无畏、舍生取义的英雄。在这样的反差中，作者的意图渐露端倪——英雄虽然是大无畏的，但并不都是高大全的，平凡的生与伟大的死可以统一于同一个体身上。至于学生们关注的"新媳妇到底对小通讯员是什么感情"，教师可以和学生一起讨论："借被子"的情节是否仅仅为小通讯员不擅长与女性打交道的形象提供了另一个例子？新媳妇为什么坚决要把百合花被子放进棺材中去？在这三个人中，谁才是小说最主要的人物？从小说的主题来判断，"百合花"象征的应该是什么样的情感……在层层的讨论中使学生逐渐体会到这篇战争题材的小说的柔婉细腻，理解茅盾先生对此篇小说的评价"反映了解放军的崇高品质和人民爱护解放军的真诚"，"人物的形象是由淡而浓，好比一个人迎面而来，愈近愈看得清，最后，不但让我们看清了他的外形，也看到了他的内心。"[4]学生通过研读这篇风格独特的作品，感受到战争题材的别样的表现方式，收获"智育"的进步，也体会到小说中充盈着人与人之间纯真美好的情感，以及清新美好文字背后的深深的忧伤，受到"德育"的浸染。

《哦，香雪》的情节相对简单，景物描写与心理描写的丰富使它也具有浓厚的抒情意味。为引领学生把握小说的人物形象与主题思想，许多教师会设计如下问题供学生讨论：你对香雪拿四十个鸡蛋换铅笔盒的行为有何看法？或十年后的香雪成了怎样的人？

纵览学生的反馈可以发现，学生对第一个问题的态度往往呈现"不赞成"、

"完全理解"和"有所保留"的分化状态，并不统一。而这种观念也表现在第二个问题的答案中：回答"完全理解"香雪行为的学生，可能认为十年后的她会成为老师并且回到台儿沟任教；"不赞成"香雪行为的学生，可能认为香雪十年后成了一名进城务工的打工妹并可能日渐腐化，其推测依据就是"香雪拿四十个鸡蛋换铅笔盒的行为是虚荣的"。

　　过去我们往往认为第一种回答才是符合人物形象与小说主旨的，甚至还可以依据铁凝在散文《又见香雪》结尾所述"即使有一天磁悬浮列车也已变为我们生活中的背影，香雪们身上散发出来的人间温暖和积极的美德，依然会是我们的梦"，从而认定"不赞成"香雪行为的学生理解有偏差。"完全认可"似乎已足以证明学生通过思考，从香雪的身上汲取了积极的力量，被这个山村少女强烈的自尊心，被她热爱家乡、渴望改变家乡落后面貌的决心所打动，从而达成了语文课堂的"德智融合"。面对第二种回答，教师往往会让学生思考香雪与凤娇这两个人物有何不同以纠正学生的认识。

　　可问题在于，小说的内涵似乎并没有那么简单，香雪不能被简单地贴上"农村励志女孩"的标签——这个泡沫铅笔盒对香雪而言是必需品吗？它发挥的是何种价值？在交换成功之后，香雪心中为何反复呈现冲突、挣扎？第二天，当香雪出现在教室里，拿出这个铅笔盒，她能否获得同学的尊重？杨浦高级中学的张黎明老师在他的教学设计中还提出"如果香雪最终成功地走出了大山，进入了大城市生活，成了我们一般意义下的励志典型，她最终完全拥抱了现代文明，她有没有可能就此摆脱了焦虑，而获得平静，获得她预想中的幸福呢？"当教师们进一步地带领学生对这些问题进行思考的时候，才可能打开另一片天地，触及小说主旨的另一层面。"她有铅笔盒的，还是'私人定制'"，"她只是为了争口气，但这种物质的比较是没有尽头的"，"受到侮辱性对待的正确做法不是盲从或攀比"，学生们如是说。显然，他们的思维水平已上层楼，而带有评价意味的回答则表明他们看出了香雪这一人物形象的局限性。教师在此时应"乘胜追击"，再次提醒学生，结合香雪故事的时代背景，除了肯定或否定香雪的行为，读者对这个人物还应抱有怎样的态度？也许这样才能让学生真正理解作者对香雪的"同情"与"怜爱"。

　　从上述两个例子我们可以看到：学生思维的训练与提升是学科智育的核

心，文本的内涵是学科德育的依据。在小说中，作者"独特的艺术创造"或体现在人物形象塑造方法的特殊性，或体现在他隐于文字背后，留白供读者思考。教师必须展现出智慧与头脑，以学生的思维发展与品格提升为目标，依据学生的水平创设讨论情境，提出合理问题，形成开放化的课堂，鼓励学生勇敢地谈看法、说理由，做到"基于教师引导，师生共同参与，经过文本沉潜，语言交流，讨论争辩，自然而然形成的思想碰撞和心灵自由。"[5] 师生在互动中即兴创造，学生在探索中体验情感，在过程中学会小说解读的方法，建构其自身的学科核心素养，在体认与思辨中体会本民族情感表达的内敛与深沉，才有可能实现智育与德育的融合。而唯有在每一堂课中将其作为"日常"的范式去遵循、去实践，才有可能实现"滴灌生命之魂"。

【参考文献】

［1］普通高中语文课程标准（2017 年版 2020 年修订）. 人民教育出版社：17—18.

［2］于漪全集，第 4 卷 . 上海教育出版社，2018 年：301.

［3］于漪 . 立体化·多功能——语文课堂教学效率论 . cf. 语文学习 . 1989 年 01 期 .

［4］茅盾 . 谈最近的短篇小说 . cf. 人民文学 .1958 年 6 月 .

［5］金薇 . 有限课堂 无限成长——于漪语文教育思想核心价值管窥 . cf. 语文学习 .2019 年 03 期 .

"德智融合"理念下激发高中生
精神成长需求的课堂实践研究

——以《老人与海》教学设计为例

张黎明

一、研究背景

当下的高中生，出生于新世纪，是移动互联网时代的"原住民"，他们思维活跃，视野开阔，对于新技术的接受程度高，使用能力强，这是时代赋予他们的特性。然而，这一特性，对于正处于十六七岁的年轻人而言，是机遇，同时也是挑战。他们置身于纷繁复杂的信息洪流中，头脑中激荡着各种言论、价值观，不可否认，其中难免鱼龙混杂、泥沙俱下。其中，由于大时代的变动不居以及新冠疫情所带来的不确定性，前几年就已经甚嚣尘上的"佛系"、"躺平"、"摆烂"等消极观念在青年学生中更加具有市场。当然，正处于成长关键期的他们，也有着极其强烈的成才欲望，渴望在困难与挑战中证明自己的价值。这样两种相互矛盾的理念很有可能在学生的心中同时存在，使他们对自我、对生活感到迷茫困惑，无所适从。

于漪老师曾经说过，教师的"教"是要通过学生的"学"而发挥作用的，教师应当不断研究学生的新情况、新特点，和学生的心弦对准音调。我校"德智融合"的教学理念为笔者探究如何在课堂中激发学生的精神成长需求提供了契机。语文学科可以在这方面发挥它的学科特性，通过教师的有效设计来实现青年学生的内在成长。有鉴于此，笔者选择了人教版《语文》选择性必修（上册）第三单元中《老人与海》一文进行教学。

二、研究过程和方法

人教版《语文》选择性必修（上册）第三单元包含了四篇课文，全部为外国小说，笔者之所以选取其中的《老人与海》一篇，主要也是基于上述考量。这篇课文的主题与写法相对于其它课文而言，更有可能激发学生的精神成长需求，对学生更有感召力。

然而，当确定了教学篇目后，一系列的问题接踵而至：海明威是名作家，身上已经贴满了各种标签，《老人与海》也是名著，对于它的解读同样已经汗牛充栋，有不少学生，可能在此前阶段就已经阅读过小说全文，对文本以及作者都已有了一定的印象，如何上出新意？如何激发学生的课堂参与热情，并进而转变为其内在的精神成长？这些都是笔者在教学设计初期感到颇为棘手的问题。

此时，"双新"课程改革背景下倡导的"群文阅读"理念给予了笔者很大的启发和解放，既然要激发学生的"精神成长需求"，何不以文本为基础探讨海明威的"精神成长"？《老人与海》是海明威晚期的作品，是他一生思考生命价值的结晶，集中体现了海明威的精神成长与人生取向。那么，他在人生的前半段，内心世界又是如何的呢？众所周知，海明威年轻时曾经是"迷惘的一代"的代表，他的成名作《太阳照常升起》集中反映了 20 世纪 20 年代一代年轻人的精神世界。然而，这部小说毕竟是一部长篇，让学生全文阅读并在课堂上探讨并不现实。于是，笔者在自身阅读经历中搜索海明威的早期短篇小说，发现了《一个干净明亮的地方》。在这篇短篇小说中，集中传递了作者年轻时的迷惘、虚无、困惑的精神状态，与《老人与海》的精神气质形成了鲜明的对比。如果让学生将这两篇小说进行对比阅读，将会是一个激发学生阅读兴趣，进一步深入思考生命价值的契机。基于以上考虑，笔者决定将《一个干净明亮的地方》与《老人与海》的对比阅读确定为教学的基本方法。

三、课堂实践

　　正式开展教学时，笔者设计了一个开场问题：这两篇小说，你觉得哪篇写在前，哪篇写在后？这个问题的提出，是基于学生的一般认识来的。通常的认知会觉得，年轻时斗志昂扬，中老年时消沉颓丧。如果最终的结论也是如此，那自然是引不起学生的探讨兴趣，更谈不上他们的精神成长的。然而，海明威的价值恰恰在于他的成长史和这一通常的认知相反，年轻时，由于时代的动荡不安以及他自身的敏锐早慧，反而提前感受到了人生的某种"虚无缥缈"（小说中人物语），正是在与时代、与自身的搏斗中，海明威实现了自我超越，有了脱胎换骨般的成长，从而为世界文明创造了新的价值。所以，笔者将这一问题置于课堂的开头，就是希望以此来激发学生的探讨热情，并进而将他们引导至对于海明威的精神成长路径的探究上来。

　　课堂实践证明，这一设计还是基本达到了预期效果的，学生们基本都认为这两篇小说中《老人与海》写在前，而《一个干净明亮的地方》写在后。有学生的发言还加上了"显然"的修饰语，体现出了对自身固有认知的自信。而这些与事实相反的认知差异，正是将学生的思考引向深入的契机。所以，当教师公布答案时，整堂课的气场大为不同，学生首先当然是感到吃惊不解，继而产生了强烈的探究兴趣。同时，当发现原来年轻时的海明威也曾经又"颓"又"丧"时，学生们也产生了与作者的共鸣感与亲切感。这样一来，学生的学习兴趣被彻底激发，他们渴望在海明威的身上找到某种解答当下人生困境的药方。

　　在这一氛围中，教师让学生自由讨论，分析《一个干净明亮的地方》中几位主要人物的形象，并重点引导学生关注"老年顾客"这一形象的特点。经过学生的讨论与补充，基本能够得出以下几个特点：富有、文雅、孤独、颓丧、虚无。一个"富有、文雅"的人，为什么同时又是"孤独、颓丧、虚无"的？这一同样和惯常认知存在差异的现象引发了学生对于人生究竟该追求什么样的价值的思索。有学生表示虽然最终免不了"孤独、颓丧、虚无"，但是"富有、文雅"所代表的那种积极的价值取向还是值得我们追求的。这一认识，为开启下一阶段讨论《老人与海》中"老人"这一形象的特点提供了很好的思想基础。

接着，教师就让学生比较《老人与海》中老渔夫的形象和《一个干净明亮的地方》中老年顾客与年长侍者之间的不同之处。在进行了经济条件、人际关系、所处环境、人生态度等多方面的比对之后，学生们明确了：《一个干净明亮的地方》中，老人的经济条件是富裕的、人际关系是孤独的、所处环境是一个封闭的酒馆、人生态度是虚无的；而《老人与海》中，老人的经济条件是贫穷的、人际关系总体上是孤独的（但有一些朋友）、所处环境是开阔的大海、人生态度是积极的。

有了上述对比的铺垫之后，最后一个对比，也是总结性的对比，即小说主人公最后的结局，同样是入睡，两篇小说的主人公有着不同的入睡状态，一个"困惑""虚无"，一个"轻松""超脱"。何以如此？何况"轻松""超脱"的老人并没有捕到鱼，作者给他安排了一个残酷的结局，他历经千辛万苦捕来的鱼最终被其它鱼吃了个"干干净净"，有这样"一场空"的结局，老人何以能够"轻松""超脱"地入睡？经过学生的热烈讨论，最终明确：因为他面对不断出现的人生困境，并没有被吓倒，反而屡败屡战，迎难而上，他感受到了自身作为一个"人"的意义和价值，因而感到"轻松""超脱"。

文本解读到这里，学生们对于海明威的精神成长历程已经有了较好的认识。结合他们自身所处的人生阶段的实际，教师引导学生：由此我们能得出怎样的人生启示？经过讨论和补充后，学生们认识到：人生可能终究不免于失败，然而在此过程中面对这一唯一具有确定性的结局，以怎样的姿态面对却是人们可以主观选择并付诸行动的。恰恰是这一选择凸现出了人的价值，在与困境、注定要失败的结局抗争的过程中，人的价值得以凸显。

在这堂课中，小说要素的对比阅读成为贯穿始终的线索，紧扣作家的精神成长历程，激发学生产生共鸣与对自身的反思。

四、结语

语文学科对于文本的教学，首先教师要被文本打动，然后才有可能在授课过程中打动学生，取得理想的教学效果。同时，这一"打动"，也并不仅仅停留在感性意义上的"感动"，而是在理性、思想层面上与文本产生认同、共情，从而生发出一种关于这一文本的表达的渴望，则教师在教授这篇文章时，才能更好地体现语文学科工具性与人文性的统一，而不只是作为一个教书匠在程式化地进行灌输。

当然，"打动"自我，可能还仅仅只是一堂好课的开始，更重要的，还是如何将这份"打动"传递给课堂上的学生们。这就需要充分关注学情，不仅仅是年轻人共同的年龄特征，同时还有专属于当下的时代印记。这个年龄段的年轻人，他们会遇到哪些生命上的困惑？身处于当下，他们又会有什么新的、不同的烦难？这些，是在进行教学设计时，必须考虑进去的问题。

基于以上认识，笔者选取了海明威的《老人与海》，并不仅仅是因为《老人与海》这一文本为大家耳熟能详的那些"意义"和"价值"，更重要的是，基于笔者个人的学习、阅读经历，笔者认识到海明威的内心世界远比人们所熟知的那些"价值""意义"丰富复杂得多，这是一个非常值得细究的作家。同时，之所以会选择海明威早期创作的短篇小说《一个干净明亮的地方》与《老人与海》进行对读，是出于以下三点考虑：一、笔者个人的偏爱。在作者的短篇小说创作中，《一个干净明亮的地方》让人印象深刻，出于上述"教学的文本首先要打动教师"的认识，笔者首先就想到了这篇小说；二、出于要让学生认识到一个丰富复杂的海明威的目的。除了传统的"硬汉"标签外，海明威同样也经历过一个迷惘、困惑的时期，这样的成长历程更能引发学生的思考，并给予他们人生的激励。因此，仅仅一个《老人与海》的文本略显单薄，也不太能够上出新意，故而将很能代表其早期思想状态的《一个干净明亮的地方》拿来与《老人与海》对读，学生对海明威的理解能够更加完整、丰满；三、出于呼应"双新"课改中"群文阅读"的新教学方法的考虑。

当然，需要注意的是，"从《一个干净明亮的地方》到《老人与海》"的教学思路固然可能较为新颖，也在一定程度上应和了高二学生正处于人生观、价值观建立的关键时期，一方面容易感到对人生的迷茫，同时又迫切希望获得某种指引的需要，但是，在整个教学的过程中，对海明威思想探讨的深浅程度却需谨慎把握，避免给敏感的年轻学生们不必要的刺激。

　　在实际的教学过程中，可以说基本达到了本次教学设计的目的。学生对于《一个干净明亮的地方》的理解能力令人惊喜，海明威的语言素以"极简"著称，然而学生基本把握住了小说的主要人物形象以及作者通过对这些人物的塑造而传递的人生态度。这可能也和他们正处于人生的迷茫期与建构期有一定的关系，导致他们与文本产生了某种共情。同时，在探讨《老人与海》中"老人"这一形象时，有学生将其与加缪笔下的"西西弗斯"进行联系，指出了他们之间的相似性，展现出一定的阅读积累与思考能力。一个人的精神成长，是持续一生的事情，希望这堂课能在他们今后的人生道路上多少提供一些助力与启示。

于漪"德智融合"理念下的"逻辑单元"课堂实践研究

————以《辨析潜藏的逻辑谬误》教学案例为例

李润玉

一、主题与背景

于漪老师在新世纪初提出了"德智融合"的教育理念,明确提出:"德行和智性是生命之魂","学科教育不能'失魂落魄',而是要'德智融合'"。语文学科具有综合性强的特点,育人资源丰富,对于学生人文精神的培养与正确价值观的树立起着重要作用;同时,语文教育还担负着能力培养的重任,以提升学生运用语言文字的能力为目标。于漪老师谈到,"在我国中小学各学科中,作为母语教学的语文学科对于彰显传统文化、落实立德树人具有不可替代的作用"①。在语文学科中渗透德智融合的理念,实现知识体系和价值体系的有机统一,是促进学生精神成长的必然要求。

德行与智性两方面,不是各自发展,而应是协调同步,相得益彰的,教师应在教书中育人。"德育体现不是凌空的,体现需有附着物,或知识点,或训练点。"②将"立德树人"的根本任务落实到语文学科的课堂实践,提升道德品质的同时实现知识与能力的提升,即语文学科的"德智融合"。

部编版语文教材中,新增了"逻辑的力量"单元,这不仅是语文教育领域

---

① 于漪:德智融合 相得益彰［J］.《上海教育》2017.4.
② 于漪:对学科教学体现德育的探讨［J］.《新课程教学》2022.9.

重视逻辑思维的直接体现，更映射出优化全民思维方式的迫切需求，其中蕴藏着丰富的德育资源。如何在新的单元中充分开掘"德智融合"的教育价值，探索"德智融合"的实践策略，是需要深入研究的问题。

学习逻辑相关知识，首先就是使人更理性，更缜密，对于提升和发展学生的思维能力有着重要的作用，它自然而然属于"语言积累、梳理与探究任务群"和"思辨性阅读与表达"任务群，指向核心素养"语言建构与应用"、"思维发展与提升"。学习逻辑，便可明"智"，这一点毋庸置疑。

但是，如果我们只认为逻辑课是在技术层面上实施，忽略了它与"德"的重要联系的话，则不能精准定位逻辑单元的教学目标，也不能透彻把握逻辑单元的教学内容，更不能涵养学生的情感、态度、价值观。网络环境下，太多似是而非的诡辩让学生摸不着头脑、产生误判、被"带节奏"，接受那些潜移默化的"思想灌输"；口语交际与写作中，概念混乱、论述不当的现象更是多有发生，学生常常无法梳理和表达自己的思想。逻辑单元，是启"智"，亦是明"德"。学逻辑，让人更好地判断真善美，在众声喧哗的网络世界里，能更理性、更审慎些，在当今时代，这一点尤为重要。

基于此，我以逻辑单元第二课时《辨析潜藏的逻辑谬误》为例，探究"德智融合"在逻辑单元中的实施路径与改进策略，希望对于这个"老师难教，学生难学"的板块有所探索。

二、实践与改进

从教材分析的角度看，逻辑单元的学习活动分为"发现潜藏的逻辑谬误""运用有效的推理形式""采用合理的论证方法"三个部分，分别指向逻辑的辨谬、推理、论证三个功能。其中，"发现潜藏的逻辑谬误"环节，要求学生探究逻辑的基本规律，并在实践中运用相关规则；梳理常见的谬误类型，学会识别和反击谬误。

从学情分析的角度看，当下的互联网已成为逻辑混乱的"重灾区"，学生的思维方式被网络阅读的碎片化、网络表达的情绪化深刻影响着，如果了解了基本逻辑规律，具备一定识别谬误的能力，就不易沦为谬误的受害者甚至传播者，能提升认知与判断的能力，提升公共说理的能力。依托于学情，我进行了第一次的教学尝试，尝试在课堂中融入具有时代特征的德育内容。

（一）第一次课堂实践

1. 教学目标

（1）分析网络语言中的逻辑问题，理解基本逻辑规律。

（2）学会运用逻辑规律辨析语料中的逻辑谬误。

2. 课堂呈现

● **环节一：判断网络语言出现了什么逻辑问题**

选择了一个网络情境，引入"逻辑谬误"问题。疫情爆发初期，各种言论铺天盖地，曾有一度，"双黄连可以抑制新冠病毒"冲上热搜，许多人连夜购买，一篇名为《丧尽天良！鼓吹双黄连安慰剂是饮鸩止渴！》的文章进行了质疑，引起热烈讨论。课上截取了评论区的高热度发言，请学生分析他们的批评是否存在逻辑问题。

● **环节二：归纳逻辑谬误的类型**

由学生展示预习作业，结合刚才的分析，集体讨论修改。例如：语意谬误（语词含义的谬误）、语形谬误（无效推理所形成的谬误）、语用谬误（与使用者及语境相关的谬误）。

● **环节三：介绍基本逻辑规律**

介绍"同一律"、"矛盾律"、"排中律"。

● **环节四：逻辑规律的应用**

以矛盾律和排中律为例，集体分析所给语料中的逻辑问题，再依照以上模式，以小组为单位展开讨论，用同一律和充足理由律分析语料。

3. 课后反思与改进

（1）教学内容较多，环节推进显得仓促，未能深挖语料中的"德""智"价值。学生忙于囫囵吞枣式地"完成任务"，就无法对这些"错误点"有深刻的认识，也就不能对其成因与危害有更多感触、更多反思，不利于思维训练和判断力提升，"德"与"智"两方面未能充分开发。为了更好地开展教学活动，设置了第一课时的前置学习，以第二课时为公开课。学生了解了何为逻辑，也理解了逻辑基本规律的相关界定之后，第二课时中，进入对实际语言问题的探究，这样只研究"应用"，针对性更强，可以充分开掘教学资源。

（2）部分环节过于强调概念、术语，而非知识与能力，在"智"的方向性上有偏差，脱离了高中学情。具体体现在，"归纳逻辑谬误的类型"太抽象，且前后环节割裂。试讲中，大约只有四分之一学生能合理归纳并画出思维导图，大部分同学不能形成理性认识，这会把本就艰深的逻辑问题更加抽象化和复杂化，在思维训练的路上走得太远。另外，本环节与下一环节"逻辑规律"之间有断裂，只能牵强过渡。高中逻辑课，如果加入太多理论知识，更接近大学课程，并不可取。

（3）应突出"真情境"下的"真问题"，践行"德智融合"理念。直观反映在"双黄连"情境放在何处的问题。第一次试讲的思路是：由"双黄连"情境导向谬误的类型，再介绍基本逻辑规律，最后运用它们解决另一些问题。即，先归纳，再演绎。"双黄连"情境放在前面，这固然可以激发学生兴趣，但学生的理解却仅仅停留在表面，对评论中的错误"知其然而不知其所以然"。而且，前后出现两次语料分析环节，这便显得重复。如果将此情境放在后面，整堂课的思路就可以变为：先复习逻辑规律，探究四条逻辑规律的单独应用，再延伸到在"双黄连"情境中的综合应用。这样直接"演绎"的思路，推进会更加顺畅，"双黄连"情境放在后面，综合性更强，致力于解决网络时代的"真问题"，有利于学生增强辨别是非对错的能力。

（4）应立足语文本位，践行"德智融合"。基于此，考虑增设"刻意违反逻辑规律的现象"鉴赏探究环节。并非所有的逻辑谬误都该被批判，文学作品或口语交际中，有些故意违反逻辑规律的情况，往往产生了巧妙的艺术效果，对此加以分析，可以丰富对于逻辑谬误的认识。在这个过程中，既提升了语言文字的鉴赏能力，也更能把握话语背后的人文精神，彰显"德智融合"。

（二）第二次课堂实践

1. 教学目标

（1）运用逻辑规律分析语言运用中的逻辑谬误。

（2）辨析具体情境中的逻辑问题，提防认知陷阱，避免思维偏误，培育理性精神，增强信息时代的良知与责任。

（3）鉴赏文学作品中刻意违反逻辑规律所呈现的艺术效果，探究逻辑谬误与语言艺术之间的区别。

2. 课堂呈现

● 学习任务一：【完成表格】复习逻辑规律相关知识

	逻辑要求	公　式	作　用
同一律	在同一思维过程中，必须在同一意义上使用概念和判断。	A 是 A	保证思维的确定性
矛盾律	在同一思维过程中，两个相互矛盾或相互反对的判断不能同真，必有一假。	并非 A 且非 A	保证思维的无矛盾性
排中律	在同一思维过程中，两个相互矛盾的判断不能同假，必有一真。	A 或非 A	保证思想的明确性
充足理由律	任何判断必须有（充足）理由。		

● 学习任务二：【合作探究】逻辑规律的应用

（1）以矛盾律和排中律为例，体会逻辑规律在优化思考、辨析谬误时的作用。

例 1：推定嫌疑人（练习册 43 页第 2 题）

例 2：有人说《红楼梦》值得读，有人说不值得。两种意见我都不赞成。读，太花时间；不读，又有点儿可惜。

例 3：不薄之谓厚，不白之谓黑。——李宗吾《厚黑学》

（2）小组探究：同一律和充足理由律在辨析谬误时的应用。

第一组　探究"同一律"

例 1：庄子曰："请循其本。子曰'汝安知鱼乐'云者，既已知吾知之而问我，我知之濠上也。"（《庄子·秋水》）

例 2："这里是公共场所，不要大声吵嚷。"

"对呀，这里是公共场所，又不是你家，要你管什么闲事呢？"

例 3：晋平公问于祁黄羊曰："南阳无令，其谁可而为之？"祁黄羊对曰："解狐可。"平公曰："解狐非子之仇邪？"对曰："君问可，非问臣之仇也。"平

公曰："善。"遂用之。(《吕氏春秋·去私》)

第二组　探究"充足理由律"

例1：不会真有人……吧？ ——网络常用句式

兔兔这么可爱，怎么可以吃兔兔。——网络流行语／电影《撒娇女人最好命》

（对方回复）他急了，他急了。／（对方不回复）他怕了，他怕了。——网络常用回复

例2：楚王赐晏子酒，酒酣，吏二缚一人诣王。王曰："缚者曷为者也？"对曰："齐人也，坐盗。"王视晏子曰："齐人固善盗乎？"（《晏子春秋·杂下之六》）

例3：《祝福》中，鲁四老爷知道祥林嫂的死讯后说："不早不迟，偏偏要在这个时候，——这就可见是一个谬种！"

例4：我骂（你）卖国贼，所以我是爱国者。爱国者的话是最有价值的，所以我的话是不错的，我的话既然不错，你就是卖国贼无疑了！（鲁迅《论辩的魂灵》）

（3）小结

违反逻辑规律	谬误类型
同一律	偷换概念、转移论题
矛盾律	自相矛盾
排中律	模棱两可
充足理由律	诉诸情感、诉诸人身、以偏概全、强加因果、循环论证……

● **学习任务三：【讨论交流】判断网络评论的逻辑是否恰当**

创设情境：进入疫情中有关"双黄连"的讨论之中，分析评论区里的逻辑谬误。联系写作，对你有什么启示？

	内　　容	分　析
评论1	请看清楚，这个双黄连是新华社、人民日报发的！	诉诸权威
评论2	你为什么把科学研究直接和利益挂钩？是你想买双黄连买不到吗？你是科学家吗？你为什么质疑人家科学家？双黄连要是充足，一人买个一两盒怎么地？举报你了。	质疑动机（诉诸人身）
评论3	别拿"常识"说事儿，可能是错的。你可以还原实验，发篇论文，把实验过程拍成视频，如果得不出这个结果才有说服力。	举证倒置
评论4	这个作者有些武断并极端反中医。中医是有局限性，但也不是你说的这样。况且这也不是新药。非常时期，只要有效就要用。刀下见菜才是真的。理论问题可以以后再探讨。你这么耸人听闻的标题就很极端。	折中调和
评论5	双黄连是否能用于治疗新型冠状病毒肺炎，本人不知。中医和中药能治病我知。本人胃病、感冒、颈椎病通过没有行医资格之人中药治疗，大有好转。	诉诸个体经验
评论6	不懂易经，不懂中医的傻子，没资格评论中医，你和你的祖宗能出生在这个世上，得感谢中医的博大精深让你延续了下来。我们赞扬西医西药的求真，也尊敬中医的精博。	错误归因、诉诸人身
评论7	通报明确说明是"抑制"，到了你这儿就成了"这已经等同于宣称治疗新冠病毒肺炎的特效药了！"	作者逻辑出现"滑坡谬误"
评论8	双黄连能对症止咳，从每年的销售记录，就知道已经多少年来经受过临床验证的。一个只能吹捧出来的安慰剂，有病患会反复购买吗？	乐队花车

● **学习任务四：【思辨延伸】逻辑谬误？语言艺术？**

（1）一个德军军官指着毕加索描绘西班牙城市格尔尼卡遭德军轰炸后惨状的画作《格尔尼卡》，问毕加索："这是您的杰作吗？""不，这是你们的杰作！"毕加索气愤地说。

（2）苏格拉底："我只知道一件事，那就是我一无所知。"

（3）我："那是……实在，我说不清……其实，究竟有没有魂灵，我也说不清。"——《祝福》

（4）闺怨（作者：周在）

江南二月试罗衣，春尽燕山雪尚飞。

应是子规啼不到，故乡虽好不思归。

明确：文学表达中有许多是非逻辑的，不属于逻辑问题，要注意区别；甚至有一些是故意违反逻辑，这恰恰体现出语言的艺术，语言的丰富性与巧妙性，表面上背离了形式逻辑，实则更加深刻地揭示了心灵逻辑。

3. 课后总结

本次授课的总体效果较前次有了明显提升。首先，增强了目标意识与问题导向，让课堂更聚焦，凸显了智性的开掘。通过变一课时为两课时，集中呈现第二课时，学生对逻辑规律有了更清晰的理解，对于比较容易混淆的矛盾律与排中律可以明确区分并加以应用，对于应用场景多元的同一律和充足理由律，也能再细化，大致判断出具体的谬误类型，在知识能力方面得到了很好的训练提升。

其次，"德"与"智"协调同步，相得益彰，导向实践。各个环节之间的推进逻辑比较顺畅，逐步深入，利于学生接收和理解。尤其是进行到"双黄连"情境时，学生基于先前的积累，能运用逻辑学知识，对那些似是而非的诡辩进行相当程度的分析，把握其思想态度背后的价值观念，这是让人欣喜的。并且，学生能结合自己的议论文写作经验，反思类似的概念混乱、论述不当的现象，彰显了"以读促写"、指导实践的作用。

第三，在真情境中推进学科德育。于漪老师在讲话中指出，"课堂必须是多维立体的、多功能的，要以学生为核心、以学生为本，除了传递知识，老师也要有意识地将中国人的价值观融入到教学之中。"本节课以学生为主体，创设情境让学生有代入感，让逻辑课不那么抽象枯燥。课堂上，同学们兴趣高涨、踊跃发言、热烈讨论，激发了思维活性，互帮互助将学习活动引向深入。学生的表现彰显了"将课堂还给学生"的必要性，教师的灌输永远无法与学生的生成相比，教师需要做的，是更好地设计活动以进一步激发他们。

课堂上有一个遗憾，就是由于时间关系，对评论区留言的讨论没有完全充分，如能再多讨论一两条，学生对网络评论应能有更强的辨识能力。

三、结论与反思

1. 找准逻辑单元的"德智融合"点

在德智融合的主题下，逻辑课怎样把握教材的德育内涵、价值内涵，这非常重要，教师需要找到德与智的融合点，德智融合的核心指向应是学生的发展。当下网络时代，价值观非常混乱，评论区骂战处处都是，遇到强词夺理的人，学生总觉得自己有理讲不出；口语交际和写作时，总觉得自己有话说不清。学生的精神成长和思维发展需要相对集中的逻辑训练，需要对逻辑的"理论自觉"。

立足于学生的困惑，"网民道德"，就是"德"与"智"在逻辑单元的融合点之一。以违背逻辑的方式说服别人，本身就是不道德的，通过分析语言运用背后的思维逻辑，发现其中有意的技巧性因素，可以增强明辨是非的能力，让自己在网络时代更能认清事物的本质，可以培养自尊自信、理性平和、积极向上的社会心态，成为正直、良善的社会公民。

在此基础之上，"德智融合"的融合点应是有机生长、导向实践、"为人生"的。在辨析谬误的课堂中，学生在达成"觉察""认知""判断"这三级目标之后，还应有主动的"选择"，即，明确"我"在网络时代应如何言说，应成为怎样的发声者。"德智融合"的最终指向，应是学生凭借所学，在真实的社会生活中解决自己的问题。正如于漪老师在"人民教育家于漪教育教学思想"高级研修班的开班第一讲中所说的："成长是一辈子的事，教育不是一个结果，教育是生命展开的过程，永远面向未来。"

2. 探索逻辑单元的"德智融合"法

于漪老师说过，德智融合应是协调同步、相得益彰的，"德"不是外加的。语文学科在发挥德育功能的时候，它产生的这种感染力、作用很大，这是语文老师的责任。课堂上要避免空谈价值观、判断能力，找到恰当的方法，使语文学习更接近真实的语文实践生活。

针对逻辑课而言，授课的方法不能停留在概念的剖析上，而应让学生在生活素材中分析问题、展开探讨，形成自己的认识。这就要求教师要在"情境设计"上下功夫，立足"语文"真情境，解决"语文"真问题，逻辑课应始终围绕着语言和思维，发现语言中的思维。

另外，德智融合所创造的课堂应该是立体的、多维的、开放的。在课程设计阶段，教师要在拓展性上下功夫，强化综合性、实践性。充分发挥语文课程以文化人、以文育人的功能。本堂课中，加入了"文学作品中故意违反逻辑的现象"后，使得课堂中的逻辑、概念，就是语文课的逻辑，更立体、更丰富，对学生思维能力的提升有所帮助。

　　总而言之，在"德智融合"背景下的"逻辑单元"教学实践过程中，教师要适应信息时代人才培育的变化，构建"结构化、任务化"的单元设计，精选"适应性、拓展性"的学习材料，整合"问题式、活动式"的教学设计，凸显"平等型、体验型"的情境创设，真正促进"德智融合"的实践转化。于漪老师指出，"教育必须着眼于学生的终身发展，这不仅是国家与民族发展的需要，更是学生自我发展、实现其生命意义与价值的需要。"①

---

① 　于漪：我的教育教学观［J］.《新智慧》2020.7.

于漪"德智融合"教学思想下的先秦散文单元教学实践研究

——以《庖丁解牛》为例

高　琳

摘　要： 双新背景下的语文单元教学依托于漪老师的"德智融合"教学思想，力求将语文学科知识与德育完美融合。必修下第一单元先秦诸子散文凝聚了古人的思想智慧结晶，凸显了中华语言文字的深厚内涵。通过挖掘其德智融合点，进行三次教学实践与反思，明确《庖丁解牛》多重寓意对于提升学生思维品质的作用。最后总结单元教学德智融合的几条转化路径，如关注学生的内在需求、搭建德育支架进行教学。

关键词： 德智融合　先秦散文　实践研究

一、理论依据

"德智融合"课例研究有其理论支持。于漪老师反复强调，"'立德树人'是教育最本质的问题，德育为先，育人为本。教育的根本任务是引导青年学生树立正确的世界观、人生观、价值观和荣辱观，培养德智体美全面发展的'和谐的人'"①。于漪老师的教育观准确地把握了教育的核心，教育的本质是育人，是为了培养正确三观的学生、全面发展的学生。于漪老师的观念是与时俱进的，与当下"双新"改革后重视学生"核心素养"的形成是一致的。中学阶段，学生正处

---

① 于漪.椎心的忧思 竭诚的期望（上）[J].未来教育家，2013，（05）：1—2.

于三观培养的关键阶段，只有教师进行正确的引导，才能真正为祖国培养人才。

如何开展"德智融合"教学实践研究？于漪老师指出，"学生的现状是教学的出发点，必须了解、研究。课前准备往往只见文章，不见学生，目中无人的糊涂观念至今对教师影响很大"[1]。由此可见，课前的学情分析十分必要。目前，大部分的学情分析仅仅停留在学生的旧学，即知识点的掌握情况，反而忽视了学生的心灵世界。我们只有认认真真地研究学生当下的境况，接触他们的世界，了解学生所需要的，才能让德育真正发生。

语文学科，"德智融合"课例研究有得天独厚的优势。于漪老师撰写的《德智融合 相得益彰》一文中谈到，在我国中小学各学科中，作为母语教学的语文学科对于彰显传统文化、落实立德树人具有不可替代的作用。于漪老师深耕语文教学一辈子，始终在进行"德智融合"的教学尝试，她的教学方法灵活多变，触及学生的灵魂深处，能够将语文学科的学科知识体系与德育完美融合，促进学生的全面发展。

二、先秦散文单元教学"德智融合点"

学科德育的前提是对学科智育内容的全面把握以及准确定位德智融合点。语文学科是"工具性和人文性"的统一，相比于其他学科，最大的特色便是祖国的语言文字。汉语语言是学生的母语，任何文体的生成，包括诗歌、散文、小说等都是源自语言文字之美。古有一字千金，我们能够在文字的排列组合中感受到祖国文化的博大精深，在解析语言文字的过程中感受古人的风骨与精神内涵。我们之所以是唯一现存的"文明古国"，就在于我们中华民族的语言文字是绵延不断的。

（一）理解古人思想智慧结晶，增强文化自信

必修下第一单元的单元学习导语是"中华文明之光"，其中要求"深刻体悟前人智慧，更好地把握当下与未来，了解中华文化的一些重要理念，领会其

---

[1]　于漪.语文课堂教学有效性浅探［J］.课程.教材.教法，2009，29（06）：31—35.

中包含的人文精神，深化对传统文化的认识，增强文化自信，整体把握经典选篇的思想内涵，认识其文化价值，思考其现代意义"。高中阶段的学生的价值观正处于构建阶段，随着西方思想与价值观的渗透，学生更容易推崇西方思想，或在两种思想中左右摇摆，甚者，贬低传统文化思想，将传统文化思想弃置一旁，本土文化认同感较低。而本单元的前三篇课文属于先秦诸子散文，文体上是古代散文，凝聚着优秀的传统文化思想，是儒家和道家的思想精华，影响了中华民族上千年士人精神文化的形成。这是我们开展"德智融合"教学的优势，学生若能够深入体会诸子的观点与思路，将从中吸取思想养分，更好地理解中国传统思想文化，增强文化自信。

（二）感受古人的说理方式，热爱祖国语言文字美

本单元要求，"体会相关篇章论事说理的技巧和不同的表达风格"。本单元前三篇课文《侍坐》《齐桓晋文之事》《庖丁解牛》均是诸子说理散文，无论是孔子"语录体"式的说理，还是孟子对话论辩式的说理，抑或是庄子的寓言说理，都达到了说理的效果，增添了说理的魅力。不同的说理方式，有着不同的表达效果。在单元教学的过程中，我们可以把握语文学科的工具性和人文性，在教与学的过程中，引导学生关注语言文字背后的丰富内涵，提升学生的思维品质。

三、活动与描述

（一）活动实施的主要过程和内容

根据"德智融合"的育人目标，教师将《庖丁解牛》的教学目标确定为：理解《庖丁解牛》寓言的丰富内涵，感受中华文明的思想力量，探究《庖丁解牛》思想的现代启示意义。

教学环节简述：

（1）第一次授课

根据学生的疑问，设置预习作业：《庖丁解牛》的寓意是"熟能生巧"吗？

设计意图：由表及里，引导学生掌握《庖丁解牛》的思想内涵。

师：同学们对《庖丁解牛》的寓意有不同的理解，对养生之道有不同的认

识，那么庄子《庖丁解牛》中的"养生之道"究竟是什么呢？他理想的生存姿态究竟是什么呢？

确定教学任务：把课文《庖丁解牛》当成《庖丁论人生》，你能从文中读到哪些人生之道？庄子的人生之道究竟是什么？

活动一：

师：《庖丁解牛》的"解"是"分割、宰杀"的意思，那么，我们把标题替换成《庖丁杀牛》或《庖丁宰牛》好吗？

生：不可以。

师：为什么呢？请同学们鉴赏第一段的语言描写。

生1：庖丁解牛过程是具有音乐美和舞蹈美的，"合于《桑林》之舞，乃中《经首》之会"。

生2：庖丁解牛"进乎技"，乃"道"。

活动二：

师：庄子想要借助寓言传达什么寓意？

生：养生之道。

师：小组合作探究：庖丁解牛的具体方法是什么？庖丁得"道"经历了哪三重境界？庄子善用寓言说理，根据文末文惠君之言，请同学们探究庖丁解牛之道与养生之道之间的对应关系，完成表格。（设计意图：以学生为主体，紧扣文本，把握庖丁解牛过程的描写，从具体到抽象，分析解牛之道与养生之道的对应关系。）

生：表一

解牛之道		养生之道	
喻体	喻体特点	本体	本体特点
刀	十九年若新	人	保全、长生
牛	筋骨交错	社会	关系错综复杂
解牛	依乎天理、因其固然	处世	顺应自然
	批大郤		避开尖锐矛盾
	导大窾		选更好走的路
	善刀而藏之		保全天性

活动三：

师：同学们对"养生之道"产生了不同的理解。《庖丁解牛》是对"解牛过程"的解说，因其形象化的艺术手法、抽象化的语言运用，暗含丰富多层次的寓意，但是文章中少有明确的观点。请同学们结合补充材料，思考庄子《庖丁解牛》的养生之道是什么？（设计意图：让学生通过一篇文章的学习掌握一类文章的阅读方法——印证、推翻、补充自己的观点。）

拓展材料：

1. 吾生也有涯，而知也无涯。以有涯随无涯，殆已；已而为知者，殆而已矣。为善无近名，为恶无近刑。缘督以为经，可以保身，可以全生，可以养亲，可以尽年。——《养生主》总纲

2. 公文轩见右师而惊曰："是何人也？恶乎介也？天与，其人与？"曰："天也，非人也。天之生是使独也，人之貌有与也。以是知其天也，非人也"。

3. 泽雉十步一啄，百步一饮，不蕲畜乎樊中。神虽王，不善也。

4. 老聃死，秦失吊之，三号而出。弟子曰："非夫子之友邪？"曰："然。""然则吊焉若此，可乎？"曰："然。始也吾以为其人也，而今非也。向吾入而吊焉，有老者哭之，如哭其子；少者哭之，如哭其母。彼其所以会之，必有不蕲言而言，不蕲哭而哭者。是遁天倍情，忘其所受，古者谓之遁天之刑。适来，夫子时也；适去，夫子顺也。安时而处顺，哀乐不能入也，古者谓是帝之县解。"

5. 指穷于为薪，火传也，不知其尽也。

生1：根据"缘督以为经，可以保身，可以全生"可以互证，庖丁解牛的养生之道是"保身、全身"，就像庖丁对待刀的态度一样，"缮刀而藏之"，小心翼翼对待刀，对待每一次解牛，就可以"十九年而刀刃若新发于硎"。

生2：根据"安时而处顺，哀乐不能入也"，客观看待生死之事，庖丁解牛的养生之道是"顺其自然"，正如庖丁解牛遵循的规律一样，"依乎天理"，只要事事遵照自然规律，就可以游刃有余。

活动四：

师：儒家和道家的思想影响了千年士人的选择，或出世，或入世，但最终都是落实到追求人的幸福，只是实现的路径不同罢了。在今天这样一个内卷的

时代，有人推崇奋斗拼搏实现自己的人生意义，有人推崇顺其自然回归诗意的生活。同学们，你们想选择什么样的道路呢？（设计意图：回归到当下的问题，着眼于学生的当下，思考学生的未来。）

生：作为学生，我们将庄子与孔子的思想结合，既有兼济天下的理想，也能够在人生失意时，从庄子中找到出路。

教后反思：

本节课能够结合学生对《庖丁解牛》寓意的疑问，形成教授的重点，引导学生从文本中找到答案，也能够及时补充相关材料，解答学生的疑惑。答疑的过程也是引导学生一步步走进诸子思想的过程，感受中华传统思想的魅力，从而正确看待个人与社会的关系，进而丰富学生的人生观、世界观。这节课的遗憾之处在于活动环节较多，未能让学生展开充分的思考探究，以至于最后一步落实现实启示意义的活动环节流于形式，学生"德"的"获得感"有限。针对出现的问题，为了落实立德育人作用，决定删减枝节，学生充分讨论，让"德智融合"活动真正发生。

（2）第二次授课（呈现改进部分）

师：导入：先秦诸子在混乱的时局中叩问理想的社会与人生的意义，他们选择了不同的文体形式来著书立说。今天，就让我们共同学习《庖丁解牛》，一起穿越回那个灿烂的轴心时代，与庄子对话。

（调整）主要任务：庄子"寓言十九"，我们以前所学的《逍遥游》便是典型的寓言故事。庖丁只是在解牛吗？所讲的仅仅是解牛之道吗？即《庖丁解牛》有几层寓意？

生：养生之道。

活动一：

师：说文解字"养生"：个人的处世之道与治国之道。

请同学们联系全文，探究庖丁解牛之道与处世之道之间的关联，完成表格。

表格同表一。

师 追问：庄子也寄寓了治国之道，体现了他对那个时代理想社会的思考，他给当时的社会开了一剂药方。请同学们继续探究，完成下表。

生：表二

解牛	依乎天理、因其固然	治国	顺其自然，认清国家和社会的实际情形，对症下药
	批大郤		国家与国家之间要避开尖锐矛盾
	导大窾		治理国家要善于从关键处入手
	善刀而藏之		韬光养晦，休养生息

活动二：

师：《庖丁解牛》是对"解牛过程"的解说，因其形象化的艺术手法、抽象化的语言运用，暗含丰富多层次的寓意。根据刚刚的文本研读，我们发现《庖丁解牛》的养生之道有"保全天性"，也有"顺其自然"之说。为了进一步理解文本的观点，请同学们结合《内篇·养生主》的其他材料，谈一谈你的看法。

生：

提供支架：表三

养生内涵	依据
保全、养身	以有涯随无涯，殆已 缘督以为经，可以保身，可以全生 为善无近名，为恶无近刑。
顺其自然	天也，非人也。天之生是使独也，人之貌有与也。 安时而处顺，哀乐不能入也

活动三：

师：儒家和道家的思想影响了千年士人的选择，或出世，或入世。但最终都是落实到追求人的幸福，只是实现的路径不同罢了。荷尔德林曾云，"人充满劳绩，但诗意地栖居在这片大地上"。关于人应该以一种怎样的姿态生存于世，三位先哲都给出了他们的答案。同学们，生活在这样一个或躺平或内卷的多元文化世界，你们想以怎样的姿态立足于世？

教后反思：

本节课精简化教学活动，更加聚焦讨论的主题。在对寓意的阐述过程中，引导学生思考"养生之道"对"处世之道"和"治国之道"的启示，更加明确德育的重点。虽然治国之道离学生较为遥远，但他们还是能够根据引导走进文本，结合庄子所处的时代，畅谈庄子养生之道的深刻内涵，感受古人的思想智慧。遗憾之处，一方面学生脱离文本批驳"内卷"，以为庄子的观点就是"躺平"，对顺其自然的理解还存在误区；另一方面，未能很好结合学生自身的条件来探讨意义，启示可能还是停留在理论层面，需要更进一步触及学生的灵魂深处。

（3）第三次授课（呈现教学重点部分）

课前预习：问卷星形式搜集同学们对《庖丁解牛》一课的主要疑问。

简单罗列如下：

为什么解牛如此血腥的场面却写得具有音乐美？

为什么是借解牛来阐述养生之道？而不是解羊/鸡/猪，或其他动物？

庖丁解牛的寓意不是熟能生巧吗？和文末的"养生之道"有何关联？

今天我们读庄子的《庖丁解牛》还有什么用吗？

问题聚焦庖丁解牛的寓意与现实意义，因此设定教学目标为探究《庖丁解牛》的丰富寓意，用批判性的眼光审视《庖丁解牛》的现实意义。通过设定开放而立体的教学活动，引导学生在讨论、探究的过程中解疑，获得人生启迪，从而达到德智融合的教学效果。

师：导入：先秦诸子在混乱的时局中叩问理想的社会与人生的意义，他们选择了不同的文体形式来著书立说。今天，就让我们共同学习《庖丁解牛》，一起穿越回那个灿烂的轴心时代，与庄子对话。

主要任务：庄子"寓言十九"，我们以前所学的《逍遥游》便是典型的寓言故事。庖丁通过解牛讲述了一个什么道理？——《庖丁解牛》有几层寓意？

生：熟能生巧。

师：还有同学有补充吗？

生：我觉得不只是"熟能生巧"，根据文末，"吾闻庖丁之言，得养生焉"，通过这个问答，应该还有"养生之道"。

师：阅读得很细致，这里的"养生之道"和我们今天大众口中的"养生"是一个意思吗？

生：应该不是，庄子是先秦时代的人，和我们今天应该不完全一样。

师：请同学们关注一下文中出现的虚拟人物。

生：庖丁、文惠君。

师：庖丁为什么解的是牛呢？

生1：牛和文惠君身份相称。

生2：牛的壮大衬托庖丁的举重若轻、游刃有余。

师：同学们回答得很好。由此可见，除了熟能生巧外，从文化层面来说，"养生之道"还应该包括个人的处世之道与治国之道。

活动一：

师：请同学们联系全文，把握寓言的意象，探究庖丁解牛之道与处世之道之间的关联，完成表格。

生：

解牛之道		处世之道	
喻体	喻体特点	本体	本体特点
刀	十九年若新	人	保全、长生
牛	筋骨交错	社会	关系错综复杂
解牛	依乎天理、因其固然	处世	顺应自然
	批大郤		避开尖锐矛盾
	导大窾		选更好走的路
	善刀而藏之		保全天性

师：追问：庄子也寄寓了治国之道，体现了他对那个时代理想社会的思考，他给当时的社会开了一剂药方。请同学们继续探究，完成下表。

生：

解牛	依乎天理、因其固然	治国	顺其自然，认清国家和社会的实际情形，对症下药。
	批大郤		国家与国家之间要避开尖锐矛盾
	导大窾		治理国家要善于从关键处入手
	善刀而藏之		韬光养晦，休养生息，更好地出发

活动二：

师：寓言蕴涵着丰富的寓意，《庖丁解牛》的寓意，你们最认同哪一个呢？

生：好像都有道理。

师：《庖丁解牛》出自《庄子·养生主》，是其中的一个寓言。请同学们仔细阅读补充材料，探究《庖丁解牛》寓意和总纲的关系，《庖丁解牛》与其他寓言的异同之处，进一步理解《庖丁解牛》寓意"顺其自然"与"保全养身"的关系。

小组合作方式：四人一组，小组成员分工合作：记录，发言，代言，评价，共同完成任务表。

生：表四：

可与《庖丁解牛》互证的寓意	依据
保全、养身	以有涯随无涯，殆已 缘督以为经，可以保身，可以全生 为善无近名，为恶无近刑。
顺其自然	天也，非人也。天之生是使独也，人之貌有与也。 安时而处顺，哀乐不能入也
其他不同的内涵	依据
精神自由	不蕲畜乎樊中
薪火相传	指穷于为薪，火传也，不知其尽也

师：同学们在总纲中找到了可以佐证《庖丁解牛》寓意的依据，也在其他寓言故事中找到了一些与之不同的寓意。对寓意的理解主要还是集中于"保全养身""顺其自然"，这两者矛盾吗？

生：不矛盾。

师：他们分别对应什么维度？

生：方法论和结果。个人的处世之道或者是国家的治国之道都是要顺其自然，达到最终的理想：保全养身。

师：二者并不矛盾，是互为表里的关系。

活动三：

拓展阅读鲍鹏山《庄子，在我们无路可走的时候》。

师：顺其自然是不是躺平呢？

生：不是，是顺应自然规律。

师：自然的规律是什么？请结合文本回答。

生：牛体的自然结构。

师：对应的社会规律是什么呢？

生1：我们不能强行伤害自己的身体，要避开尖锐的矛盾。

生2：我们要谨慎细微，选择合适的机会再出发。

师：庄子的顺其自然是顺应自然的规律，是顺应规律地有为，而不是一味放弃、躺平，无视主观的努力，庄子的顺其自然是从客观层面来说的。

师：庄子生于礼崩乐坏的时代，选择在乱世中顺其自然、保全性命。儒家和道家的思想影响了千年士人的选择，或出世，或入世，但最终都是落实到追求人的幸福，只是实现的路径不同罢了。同学们，2500年后，我们又一次站在时代的风口，请结合自身体会，谈谈"庖丁解牛"养生之道对你们的启示，或者谈谈庄子"养生之道"的不足？

生1：当我们无法改变面前的困境时，我们可以适当韬光养晦，休养生息，保护好自己，等待更好的时机。

生2：当我们遇到不顺的时候，我们不一定要正面解决，换个思路，避开矛盾，也许会有更好的结果。

生3：当我们的生理或者心理感到疲惫的时候，我们可以适当停下脚步，重新审视自己的做法，调整自己，寻求改进。

生4：庄子的乐天知命，过于谨小慎微，当下，我们需要主动出击，找到机会。

师：小结：同学们，"观今宜鉴古，无古不成今"。当我们穿越回历史现场，回到雅斯贝尔斯所谓的"轴心时代"，我们看到了先贤们对永恒而终极性的问题产生的兴趣并予以理论上的创造。儒家从有为到无为，道家从无为到有为，他们没有绝对的高下，只有相对的区别，最终殊途同归。正是这些精神文化帮助我们安顿性命，在我们困顿时、迷惑时给我们以精神的慰藉，使得民族生生不息，这就是"中华文明之光"。

教后反思：

本次教学活动充分考虑学生的学情，交流环节更加充分，学生能够充分结合文本解读"养生之道"与"治国之道"的内涵，对解牛的方法、态度、理念都有了准确而深入的理解，能够理解《庖丁解牛》这一课的寓意，学生更加全面理解庄子对时代、对人生的思考。学生在智育中获得了心灵的启迪，提升了语文素养，增强了文化自信。

四、"德智融合"转化路径小结

"双新"背景下的语文大单元教学，教师该如何进行"德智融合"教学？在中华传统文化单元教学中，更进一步讲，古文单元的教学，实现教学的"德智融合"，教师可以关注以下几点：

（1）根据学生成长的内在需求挖掘德智融合点

当今，学生面临学习压力大、学习语文动力不足的问题，将"躺平"等同于"摆烂"，美其名曰这是老庄的"顺其自然"，实际上这是对传统文化的一种曲解。《庖丁解牛》能够引发学生对处世之道的思考：当生活中遇到困难时，如何才能养生，避免精神和身体的损耗？《庖丁解牛》某种程度上也是为学生开了一方药剂，能够治愈学生的心灵。

（2）挖掘教材内涵，透过语言文字，体会精神内涵

当下古文教学存在的问题是割裂了文言文语言文字教学和思维品质教学，错误理解为文言文就是抓语言文字。[1]学生传统文化认同淡薄，片面认为传统文化距离现在比较遥远，已经失去了其现实意义，从而将传统经典作品束之高

---

[1]　黄音.语文教学"德智融合"探源与实践［J］.上海教师，2022，（07）：11.

阁。实际上，古人的语言文字背后还有深邃的思想，可以从文字的解读中感受到人文内涵和价值导向，将文字的精准使用和内涵的价值融为一体。《庖丁解牛》寓意的解读实际上可以从一些关键字词和意象入手去解读，比如为何是"解"不是"杀、宰"？"依乎天理""因其固然"的内涵和今天有何区别？把握关键的动词"批""导""善""藏"等，都是解读文本很好的切入点。

（3）抓住学生的疑做文章，引导学生建构正确的价值观

教师课前应做好学情分析，了解并分析学生产生疑惑的地方，这也是能够唤起学生生命体验的关键地方。学情不只是学生的旧知，而应该是关注和学生成长相关的问题。事实上，学生在课前提问时，所提及的问题确实也是他们最感兴趣的问题，对于理解《庖丁解牛》的内涵是有帮助的。本节课善于抓住学生的提问：《庖丁解牛》为什么要把那么血腥的场面写得那么美？《庖丁解牛》的寓意不是熟能生巧吗？设置合理的学习目标，在活动中完成了答疑，学生主动领略到传统文化的精妙，从而真正借助庄子的"养生之道"来解决问题。

（4）搭建德育支架，发挥指引作用

学生面对陌生的古文，可能会产生畏难心理，如何更好实现德智融合？一方面，教师可以提供文本解读支架，引导学生思考寓言的丰富内涵；另一方面，教师也可以选择拓展材料来帮助学生理解文本，材料要能够贴单元教学，有效补充文章的观点，对学生理解时代与个人的关系有指引作用。最终，引导学生用比较的视角看待问题，联系现实，客观理性地看待古人观点的现代启示意义。

于漪"德智融合"理念下中华文明传承的语文教学路径探索

——以《烛之武退秦师》为例

吕嘉怡

摘　要："德智融合，滴灌生命之魂"是于漪老师提出的教育思想，提示我们在教学中要注意德育与智育的融合。同时，我们也要意识到，当前的教学环境有学科界限不明晰、教条主义等弊端，在践行该教育理念时要注意在教学实践过程中的转化。本文以《烛之武退秦师》一课的教学为例，对课例中的德育与智育部分进行分析，对其融合进行反思，对肩负传承中华文明之使命的语文教学路径进行探索，归纳出语文课堂实践德智融合教育理念的路径要点。

关键词：德智融合　烛之武退秦师　中华文明传承

一、主题与背景

1. 于漪的教学观

"德智融合"的概念由人民教育家于漪提出。她认为，学科教育必须以人为本，它是面向全体学生落实"立德树人"根本任务的主渠道，课堂教学是落实根本任务的主阵地，要充分发挥课堂、教材蕴含的育人作用。[①] 于漪老师还指出："如果我们培养的人对国家缺乏感情，对中国的文化缺乏认同，缺乏一个公民应有的责任心，不能自律"[②]，便是无效的教育。同时，于漪老师还说："立

---

① 于漪.教育教学思想概要［M］.上海：上海教育出版社有限公司，2021，85—90.
② 于漪.于漪全集第一卷［M］.上海：上海教育出版社，2018，258.

德树人是教育的根本任务，在播撒知识种子的同时，播撒思想、道德、情操、品格等做人的良种，引导学生成长为有中国心的身心健康的现代文明人。""教育说到底是这样三个字：培养人。我们中国培养什么人？培养有一颗中国心的人，培养现代化的中国人。如果我们忘掉了中国心，忘掉了现代化，那就全失掉了。"①

从于漪老师的金句中可以看出，语文课堂不仅要教授学生母语知识，德育更是成为其不可推卸的责任与使命。其中，于漪老师格外重视"对中华文化的理解和认同"。对"中华文化"的教学是"智育"，是知识性的教学，是语文课堂必须涉及的内容，但不是语文教学的终点。于漪教师主张语文教师要在课堂"播撒良种"，意为教师应当通过对中华传统文化的教学，引导学生自发地认同中华传统文化，使学生能够立足当下，主动思考中华传统文化相关的诸多问题，及其对个人生活、现代社会发展产生的影响，从而践行其作为当代中国公民的责任担当。

2. 语文课堂中"德智融合"的必要与困境

语文学习不仅仅局限于知识层面，更在于思想层面，即应当做到"德智融合"。"文学不仅仅是文字的记录，更是一种语言的创造性活动，它与人生具有同构性，可以作为一种思想方式，在语言中积极创造出生存世界的活力。"②因此，以文学文本为教育内容的语文课堂毋庸置疑地拥有育人作用。

然而，在语文课堂中，德智融合的教学面临着一定的困境。第一，育人的因素在课堂中体现得十分生硬，使原本令人享受的语文课充满了教条主义色彩。教师在课堂上说大道理、空道理，更容易引起学生的逆反心理。第二，语文学科的学科特性无法体现。教师在课上对中华文化进行传播，引导学生热爱中华文化，与政治课、历史课等文科课程的课程目标相似，甚至有时连教学内容都有重合，于是学科之间的界限被模糊，学科的独特性消失，让学生产生一种"我是不是在上政治课 / 历史课"的错觉。

笔者认为，基于以上问题，应当从语文的教学内容出发做出改正与提升。

---

① 于漪.中学语文课堂教学三个维度的落实与交融［J］.连云港师范高等专科学校学报，2004（01）：18—24.

② 刘阳.文学理论今解［M］.上海：华东师范大学出版社，2016，15—32.

因此，本文将在于漪"德智融合"的大背景之下，以中华文明的渗透为基石，研究史传类文本《烛之武退秦师》的教学案例，探寻语文课堂中德智融合的路径。

二、课例选择与教学目标设定

1. 教材定位与学情

《烛之武退秦师》选自《春秋左氏传》，是一篇史传类文本。"它记述了僖公三十年九月，秦晋联合攻打郑国时发生的一场外交斗争，表现了烛之武以国家利益为重，不计个人恩怨的心胸和爱国精神，以及他机智善辩，善于利用矛盾分化瓦解敌人的外交才能。"[①]《左传》是为传述孔子《春秋》而作，在《春秋》的基础上补充了细节，进行了解释说明。

该篇选自部编版高中语文下册的第一单元，其单元主题为"中华文明之光"。对应任务群为学习任务群6"思辨性阅读与表达"。在本课的教学中，应当注意对中华文明的理解与分析，弘扬中华优秀传统文化，以达到增强文化自信的目的。同时，还要引导学生对传统文化、中华历史长河中的思想文明闪光点进行推敲，以思辨的态度认识中华文明，并能有自己的见解和议论。

就学情而言，本节课的学习者为高一下学期的学生，他们有一定的文言文阅读和思辨能力，但对春秋时期复杂的历史背景鲜有了解，在阅读上有时间的阻碍。此外，学生虽然已经通过《论语十二章》《子路、曾晳、冉有、公西华侍坐》等文章与历史课的学习了解了儒家思想，但是对其内涵的理解尚不深刻。学生已在上学期接触了"思辨性阅读与表达"的任务群，但是此篇课文的思辨性更强，需要教师对学生在思辨方面加以引导。

2. 教学目标

基于教材定位及学情，我将本堂课的课程目标设置为如下三点：

1）梳理《烛之武退秦师》的大致内容，理清春秋时期大国之间的复杂关系；

---

① 中学语文课程教材研究开发中心.普通高中教科书教师教学用书（语文必修下册）[M].北京：人民教育出版社，2023.1，9.

2）通过分析烛之武退秦师的背景与说辞，体会烛之武的说辞之妙，把握烛之武的人物形象。

以上两则为智育目标。

3）对比《春秋·僖公三十年》与《烛之武退秦师》，对晋文公等人物形象的建构发出质疑，领会"仁""武"等上古道德观念，感受中国先贤对道德与文明的坚守，学习先贤对中华文化的传承方式。

以上为德育目标。

三、课堂实践与问题改进

为了更好地引导学生学习本篇课文，本节课程设置了主问题推动学生思考。本节课的内容均在这一主问题的纬度下展开：《左传》是《春秋左氏传》的简称，相传为传述《春秋》而作，两者记述的事件相似。孔子所在的时代"世道衰微，邪说暴行有作，臣弑君者而有之，子弑其父者有之。孔子惧，作《春秋》。"然而由于著书人不同、时代不同等各种因素，两本书之间有相通之处，却也有不少出入。那么，《左传》对《春秋》的传述是否是"注释式歪曲原意"？①

（一）智育：语文学科的教学内容界定

教学活动：梳理《烛之武退秦师》的背景知识与大致内容。

1. 课堂实录

教师：既然《左传》为传述《春秋》而作，那么我们也可以从《左传》反推《春秋》。大家觉得孔子会在《春秋》中记录了"烛之武退秦师"一事的哪些部分？给你们一个提示，《春秋》记述的就是这四段中的一部分，你们可以单选也可以双选，并且说说你们的理由。

学生：我觉得会记述第四段。第四段的内容晋国大夫建议晋侯攻打秦国，

---

① "注释式歪曲原意"的概念来自费孝通《乡土中国》一书，意为对长老的命令保留表面含义，但是在个人理解时歪曲长老的原意。《乡土中国》为《高中语文·必修上》中第五单元规定的必读书目。

但是晋侯不同意，且放弃攻打郑国。这是整件事情的结果。

教师："晋军退兵"是这件事的结果。（板书）除了结果，你们觉得《春秋》还会记录什么？

学生：我觉得还得有起因。起因是晋侯、秦伯围着攻打郑国。

教师：这是第一段的内容。"晋侯、秦伯围郑"。（板书）那么为什么要围攻郑国呢？

学生：因为郑国不仅对晋国无礼，还背叛了晋国，在同晋国结盟的时候也和楚国结盟了。

教师：也就是说这几个国家之间是有些矛盾冲突的，这才导致了"秦晋围郑"的局面。之前我们布置了"画出大国关系图"的预习作业，现在我们来看一下。（ppt 展示典型学生作业）杨同学，你这么画的根据是什么？

杨同学：我先画了郑国对晋国是无礼的，但是"且贰于楚"，说明郑国对晋国的关系还有依附，同时也依附于楚国。在最后一段中，晋侯说"微夫人之力不及此"，说明秦国对晋国是有恩的。写晋国欺骗秦国，是因为在第三段中有句话是"朝济而夕设版焉"，说的是晋侯原本答应给秦伯焦、瑕二地，但早上刚过河回国，晚上就筑起了防御工事，是出尔反尔、欺骗秦伯的行为。

教师：那你为什么写"郑秦互助"？秦国不是晋国攻打郑国的帮凶吗？

同学：第三段最后写了"秦伯说，与郑人盟"，他们随着事情的发展转而结为同盟了，是互助的关系。

教师：很好，谢谢你。林同学在作业里特别标注出了楚晋两国是互相争霸的关系，你为什么这么说？

林同学：因为在当时情况下，楚国和晋国是两个大国，他们都想扩张自己的领土，向中原进军，所以两国之间发生过多场战役。

教师：其中一场战役和我们的课文也有些关系，你知道是哪一战吗？

同学：不知道。

教师：是僖公 27 年的城濮之战，发生在"烛之武退秦师"这一事的 3 年以前。当时楚国是南方最大的诸侯国，要与晋国争霸。郑伯虽然当时和晋国结盟，但也暗中派人怂恿楚国出兵攻打晋国。最后晋国胜，楚国败，郑伯得罪了原同盟，也无法靠楚国撑腰。这是这几个国家之间的矛盾冲突所在。

　　教师：现在我们知道了，第一段介绍了大国关系，是这件事的起因、开始，所以可能需要记录。最后一段是结局，也有被记录的可能。那么第二、第三段呢？

　　学生：第二段好像有点太过细节了，不像是正史文字。

　　教师：为什么这么说？

　　学生：第二段说了佚之狐劝秦伯去请烛之武，烛之武一开始不愿意，后来又同意了。这个对话太私密了，除了他们应该没人知道。

　　教师：好的，太私密所以可能不被记述。那么第三段呢？第三段讲了什么？

　　学生：烛之武见秦伯。

　　教师：很好。（板书）张同学在大国关系的作业里画了三幅图，你可以说说你的根据吗？

　　张同学：我先画了郑国灭亡的国际形势，因为烛之武说"郑既知亡矣"。在这样的情况下，秦国、晋国会把郑国当作他们的边邑。但由于秦国离郑国遥远，可能会对土地失去控制，反而让晋国变强大。这是对秦不利的。

　　教师：说得很详细。那么"郑既知亡矣"说明烛之武站在谁的角度上考虑问题呢？

　　张同学：站在秦国的角度。

　　教师：所以，烛之武先置郑国存亡于一边，站在秦国的角度，说明亡郑对秦国的什么影响呢？

　　学生：亡郑对秦国的害处。

　　教师：（板书）其实也有利处，但明显弊大于利。张同学，剩下这幅关系图的意思是？

　　张同学：根据第三段的内容，如果秦国不攻打郑国，郑国会成为秦国东方道路上的主人，帮助秦国，这是对秦有利的。

　　教师：也就是说，存郑于秦的利处。（板书）那么"且君尝为晋军赐矣……唯君图之"这一部分是什么意思呢？

　　学生：这一部分说的是，晋国之前欺骗过郑国，不值得信任。并且，晋国日后也不会满足，会攻打秦国的土地来扩张自己的领土。

　　教师：好，这段说到了晋国和秦国的关系。烛之武现在提到晋国，说明了什么？

学生：说明和晋结盟，是对秦国有害处的。

教师：很好。烛之武先置郑国存亡于一边，再说明了亡郑于秦的害、存郑于秦的利，最后说盟晋于秦的害处，挑拨离间，达到了使秦国退兵的目的。这是烛之武精彩绝伦的外交辞令。

教师：那么我们回到之前的问题。大家觉得孔子会在《春秋》中记录了"烛之武退秦师"一事的哪些部分？

学生：我记得《春秋》就写了六个字，"烛之武退秦师"。

教师：你知识面很广！《春秋》确实只记述了六个字，但不是这六个字，而是"晋人、秦人围郑"。

2. 教学反思

本教学环节的主要活动是通过课文《烛之武退秦师》推测《春秋》中所记述的内容。教师想通过这一问题，结合学生"绘制国际关系图"的课前作业，引导学生熟悉课文各段文本内容，对事件的起因、经过、结果形成初步的判断，并为下一活动环节"对比阅读《春秋》和《左传》"做铺垫。对文章的理解属于语文课的智育范畴，在本课中指的是对《烛之武退秦师》一文的梳理和理解，对关键古文字词的掌握。但是，知识性的内容常常死板枯燥，教师一不留神便会将课堂的智育环节变为"填鸭式"教育。语文课的"智育"不仅仅是知识的输出传递，更是"德育"的基础，要能与之后的"德育"环节相结合。在"智育"环节，我们应当更加有意地进行德育。

因此，我使用了两个方法。第一，用预习作业使学生初步阅读、理解文章。第二，用问题引导学生，使得学生在预习的基础上，带着问题重新思考课文内容。其中，预习作业和问题都涵盖了整篇文章，让学生在阅读时注意顾及全文，并且自主地选择重点。预习作业难度较低，在本课中我设定为："根据文章内容画出当时的国际关系图"。这一任务是对文章内容的概括与提炼，促使学生阅读文章、了解事件背景。课堂活动的难度较高，在本课中我设定为"推测《春秋》中记述了'烛之武退秦师'一事中的哪些部分"。这一活动是对文章的理解与选择，希望以此引导学生判断文章各个段落之间的关系与事件的主次内容。其中，学生的作业各有千秋，更有同学在对文章判断的基础上，运用了自身的积累，为课堂增光添彩。

　　特别地，"德智融合"的教育应当波及教室内的所有同学，哪怕是在"智育"的环节中，"智育"的方式也是"德育"的渗透。从"德智融合"的视角来看，我认为还有几点可以改进的地方。第一，由于教师在课堂上展示了部分学生的作业，整个环节几乎围绕着几位作业做得好的同学展开。围绕特定同学的上课方式会使得其他同学游离在课堂之外，甚至感觉到来自教师的排挤。所以，"展示作业"的环节，似乎应当更改为"作业交流"。第二，该活动环节难度设置高于学生学情，导致学生主动发言较少。可以先在课前做一个投票表决，再问理由，可以使得学生事先思考，并能使得教师关注到全部的学生。

（二）德智融合之融合点的探寻

　　教学活动：对比阅读《春秋》与《左传》。

1. 课堂实录

　　教师：这简简单单六个字的记述，属于这件事情的哪个部分？

　　学生：开头，事情起因。

　　教师：从《左传》中我们可以知道，这是一件国际大事，绝非六个字可以概括。它有波折起伏、前因后果，为什么孔子只用6个字来记述这件事？我们联系本单元第一篇课文《子路、曾皙、冉有、公西华侍坐》来思考一下。

　　学生：孔子追求"仁"，但是打仗是不仁的。

　　教师：有没有同学有不同意见？打仗就是"不仁"吗？

　　学生：文章最后一段："因人之力而敝之，不仁……吾其还也"。虽然这是一场战争，但是参与者都能明辨"仁"与"不仁"，而且最后晋文公还遵守了仁义道德，自己退兵了。

　　教师：都说得很好，我们再来看看这样几则材料，分析孔子为什么这样记述这战事。

　　"《春秋》，天子之事也。"

　　"天下有道，礼乐征伐自天子出。天下无道，则礼乐征伐自诸侯出。"

　　"夫《春秋》，上明三王之道，下辨人事之纪，别嫌疑，明是非，定犹豫，善善恶恶，贤贤贱不肖，存亡国，继绝世，补弊起废，王道之大者也。"

学生：从第一句话可以看出，孔子只记天子的事情。晋文公、秦穆公、郑伯都不是天子，所以不记他们的事情。

教师：为什么只记天子的事情？

学生：因为只有礼乐征伐自天子出的时候才是天下有道的表现。孔子他处于礼崩乐坏的时代，想要恢复礼制，就是想维护天下"有道"的世界。

教师：很好，于是我们可以看出孔子作《春秋》的目的是什么呢？

学生：向上明辨三王的道义，向下辨别人事的纲纪，鉴别嫌疑，明确是非，确定犹豫的地方，肯定好的否定坏的，推举贤人排斥不成器的，存续将亡的国家，继续断绝的世代，修整破旧的东西，起用废弃的东西，是王道的集大成者。

教师：翻译得很准确。所以，孔子修《春秋》意在立王法，明道义，治乱救时，而不仅仅是记事。他以行事为载体，使王法道义更加深切著明。"晋人、秦人围郑"是诸侯之间的战争，是"天下无道"的表现，是孔子不愿叙述的内容。孔子想要通过《春秋》彰善瘅恶，宣扬礼教，所以会在不符合礼仪的事件之中留下空白。并且，诸侯之事并不是孔子在《春秋》中记述的重点，也不是他想要记述、大加传播的内容。

2. 教学反思

本教学环节围绕着《春秋》与《左传》的对比阅读展开，分析孔子作《春秋》的目的，比较《左传》对孔子《春秋》传述内容的更改。本环节承接上一环节的"推测"，引入新的文本，并引导学生理解春秋战国时期"仁"的内涵及当时的士大夫对仁义的追求，将课堂由教授知识的"智育"环节转变至德育的环节。

于漪教师强调："求真，是从事教育的人必须遵循的原则"[1]，德育的内容要基于真实。文学是开放的，那在文学的世界里何为真实？笔者认为，唯有基于文本，才是真实。但是，单纯地理解文本尚未脱离知识性的"智育"。在语文课堂中，教师需要提供比理解课文更进一步的平台，使得学生能够主动地开始思考文本的价值，体会作者的写作目的及深厚的情怀。因此在本堂课的教学

---

① 于漪. 学科德育重在融合［J］. 现代教学，2005（Z2）：21—22.

中，我在梳理《烛之武退秦师》文章内容的基础上，引入了《春秋》的文本，及孔子名言、后世评价，使得学生理解孔子宣扬礼制、批评无道的修史目的，感受孔子对"仁"与"礼"的坚守。同时，我给学生提供了比较阅读的平台，使得学生通过比较《春秋》与《左传》，思考《左传》作者对孔子思想的理解与传承。由此，本课的课堂活动关注了文本，也高于了文本。

然而，我认为也要警惕课外阅读材料对课文学习的影响。课外阅读材料引入过多、难度过大，会挤占上课时间，混淆学生对于课文的理解，影响德育的效果。如本堂课引入的前人评价语句较难，学生理解有困难，不能自发地理解、思考，属于无效引入。教师应当选取难度较低，但是和德育目的息息相关的课外阅读材料引入课堂，让学生自己阅读、自己理解，自己发现蕴含在课文和材料中的德育内涵。

（三）德育：中华文化的理解与弘扬方式

教学活动：分析《左传》对《春秋》的传述。

1.课堂实录

教师：从之前的学习可以看出，孔子和《左传》对于此事的叙述是有不同的。孔子认为，这一战事违背了礼教，是不仁义的，但是《左传》似乎对晋文公等人有所肯定与赞扬。同时，我们在《乡土中国》中学到了一个词："注释式歪曲原意"。那么《左传》对《春秋》的传述是否是"注释式歪曲原意"？同学们可以参考一下如下问题，展开4人小组讨论。给大家五分钟时间。

1）孔子将此事划作他的"不愿叙述事件"，而《左传》却将此事写得十分完整，甚至细致入微。这是否矛盾了？

2）孔子作书的最终目的是为了宣扬"仁"这个道德观念，提倡恢复礼乐。《左传》是否承袭了这一思想？

3）晋国坚持"仁""武"，这两者都是上古时的道德观念，出兵围郑也是因为郑无礼，是为"伐无道"。晋文公的行为符合孔子的理想吗？

（学生小组讨论5分钟。）

教师：有谁想来交流一下想法:《左传》对《春秋》的传述是否是"注释式歪曲原意"？

学生：我觉得不算。因为最后一段宣扬了"仁义"了，可以看出两书的作者目的是一致的，不过是记叙内容和手段的不同。

教师：也就是说，你认为晋文公是符合礼教的。有没有同学有反对意见？

学生：我认为晋文公最后虽说是遵守了礼教，但是其实也是不仁义的。晋看似为了"礼"，实则自己也做了"无礼"之事。

教师：你能举点例子吗？

学生：例如"许君焦、瑕，朝济而夕设版焉"，对救命恩人食言，这明显是不合礼义的事情。再说晋文公作为诸侯出兵侵略其他国家，其实本质就是靠自己国家之强盛变欺凌弱小，以多欺少，一点儿都没有仁义。

教师：说得很好，老师再给大家补充一点历史上的知识。历史上，晋国真正的退兵原因在于：郑国答应晋文公，立下亲晋派公子为太子。实际上，这是晋国吞并其他诸侯国的长远计谋。并且此时晋国经过了多次战争，实力较弱，本就打不过秦国，才不出兵攻打。所以，无论是晋国出兵，还是不攻打盟友的行为，不仅出于道德的约束，更出于自身利益的考量。《左传》对晋文公作出了高度评价，但是孔子评价晋文公"谲而不正"。为什么会有两种完全不同的评价呢？

学生 1：人本来就是多面的，两个作者看到了不一样的侧面。

学生 2：但最终目的明显还是为了宣扬仁义呀，所以《左传》承袭了孔子的这一思想。

教师：我们还可以看看两个作者的时代。一个处于春秋，一个处于战国。这两个时期有什么区别？

学生 1：战国打仗更加激烈些。春秋已经礼崩乐坏了，战国更甚。

学生 2：所以，《左传》的作者也是基于时代变化，而对历史的叙述进行了改变吧。战国是个战争不断的时代，所以作者用通过记叙战争的方式宣扬仁义。春秋的时候打仗还没那么激烈，孔子对战争有所遮掩，想通过这样的方式来减少战争，达到恢复礼制的目的。

教师：说得很好。在战国时期，战争是不可免去的，而《左传》也在"不得不打仗"的时代宣扬着儒家的"仁"。

教师："莫春者，春服既成，童子五六人，冠者六七人，浴乎沂，风乎舞雩，咏而归"是孔子在清楚理想破灭后的对"仁"、对"礼乐"的执着坚守，孔子的思想成了中华文明之光。《左传》记述了大国战士，以及大国战事下的具体的人，如智勇双全的烛之武、曹刿。我们能看到《左传》在战争背景下，作为儒道的阐释者、传承者，也一样在中华文明的长河中坚定地照亮着未来。同时，《左传》也在传述前人思想方面给了我们启示。在不同的时代下，对"仁"总有不同的理解、传承和阐释。孟子说"王道""仁政"，朱熹说"存天理，灭人欲"。在不同的时代下，对动荡社会的出路总有不一样的探寻。道家"养生"，墨家主张"兼爱""非攻"……但无论是哪种叙述，都是为了先贤们所站立的那个时代。今天的我们，该如何传述孔子呢？这是一个值得我们思考的话题。

2. 教学反思

在本教学环节中，学生的主要任务是解决课堂主问题：《左传》对《春秋》的传述是否是"注释式歪曲原意'"，希望引导学生对本篇文章中三个大国的行为是否符合仁义标准做出评析，并学会看待前人对传统文化的传承方式，对当代人传承文化的方式进行反思。回答这个问题要考虑两个层面：《左传》所记述的人物的行为，是否真的符合"仁义"的标准？孔子认为他们不符合，而《左传》作者认为他们符合，那么《左传》是否是对孔子思想的曲解？

预设结论如下：虽然两人对于晋文公的看法不同，是因为他们看到了一个人不同的侧面。但是两者都认可了"仁"，都体现了对道德的坚持。《左传》在这个意义上，延续了孔子对"仁"的坚守并发扬光大，成了儒家的经典。然而，时代在变迁，战国更是一个变迁剧烈的时代。《左传》中的"仁"，是作者在战国这一时期对社会去向的探索，是战国时期的"仁"，而并非孔子所说的周朝的礼乐，实际上就是一种不得已而为之的"名实的分离"，但也是因为他立足于他所在的时代与前人早已不同。

在语文课堂中，引导学生思考是有目的的。"在语文学科教学中，教师在指导学生学习语文知识、提高语文能力的同时，培养学生高尚的道德情操和健康的审美情趣，形成正确的价值观和积极的人生态度。"[1]其终极目的在于培养

---

[1] 于漪. 学科德育重在融合［J］. 现代教学，2005（Z2）：21—22.

学生做人，引导学生成为一个正向的当代公民。因此，我在本课中设置了两层德育目标。第一层：感受先贤对道德文明的坚守。该目的通过思考主问题的第一个层面来达成。第二层：体会先贤对传统文化的传承方式。该目的通过思考主问题的第二个层面来达成。最终，使得学生理解不同的时代有不同的传承方式，中国人必须传承中华文化，但也要结合时代背景和需要。

在本堂课中，德育目标的设定略高于学生学情，两层德育目标的混合也让学生在理解上有一定的困难。同时，学生似乎进入了"与孔子说的有出入，即'注释式的歪曲原意'是需要批判的"的偏执想法，他们认为《左传》作为儒家经典势必不能够批判，因此《左传》没有"注释式的歪曲原意"。我认为，在本堂课的教授之前，在《乡土中国》的教学中，应当先引导学生思考"注释式的歪曲原意"这一行为的必然性，建立对这一概念的思辨性认知，才能使得这一概念在本堂课中发挥应有的德育价值。

四、从语文课堂走向德智融合的路径总结

在育人方面，不可否认的是语文学科有着其天然优势。然而，仍面对着一定的困境。通过对《烛之武退秦师》一篇的教学与思考，笔者从智育、德育与德智融合的融合点三方面，归纳出三条语文课堂做到德智融合的可能路径。

1）确定培养文字能力为语文教学的智育任务，为德育做好铺垫。

语文课堂必须完成其学科的智育任务，并且要以课文文本为基础，以汉语的语言运用能力为智育的目标，分清文科课程之间的界限。于漪老师在《中学语文课堂教学三个维度的落实与交融》一文中指出："语文教师要充分发挥语文教育个性特点，十分重要的是要把教材吃透……要深入剖析教材的灵魂是什么，核心是什么，它用怎样的语言表达出来，它的语言的表现力在什么地方，生命力在什么地方。离开语言文字的表现力、生命力，叫什么语文？文章怎样遣词造句，表达了怎样深邃的思想，它的灵魂，它的核心，它的结构要烂熟于心。"[①]语文是基于文学的学科，文学解读基于作者对文字的运用，以及读者对

---

① 于漪.中学语文课堂教学三个维度的落实与交融［J］.连云港师范高等专科学校学报，2004（01）：18—24.

文字的理解。因此，在语文教学中，首要的智育目的即在于培养学生对中国语言文字的理解、运用能力。2020年最新修订的《普通高中语文课程标准》中提出了四个语文学科核心素养："语言的建构与运用"、"思维发展与提升"、"审美鉴赏与创造"、"文化传承与理解"。其中，"语言的建构与运用"排在首位，要求学生"掌握祖国语言文字特点及其运用规律，形成个体言语经验，发展争取有效地运用祖国语言文字进行交流沟通的能力。"[①]

可见，任何文学篇目的语文教学，都要以文字能力的培养以课堂的智育目标，并结合不同课文设置不同的任务。例如在文言文教学时，应当梳理文言字词的解释，感受古人用字的精炼；在现代文教学时，应当带领学生领略作者用文字表达个人独特感受的方式。"德智融合"强调的是"德"与"智"的双方融合，智育在其中也占有了至关重要的地位。只有做好了智育，做好了对文章的内容梳理与主旨的初步理解，才能为学生铺好通往德育的路。

2）德智融合的融合点可以在于对文化的思辨性接受。

德育的落实重在融合。对于融合点的选择，我们可以尝试以中华传统文化为基石，恰当把握德智融合点。于漪老师认为："语文课堂教育要成为真正成为"立德树人"的主阵地，必须重视学科教学的文化价值，必须直面语文教学中存在的文道割裂、重形式轻内容的时弊，发掘与弘扬教材中中华优秀传统文化的价值，增添革命文化和社会主义先进文化，引领学生立民族精神之根，树爱国主义之魂。"[②]《普通高中语文课程标准》也指出："工具性与人文性的统一，是语文课程的基本特点……普通高中语文课程，应使全体学生在义务教育的基础上，进一步提高语文素养，形成良好的思想道德修养和科学人文素养，为终身学习奠定基础，为传承和发展中华文化、增强民族凝聚力和创造力发挥独特的功能，为培养德智体美劳全面发展的社会主义建设者和接班人发挥应有的作用。"[③] 由此可见，无论是从现实出发，还是在学科要求方面，德育是课堂教学不可忽视的内容，并且德育应以课堂知识为载体，渗透进入学生的心灵之中。

---

① 中华人民共和国教育部.普通高中语文课程标准（2017年版2020年修订）［M］.北京.人民教育出版社，2020.5，4.

② 于漪.教育教学思想概要［M］.上海：上海教育出版社有限公司，2021，85.

③ 中华人民共和国教育部.普通高中语文课程标准（2017年版2020年修订）［M］.北京.人民教育出版社，2020.5，1.

值得注意的是，无论是人民教育家于漪，还是课程标准，都提到了"中华文化"。语文学科核心素养中，也包含了"文化的传承与理解"。中华优秀传统文化在语文教学中有着重要的地位，超越了一般的语文课堂知识。它包含了书本上被明确定义了的诗词、文言文实词、文化常识等，但也远远超出了这个范畴，是中国五千年来所创造的精神财富的总和。同时，"理解中国文化"也不是语文教学的终点，建立于"理解中华文化"的基础之上，语文课堂更要引领学生去传承中国文化、理解世界文化、参与当代文化。因此，"理解中华文化"属于更高层面的知识性教学，也是通往德育的重要路径，基于其中间地位，它可以成为一个举足轻重的教学切入点，一个"德智融合"的融合点。

3）教师要在课堂中设置多个环节引导学生思考德育内容。

"文化"的教育既然可以成为德智融合的融合点，在此基础上，语文教师需要注重德育的过程与方式。语文课堂的德育不能是结论性的，而是探讨性质的。《中学语文教学研究》一书中写道："语文课程很特殊，它的活动对象既是客观的又是主观的双重存在。这就决定了学生的语文课程学习过程一定是'言语实践'过程。言语实践过程，不是单纯的反映过程，也不是单纯的理解过程，而是通过人与客观发生关系而实现人与自己发生关系的过程，即'体验过程'。'体验'既是原因，又是结果；既是出发点，又是终极点；既是认识论，又是本体论。……语文课程的实践过程因而成为语文课程的'生命线'"。[1] 于漪老师也说到，"学科德育重在融合，是水乳交融……（德育）是隐性的，注重熏陶感染和潜移默化，看不见痕迹，但点点滴滴在心头，有春风化雨、润物细无声的效果。"[2] 因此，语文课必须注重过程。在语文课上，教师要做的是设置环节，引导学生自发地思考道德内容，从而发自内心地认同，最终反思、规范自身。

理想的语文课堂，应当是学生就问题进行讨论，在文本解读上不论孰是孰非，热烈发表观点，享受思想的碰撞。正如罗伯特·伊戈尔斯通所说"文学是一场鲜活的交流。"[3] 在交流的过程中，德育的因素渗透进入学生的心中，由学

① 王尚文.中学语文教学研究［M］.北京：高等教育出版社，2010，66.

② 于漪.学科德育重在融合［J］.现代教学，2005（Z2）：21—22.

③ 罗伯特·伊戈尔斯通.文学为什么重要［M］.北京：北京大学出版社，2021.3，11.

生之口而出。这样，能够使得学生更加信服，更加认同。在这一过程中，教师反而应当将自己的观点隐藏起来，防止将语文课变成一节以批评教育为主的班会课。

同时，我们还要注意，教学行为便是一种"德育"的渗透。"智育"与"德育"并不是两个割裂的概念。在课堂的"德育"环节，教师的教学内容便是学生德育的内容；在课堂的"智育"环节，教师同样应当通过教学的姿态、与学生互动的方式贯彻"德育"的目的。因此，德育在教学过程中无处不在，教师更要注意方式方法，要引导学生自发地思考德育内容，也要通过教学行为为学生营造良好的德育环境。

总而言之，笔者认为，语文课堂中的德智融合教学应当以语文教学内容为本，要先教会学生汉语语言的运用与建构，再以中华文化为支架，融合古今中外的世界文化，培养学生是非观，引导学生理解、参与文化，培养学生的爱国情怀，使得其不断攀登文明高地。并且，中国文化的教学必须以渗透的方式，才能真正进入学生的心灵，是谓"随风潜入夜，润物细无声"。

多元评价　育德促学

——以培养志愿者精神为主题的高中英语探究课为例

汤　沁

摘　要：本文以高中英语探究课为例，探讨如何在课堂教学中对学生进行志愿者精神的培养。整单元采用项目探究学习法，创设生活化情境，通过包含自评、互评及教师提问在内的多元评价，引导学生深入反思，感悟志愿者精神的内涵和价值。

关键词：项目探究　多元评价　志愿者精神　德智融合

引　言

英语学科要实现立德树人的根本任务，除了教授学生语言能力外，还需关注文化意识、思维品质以及学习能力的核心素养。探究与评价是上外版高中英语教材的特色板块。学生基于项目探究，可以综合本单元所学，通过自评、互评、教师提问评价等方式，引导学生反思项目成果以及本单元收获，充分发挥单元的育德价值。

一、文献综述

1. 多元评价相关文献综述

1.1 国外研究

多元评价的思想早在 19 世纪 30 年代便初露端倪。1931 年，英国心理学家塞蒙兹（P. M. Svmonbs）出版了《人格与行动的诊断》一书，在这本书中多元评价思想被正式提出。他在书中论述了在对人格测量时仅用以往单纯的人格测量法的弊端，提出了多种测量人格的方法。这些方法有问卷法、等级评定法、交谈法、轶事记录法等等。塞蒙兹的这种多元评价思想，首次打破了评价领域中单一方法的枷锁，开辟了评价中多元化思想的先河，成为后来教育领域中多元评价思想发展的重要借鉴。不过，塞蒙兹的多元评价思想还是较为简单的，不够系统化。（王雪燕，2016）。

1966 年斯塔弗尔比姆（L. D. Stufflebeam）提出了著名的背景、输入、过程、成果（CIPP）评价模式，即背景评价（content evaluation）、输入评价 (input evaluation)、过程评价（process evaluation）、成果评价（product evaluation）。CIPP 评价模式考虑到影响评价的种种因素，可以弥补其他评价模式的不足，相对来说比较全面，但由于它的操作过程比较复杂，难以被非专业人士所掌握。

而多元评价的教学理论最初是由美国哈佛大学心理学家加德纳（Gardner）于 20 世纪末提出来的，这一概念以多元智能理论为基础。加德纳在对这一概念进行描述的过程中，多元评价更多地要求教师改变传统教学过程中单纯采用考试的标准化形式对学生的学习成果进行检测并定性，在教学中从实际的教学状况出发进行全方位、多元化的评价方式改革。

1.2 国内研究

多元评价于 21 世纪被引入我国，在多元评价对于培养学生德育素养的效果，以及多元评价在培养学生德育素养中的实施要求方面，取得了丰富的研究成果。罗燕翔、高晓敏（2022）通过构建包含 4 个一级指标、16 个二级指标的"新时代好少年"德育评价体系，提升了学生的德育素养、道德认识、道德情感，并使学生的道德行为成为自觉行为。武美香、田建荣（2022）的研究从科学命题、诚信考试、多元评价3个方面入手（其中多元评价包括考试评价要注重评价主体、评价对象及评价方式的多元化），以检阅其综合育德的价值。许祥云、刘慧芳（2022）从人本化理念出发确定评价目的，基于过程化视角设计评价内容，综合运用多元化评价方法以及正确运用增值性的评价结果，让学生在轻松、自由的育德交往实践过程中成就个体德性的"增值"。徐洁等（2022）提出在中小学德育评价中，应该从聚焦多元发展构建德育评价目标体系、聚合多方力量打造德育评价主体系统、镶嵌多维场域驱动德育评价内容的多源互补、采用多元诊断促进德育评价方法的复合化等。

2. 志愿者精神相关文献综述

2.1 志愿者精神的内涵研究

许魏（2021）认为，志愿者精神是指在不奢求任何报酬的前提下，心甘情愿奉献自己的时间和精力，为他人和社会提供服务的精神意愿。谢耀良（2022）认为，中国特色社会主义核心价值观下的志愿者服务精神理念融合了传统文化和现代志愿服务思想，"服务社会"和"培养青年"的双重目的兼顾了集体和个人两个层面。高红和李永山（2019）认为，中国的志愿精神是传统美德、时代精神和人类共同文明的有机结合。李泽飞和孙亚兰（2022）认为，大学生志愿者精神是对公民意识的深刻注解，是当代大学生人格塑造的重要价值参考。

2.2 志愿者精神于学校教育中的经验成果

在大学生的志愿者精神培养方面，王磊和刘涛（2023）指出，培育医学生志愿者精神，对于加强为患者服务，提升医院满意度具有重要的实践价值；江林（2019）认为，可以从形成具有中国特色的大学生志愿者文化、利用新技术创新志愿者活动方式方法等手段，培育与践行大学生志愿者精神。康燕梅指出，可通过营造良好氛围、拓宽渠道以及健全机制等手段来弘扬大学生志愿者精神。

在培养中小学生的志愿者精神方面，高红和李永山（2019）认为，培养初中生的志愿者精神可以从烘托校园志愿文化、教师树立榜样标杆、依托家庭社区平台、树立身边榜样等五大途径入手；熊丙奇（2019）认为，中小学学生干部制度落脚点应是责任教育与志愿者精神培育。

综上所述，融志愿者精神于学校教学的研究大多局限于学生的社会实践活动，几乎没有关于志愿者精神融入学科教学尤其是英语教学的研究。英语作为一门外语，学生的学习能体现对中外文化的理解和对优秀文化的认同，以及学生在全球化背景下表现出的跨文化认知、态度和行为取向。互敬互助、坚定文化自信、树立人类命运共同体意识也是志愿者精神的体现。因此，进行融志愿者精神于英语教学的研究十分有必要。

3."德智融合"相关文献综述

黄音（2022）在《语文教学"德智融合"探源与实践》一文中，提出了语文学科"德智融合"的实践方法：一是根据学生成长的内在需求挖掘融合点，唤起精神成长的共鸣，为精神成长赋能；二是根据德智融合点，随文而授，相机而行，传承中华民族的传统美德，继承并发扬中华民族的人文传统；三是抓住学生的"疑"做文章，透视学生之问的本质，引导学生对正确的价值观进行"内建"。

笔者受到黄老师语文学科"德智融合"途径的启发，思考这些途径能否在英语教学中进行实践。本案例中，笔者通过行动研究，以《高中英语（上外版）》选择性必修第一册第二单元 Volunteering 为例，探讨高中英语探究课教学如何培养学生的志愿者精神。

二、融志愿者精神培养于探究课的教学案例

1. 教学内容

1.1 单元背景概述

本单元为《高中英语（上外版）》选择性必修第一册第二单元 Volunteering。本单元主题语境为"人与社会"，主题群为"社会服务与人际沟通"。本单元共 8 课时，探究课为最后一个课时。笔者依据大单元与项目式学习的理念，对本单元课时顺序及内容进行了调整，从而使 1—7 课时的输入为最后一节探究课的输出形成铺垫。（见表 1）

表1　单元项目设计基本介绍

2AU2 Volunteering					
单元目标 （包含德育目标）	单元 板块	课时	课型	课时目标	德育过程
1. 能描述志愿者活动及相关经历； 2. 能深入解读世界各地的志愿活动； 3. 能根据优先顺序来作决定； 4. 能在口语表达中强调要点，能在写作中将引言作为支撑细节； 5. 能用英语开展社会实践活动，并与他人分享实践成果，适时介绍与宣传中国特色社会主义制度的优越性。	Reading A	1	阅读	1. 能通过语篇文体特征分析语篇内容； 2. 能归纳出作者的观点，推断出语篇的写作目的； 3. 能感知志愿者表现出的志愿者精神，如甘于奉献、勇于创新、知难而进等；	阅读有关志愿活动的和劳动方式、劳动精神的英语语篇，理解志愿活动对身心健康和社会服务的意义和价值，学习有关志愿活动的英语媒体资讯；用英语介绍当代志愿活动相关内容、发表观点，感悟生命的意义和价值，强化社会责任感，树立积极的人生观。了解志愿者活动的目的、形式，初步形成环保、互助、民族精神等反映志愿者精神的意识
		2	阅读（词汇）	1. 能在语境中学习与主题相关的表达，构建与主题相关的词汇语义网； 2. 能理解语篇的深层次内涵，如博爱、合作等志愿者精神； 3. 能在语境中运用与主题相关的核心词汇进行表达。	
		3	语法	1. 能在语篇中识别和理解宾语从句； 2. 能在语境中巩固宾语从句的用法，包括引导词，语序等； 3. 能运用宾语从句理解语篇意义，表达个人观点和意图。	
	Listening Viewing Culture Link	4	听看文化链接	1. 能获取对话的大意和细节； 2. 能借助影片画面、人物表情、动作、语气等理解语篇内容和说话人的意图和态度； 3. 能概括影响志愿者活动或服务的主客观因素，形成积极、正确的价值取向。	听取有关志愿活动的和劳动方式、劳动精神的英语语篇，理解志愿活动对身心健康和社会服务的意义和价值，通过了解影响志愿者活动的因素以及志愿者必备的素养，塑造学生乐于奉献、坚韧、有毅力等反映志愿者精神的品格

（续表）

单元目标 （包含德育目标）	单元 板块	课时	课型	课时目标	德育过程
	Reading B	5	阅读	1. 能理解博客类记叙文的主要特点和大意； 2. 能分析和比较语篇所反映的社会文化现象，培养跨文化意识。	阅读有关志愿活动的和劳动方式、劳动精神的英语语篇，理解志愿活动对身心健康和社会服务的意义和价值，通过了解志愿者活动中可能存在的文化差异，培养学生尊重其他文化的意识
	Writing Speaking	6	写说	1. 能解读语篇的写作结构和主要特征； 2. 能运用引言作为支撑细节进行写作； 3. 能开展与志愿者相关的微调研，并作口头汇报； 4. 能运用演讲策略强调演讲中的要点。	能用英语描述志愿生活和劳动的经历，树立自立自强、博爱互助的人生观和价值观。在应用与实践中感悟志愿者精神的内涵
	Critical Thinking	7	思辨	1. 能梳理单元内语篇中志愿活动的要素； 2. 能根据优先顺序作出决定。	在应用与实践中深化对于志愿者精神的理解
	Further Exploration	8	探究	1. 能联系生活，设计志愿者项目招募海报； 2. 能在探究活动中理解、反思和培养志愿者精神。	用英语介绍当代志愿活动相关内容、发表观点，感悟生命的意义和价值，强化社会责任感，树立积极的人生观。创新迁移单元所学，主动践行志愿者精神

1.2 探究课教学分析

本课时为该单元第 8 课时的探究课。首先，教师通过点评小组第 7 课时课后合作完成的"复盘表"引入本课时。然后学生展示贯穿于整个大单元的项目成果——志愿者招募海报。最后，教师与学生展开一次座谈会，在"问—答"的提问评价中，提升学生对于志愿者精神的思考深度。

教师在授课过程中采用多元评价体现形式对学生进行评价，旨在培养学生的志愿者精神，使核心素养全方面发展。

2. 贯彻"德智融合"实践方法的教学设计

2.1 教学目标

能综合运用本单元的语言知识和技能展示项目成果；

能用英语介绍志愿者招募海报、发表观点，感悟生命的意义和价值，强化社会责任感，树立积极的人生观；

能在提问评价中感悟志愿者精神的内涵和价值（德育目标）。

2.2 学情分析

于漪老师曾说："教学必须以学生的发展为本，学生的现状是教学的出发点。"因此，在课前充分了解学生学情是教师开展教学的基础。本课的授课对象为高二年级平行班学生。在该课时前，学生对设计的志愿者项目进行了中期汇报，根据教师的提问评价以及"复盘表"对项目的设计进行了优化修改。

在语言能力上，学生能运用已掌握的与志愿者活动或服务相关的词汇进行本课时的志愿者项目海报展示，但用英语进行评价、表达批判性思维，以及概括志愿者精神内涵与价值的能力还有待考查；在文化意识上，通过前几课时，学生已经能够意识到文化差异也是决定志愿者服务成功与否的因素之一，并在实践与反思中深化了认识；在思维品质上，学生已经能通过优先考虑的要素做决定，但能否将其运用于项目海报的设计中，还有待通过评价的手段使学生自我检测；在学习能力上，学生已基本能做到合作学习和探究学习，但对项目探究学习对于自身学习能力的影响和变化未进行反思，需要通过评价的手段引导学生进行反思，从而据此优化学习策略和方法。

2.3 教学过程

（1）作业点评：肯定学生在项目实践中体现出的志愿者精神

学习活动	学习目的
1. 教师对学生的"复盘表"进行点评	引出课题，为在课堂上进行德育渗透做准备

表 2　课前作业：复盘表

Questions		Answers
1.Review the target	What's your original objective or expectation?	
2.Assess the result	Given your original objective or expectation, does your project design have any highlights or deficiencies?	
3.Analyze the reasons	What are the reasons for your success and failure? (From subjective and objective analyses)	
4.Sum up the experience	What should be continued, what should be halted and what should be redesigned?	

设计说明：

这一环节与上一堂课形成了衔接。教师在上一堂课的作业中设计了对于项目的"复盘表"（见表 2）。根据《普通高中英语课程标准（2017 年版 2020 年修订）》，教师要依据教学目标和评价标准有意识地监控学生在学习活动过程中的表现。在开展评价活动时，教师不仅要说明活动的内容和形式，还应给出活动要求和评价标准。这份作业被称为"复盘表"，本质上是一份自评量表。学生通过小组合作，根据项目目标，反思本小组项目的优缺点及其原因，不足之处加以改进，及时修正项目的进程。根据文献综述中刘建军等学者对于志愿者精神具体体现的表述，学生在完成这份特殊的自评量表的同时，也是在践行"合作""创新"等志愿者精神。对于志愿者招募海报的结构、语言、内容、呈现方式等的评价在小组展示结束后同伴评价量表中体现，课前也已将评价标准告知学生，让学生有目的性地调整项目呈现。

该作业认真完成，该单元项目能获得 4*2=8 分

【教学片段 1】

T：What made you think of recruiting purchase group leaders for foreigners?

S1：An American student said in the interview, "Sometimes it's not that they can't get food, but that they can't get what they are used to eating." We realized that there are differences in food culture between China and Western countries, say, we usually eat pork while they prefer steak.

S2：Yes. So we think it might be of help if we can find volunteers who can provide them with the ingredients they need.

T：That sounds great. But in case of inconvenient transportation and delivery，it is not easy and very lucky to secure the basic needs. Maybe we can think of some ways to make full use of what we've already had.

S3：Like teaching those foreign guests how to cook Chinese food?

T：Yes，maybe. Our food culture is extensive and profound，right?

S4：And we can share the cooking video in the group.

T：It's another way to enhance the relations in the neighborhood.

S5：We need to revise our project.

T：Ok. I'm looking forward to your new project.

《复盘表》的设计意图，是在前期学生对项目进行设计的阶段，让学生肯定自己符合项目目标的努力，发现其中可能存在的问题，并及时调整项目进程。

在这一教学片段中，学生原本想要提供的志愿者服务为：在疫情期间为在沪外国友人提供他们需要的食材，原因是疫情期间居委发放的食物并不适合他们的口味。

而根据黄音老师（2022）提出的课堂上"德智融合"的第三条实现途径——抓住学生的"疑"做文章，引导学生对正确的价值观进行"内建"。教师通过生成型的提问，让学生反思自己的项目设计，从而产生疑问：居委发放的食物不合外国友人口味，我们就要为他们提供适合他们的食物吗？当时疫情的形势，上哪儿获得这些食材呢？

这一问，使学生对整个项目的方向都进行了重新思考，转变思维方式和角度，另辟蹊径：都说"入乡随俗"，我们也希望外国友人能够充分利用现有的食材，那么我们的志愿者项目便可以改为通过发送视频等方式教外国友人烹饪中式菜肴，适应当地生活。教师也是在这一系列生成型的问题中引导学生了解，志愿服务不仅仅是有一颗乐于助人的心，还要有这个时代所召唤的创新意识。

【教学片段2】

T：Why do you think there's any need to recruit volunteers to make further explanations about our policies, vaccines, etc.?

S1：As a gentleman said, "Despite the translation function of WeChat, it is inevitable for it to fail to convey some meanings." I think it must be annoying and may cause unnecessary misunderstanding.

T：Don't you think they should know they must obey our rules since they are now on our land?

S2：Yes. But we've grown up in different cultures. They put individual freedom in the first place while we believe national interest is the top priority.

S3：So, if we can show our respect for theirs and try to make them understand that our policies are for the good of us both, then we believe they can respect our culture, too.

S4：After all, it's a common issue every global citizen has to face.

T：Yes. I cannot agree with you more.

在这一教学片段中，黄音老师（2022）所提出的"德智融合"实现路径的第一点——挖掘"融合点"便得以体现。教师敏锐地从学生的回答中发现一个融合点：都说"入乡随俗"，那么外国友人来到国内，就必须遵守当地的防疫规定，为什么还需要政策介绍的志愿者呢？引导学生一边回答一边思考：我们这一单元学过，为来自不同文化背景的外国友人提供志愿者服务首要的是要有跨文化意识，我们生活在不同的文化中，对于政策的理解也不尽相同。那么如何让外国友人心悦诚服地理解我们的政策呢？人性是相通的，如果我们对他们的文化表示尊敬，那么对方也会尊敬我们的文化。

于漪老师曾说过："课堂不只是教师展示的场所，它也是引导学生思考的场所，实践语言文字的场所，要让学生亲自实践。"在这样生成性的问答中，没有老师的灌输，学生便能自发地得出"文化认同和尊重""全球化""人类同住地球村"等反映志愿者精神的理念。

（2）小组展示：根据同伴互评量表，评价小组的项目设计与表现

学习活动	学习目的
每一小组展示项目海报，其余小组记录笔记，并根据同伴互评量表（见表二）对项目进行打分	分享成果，相互借鉴，通过同伴促进德育素养的提升

表3 小组展示：同伴互评量表

Peer assessment	Project	Criteria	Score（1—3）
Group: _____	Content	（1）The project is well-organized and workable.	☆ ☆ ☆
		（2）The advertisement covers all the required parts.	☆ ☆ ☆
		（3）The advertisement is arranged in order of priority.	☆ ☆ ☆
	Language	（4）The language of the advertisement is concise and to the point.	☆ ☆ ☆
	Layout	（5）The layout of the advertisement is well-designed.	☆ ☆ ☆
	Presentation	（6）The presentation is given with key points emphasized.	☆ ☆ ☆
		（7）The presentation is given fluently, confidently and powerfully.	☆ ☆ ☆
	Reflection of volunteerism	（8）The idea presented through the advertisement is creative.	☆ ☆ ☆
		（9）The advertisement reflects cross-cultural awareness.	☆ ☆ ☆
Total			

设计说明：

该表格涉及了学生海报设计的内容、语言、外观设计、上台展示时的表现，以及志愿者精神的体现。除课本上的评价标准外，教师还增加了一些评价标准，如（2）（3）（6）（7）（8）（9）等，其中评价标准（3）为海报条目是否按优先级排列，是本单元 Critical Thinking 的学习成果；评价标准（6）为学生在展示时需运用到的本单元学习的强调重点的口语策略；而在"志愿者精神的体现"这一评价维度中，评价标准（8）为该项目是否具有创新性；评价标准（9）为项目设计是否体现了跨文化意识，由于在 Reading B 中学生了解到文化差异是影响志愿者服务是否成功的因素之一，因此在该项目之前了解疫情期间在上海的外国友人的需求的 mini survey 以及据此为他们设计志愿者服务中，都需要有跨文化意识。

根据《上海市中小学英语学科德育教学指导意见》（2021），评价要强调参与与互动、自评与他评相结合，实现评价主体的多元化。以上这些评价量表都由教师事先设计好，在学生进行项目筹备时就告知学生。在大单元设计中，教学以最后的大项目为贯穿，学生之前所学的课时都为了最后的产出服务。如上文所述，让学生事先了解评价标准，有助于学生有目的地进行单元前几课时的学习，并将每课所学运用到项目产出中。

该评价量表占单元项目分值为 9*3=27 分。

（3）自我评价：通过自评量表与教师提问评价，反思本单元学习收获

学习活动	学习目的
1.学生根据自评量表（见表三），对本单元所学进行反思	评价本单元学习成果，反思核心素养的提升
2.教师与学生进行座谈会，在教师的提问中，学生对本项目和本单元进行深入思考 Guided questions： What impressed or touched you most in this project? Can you feel any difference between this project and the projects we've completed? What qualities do you think are expected of a volunteer?	在教师与学生"问－答"环节中，学生概括对于志愿者精神的内涵和价值的深度理解

表 4　自我评价：单元学习成果与课程内容六要素评价

Category	Criteria
Language knowledge & skills	（1）I understand why a volunteer project is needed, whom I will help and how a volunteer project is carried out. totally disagree 0 1 2 3 4 5 totally agree
	（2）I understand that various factors will influence volunteer activities. totally disagree 0 1 2 3 4 5 totally agree
	（3）We conducted a mini-survey about volunteering. totally disagree 0 1 2 3 4 5 totally agree
	（4）I wrote an essay with quotes used as supporting details. totally disagree 0 1 2 3 4 5 totally agree
	（5）We reported a mini-survey about volunteering. totally disagree 0 1 2 3 4 5 totally agree
	（6）We designed a "volunteers needed" advertisement with specific requirements. totally disagree 0 1 2 3 4 5 totally agree
Cultural awareness	（7）I can use appropriate language to have cross-cultural communication, express my attitude, emotions and opinions to achieve good communicative effect. totally disagree 0 1 2 3 4 5 totally agree
	（8）I can recognize inter-dependence and common values of human development and have a sense of a community with a shared future for mankind. totally disagree 0 1 2 3 4 5 totally agree
Learning strategies	（9）When facing problems, I can take the initiative to find the optimal learning method according to learning goal. totally disagree 0 1 2 3 4 5 totally agree
	（10）I can find optimal learning resources according to learning goal and needs. totally disagree 0 1 2 3 4 5 totally agree

设计说明：

梅德明教授（2022）指出，在评价时，需重点评价和提升学生在特定问题情境中运用所学语言知识、学科观念、思维模式、探究技能等发现问题、分析问题和解决问题的能力。该量表除课本上 Self-assessment 中对于本课所学内容进行评价外，教师还增加了在本单元结束后，学生反思与评价自己语言知识、语言技能、文化知识、学习策略。这也印证了于漪老师"追求综合效应"的教学观，以及始终强调学科教学应实践"全面育人"的主张。于老师认为，教育的本质应聚焦在学生的全面发展和终身发展上。黄音（2022）也认为，"课不能只讲实用功能，而要在全面育人观的引导下追求综合效应，熔知识传授、能力培养、智力发展、思想情操陶冶于一炉，"术""道"合一，呈现多维的立体的状态。"

　　然而，由于学生水平参差不齐，因此对于他们的评价标准可能会有梯度和层次。如低层次学生可能虽在难度较高的文化知识和学习策略等方面不如高层次学生，但他们在语言知识、语言技能上还是可以拿到基础分数；而高层次学生如有能力达到文化知识和学习策略方面的要求，该评分表还给予他们发挥的空间，从而使各个层次的学生在评价自己时更能有获得感。随后，教师与学生进行座谈会，引导学生对本项目和本单元进行深入思考。

　　该评价量表若得满分为 5*10=50 分。

【教学片段3】

　　T：What impressed or touched you most in this project?

　　S1：I couldn't believe Michael, the foreigner we interviewed, was also a volunteer in his community during lockdown!!!

　　T：Amazing! What did he say about why he took part in volunteer work?

　　S2：He said, "When I was in my home country, I would help people in need So I think I'll also help people where I live." He's such a warm-hearted person.

　　T：It's really kind of Michael. Did he himself need any help even when he's a volunteer?

　　S1："We also had shortages, like the locals," he said, "But we made do with what we had, like the locals, too." He's as resilient as us.

　　T：That really makes sense. Remember what should be taken into account when conducting a mini-survey with foreigners?

　　S2：Cultural difference.

　　T：Right. But is there any difference between us in helping others when we're all in difficulty?

　　S1：No. We are the same in face of difficulty.

　　S2：We share the same future.

　　T：Yes. That's what we call "a community of shared future for mankind".

根据《普通高中英语课程标准（2017年版）2020年修订》，在评价活动中，师生应同为实施评价的主体，评价除了可采用自评和互评外，教师的提问和反馈也是重要的评价手段，如：教师可以通过提问，监控和评价学生是否表现出一定的批判性思维等。

在本片段中，通过提问得知，学生采访的外国友人在疫情期间担任志愿者，是因为他以前在家乡也会帮助别人；且他在疫情期间其实也与当地居民一样需要帮助。

根据黄音老师教师（2022）提出的语文教学中"德智融合"的第一条实现途径——挖掘"德智融合"点——教师在学生课堂上的回答中寻找到了一个融合点：即将之前课输入的文化差异作为影响志愿者服务成功与否的一个因素（"异"），与志愿者与当地居民境遇相同（"同"），进行了一"同"一"异"的对比。

同时，教师也实现了黄音老师提出的"德智融合"第二条实践途径："随文而授，相机而行"，随着教师提出的一系列生成性的问题，引发学生的思考：我们在这一单元 Reading B 的学习中知道，调查外国友人在疫情期间需要的志愿者服务要考虑什么？（文化差异）但当我们同处于困境之中，都需要帮助之时，帮助外国友人还是帮助国人有无区别？（没有区别）

整个片段中教师没有直接向学生灌输"人类命运共同体"概念，但引导学生体会到了：面对困难，我们的命运相连，我们需要帮助的不单是家人、国人，而是全人类。

【教学片段 4 】

T：After this project, what qualities do you think are expected of a volunteer?

S1：Sympathy.

T：Yes, it is surely a quality required of a volunteer. Whom or what should be have sympathy for?

S1：People, animals and... the environment.

T：Very good. Do you know that apart from "the feeling of being sorry for somebody", the word "sympathy" also has a meaning of "showing that you understand and care about somebody's problems"？

S2：Oh，that reminds me of Michael，our foreign friend who was also a volunteer in his community during lockdown. When asked whether he needed help during that time，he said，"We also had shortages，like the locals. But we made do with what we had，like the locals，too." Michael shared the situation with us，so he understood how we felt.

T：Now you totally understand the word "sympathy". （教师将 "sympathy" 写在黑板上）What other qualities do you think a volunteer should have?

S1：Creativity.

T：A nice point. Would you please tell us why?

S1：Our project is to teach foreign friends to cook Chinese dishes since they have limited ingredients to cook western food during the lockdown. We changed our way of thinking and we've learned that when faced with a difficult situation，one cannot change it，but can change himself.

T：You are full of creativity，and creativity is also a very important quality required of volunteers.（教师将 "creativity" 写在黑板上）Any other ideas?

S2：Respectfulness. Our project is to introduce Chinese lockdown and vaccine policies to foreign friends. Since there's cultural difference in our epidemic control policies，we need to respect their culture and then can win their respect in return.

T：I appreciate your deep thought. In addition to respecting people and animals we help，and the environment around us，we also need to respect the culture behind them.（教师将 "respectfulness" 写在黑板上）

结束语：In today's society，no man is an island. Everyone is closely connected to each other. Everyone shares the same future. Everyone needs to cooperate with each other，seek help from each other. Therefore，sympathy，creativity，respectfulness... the qualities volunteering calls for，are also the qualities the time calls for. Hope you develop these qualities one day，with the whole mankind in mind.

本片段为本课时以及本单元画上了句号。教师提问学生志愿者需具备的素质有哪些，学生回答"同情心"，教师将 "sympathy" 一词的拓展含义告诉学生，让学生体会到志愿者精神还包括"同理心"——对别人的境遇感同身受而伸出援手；此外，还有"创新"——转变思维方式；"互敬"——不单要尊敬人、动物、自然，还要尊重对方的文化等等。但正如之前学生自己能反馈出的，世界是个人类命运共同体，每个人都需要互助，因此每个人事实上都是一名志愿者。因此要让学生感悟到，志愿者所需具备的，也正是时代所号召的。

教师提问评价部分占单元项目分值为 35 分。

（4）课后作业：单元问卷，调查学生对志愿者精神的理解与践行程度

学习活动	学习目的
完成调查问卷	通过问卷了解学生对志愿者精神的理解与践行程度

问卷如下：

After you have finished this unit，how do you understand "volunteerism"？And how was it reflected in your volunteer work and mini-survey?

设计说明：

本问卷的目的，除了让学生反思自己对于志愿者精神内涵的理解，以及学生在自己参与志愿者服务和本次 mini-survey 采访中有无体现出这些精神外，还能通过观察学生是否能反馈出正确的志愿者精神及价值观，让教师反思在本单元中是否达到了预期目标，有无待改进的空间。梅德明与王蔷教授（2022）指出，在评价中，教师要根据学生在学习过程中的表现，及时提供反馈与帮助，并持续反思和改进教学，推动以评促学、以评促教。在这里，评价就不仅仅局限于对于学生的评价，教师与学生的身份发生了"翻转"——通过问卷，学生的对于学习的理解能让教师反思教学过程中的不足，从而进一步优化课堂教学。

该作业如每项能认真完成，能获得项目总分 8 分。

根据《课标》，评价需要实现形成性评价与终结性评价相结合，教师应努力把评价活动融入课堂教学的各个环节。因此，学生在本单元项目中，既有通

过自评、互评获得的分数，还有教师提问评价后给出的分数。学生能获得的总分为 4*2（课前作业）+9*3（小组展示）+11*2（自我评价）+35（教师提问）+8（作业问卷）=100 分。

3. 教学反思

本课以多元评价贯穿，旨在于英语项目探究学习中培养学生的志愿者精神。本文的评价方式参照加德纳提出的评价方式改革，总结特色如下：

一是评价主体多元化。从小组自评的"复盘表"到同伴互评量表，从 Self-assessment 环节的自评量表到教师提问评价，再到课后作业问卷，评价的主体有学生自己、同伴和教师。充分发挥评价主体的作用，能使评价结果更为客观，激发学生的学习积极性。在学生成长的过程中，有多个角色参与了德育素养的培养并形成合力，促进其德育素养的提升。

二是评价内容多维化。前期作业"复盘表"除督促学生及时调整项目设计方向外，还培养学生勤于反思、"不忘初心"，即时刻对照目标调整工作进程的思维品质；评价小组展示的同伴互评量表除评价海报设计的内容、语言、布局、演讲方式外，还将"是否有创新性""是否有跨文化意识"纳入到评价范围中；Self-assessment 环节的自评量表，引导学生反思的，不但是是否达到了语言能力的目标，还有其他三方面的核心素养；教师提问评价提升了学生对于志愿者精神的思考深度；最后作业"志愿者精神的理解与践行程度调查问卷"评价了学生志愿者精神的理解与践行程度，也能看到学生对于志愿者精神内涵和价值的感悟。

多元评价的要义，就是不能单独从一个方面去评价学生技能的高低，而应综合各方面内容对学生进行评价。教育根本"立德树人"便是要求先塑造学生的良好品格，再是知识技能的传授。

三是评价方式多样化。本课评价采用了自评、互评、提问点评、问卷等多种形式，自我评价能充分调动学生学习积极性，而他人评价可信度较高，具有一定权威性，对于评价对象的促进作用也更明显。如在教师的提问点评中，学生可以在没有给其灌输志愿者精神的情况下，自觉提升了思考深度，产出与践行了志愿者精神的意识。

四是评价标准梯度化。在表 4 自我评价：单元学习成果与课程内容六要素评价中，考虑到学生层次的差异性，在问卷程度中多设立了 6 个程度，能让学生对于自己的学习成果进行细化评价。此外，对于低层次的学生来说，虽然要达到一些高层次的目标较难，但他们能通过达成基础的目标来获得基本分数，增强学习的获得感；而高层次学生也能有发挥的空间，使得各层次的学生都能够了解并反思自己的收获。

结　语

通过多元评价，学生能在项目探究学习中反思项目成果，反思本单元所学知识技能以及核心素养方面的收获，从而在探究课程中实现德育渗透，使立德树人的目标有效推进。

【参考文献】

［1］王雪燕.多元评价在初中英语教学中的应用［J］.校园英语,2016(25):141.

［2］斯塔弗尔比姆等.评鉴模式专著：教育及人力服务的评鉴观点［M］.苏锦丽 译.高等教育文化事业有限公司,2005.

［3］加德纳.多元智能［M］.沈致隆 译.新华出版社,1999.

［4］罗燕翔,高晓敏.新时代小学德育评价体系的构建与实施——以 Y 市"新时代好少年"德育评价为例［J］.中国考试,2022,(08):29—36.

［5］武美香,田建荣.立德树人融入考试评价的路径探析［J］.中国考试,2022(08):37—41.

［6］许祥云,刘慧芳."育德"视域下的学校德育评价模式建构［J］.中国高等教育,2022(10):40—42.

［7］徐洁,尹鑫,陈含笑.智能时代中小学德育评价变革探析［J］.教育学术月刊,2022(04):106—112.

［8］许魏.以美育德,铸造志愿者精神［J］.江西教育,2021,No.1151(21):14.

［9］谢耀良.社会主义核心价值观下的奥运青年志愿者精神研究［J］.青

少年体育，2022，No.113（09）：28—29+43.

　　［10］高红，李永山.初中生视角探索志愿者精神培养的成效［J］.基础教育论坛，2019，No.313（23）：33—35.

　　［11］李泽飞，孙亚兰.基于新时代公民意识的志愿者精神培养赋能大学生人格塑造提升作用探析［J］.大学，2022，No.555（09）：61—64.

　　［12］王磊，刘涛.红医精神与医学生志愿者精神培育融合研究［J］.联勤军事医学，2023，37（02）：162—164.DOI：10.13730/j.issn.2097—2148.2023.02.016.

　　［13］江林.试论新时代下大学生志愿者精神的培育［J］.山西青年，2019（07）：119—120.

　　［14］康燕梅.疫情防控背景下弘扬大学生志愿者精神路径［D］.山西财经大学，2021.DOI：10.27283/d.cnki.gsxcc.2021.000242.

　　［15］熊丙奇.中小学学生干部制度落脚点应是责任教育与志愿者精神培育［J］.中国德育，2019，No.244（04）：1.

　　［16］黄音.语文教学"德智融合"探源与实践［J］.上海教师，2022（02）：7—12.

　　［17］中华人民共和国教育部.《普通高中英语课程标准》（2017 年版 2020年修订）［M］.人民教育出版社，2020.

　　［18］上海市教育委员会教学研究室.《上海市中小学英语学科德育教学指导意见》［M］.华东师范大学出版社，2021.

　　［19］梅德明.正确认识和理解英语课程性质和理念——基于《义务教育英语课程标准（2022 年版）》的阐述［J］.教师教育学报，2022，9（03）：104—111.

　　［20］梅德明，王蔷.新时代义务教育英语课程新发展——义务教育英语课程标准（2022 年版）解读［J］.基础教育课程，2022（10）：19—25.

于漪"德智融合"思想引导下的高中英语阅读课

——以上外版英语选择性必修 3 Unit 1 Reading A 一课为例

陈琦伟

摘　要：人民教育家于漪提出"德智融合，滴灌生命之魂"的教书育人理念，要求教师能够充分挖掘学科内在的德育思想，立体化呈现教学内容，灵活运用教材内容，找准"德智融合"的最佳切入点，将德育和智育"水乳交融"，推动教育全面培养时代新人。"德智融合"坚持以学生为主体，从学生角度出发，研究学生，引导学生，多感官促进学生对于教材的理解，多纬度提高学生的德育素养。心理健康教育作为德育内容不可缺少的部分，也正是眼下高中生所需要的教育内容。英语学科具备优势的学科特点，其内容包含人文社科和自然科学等各方面的知识，能够为成功开展德育提供良好的资源载体。

关键词：德智融合　英语教学　英语阅读课　心理健康教育

一、研究背景

杨浦高级中学名誉校长于漪提出"德智融合，滴灌生命之魂"的教书育人理念，强调充分挖掘学科内在的育人价值观念和道德内涵，将知识传授和能力培养与德育有机统一，实行立体化教学，全方位育人，真正将立德树人落实到学科主渠道、课堂主阵地[2]。学校德育工作不仅依靠德育课程，还需要所有学科共同发挥德育作用，挖掘各学科内在的育人德育理念，加强学科教育与德育的相互融合，利用学科独特优势，发挥学科特有的育人功能，使得学生在培养学科核心素养的同时，能够提高其道德素养[3]。

　　我国学校德育内容主要有政治教育、思想教育、道德教育、法制教育和心理健康教育。心理健康教育以教育为方式，通过培养学生良好的心理素质，促进学生身心和谐发展提升学生综合素质为目标。德育教育包括心理健康教育，心理健康教育又是德育教育的外延[1]。然而，当代高中生正处于身心发展的关键时期，自我意识和自尊需求不断提高，受同伴影响较大，在乎他人评价，加之面临较大的升学压力，从而加剧了高中生心理问题层出不穷的现状[6]。

　　"德智融合"需具备艺术化，在追求高效率和效益的同时又要讲究教学方式方法；"德智融合"应是熏陶，是移情，是换位；其过程要悄无声息，起到潜移默化的作用，润物无声，但是其效果必须能够深度激发学生的情感，震动学生的心灵，改变学生的行为，能够在学生的精神世界留下烙印，且体现在学生的生命活动中，最终使得学生逐渐形成自己的道德体系[3]。成功开展德育中的心理健康教育需要有丰富多样的信息和流动的资源作为载体，不能一味地通过教师简单的传授和凭空的说教，然而英语学科具备这些特点；英语学科内容包含人文社科和自然科学等各方面的知识，而其他学科诸如化学、数学、物理未能具备如此优势的学科特点[4]。

　　在现实的教育教学中，许多英语教师不注重"德智融合"的实际效果，忽视了心理健康教育与英语学科的结合。在学科课堂上强行塞入德育内容，一味追求形式主义，未能够将德育有机融入各个教育教学的环节中，造成了教学内容缺失情感目标。只聚焦在知识目标和能力目标，未能够充分利用教材中的主题语境，挖掘教材中的德育延伸点，联系生活情景，实施心理健康教育在课程中的渗透，引导学生建立积极人生观和世界观，导致了德育和智育相割裂，不和谐的教学现象。同时，笔者在高中英语的教育教学课程中体会到了"德智融合"教学理念中"融合"的艰难性，也发现了语言文字形式与其所要传递的思想和情感内容割裂的教学现状。笔者期待通过《于漪"德智融合"思想引导下的高中英语阅读课》，能够学会深度挖掘教材中的德育思想，找准"德智融合"点，且巧妙地有机融合两者，实施心理健康教育在课程中的渗透，引导学生建立积极的人生观和世界观，实现德智教育。

二、研究过程和方法

1. 教学目标

本课为选择性必修第三册第一单元的第一课时，核心目标为学生在通过理解文章的主旨内容和篇章结构的基础上，提高他们的心理健康意识和健康素养，形成积极面对问题的态度，并且能够针对不同的压力来源因素，提出相应减压的方法策略。

2. 教学设计思路

本课为本单元第一课时，单元主题是"Fighting Stress"，文章主题是"Stress"。该主题贴近青少年的学习生活，且与他们的身心成长息息相关。文章体裁是说明文，介绍压力定义、症状、类型、来源以及青少年减压和抗压的方法。该篇文章结构框架清晰，段落主题分明，语言简练，有助于学生快速了解文章内容和掌握说明文结构特征。文章最后呈现具体有效的"减压、解压"的解决方案，贴合该年龄段学生身心发展的情况，有助于帮助学生进行自我调节，增强心理建设，促进学生心理素质的提高。相关教学活动，要求学生根据具体案例中的压力成因和影响判断压力类型，从压力的本质性成因出发，给他人提供相应有效的解压方案，激发和培养学生多维度思考问题、解决问题的能力。通过他人案例分析提高自身对于压力的全面理解，提高自身缓解压力的能力，树立积极向上的人生观和价值观。

3. 教学重点难点

学生能够意识到心理素质健康的重要性，树立乐观积极向上的人生观，能够根据案件的具体情况，判断压力的类型，分析压力背后的成因和影响，且能够从不同角度，针对性地提出相应的解压方案。

4. 教学对象

研究对象为上海市杨浦高级中学高二（10）班和高二（3）班学生。两个班级学生的英语平均水平位于年级中上游，其中高二（10）班是年级的实验班。在过往的英语学习中，两个班级的学生已经学习过英语说明文的基本要素。高二（10）班学生总体性格外向，回答提问通常比较积极，语言表达能力也比较强。高二（3）班学生总体性格比较内向，学生主动回答问题的情况较少，语言表达能力比较弱，但是个别同学的表达欲较强。

三、课程实践与问题改进

1. 第一次课堂实践（高二 10 班）（T 代表老师；S 代表学生）

1.1 课堂实录片段一

T：Please，read paragraphs 5—6，and answer the questions：1. What are the types of stress? 2. What are the reasons for stress? 3. What are the effects of stress? You are supposed to underline the corresponding answers in your textbook.

T：Time's up! Have you located the corresponding sentences? First question：What are the types of stress? Any volunteers? Yes，girl，please!

S：There are two types of stress：good stress and bad stress.

T：You're right! Thanks! Please sit down! What about the reasons behind stress? Anyone? Boy，yes! Please!

S：The reasons for good stress are...

T：Excellent! Does anyone want to add something more? How about you，this girl?

S：The reasons behind bad stress...

T：Nice! Thank you! Now，the last question—what are the effects of good and bad stresses?

S：The good stress can...

T：Having comprehensively analyzed the stress，you need to group the following stress by cause. Which one can be seen as good stress? Which one can be regarded as a bad one? ...

S：playing competitive sports and taking tests belong to good stress.

（其他同学露出了疑惑的表情）

T：That's all right! Let's move to the next section! ...

1.1.1 课后教学环节反思

（1）教学内容呈现平面化

该教学环节，教师先提出针对该文本片段的阅读问题（有关压力类型，原因和影响），再让学生回答，呈现所有相应答案，使得文本的核心内容呈现在PPT上，这样的设计符合于漪所提出的教学观点：德智融合点的确定要尊重课本本身。但是文本的呈现方式过于平面，各个问题之间的逻辑关系未能直观地传递给学生；未能做到对于压力的总结，激发学生对于压力的进一步理解；未能对文本德育内涵的深入挖掘，培养学生分析压力和判断压力的能力。

（2）教学结构单向化

该教学环节，教师首先明确精读的目的，即确定压力类型、背后原因和压力带来的影响，再要求学生精读，分析文本内容，最后教师通过一对一提问形式，检测学生是否理解该阅读片段的核心内容。该教学环节构成了教师与学生的双边对话，但教学结构只呈现出单向型课堂关系。因此不能够确保其他学生是否达成该部分的阅读目标，且降低了其他学生对于该教学片段的参与度，进一步降低学生参与课堂的积极主动性，不利于实现本节课的德育目标。

（3）教学环节缺失"做中学"

该教学环节的前一个步骤是让学生通过精读找寻压力的定义和症状，而该教学环节是从多个角度分析了良性和恶性压力的区别，但是未能够针对定义层面挖掘德育内涵，做到在做题过程中学会下定义的方法，在探索反思中发展思维，进一步加深对于两种压力的理解。

（4）教学环节缺少及时检测

该教学环节仅让学生通过阅读理解压力的两大类型（良性和恶性压力）、成因与影响，提高学生对于压力的全面理解。然而在讲解完这部分后未能检测学生是否具备判断压力类型的能力，未能做到对于该教学环节的闭环。缺少监测环节使得教师无法检测本节课的教学德育目标是否达成。学生也缺少将理论运用到实际的机会，无法培养学以致用的能力。

1.1.2 改进建议

（1）实现教学内容呈现立体化

于漪提出"立体化"教学，意味着教学具备点线面[5]。单一形式的呈现问题和答案只是将文本内容摘取，且未能做到点面结合，实现教学立体化。因此可将一味提问的形式转变成思维导图形式，利用图文并茂的方式，使学生基于文本，展开对压力的全方位、系统性的探索和分析。利用思维导图直观地展现出各个层级之间的逻辑关系，从而加强学生对良性压力和恶性压力的理解（如下图片1）。利用X–Y轴（X代表压力程度，持续时间和频率；Y代表压力的影响），邀请两位学生用不同颜色的笔，在X–Y轴上找出相应的位置来代表良性和恶性压力，使两种压力的特点进一步突出（如下图片2）。这两种呈现方式既尊重文本内容，又能够明确地指出两种压力的各自特点，从而提高学生判断压力特点，区分压力类型的能力。

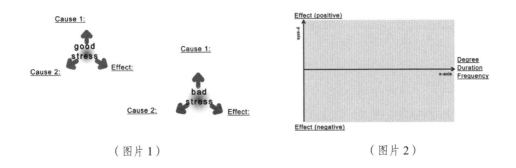

（图片1）　　　　　　　　　　　　　　　　（图片2）

（2）创建多边对话，产生教学活动的对话效应

于漪认为，课堂教学结构应该追求网络型、辐射型、交互型，教师应当把单向型、双边型的课堂关系（即教师－学生）转换成多向性、多边型的课堂关系（即教师－学生；学生－学生；学生－教师）[5]。因此，笔者可以在上课前将班级分好小组，在该教学环节设计小组讨论，让学生完成有关压力的思维导图，之后小组代表呈现成果，最后教师点评，使教学活动产生对话效应。这样能够做到调动全体学生积极参与课堂活动，调动不同层次的学生对于英语学习的积极性，能够提高学生的听说读的能力，且推动学生对于文本内容的全方位理解，有利于教师开展德育教学。

（3）鼓励学生"做中学"

在高质量的课堂中，师生应该通过互动进行即兴创造；教师鼓励学生"做中学"，将静态的知识结论变为动态的建构过程，在过程中学习方法，构建学科素养[5]。该教学片段对应的课本中并未给出良性和恶性压力的明确定义，但是在上一个教学环节中，课本明确给出了压力的定义。笔者可以通过仿照上一个环节的压力定义，根据本教学环节的文本内容，创写出良性压力的定义，并且通过填词挖空的方式创写出不完整的恶性压力定义，然后要求学生基于对于该教学环节的文本与 X–Y 轴对于两者的区分，补全恶性压力的定义。使学生在提高学科素养的同时，又提升对两种压力进一步的感悟。

（4）结合教材单元编排设计，进行课堂德育检测

于漪提出，在授课和训练时，需要将教材的逻辑结构与教学过程的程序灵活地结合起来，慎选知识点和训练点纵横延伸，找准"德智融合"的最佳切入点[5]。由此，笔者通过研读教材的单元设计，参考教材中阅读课后练习题，修改了 Digging In 的第三部分题目，截取其中 Causes of Stress 的图片，要求学生对于压力的不同原因，将其分类为良性压力和恶性压力，做到及时检测并提高学生识别和区分不同压力的能力，同时也检测本节课是否实现课堂的德育目标。

1.2　课堂实录片段二

T：Now let's move to critical thinking. If one of your friends，Andy，gets stressed from the English speech contest with the following signs，what would you suggest? I will give each group 4 minutes for discussion ...

T：Have your group gotten any suggestions for him?（教师在学生讨论时，单独私下提问其中一组小组成员）

S1：We've been thinking about encouraging him to be optimistic. That is all we have figured out. Maybe he can do some exercise too...

S2：Sir，why is it an English speech competition? I do not know any solution to this situation，because I have never attended any contest like this.

T：How about you girl?

S3：Umm，sorry，sir，I have no idea. I was absent-minded just now...

1.2.1　课后教学环节反思

（1）教学环节未以学生为主体

最后一个教学环节是根据一个因参加英语演讲比赛而产生压力的学生故事

为背景的案例，要求学生通过小组讨论，提出相应的解压措施。然而，笔者在和学生的交流中发现了学生对于该案例情境的陌生，这表明此案例背景的选择未能做到贴近学生学习生活，未做到从学生的角度出发设计教学活动，未找准"德智融合"点，导致学生想不出解压的方式，降低学生对于英语学习的热情，也无法实现课程的德育目标。

其次，全程课堂以压力为主题语境，学生只通过读和说形式参与课堂的活动，未能够调动学生的其他感觉器官，导致学生不积极主动参与课堂，未能够做到课堂以学生为学习的主体，未能改变学生作为观众的状况。

（2）教学环节缺少思维逻辑培养

该环节为针对问题提出建议方案，但是笔者在授课过程中口头的描述只侧重于问题本身，没有将压力的症状一一说明，且在PPT上仅列举了压力的症状。由此导致有些学生在思考时只关注于问题，并没有想到要根据压力的症状一一提建议，最终导致提出的建议过于笼统，没有针对性，千篇一律。

1.2.2 改进建议

（1）坚持教学环节以学生为主体

在于漪看来，课堂上学生为学习实践的主体，课堂就要克服教师说，学生听，教师越俎代庖的弊病，让学生积极参与课堂，让课堂真正成为立德树人的主阵地；要找准"德智融合"点需要教师用心了解学生学习情况，贴近学生的实际生活，需转换教学立足点，应从教师的教转到学生的学为出发点，融合智育和德育内容[5]。由此，笔者根据课堂上学生反馈没有经历过该场景的情况，将改变案例背景为一名学生在经历初高过渡期时遭受了来自生活和学习上的压力。为了更加全面地了解该案例背景，笔者便采访了5名高一学生，收集了初高过渡期他们所遇到的压力。这样的案例更加贴近学生的生活，并且学生可以根据过来的经验，给出有效的解压方式，提高学生对于该教学环节的积极参与性。

没有全面刺激学生的感觉器官会导致学生的参与性降低，由此笔者思考将采访的内容编辑成文字，邀请一名高一的学生录制音频，将其来自生活和学习中的压力通过声音的方式传递给课堂上的学生，学生在听音频的同时动手记录下压力的来源。这带动学生的耳朵和手，使得学生积极主动参与课堂活动，为之后教学环节设计解压方案做了铺垫，同样也提高了学生分析问题的能力。

（2）重视教学环节的逻辑思维培养

于漪认为，思维是"德智融合"中学科智育内容最重要的部分；学生在教学最后获得的学科性知识结论不是最为重要的；思维方法，探索方法的习得才有助于学生提高自我学习，终身学习的能力[5]。在发展学科知识的同时，教师应当根据不同年龄段学生的智力发展的特点，开发学生的思维模式。因此，笔者设计一张检查表格，表格左边一栏是音频中所呈现出的压力原因和症状，右边一栏的标题则是解决方案（如下图片3）。在授课过程中提示学生可以根据表格内容，给出相应的解决方案。这既帮助学生根源性地提出有效建议，又培养了学生分析问题解决问题的能力。

Problems	Solutions

（图片3）

2. 第二次课堂实践（高二3班）（T代表老师；S代表学生）

2.1 课堂实录片段一

T：Please，read the first sentence of paragraph 5.

S：...

T：What are the types of stress?

Ss：Good stress and bad stress.

T：Great! Now please read paragraphs 5—6，work with your group members to find out the causes and the effects of stress，and complete the mind map about the stress. You will be given 4 minutes for this task...The time is up! Could group one share your ideas，please?

S：The causes of good stress can be ...

T：That's a fantastic group presentation! Thanks! How about the bad stress? Group 3, could you share the outcome of the discussion with us?

S：The causes of bad stress can be ...

T：Thanks for your sharing! So, we can tell that good stress and bad stress are different in many aspects. Good stress is not serious stress because it can be just being required to give a report in class. But bad stress?

Ss：It's a serious one.

T：Good! Bad stress could last for a long time, but does good stress last for a long time?

Ss：No!

T：Bad stress can keep you upset every day, so it could take place frequently, but does good stress occur to you often?

Ss：No!

T：Therefore, they are different in terms of degree, duration and frequency. Now you can see an X–Y plot on the screen. X stands for degree, duration and frequency, while Y represents effect. Could anyone come to the stage and draw two spots for good stress and bad stress respectively on the screen for us? Any volunteer?

S：I choose this spot for good stress and that spot for bad stress

T：Could you explain to us why you chose this spot for good stress?

S：Because it does not last for a long time and...

T：Amazing! Thanks! So, let me show you the definition of good stress. That is the short-term and moderate stress that can motivate us to challenge ourselves, break through our limits and keep us productive. How about bad stress? Could you define bad stress by referring to the definition of good stress? Please fill out the blank with one word. The first letter of the word is given on the screen.

Ss：Bad stress is a long-term and serious stress that can lead to both physical and mental illness by darkening our mood.

T：Having comprehensively analyzed the stress, you need to group the following stresses by cause. Which one can be seen as a good stress? Which one can be regarded as a bad one? ...

S：playing competitive sports and taking tests belong to good stress.

（其他同学露出了疑惑的表情）

2.1.1 课后教学环节反思

（1）教学环节缺少学生独立思考

在该教学环节，老师提供的思维导图上信息过多，缺少了学生对于段落主旨大意的提炼。直接在思维导图上写了压力的原因和压力的影响，降低了题目的挑战性，无法引起学生对于段落主旨和说明文篇章结构的思考，导致学生可以快速通过关键词找出答案，降低学生对于学习的积极性。同时，在介绍 X–Y 坐标轴的时候，直接给出 X 轴和 Y 轴代表的含义使得教学活动无法进一步加强学生识记和理解良性压力和恶性压力的区分点。

（2）教学环节缺少学生谈看法

在该教学环节最后一个部分，通过判断检测学生是否能够判断不同原因下压力的类型中，部分学生对于这位学生将 taking tests 归类为良性压力持有疑惑态度，但是笔者在授课时，并没有给予其他学生发言的机会，也没有组织学生针对这个原因进行压力归类的讨论。但是 taking tests 该归类为良性压力还是恶性压力值得学生用思辨性观点去思考。

（3）教学环节缺少诵读为基础的理解

该教学环节对于压力进行了具体的分析，并且基于文本对于良性和恶性压力下定义。但是学生的理解都是通过阅读，理解文本内容方式过于单一，因此会导致学生缺少说的机会，降低学习的积极性，且会造成对两种压力的理解不深刻。

2.1.2 改进建议

（1）避免教学环节过多"支架"

在研究于漪课堂教学时，有研究发现学生年龄越大，教师为主的现象越弱化，学生主体意识越强[5]。因此，在设计思维导图时，可以将压力影响省略，让学生通过之前所学说明文要素去判断该段落还讲解了压力的哪些方面。其次，在分析完良性压力和恶性压力的原因和影响后，对于两者压力区分的总结中，笔者的提示过多，可以选择让学生自己从压力原因和影响方面去对比两者之间的差异，再概括出两者在频率、程度和影响纬度的不同。在分析 X–Y 轴平面图时，X 轴和 Y 轴各自代表的含义可以让学生自己来定。笔者过多的支架式提示使得教学环节为教师主导，减少了学生独立思考，不利于锻炼学生分析压力的能力。

（2）避免教学环节"画地为牢"

于漪强调教师不能以自我思考问题的有限范围让学生"画地为牢"地看待问题，逼学生"就范"；反而教师应该鼓励学生分享观点，这样才可能创造出不同的思维火花，培养学生的创造性思维，冲破学生的思维定式[5]。课堂上提到参加考试而导致的压力类型时，部分学生露出了疑惑的表情，表明该情境下的压力类型取决于具体情况。因此，该部分的识别压力类型的课堂活动需要针对该情境进行具体说明，笔者可邀请对此有疑惑的学生就此来发表一下不同的观点，并要求说明具体的原因。

（3）推动教学环节诵读结合

于漪在教授《鱼我所欲也》时，在疏通文本内容，讲解字词句式的同时，还借助语言的生动形象的特点，让学生反复朗读文章，读透文章的精魂，使学生对文章中心理解和对文章的记忆更加深刻[5]。英语同样作为语言类学科，笔者也可以利用英语语言文字的特殊性，让学生在朗读良性和恶性压力定义的基础上加深对于两种压力的理解。

2.3 课堂实录片段二

T：Now let's move to critical thinking. Listen to the voice message from a student called Tom, in senior one, about his life. You are supposed to write down the problems of his life ...

...

T：Why not check his problems together?

...

T：It is time to formulate solutions with your group members. I will give you 4 minutes for group discussion. After that, I will invite each group representative to do the presentation.

T: Let's invite a group to share their ideas!

S1: He should keep optimistic and do some exercise too. Managing his time probably is also important...

S2: He should maintain a positive attitude towards his life and study. Also, he ought to make friends with a common interest in school...

S3: ...

S4: ...

T: Great! You all get fantastic and feasible suggestions for Tom.

2.2.1 课后教学环节反思

（1）教学环节缺乏解决压力思维培养

该教学环节作为对于本节课所学内容的综合运用，笔者设计该环节时未让学生将之前所学的知识运用到具体的事件中，缺乏对于所学内容的综合操练，而是直接要求学生听且记录具体案例——Tom 生活压力背后的原因，再提出建议。该教学环节并未让学生从程度、频率、持续时间和影响四个维度来判断 Tom 所遭受的压力类型，再根据压力背后的具体原因，针对性地从外在帮助和内在调整两个角度提出建议措施，这不利于培养和提高学生分析压力和解决压力的能力。

（2）教学环节缺乏预测学生问题

在小组代表上台分享小组讨论的建议方案时，小组代表的语言表达句式过于单一且简短，体现出学生英语语言运用能力有所欠缺。薄弱的语言运用能力会降低学生的表达欲望和学习英语的动力，不利于压力解决方案的分享，从而不能做到小组之间的互相学习，调动班级的学习的积极性。

2.2.2 改进建议

（1）立体呈现解压思维模式

于漪众多教学案例中的规律：从文字出发，在理解读懂文章的基础上，发展学生思维能力；于漪认为思维是"德智融合"中学科智育内容中最核心的部分[5]。而本节课中的解压方式的思维模式能够帮助学生树立良好、积极向上的生活观和人生观，与德育紧密结合。因此，笔者思考可以让学生先从四个维度标准判断案例中压力的类型，再分析压力背后的原因，其次根据每个原因，

"对症下药"，再从外在帮助和内在调整两个角度思考，最后提出相应的措施建议。该部分内容可以通过表格形式立体化呈现出来，且该表格可以提前打印好，发给每个学生（如下图片4）。

Degree		Problems	Solutions
Duration			
Frequency			
Effect			
Type of stress			

（图片4）

（2）预估学生问题，提供必要"支架"

要找准"德智融合"的"融洽点"，使课堂变成粘住学生的主阵地，其中一条准则是立足学生的学出发，将教师的解读和学生的学情相结合[5]。了解学生学情则要求教师能够准确预估学生的困难。由此，笔者需要在思辨性活动设计环节下达课堂指令时，给出一些建议类的英语句型结构，加强学生分享观点时的流利度，增加学生说英语的自信心，且帮助学生清晰、多样地表达出不同解压方案。

四、总结与观点

1. 充分挖掘教材蕴含的德育内涵

（1）教材内容立体呈现，德育内涵清晰明了

教材内容是德育内涵的载体，是实施德育的基础工具。教师离开了对教材内容的深入理解和研究，而一味地无限发挥，空洞说教那必是浮游无根，无说服力而言。同样，学生只有在全面理解了教材内容后，才可以在教师的引导下从书本中学习到正确的道德理念，树立正确的价值观、人生观、世界观，实现自我的全面发展。教师可以在教学中将教学内容通过图文并茂的方式（如思维

导图、表格、X-Y 轴等）呈现给学生，既帮助学生快速理解教材内容和内在逻辑关系，又清晰明了呈现德育内容。本次课例研究中，笔者在第二次授课中利用思维导图呈现压力类型、原因、影响，利用 X-Y 轴呈现良性压力和恶性压力的不同点，在二次授课改进方案中提到利用表格的形式呈现具体案例的分析内容（压力类型，背后原因）。

（2）教材内容合理使用，德育知识及时检测

灵活运用教材内容是做到"德智""无缝衔接"的重要手段。教材单元设计具有完整性，教师在授课过程中要先研读单元设计，理清其中设计内容的内在逻辑结构，并且结合实际授课情况，找准知识点和训练点，进行筛选和调整教材内容，将教材的"德智融合"功能最大化。笔者在第一次授课中将教材 Critical Thinking 板块的 Case Study 放在了本课程的最后一个环节，以及在第二次授课中将教材 Digging In 的阅读题作为检测学生是否具备判断压力类型的能力。

2. "德智融合"坚持以学生为主体

（1）调动多感官促进学生理解"德智"内容

学生的学习过程需要多种感官参与，才能够调动学生的积极性，提高上课效率。英语阅读课不能只通过眼来完成，还需要调动学生耳和嘴，调动学生的各个感官。在第一、二次授课中，笔者设计了小组讨论，小组上台展示，听音频做笔记的教学环节；在第二次授课改进方案中提出了诵读结合。这些教学设计体现课程以学生为中心，用不同方式调动学生的读、说、听的感官，全面提高学生课堂参与度和学习英语的积极性。

（2）提前多方面了解学情

了解学情不仅包括学生原有知识基础，还包括学生原有的生活体验，情感经历，认知能力等。课前了解学情有助于教师调整和完善教学活动，选择针对性教学，提高教学效率和质量。笔者在第一次授课时未做到对于压力类型分析练习中对学生想法的充分预估，限定了学生对于来源于 taking tests 的压力类型的判断。第二次授课中考虑到学生在之前已经学习过说明文要素，于是将分析压力类型、成因和影响的思维导图中减少过多提示，提高任务的挑战性，增强学生的学习积极性。且笔者将 Critical Thinking 内容调整为每个高中生都经历

过的初高衔接段的压力，使学生感同身受，有话可说，有事可写。此外，在此次授课反思中也预估了学生在做小组展示时的困难，结合上学期所学的内容，笔者在将来授课中会提供"支架式"句型，帮助学生提高表达的加流畅度。

【参考文献】

［1］胡健.浅谈高中德育教育与心理健康教育的融合［J］.福建教育学院学报，2012，13（02）：37—39.

［2］黄音.语文教学"德智融合"探源与实践［J］.上海教师，2022（02）：7—12.

［3］李向红.新时代学校德育融合课程体系建设［J］.现代教育，2019（07）：35—37.

［4］王楠.寓心理健康教育于英语教学之中［J］.科教导刊（上旬刊），2010（13）：177—178. DOI: 10.16400/j.cnki.kjdks.2010.07.008.

［5］王荣华，王平.于漪教育教学思想概要［M］.上海：上海教育出版社有限公司，2021：84—101.

［6］钟媛.心理健康教育在高中英语教学中的渗透［J］.中学生英语，2022（48）：121—122.

高中体育专项化改革对学生的影响

——以杨浦高级中学为例

陈　欢

摘　要： 近些年来，上海市教委推行的改革《高中"专项化"体育课程》是推进和深化上海市高中体育与健身课程改革的一项重要举措。力图在遵循"健康第一，全面育人"的正确指导思想，在中小学生体育活动时间的减少和体质健康水平下降的大环境下，促进学生提高运动兴趣和爱好，形成运动专长。本文基于对上海杨浦高级中学学生的专项化体育新情况的调查，针对现状提出结论和建议，为在上海市各类基础教育学校高中阶段推广体育专项化课程提供有益借鉴和实践经验，为进一步促进高中体育教学课程规范化、科学化探寻新路。

关键词： 体育专项化　影响

一、前言

（一）研究目的。对杨浦高级中学高中体育专项化现状进行调查，主要采用运用文献检索法、问卷调查法、数理统计分析法和访谈法进行，分析体育专项化对学生的影响，在此基础上提出针对性的建议。

（二）研究意义。本市青少年学生的健康状况不容乐观。在体质方面，耐力素质、力量素质等指标明显偏弱、超重和肥胖检出率也居高不下；学生对体育运动的爱好和自觉参加体育锻炼的意识尚未真正形成。这些问题已严重影响了本市青少年学生的全面、健康发展和人才培养质量，甚至将影响到上海市未来国民健康素质水平。

二、研究现状

上海市教育部门和各类学校围绕"健康第一"的指导思想，深化体育教学改革，大力实施学生健康促进工程，青少年体育工作机制初见成效。但中小学生体育课练习时间过少，学习内容转换过于频繁，学生的体育爱好和兴趣、自觉参与体育锻炼的意识和终身参与体育的习惯尚未真正的养成，影响了本市青少年学生的健康成长和全面发展，并将涉及本市未来国民健康素质水平和人才培养质量。

三、研究方法

文献检索法　利用资料室图书馆、网络资源等查阅整理国内外关于高中体育选项化教学，高中体育专项化教学等相关理论和研究成果。

问卷调查法　针对论文的研究目的和内容，编制调查问卷，在进行模拟调查和咨询老师、同学建议后，反复修改、完善，制定出最终的调查问卷，花了两个周六的时间到杨浦高级中学开展问卷调查。

数理统计法　对相关调查数据进行了系统的分类整理，利用 Excel 统计工具，对数据进行初步统计分析。

访谈法　到杨浦高级中学进行实地走访调查，与杨浦高级中学体育部工作人员、体育教师、学生等进行面谈，收集可靠资料，为论文提供实证依据。

四、研究内容

对杨浦高级中学高中体育专项化现状进行了调查，主要运用文献检索法、问卷调查法、数理统计分析法和访谈法对现状进行调查以及分析体育专项化对学生的影响，并在此基础上提出了有针对性的建议，

五、研究结果与分析

（1）在研究过程中，发放家长问卷 20 份，回收 20 份，有效问卷 16 份，问卷有效率 80%；向学生发放问卷 400 份，回收 380 份，有效问卷 350 份，问卷有效率 87.5%；向老师发放问卷 20 份，回收 20 份，有效问卷 20 份，问卷有效率 100%。通过问卷情况得知杨浦高级中学学生专项化学习效果情况。

在专项化配备教师层面，目前，杨浦高级中学共有 12 名体育教师，其中男教师 8 名，女教师 4 名，25—45 岁的中青年教师占 86%。教师中有区教学团队人员，国家队退役运动员，国家级裁判，在专业上完全符合，完全能够满足专项化教学要求。

杨浦高级中学拥有 400m 塑胶跑道 4 道、标准天然草皮足球场一块、室外篮球场 2 片、室内篮球馆 1、室内排球场 1 片、乒乓房 1 间（乒乓桌 12 张）、体操房 1 间、半露天游泳池 1 片、室内手球馆一间（篮、排球共用）。全校 1400 多个学生，人均活动面积偏少。尤其是学生喜欢的羽毛球、篮球等活动项目无法在杨浦高级中学的校园里正常开展，10 位教师同时上课，在选项化教学时就出现的场地问题，在如今专项化教学面前就更为突出了。要是遇到下雨天或雾霾天等无法在室外活动的情况下，专项教学将被迫转为室内理论课，而每天学生放学后的足球场和篮球场更是人满为患的重灾区。这给专项化教学改革出了第二道难题——体育活动场地匮乏。

（2）杨浦高级中学体育专项化教学内容现状。　调查显示：杨浦高级中学学生最喜欢的运动项目前 9 位的分别是：篮球、羽毛球、乒乓球、健美操、足球、网球、游泳、武术、跆拳道。这些项目都是学生们平时接触最多也相对较容易上手的体育运动。杨浦高级中学体育专项化教学课程现开设了篮球、乒乓、健美操、足球、排球、手球、羽毛球共计 7 门专项课。除跆拳道、武术、网球外，学生普遍喜爱的运动项目都已开设，而没有开设的三个项目分别是因为场地和师资原因。这基本上满足了大部分学生的兴趣需求。

同以往的传统体育教学模式相比，学生的主体地位得到前所未有的发挥，由原来的"要我学"变成了"我要学"。教师的地位也得到转换，从传授变成了指导作用。教学方式也更为灵活多样，其形式可以随课堂教学的要求和学习情况而定。新的教学模式倡导学生在学习方式上更多地采用合作探究的方式。这种合作探究形式尤其在体育专项化教学上体现得淋漓尽致。体育活动不仅仅是参与性活动，更是团体活动，需要队友之间默契合作，参加各类比赛或是团体表演都需要这种默契的合作。因此，在平时的体育课上就要养成这种互帮互助、探究探索的合作精神，帮助学生养成良好的思想道德品质。在升到高中以前有31%的学生并不十分喜欢体育课。访问后了解到的原因主要有中考体育分值不高、体育课上除了跑步还是跑步、老师在体育课上教的东西太容易了等。说明学生的初中甚至小学阶段，教师在体育课上并没有有效地教育和引导学生科学而有趣地参加体育运动。在开学初始，调查学生是否有自己的体育锻炼计划时，有超过80%的学生没有体育锻炼计划，学生没有通过体育课的学习养成经常参加体育活动的良好习惯。经过一年的体育专项化学习后发现，有近90%的学生表示喜欢体育课，有超过65%的学生开始制定自我锻炼计划。访问学生后发现通过专项学习，学生在某一个体育项目上获得自信，体育课上或下课后也会主动找同学练习和切磋比赛。课堂上，教师也教会学生如何科学地制定个人锻炼计划。学生开始在社团活动时自己组织体育比赛和制定比赛规则，学生体育社团的活动也越来越多了。的确，学生对于体育课以及体育锻炼有了新的认识和改变，学生科学有效的体育锻炼时间增加了，但从影响学生参加体育锻炼因素的调查中我们仍旧发现，课余时间不足以及三年后的高考对学生参与体育锻炼的态度起了决定性的影响因素。对于刚刚开始起步的体育专项化课程来说，高考和沉重的学业负担是一道难以逾越的鸿沟。采用"专项化"教学的班级的体能项目50米跑、实心球、800/1000米跑的成绩已有大幅度提高。有57.1%的学生50米跑的成绩提高，有71.4%的学生实心球成绩提高，有57.1%的学生800/1000米跑的成绩提高。可见，体育专项化能有效解决青少年的健康问题，提高学生的基本身体素质。

六、结论与建议

（1）结论：上海杨浦高级中学体育专项化教学模式强调以学生兴趣为主，分专项、分层实施小班化教学确实改变了传统教学模式中统一教学内容、统一课堂管理、统一教学评价的形式，有71.4%的学生认为体育学习效率提高，因此体育专项化教学模式有效地提高了教师和学生的体育课堂教学效率。体育专项化教学基本满足了学生的学习需求，提高了学生的学习兴趣，在实行体育专项化教学之后有90%的学生喜欢体育课，有65%的学生愿意制定锻炼计划。在科学地参加体育活动的同时，培养了学生会运动、会观赏、会组织的体育能力，养成了制定个人体育锻炼计划的习惯。体育专项化教学凸显了专项体育教师数量少、专项教学水平低的现状，使得大部分学校无法实现小班化分层教学，这将严重影响体育专项化教学的教学质量和教学效果。

（2）建议：加强领导，提高思想认识水平和对体育教育的重视程度，为体育专项化教学改革顺利实施提供保障。建立专项化师训、交流互联平台，掌握教师实际需求，完善师训实效体系，提高教师专项教学能力。"走出去，请进来"，利用社区体育资源，扩大学生活动范围，建立学校和社区俱乐部合作机制，提高专项化师资水平。加大体育专项化教学评价体系开发力度，科学、合理、准确地评价学生，真正做到"以评促学""以评促教"。结合试点实际情况、完善专项化改革理论研究，为培养全面型人才提供理论依据。

【参考文献】

［1］郑高翔.莆田市高中体育专项化改革中足球教学现状分析与对策［J］.文体用品与科技，2016（2）：136.

［2］张学明.专项化教学在高中体育教学中的应用实践［J］.考试周刊，2015（89）：112.

［3］王红英，任书堂，刘雪丽，等.上海市部分高中体育专项化教学改革探索——以操舞类校本课程实施为例［J］.上海体育学院学报，2015，39（1）：81—84.

［4］赵丹，马俊明.上海市 17 所试点高中体育专项化开设现状的调查研究［J］.教育，2015（7）：212.

［5］程俊.高中体育专项化改革的实践与应用［J］.当代体育科技，2015（33）.

［6］罗凤英.体育锻炼对职业高中学生身心健康的影响调查分析［J］.清远职业技术学院学报，2014（3）：41—44.

［7］王利锋.怎样在高中体育教学中对学生进行创造力培养［J］.祖国：建设版，2014（3）.

新时代高中生"六艺"劳动课程实施方案

秦　亮

为深入贯彻落实《中共中央、国务院关于全面加强新时代大中小学劳动教育的意见》《教育部关于大中小学劳动教育指导纲要（试行）》《中共上海市委、上海市人民政府关于全面加强新时代大中小学劳动教育的实施意见》，切实发挥劳动教育综合育人作用，学校把劳动教育纳入人才培养全过程，与德育、智育、体育、美育相融合，紧密结合经济社会发展变化和学生生活实际，开发并推进新时代高中生"六艺"劳动课程。

众所周知，"礼乐射御书数"是中国古代读书人必须学习的六种技艺。新时代高中生在劳动实践中也应树立正确的劳动观念，具有良好的劳动品质，掌握必备的劳动技能，成长为德智体美劳全面发展的社会主义建设者和接班人。学校依据《大中小学劳动教育指导纲要（试行）》，按日常生活劳动、生产劳动、服务性劳动三大类别，开发新时代高中生"六艺"劳动课程，由"净""食""耕""数""创""志"六个版块组成。

一、课程理念与目标

"五育融合，培根铸魂"是"六艺"劳动课程理念。以习近平新时代中国特色社会主义思想为指导，注重挖掘劳动在树德、增智、强体、育美等方面的育人价值，将培养学生劳动观念、劳动精神贯穿课程实施全过程，作为落实学校"培根铸魂"教育核心理念的重要载体，引导学生树立正确的劳动价值观，崇尚劳动、尊重劳动，增强对劳动人民的感情，发展创新意识，提升实践能力和社会责任感，成为懂劳动、会劳动、爱劳动的时代新人。

聚焦发展学生的核心素养，即"劳动素养"，是"六艺"劳动课程目标。劳动素养主要是指学生在学习与劳动实践中逐步形成适应个人终身发展和社会发展需要的正确价值观、必备品质和关键能力，是劳动课程育人价值的集中体现。它主要包括劳动观念、劳动能力、劳动习惯和品质、劳动精神四个方面。通过"六艺"劳动课程的学习与实践，总体上学生应当能够：

1. 形成较强的劳动意识，树立正确的劳动观念

形成对劳动与人类生活、社会发展、个人成长之间关系的正确认识；懂得劳动创造财富、劳动创造美好生活等基本道理；体验劳动的艰辛和快乐，形成劳动效率意识、劳动质量意识；具有热爱劳动、热爱劳动人民、尊重普通劳动者的积极情感；树立劳动最光荣、劳动最崇高、劳动最伟大、劳动最美丽的观念。

2. 发展积极的筹划思维，形成必备的劳动能力

能从目标和任务出发，系统分析可利用的劳动资源和约束条件，制订具体的劳动方案；发展积极的筹划思维，发展创新设计能力；能使用常用工具与基本设备，采用一定的技术、工艺与方法，完成劳动任务，形成较强的动手能力；能综合运用多学科知识和多方面经验，解决劳动中出现的问题，发展创造性劳动的能力；在劳动过程中学会自我管理、团队合作。

3. 养成良好的劳动习惯，塑造基本的劳动品质

能自觉自愿地劳动，养成安全规范、有始有终的劳动习惯，体悟劳动成果的来之不易，珍惜劳动成果；能辛勤劳动、诚实劳动、协作劳动和创造性劳动；养成吃苦耐劳、持之以恒、责任担当的品质。

4. 培育积极的劳动精神，弘扬劳模精神和工匠精神

通过持续性劳动实践，培养勤俭、奋斗、创新、奉献的劳动精神；具有继承中华民族勤俭节约、敬业奉献优良传统的积极愿望；弘扬爱岗敬业、甘于奉献的劳模精神和精益求精、追求卓越的工匠精神；具有不畏艰辛、锐意进取、为社会发展和国家建设付出辛勤劳动的奋斗精神。

二、课程内容

学校依据《大中小学劳动教育指导纲要（试行）》，围绕日常生活劳动、生产劳动、服务性劳动三大类别，根据学生经验基础和发展需要，以劳动项目为载体，以劳动任务群为基本单元，以学生体验劳动过程为基本要求，拟开发新时代高中生"六艺"劳动课程，由"净""食""耕""数""创""志"六个版块组成。

"净"以润心

内容要求：完成个人物品整理、清洗；参与家居清洁、收纳整理与美化；做好宿舍卫生保洁；定期开展校园包干区域保洁和美化等，进一步增强高中生生活自理能力，固化良好劳动习惯。

"食"安体康

内容要求：学烧一桌家常菜（四菜一汤一点心），掌握烹饪烘焙技巧和营养搭配，学会家用电器的正确使用，懂得食物来之不易，培养勤俭节约意识，增强家庭责任感。

躬"耕"笃行

内容要求：参与"YG百草园"果蔬花卉种植实践，班级、家庭植物角建设。从播种育苗到照护收获，经历完整的劳动实践过程，感受劳动的不易和辛苦，强身健体的同时学会珍惜劳动成果。同时，在耕种过程中融合生物、地理、信息技术等学科知识对植物的生长条件和规律进行自主研究，提升劳动创智能力。

"数"字赋能

内容要求：学习大数据分析与可视化、人工智能、机器人搭建，感受科技发展给人类劳动方式带来的变化，掌握新时代"数字"劳动技能，解决实际生活中的诉求。

乐思善"创"

内容要求：依托学校研究性课程和其他"六艺"劳动课程，在实践中动手动脑、大胆创新、不断探索、精益求精，将巧思妙想转化为有价值的物化劳动成果。

矢"志"奉献

内容要求：走进各级医院、养老院、图书馆、展览馆、阳光之家、爱心暑托班、社区文化中心开展志愿服务和公益劳动，强化社会责任意识和服务意识。

依据《大中小学劳动教育指导纲要（试行）》，以上"六艺"课程分设独立的任务群，高一、高二、高三各有侧重，也将设立跨类别的综合性劳动项目，倡导五育并举，全面发展。

三、课程实施

（1）与原有校本课程内容相统筹

与"校园晨扫""勤工俭学""通用技术"等校本劳动课程内容相统筹，结合学生兴趣、经验和研究型课程与社团活动进行有机整合，建构真实的日常生活、生产和服务性劳动情境，在任务驱动中让学生亲历实际劳动过程，通过观察思考、动脑动手，综合运用所学知识解决实际问题，提高劳动关键能力和必备品格，培育劳动核心素养，提高劳动质量和效率。

（2）在学科课程中进行有机渗透

在思想政治、心理、语文、历史、艺术和英语等学科有重点地纳入劳动创造人本身、劳动创造历史、劳动创造财富、劳动不分贵贱等马克思主义劳动观，纳入歌颂劳模、歌颂普通劳动者的选文选材，纳入阐释勤劳、节俭、艰苦奋斗等中华民族优良传统的内容。在数学、物理、化学、生命科学、地理、信息技术、体育与健康等学科中注重培养学生劳动的科学态度、规范意识、效率观念和创新精神，鼓励学生进行自主探究。

（3）开展校园劳动主题教育活动

结合植树节、学雷锋纪念日、五一劳动节、农民丰收节、志愿者日等，开展丰富的"六艺"劳动主题教育、劳动技能竞赛和劳动成果展示等活动；举行"劳模精神薪火传，砥砺奋斗绘青春"系列"劳模进校园"宣讲会，让师生在校园里近距离接触劳动模范，聆听劳模故事，观摩精湛技艺，感受并领悟勤勉敬业的劳动精神，争做新时代的奋斗者；开展"六艺达人"评比活动，运用校园宣传栏、新媒体等手段宣传"六艺大人"劳动先进事迹。

（4）融通资源，打造家－校－社协同育人体系

学校引入上海市农业科学院和上海中医药大学等专业资源，指导学生开展果蔬和中草药种植；带领学生走进校外劳动实践场所开展参观、研学活动；走进社区开展各项志愿服务和公益劳动；倡导家长弘扬崇尚劳动的优良家风，为孩子提供劳动实践机会，形成家庭—学校—社会协同育人体系。

四、课程评价

以"六艺"劳动课程目标、内容要求为依据，制定评价的基本原则、评价内容和评价方法，设计劳动任务单和阶段综合评价表。

进行评价时，应注重评价内容多维、评价方法多样、评价主体多元，发挥评价的育人导向和反馈改进功能。既要关注劳动知识技能，更要关注劳动观念、劳动习惯和品质、劳动精神；既要关注劳动成果，更要关注劳动过程表现。以教师评价为主，同时也鼓励学生、家长参与到评价中。

在生物学教学中渗透劳动教育的实践与探索

——以杨浦高级中学"校园果蔬实践区"经济作物种植为例

刘俊峰　刘　旸

摘　要：结合生物学教学中的理论知识，带领学生在"校园果蔬实践区"开展劳动实践活动课，探讨在教学中进行劳动教育对学生学习生物学的帮助，培养学生热爱劳动的社会责任，探索在生物学教学中进行劳动教育的实施路径，为一线教师在教学中渗透劳动教育提供实践经验。

关键词：核心素养　生物学　教学劳动教育

在学习沪科版高中生物学必修 1 第四章第 4 节《叶绿体将光能转换并储存在糖分子中》，以及选择性必修 1 第五章《植物生命活动的调节》时，教师发现学生对物的生长发育没有感性认识，更无实践经验。学生要想真正理解各种因素对植物生长发育的影响，亲自种植不失为一种好的方式。笔者利用学校的上海市市级创新实验室——"校园果蔬实践区"，给学生提供种植和观察经济作物生长发育的实践机会，从而使学生获得对影响植物生长发育的因素的感性认识。同时，教师结合教材相关的内容，全方位浸润劳动教育，培养学生热爱劳动的社会责任。

一、开展实践研究，激发劳动热情

生物学是一门实验性学科，也是与生产生活结合最为紧密的学科之一，教材中有很多实验和探究性活动可以让学生在劳动中获得知识，收获成果，这些实践活动为生物学学习与劳动教育紧密结合提供更大的便利。在经济作物幼苗培育过程中，通过设计研究课"缺素培养对某种植物生长的影响"、"不同浓度2，4-D对插枝生根的影响"，学生可以选择喜欢的经济作物进行种植，通过分组和对照实验，比较农作物生长过程中的情况。在种植和培育过程中，学生会发现缺素培养会影响色素合成，进而影响茎粗和株高，最终影响结实率和果实品质，在实践中总结各种元素的主要作用。通过不同浓度2，4-D对月季插枝的处理，观察和统计生根数和生根率、插枝存活率，体会科学研究对农业劳动与实践的指导意义。通过开展实践研究，学生在获取知识的同时，体会劳动内涵，激发劳动热情。

二、增强劳动意识，树立正确劳动观

在2018年的全国教育大会上，习近平总书记提出"培养德智体美劳全面发展的社会主义建设者和接班人"，将"劳动"列入学生全面发展的素质要求，为基础教育提出了新目标，赋予了新内容。

在教学过程中，教师通过将生物学理论知识与生产生活实际联系，增强学生的劳动意识，引导学生积极探索劳动生产的实际问题，让学生在学习生物学知识的同时，体验中国农业文化的深度，感受劳动之美。例如，结合"叶绿体将光能转换并储存在糖分子中"、"细胞通过分解有机分子获取能量"内容时，引导学生结合西瓜的种植，如何提高产量和品质等实践问题进行讨论；还可以结合大都市农业生产资源匮乏的特点，引导学生思考应当如何选择光质补光，以增加产量；还可以结合教材中"探究环境因素对光合作用强度的影响"的探究实践，让学生体验在劳动中获得科学知识的成就感，从而明确学习科学知识的价值，培养其利用所学知识解决生活中实际问题的能力。

三、加强劳动教育，促进德智融合

2020年7月，教育部印发了《大中小学劳动教育课程指导纲要（试行）》，明确规定在大中小学独立开设劳动教育必修课程，并强调在学科教学中需要有机渗透劳动教育，让学生能够以科学的态度对待劳动，形成热爱劳动的习惯，并鼓励学生积极参加劳动。教师带领学生们在"校园果蔬实践区"开展土豆、番茄、南瓜、西瓜等经济作物的种植，观察和记录影响植物生长发育的主要因素，从选苗，生长素类似物处理幼苗，到翻地、松土、堆陇、移栽、浇水、施肥，再到每天的观察和记录。结合种植中的各个环节的处理，教师引导学生利用所学知识加以解释，深刻理解生物学理论对农业生产实践的指导价值。学生分小组开展科学研究，探究不同浓度生长素对幼苗生根的影响、不同强度光照对果实产量和品质的影响、不同程度的田间管理对作物生长发育的影响，边学习边劳动，边劳动边研究，边研究边思考，将生物学学习与劳动实践深度融合。

综上所述，劳动教育与生物学教学的深度融合，是落实生物学核心素养的重要途径，是劳动教育实施的重要载体，也是我校德智融合课程体系的重要环节。我校生物学教师通过积极探索，充分利用学校课程和场地资源，探索学科课程中劳动教育的要素，挖掘生物学教学中所蕴含的劳动教育理念、思想、内容和方法，并在课堂教学中、研究性学习中和社会实践活动中，探索将劳动教育融入生物教学的各种途径，在提升学科教学效率的同时发挥劳动教育的育人价值，落实生物学核心素养。

【参考文献】

［1］周忠良.普通高中教科书 生物学 必修1分子与细胞，上海科学技术出版社，2021.

［2］禹娜.普通高中教科书 生物学 选择性必修1稳态与调节，上海科学技术出版社，2021.

个性化教育生长的"英享时空"

——高中英语选修课学习空间重构研究报告

刘　平

摘　要：研究团队认真分析了上海市杨浦高级中学现有的英语创新实验室课程、空间的条件，提出了高中英语选修课个性化学习空间重构研究目标。研究的过程中，通过对个性化教育的内涵及特征进行解读，提出了个性化教育的根本要求。本研究从高中英语选修课程的需求出发，分析高中英语选修课学习空间单元的构建背景、要素、路径和策略，并根据教育理念与空间的影响机制分析个性化教育对校园空间实际要求的转变，大致得出高中英语选修课个性化教育所需的校园空间设计策略，即七类个性化学习空间重构策略，对这些空间的营造方式进行了详细的阐述。最后，研究团队分析所取得的主要经验和成效，反思可改进之处。

关键词：个性化教育　高中英语选修课　学习空间

一、研究背景

杨浦高级中学"文科创新实验室——英语名著导读和原版视听室推进项目"，是一个上海市比较罕见的文科创新实验室，是学生开展英语选修课程学习的专用学习空间，从2018年起进行了2期的建设推进。学校的英语选修课程教师团队不断推进研究、实践，取得不少成果。开设了英语原版情景视听、英语名著欣赏等一大批英语选修课程，让学生在英语创新实验室内，通过形式多样的学习方式，体验与普通教室里完全不一样的学习经历，但教师团队在实施高中英语选修课程的过程中仍然发现创新实验室的教室空间虽然设施比较先进，但缺乏空间创意，无法满足多样化的选修课程教学要求：

一是文科创新实验室空间类型不足、专用空间形态固化。学生在英语方面兴趣爱好多种多样，普通的创新实验室并不能很好开展活动，一定程度上妨碍了学生个性化发展；空间还存在着营造人性化关怀不足的问题，创新实验室的整体设计还是参照传统的教室布局，外部是长廊式建筑空间，间接影响学生选修课自主性活动的开展；此外，文科创新实验室学习空间的形态较为固化。在个性化教育理念下，要求英语选修课教学多样化，即积极开展研究性学习、体验式学习、探究式学习甚至是实践性学习式，培养学生英语的核心素养。这些新的教与学模式和要求必然对校园空间提出了更高的要求。

二是文科创新实验室空间感受较为冷漠、空间营造缺乏创新。学校文科创新实验室设计理念较为单一，缺乏特色与人情味，更不用说其艺术性了。学生在这样刻板的空间内只能感受到枯燥乏味。承载学生学习、生活的场所单调无趣，就不能很好潜移默化地激发学生的创新性思维。

学校英语选修课的教师团队在实际上课过程中虽然尽力开动脑筋，对学习空间进行局部的重新设计、规划，勉强适应高中英语选修课程的开展。于是，迫切希望重构、提升高中英语选修课程学习空间，实现语言活动的系统性、科学性、学习成果的可视性和累积性，以及实验成果评价的多元性，更好地营造一种自发、自主，师生共生，信息技术与英语教学相融合的高中英语生态情境学习环境，成为师生的共同心愿。

学校也希望以英语选修课空间重构为一个支点，撬动学校学习空间的整体设计，让学校成为有灵魂的学校，让学校能处处充满着生命的律动，让建筑关照到人性，与文化融合，高度契合学校的教育哲学、教师的职业追求和学生的身心发展。英语选修课中深度学习的实践又将进一步推动场景空间的升级，逐步让学校未来成为场景与人双向互动、永续建设、实时反馈的教育场。

二、研究概况

1. 研究目标

（1）研究高中公英语选修课程学习空间单元的构建和策略，通过科学研究方法，分析学习空间单元的规模、尺度、构成要素、构成模式、技术支持等方面，构建高中英语选修课程学习空间单元，研究探索高中选修课程、选修、活动、研究课程类学习空间单元的设计策略。

（2）实践、收集整理高中英语选修课程学习空间设计的案例，归纳、整理高中英语选修课程学习空间设计的一些范例。

2. 研究内容

从教学思想、学习方式、学习行为、学习空间类型到学习空间单元逐层研究，提出了针对高中英语选修课程的基于问题、实验、项目、设计、合作和探索的各种学习单元模式；以此为导向，研究高中英语选修课程学习空间单元的空间类型，分别从智慧教室、工作坊、非正式学习空间、交流休息空间和展示空间的平面特征、布置方式及设施设备、教学使用方法等进行分析。提供高中英语选修课程学习空间设计的实践范例。

3. 研究方法

（1）文献研究：收集和分析国内外关于文科学习空间的论文、设计、研究等，作为前期资料，提供理论基础和研究方向，比如，关于研究文科尤其是英语学习空间的规模、内部功能、功能关系、空间形态、设施设备等，以此总结高中英语选修课程学习空间的发展。

（2）案例研究：高中英语选修课程教学实例研究主要在实践中探索高中英语选修课程学习空间单元的构建，在高中英语选修课程灵活有效教学的基础上，研究探索高中英语选修课程教学模式、学习行为等，以此构建客观、适用、科学的学习空间单元。

4. 研究过程

（1）主要过程

● 定义高中英语选修课程分类、分析

- 分析高中英语选修课程教学分析（方式、学习行为）
- 研究高中英语选修课程学习模式类型
- 探索基于高中英语选修课程学习模式的学习空间类型实施
- 整理高中英语选修课程学习空间设计的实践案例

（2）重点难点及创新之处

- 不同类型的学习行为和学习方式需要不同的学习空间作为容器，根据选修课程的教学目的、教学方式、学生的学习需求、学生的合作手段来设计不同的学习空间。

- 传统高中英语教学模式以讲授式教学为主，网络学习、自主学习为辅，学习方式单一，无法满足学生日益增长的多样化学习需求，本研究希望能提供基于实践的不同类型的高中英语选修课程学习空间教学案例，内部布置方式随教学模式变化而变化，支持不同类型的选修课程教学模式。

三、研究成果

1. 重构要素

学校个性化教育生长的"英享时空"——高中英语选修课学习空间重构项目是以个性化教育理念为引领，构建以四个小型学习空间组合而成一个大型的多意向学习展示空间，使之既关注个性化学习也服务共享学习，既促进小组学习也鼓励独立思考，既聚焦兴趣爱好也关注学习者的共同情感体验。

（1）个性化教育理念引领下的空间重构

个性化教育理念体现在英语选修课教学中基本内容包含以下几点：尊重人和人的个性、发现并尊重每个学生的英语能力的独特性和差异性、发挥学生英语学习主体性、自主性和选择性，重视学生英语思维能力的培养。

教育理念必然会有其独特的教育内容及目标，学校英语个性化教育理念的提出，影响着相应的英语选修课教学模式，带来了教师教学行为、学生学习行为以及学生核心素养培养目标的转变。

个性化教育理念带来的英语选修课教学模式转变体系，如图1所示

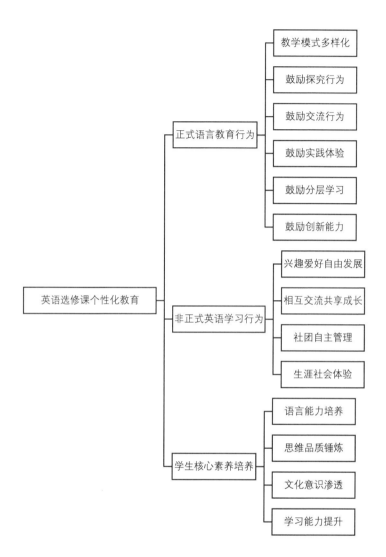

图 1　个性化教育理念带来的英语选修课教学模式转变体系

杨浦高级中学已经建立"多元化、可选择、有特色、高质量"的学校课程体系，确立了"多元化、可选择、有特色、高质量"的课程发展目标，以满足学生多样化、个性化的学习需求，促进学生的全面发展，为每个学生的未来发展奠定基础，并以此推动学校教育教学改革的发展和教学质量的全面提高。英语选修课学习活动得到了学习空间教育理念的支撑，其中主要包括学生的英语配音活动、戏剧表演活动、英语小说欣赏、英语影视鉴赏、英语辩论等。涉及学生英语的兴趣爱好活动、自发交流互动、研究小组活动、社团活动等。多元化学校的个性化教育理念迫切呼唤着个性化育人的空间建设。

（2）英语选修课个性化教育空间要素

学校对个性化教育理念的分析调研发现：个性化教育会对学生的教学以及情感体验两个方面产生影响，对于英语选修课教学来说，满足学生的不同个体教育及群体交流的需要，与此同时还需满足学生情感需求，这些综合的要素将对英语选修课空间提出要求，即设置个性化的学习空间类型以此来满足学生个性化发展需要，其中个性化空间要素的把握，更是个性化教育空间的重点。英语选修课个性化教育空间要素既包括学习场所、学习空间、支持学习的技术工具、信息资源、社会环境，也包括学习者的心理空间，教师、同伴等人际要素等。

2.重构路径

学校希望通过个性化育人的"英享时空"——高中英语选修课学习空间重构项目，为学生英语学习的个性成长提供更丰富更适切的环境支持。我们计划实施的"英享时空"是由四块组成：剧时空、阅时空、声时空、研时空，四块可分可合，可作为一个较大的小型演出空间使用，也可分割开来作为学生自主阅读、自主配音朗读、辩论、研究性学习开展的单个小空间使用。使用时空而不是空间这个名称，也是希望后期建设配套的虚拟学习空间和课程。

■　剧时空：为学生英语戏剧表演、新闻播报提供自主学习空间，空间中有模仿剧院的屋顶声效设计，前部舞台空间，中部观摩讨论空间，后部阶梯设计观赏听课空间，并留有录制调音设备，灯光模仿舞台和新闻播报效果。

■　阅时空：为学生名著、小说自主阅读提供交流、指导、讨论空间，桌椅可自由组合，书柜空间充裕，墙壁软木装饰，供学生自主装饰。

■　声时空：为学生英语歌演唱、配音、朗读提供或私密或公开的空间，空间可自由分隔，配有朗读亭和专用配音收音设备。

■　研时空：学生英语角、英语沙龙的交流空间，配有可组合的舒适座椅，空间舒适多变，适合学生小型社团活动、研究性学习的开展。

重构的学习空间，从空间重构意图看，在规划创意、设计理念、建造细节、专业提升等方面，都十分重视应用的多元性和功能的提升，把原先较为单一、分割的英语学习进行整合，在学校原有传统英语课程的基础上，从英语学习的核心素养—包括语言能力、思维品质、文化品格和学习能力四个维度的培养出发，让学生通过听、说、读、写、等方面的语言实践活动去发展英语语言能力，培养良好的心理品质和思想道德品质。英语教学应强调使学生形成以交际能力为核心的英语语言运用素质。教师注意调动学生的非智力因素，营造一个能进行交际实践的自主学习空间，充分利用现有的教学手段，努力扩大学生的知识面，帮助学生建构自己的自主学习模式。

3. 重构策略——七类个性化学习空间重构策略

现有教育制度产生颠覆性的转变，校园空间必须随之适应和转变。本研究团队通过对个性化教育的内涵及特征进行解读，提出了个性化教育的根本要求，即注重实践，使教育过程人性化、尊重选择；讲求平等、教学方式多样化，重视学生创新思维能力的培养四个方面。根据教育理念与空间的影响机制来分析个性化教育对校园空间实际要求的转变，即从教育宏观目标的角度阐述对正式学习空间和非正式学习空间的要求。带着这些要求，通过对国内外优秀案例的分析和实际案例的调研及问卷调查来大致得出个性化教育所需的校园空间设计策略，提出了七类个性化学习空间重构方式。这些空间的营造方式阐述如下：

（1）多样化活动的场所——复合多意空间

个性化育人的"英享时空"——高中英语选修课学习空间重构项目对单个功能的空间设计尽可能采取了复合的设计概念，整个英享时空中单个的剧时空、阅时空、声时空、研时空，既可以单独分隔为专用的选修课教师，又可以组合成一个复合多意空间。

空间组合时，场地开阔将多种不同活动类型集合在一起的方法，这种集合式的设计不仅可以将不同活动目的的学生聚集在一起产生互动交流，还能使学习空间利用效率最大化，可以开展英语戏剧表演、英语歌曲大赛、配音展示等中大型活动。

各个空间由隔板分隔后，可以为学生提供多样化活动场所，可以分开进行各类选修课活动，还可以让学生课后在此逗留、休息、交流，甚至还能举行一些小型的活动，如英语沙龙、英语课题讨论。这些多意空间可以很好地点缀学生枯燥的高中生活

（2）情感栖息的家园——情感体验空间

个性化育人的"英享时空"——高中英语选修课学习空间重构的建设设计中，通过合理地利用空间，使选修课教育活动展开需求得以满足，学生的日常生活需求得以满足。校园亲切感、亲和感的增强，可增强学生与建筑之间的联系。空间重构和提升将有限的空间利用起来，改变平淡单一的建筑布局，体现功能布局的和谐美。

剧时空学习空间建设将真个空间做好隔音，模仿剧院的吸音和传音屋顶设计，使学生在表演时视觉效果好、声音回响专业。身临其境的效果能让英语戏剧表演等英语选修课的开展更专业，更能打动学生。

整个英享时空学习空间兼顾了科技气息，在设计中采用新型材料，通过应用不同色彩与独特造型，使学生感受到学习空间现代化的特点，具有时空穿越的情感体验。

（3）课程开展的天地——选修课专用教室

学校在英语选修课调研中发现选修课程人数相对较少，如果占用普通教室或者合班教室不仅浪费空间资源，还会由于空间产生的距离感而影响上课效果，因此布置小型的选修教室极为必要。

学校计划实施的"英享时空"是由四块组成：剧时空、阅时空、声时空、研时空四个小型学习空间。四块可分可合，合起可作为一个较大的小型演出空间，分开可供选修课学生自主阅读、自主配音朗读、辩论、研究性学习的单个小空间使用。并且距离上课的教室比较远，便于活动开展，不会影响正常的教学活动。

比如，剧时空主要的功能是为选修课《英语戏剧欣赏和表演》课程提供学

习空间，该空间以"灵活展示空间"为中心，其他各类型的空间均可渗透到灵活展示空间当中。研讨空间学习活动主要是剧本赏析。教师在教室前方，只起到引导作用，学生与学生相互之间的距离较近，可以形成小组，方便进行小组合作学习，进行研究讨论；灵活展示空间可为各教学空间服务，也可用于最后的戏剧展示，真正发挥它的"灵活"性。该空间的桌椅能根据教学需要灵活移动改变教学空间功能。在最终的戏剧展示环节，灵活展示空间左右两侧的写作空间和研讨空间可作为学生戏剧表演的后台和候场室，机动灵活，使教学空间功能最大化；剧本创作空间方便写作中的交流互助；教师在写作空间当中占有一席之地；过程墙主要用于学生分享展示戏剧技巧学习和戏剧演出过程中的文字与图片记录，增强学习过程感。

（4）思维拓展的时空——英语课外知识拓展空间

个性化教育强调学生作为主体，尊重学生自我探究、学习、交流。学生课余自发的知识探究是培养学生创造思维能力的最佳途径。

在学校的研时空学习空间中，布置有相应的藏书库、阅览室、微型自习室，组成一个具有良好氛围的小型图书馆。能够提供学生较为自由的学习、研究环境。

（5）个性展示的舞台——兴趣展示共享空间

个性化教育特别强调鼓励学生的兴趣、爱好及特长的自由发展，学生在英语兴趣爱好活动中不仅能够培养学习能力还能培养团队合作意识。最重要的是，每个学生必然有其特长，这些特长能够很好地培养学生的自信心。

整个英享时空的英语选修课学习空间大约占地150平方米，剧时空、阅时空、声时空、研时空四个小空间分别为不同兴趣的学生提供学习拓展的学习空间，定期打开四个小空间的隔板为学生提供展示才能的大舞台。剧时空中的大舞台可以用来进行戏剧表演、英语歌表演、朗诵演讲、配音展示，让学生可以自由地展示共享兴趣爱好。

（6）职业起航的航船——生涯体验空间的设计研究

整个空间的最后部由音响、影音录制空间，可以给学生自行录制歌曲、表演提供设备，学生还可以自己制作新闻节目，提前体会播音员、演员、制片人、导演等职业，为爱好英语的同学提供模拟的职业生涯体验。

　　（7）互动交流的庭院——小组互动空间

　　以往的空间设计多是以教师为主体，不会鼓励学生自我运行的学生会和社团的活动形式。个性化教育鼓励学生的互动、自我发展、自我组织。并且，整个英享时空由学生管理，英语选修课的形式采用和必修课完全不同的教学方式，让学生体验、活动、实践、研讨，培养学生的适应能力、社交能力、管理能力以及组织能力。这些很可能成为学生今后的一些核心竞争力。

　　比如在英语辩论课选修课中，在研讨学习这一教学模式下，学生需通过小组讨论、同伴互助的方式，合作完成教师布置的任务。新课标明确指出，"自主、合作、探究式学习对激发学生的学习兴趣、提高学生课堂活动的参与度、促进师生间的合作交流具有重要作用。"因此，相应学习空间的创设至关重要。在研讨学习中，可以形成供 4–5 人的小组讨论的学习空间，构造各组可以独立讨论、互不干扰的空间，同时确保各小组成员之间距离较近，可以清晰地听到彼此声音，能便捷地进行交流。

4. 重构效果

　　个性化教育生长的"英享时空"，是杨浦高级中学学生开展基于核心素养培育的高中英语选修课程学习的专用学习空间。高中学校在实施基于核心素养培育的高中英语选修课程的过程中，能够利用创新实验室的设备和空间，个性化设计不同课程的不同学习空间，满足了项目化、个性化、合作化、混合式等选修课学习要求，满足了基于核心素养培育的高中英语选修课程教学要求。高中英语选修课程都有清晰的教学研究方向。这些课程，有的是"核心素养导向的高中英语影视课堂选修课"，有的是"高中英语短篇小说体验式教学"，有的是"主题语境下的高中英语视听说系列教学"，有的是"高中英语戏剧课程和配音活动"。这四大课程构成课程群建设。让学生在英语创新实验室的学习空间里，通过形式多样的学习方式（如自主学习课程、小班化学习课程、英语项目活动等），体验与普通教室完全不一样的学习经历。在丰富、直接的多感官训练中，迅速而有效地提高英语学习兴趣和英语学习水平，培养英语学科素养，开拓文化视野，营造共生而又个性化的英语学习环境。

四、反思与建议

分析所取得的主要经验和成效和本研究的推广应用价值，反思可改进之处。

1. 空间重构要注重兴趣爱好空间的释放

在设计英语选修课空间时，必须考虑到兴趣特长课程的开展以及学生在英语学习中中自发的兴趣行为活动。针对室内开展的兴趣活动，尽量提供较为自由的空间，而不是呆板僵硬的空间形式。必须强调学生的可互动性，对空间尽量不要过多地进行功能划分，这样就可以在有限的空间内包容更多的兴趣活动。

2. 空间重构要注重小组互动空间的营造

英语教学中小组活动的特征必然要求其空间形态具有一定的可变性及适应性，满足多种多样的教学活动。其空间形式要采用较为多变的布置，不必拘泥于传统的教室模式，可以是隔间布置与大开间敞开布置的结合。小组活动室要尽量与教学单元动静隔离或分区，以免影响教学质量。

3. 空间重构要注重复合多意空间的建构

学生在多种功能集合场所的互动中常常变得更为积极。在集合的空间内，学生兴趣活动也能很好被支持，不同学生的兴趣活动安排交织在一个空间内，学生教学生活，学生影响学生，学生便是最好的导师，不需要老师的授课就能在交流中学习新的兴趣爱好。

尝试将不同类型的英语选修课活动融合在一起，在一个综合活动空间学习，这样在不打扰教学单元正常运行的情况下，带着不同活动目的的学生能够在此交流，能更好达到多样化发展的目的。

4. 空间重构要注重情感体验空间的营造

个性化发展教育理念中很重要的一部分就是关注学生智力、情感、艺术性的发展。英语选修课教学空间要营造人性化空间，更多为学生考虑，从学生角度出发去营造空间。空间营造在达到适用、安全之外，要更多地满足学生的艺术和情感需求。要紧扣中学师生的需求，将选修课空间塑造成为具有情感、个性、情趣和活力的"人性化"校园。

注意空间内涵的积极营造。英享时空学习空间今后要加强对空间形态的积极营造，对空间层次、光线、色彩的刻画建构要富有趣味，要形成一种积极向上的空间"气场"。

5. 空间重构要注重构建富有意境的景观环境。

作为高中生紧张学习间隙重要的过渡空间，景观空间具有良好的空间氛围，有利于学生调剂自我情绪，帮助他们保持乐观进取的态度。良好的景观空间可以蕴含良好的精神文化意向，会潜移默化影响着学生。他们对这样无形的内涵会产生各自的理解与判断，从而影响他们各自不同的审美观、人生观和价值观。英享空间不是单纯的"授课式"英语选修教学模式的空洞产物，而是在个性化发展教育理念之下的新型教育空间，它是符合师生审美理想，能够激发英语创造潜力的开放空间。

不得不承认，校园空间对教育成果的影响不及教师的教育方式对学生的影响。通过教师的灵活多样的教学形式以及科学、创新的教育内容依然可以培养出个性自由发展、具有创新思维能力的学生。这是因为校园空间的设计往往具有一定的滞后性，校园空间更多的是适应新型教育方式的改变。不过，研究团队依旧希望针对最新教育理念与校园空间的联系进行探索，尽己所能探索这两者之间的因果关系，让未来的中学校园能够更好甚至超前适应教育理念的更替发展。

研究团队对七大类个性化发展空间展开详细的研究设计，分析设计的动机、设计的过程以及展现设计的成果，希望针对个性化教育下所需的中学校园空间提出自己的见解，并尽可能提供有益的信息、经验以供未来中学校园设计实践。由于团队的知识结构水平以及限定时间的因素无法将个性化教育下的中学校园空间研究进行得面面俱到，研究的水平也仅停留在笔者力所能及的范围内，个性化教育理念以及设计策略需要更多学者、建筑设计师继续努力探究，并在实践中探索。

教育的发展不会停滞不前，教育理念和教育行为也会不断转变，相关的研究也必然还需进行。研究团队衷心希望教育空间设计人员可以从更新的视角、更低的姿态、更科学的理念以及更加谦卑的态度来对待学校设计，给学生创造出能够陪伴其三年美好时光的校园。

主要参考文献

［1］丘建发.研究型大学的协同创新空间设计策略研究［D］.广州.华南理工大学，2014：31—32.

［2］艾英旭.建筑设计创新评价研究［D］.哈尔滨：哈尔滨工业大学，2007：78.

［3］Savin-Baden，M.（2008），Learning Spaces：Creating Opportunities for Knowledge Creation in Academic Life. New York：Open University Press：37.

［4］Rotraut，W.（2015），Schoolsfor the Future：Design Proposals from Architectural Psychology. London：Springer.

［5］Stenhouse，L.（1975）An Introduction to Curriculum Research and Development. 113 London：Heinemann.

［6］谢未，江丰光.东京大学 KALS 与麻省理工学院 TEAL 未来教室案例分析［J］.中国信息技术教育，2013，（09）.［2017—09—21］.

［7］江丰光，孙铭泽.未来教室的特征分析与构建［J］.中小学信息技术教育.2014（09）.

［8］王蔷.从综合语言运用能力到英语学科核心素养——高中英语课程改革的新挑战［J］.英语教师，2015，（16）：6—7.

［9］裴新宁，刘新阳.为21世纪重建教育：欧盟“核心素养”框架的确立［J］.全球教育展望，2013（12）：89—102.［11］柳夕浪.从“素质”到“核心素养”——关于“培养什么样的人”的进一步追问［J］.教育科学研究，2014a（3）：5—11.

［10］程晓棠，赵思奇.英语学科核心素养的实质内涵［J］.课程·教材·教法，2016（5）：79—85.

［11］王蔷.从综合语言运用能力到英语学科核心素养——高中英语课程改革的新挑战［J］.英语教师，2015（16）：6—7.

［12］李建红.英语学科核心素养的内涵及教学策略［J］.教学月刊：中学版（教学参考）（7）：3—7.

［13］李露华，张海燕.英语学科核心素养的内涵及运用［J］.亚太教育，2016（30）：278—279.

［14］沈芳.迁移高中英语教师核心素养内涵［C］.//2019年"教育教学创新研究"高峰论坛论文集.2019.

［15］王珣.英语核心素养的培养途径［J］.山西教育，2015（07）：58—59.

［16］冀小婷.英语学科核心素养培养的实现途径［J］.天津师范大学学报（基础教育版），2016（3）：48—51.

［17］万书霞，韩波.英语核心素养内涵及培养途径研究［J］.英语广场，2020（109）：111—113.

［18］黄丽燕.英语学科核心素养视角下的测评改革思考［J］.英语教师，2016（12）：13—17.

本文是上海市教育委员会教育技术装备中心领衔的上海市教育科学研究课题——"上海市中小学学习空间重构行动研究"子课题（课题编号：A1914）的研究成果之一

沉浸式外语教学下的
主题式配音活动设计探索

陈怡昉

◇◇

摘　要：作为杨浦高级中学高中英语生态化素养课程建设下学生英语实践和运用的重要环节之一，英语社团活动发挥着不可忽视的重要作用。本文介绍了使用网络环境下的移动设备、app 软件"英语趣配音"和互联网资源，以主题为引领，将与主题相关的影视、视频等素材为练习基础，指导社团教师设计配音教学活动，使社团学生沉浸式地进行语音模仿、对白演绎、情绪体验和文化解读，形成完整的配音作品，从而为提高英语社团的趣味性和实践性提供系统性活动设计思路。

关键词：沉浸式教学　主题语境　社团配音活动

一、英语社团增加主题式配音活动的必要性

随着课程改革研究不断深化和实践，研究如何在教学实践中培养学生的核心素养成了许多中小学英语教师日常工作的一部分。大多数英语教师在传统的课型如阅读课、写作课、听说课等中积极转变教学方式，还有一些教师积极开发课程资源，开设选修课如诗歌、戏剧、歌曲等赏析课，以此来培养学生的英语学科核心素养。

目前大部分高中学校开设了英语选修课、英语社团等多种英语学习的课程形式。作为英语常规课程的补充，它们突破了传统课堂的学习形式，充分地以

学生实践为主导、以主题项目为引领、以沉浸体验为背景。比较而言，我们认为"配音活动"既能够以主题作为主线展开，又能围绕主题搜索到大量影视作品练习资源，还能更好地让学生沉浸在大量的情境中，充分感受和体会不同文化的氛围，有利于培养学生的英语语言水平和核心素养。

（一）配音活动适合在沉浸式氛围中进行

长期以来，第二语言学习研究和评估的结果一致表明：通过浸入式教学，学生所获得的第二语言能力以及学科课程的成绩，都明显高于其他外语教学模式培养出来的学生。浸入式氛围下学习的学生具有较强的文化敏感性，对他文化表现出积极的态度和认识，有利于今后的国际交往、相互理解与尊重。此外，由于学生在学习过程中不但要建立第二语言符号系统，而且还要在两种语言符号系统之间进行频繁而迅速的语言转换，接受浸入式教学的学生的思维敏捷性、理解力和判断力都明显优于单语学生。虽然在我国的课堂教学中，没有办法真正做到完全的沉浸式教学，但是现代技术的发展将"让学生浸泡在第二语言中"的可能性大大地增加了，通过社团中高频次地练习和复现对话、对白，并且在移动终端上不断地练习，学生完全可以做到最大化地"沉浸"在第二语言中，逐渐将第二语言内化为自己的能力水平。

（二）配音活动适合以主题语境的框架开展

现代技术的飞速发展为英语教学和学习带来了海量的资源，这些资源经过有效筛选和整合将会对沉浸式学习第二语言起到极大的助推力，但海量资源就如茫茫大海一般，没有方向没有目标无法达到彼岸，因此需要一个指向明确的地标，围绕该地标进行有选择的素材沉浸和练习。由此我们提出，沉浸式英语配音活动应该以课程活动观为理论支撑，展开有效的设计和探索。《普通高中英语课程标准（2017 年版）》提出了指向学科核心素养的英语学习活动观。英语学习活动观是指学生在主题意义引领下，通过学习理解、应用实践、迁移创新等一系列体现综合性、关联性 和实践性等特点的英语学习活动，使学生基于已有知识，依托不同类型的语篇，在分析问题和解决问 题的过程中，促进自身语言知识学习、语言技能发展、文化内涵理解、多元思维发展、价值取向判断和学习策略运用（教育部 2018）。

　　由此可知，虽然作为常规课程的辅助活动课程，但是英语社团的各项活动依然要在一定符合活动特点的理论支持下，科学规划，有序展开。主题式的活动和配音的活动特点能更好地契合，基于一定主题的选材，通过大量该主题的语料浸润，学生会从中抽丝剥茧抓住语言的表达规律，进一步理解和实践，主题的设定为最终的实践服务，活动的创设为更好的迁移语言能力而助力。

二、英语社团中主题式配音活动的具体设计

（一）素材筛选的依据

　　根据《普通高中英语课程标准（2017 版）》，主题语境作为英语课程内容的重要要素之一，包涵了人与自我、人与社会和人与自然，涉及人文社会科学和自然科学领域的内容，所有的语言学习活动在一定的主题语境下进行，由此我们在挑选配音素材时将严格按照以上的主题语境展开。

（二）以学期为活动周期设定的主题模块

　　基于主题语境，根据社团活动一学期为周期开展的特点，计划以 18 个教学周为单位，每周开设一个主题，每个主题下设配套的活动和练习资源。例如第一个主题语境为"人与自我"，其下设有"生活与学习、做人与做事"主题群，在主题语境内容中有多个分话题，内容丰富、涵盖面广，包括了"学校生活""生活方式""生命价值""职业发展""创新意识"等。

　　因此沿着该脉络，经过市面上多款配音软件和平台的比较，选择"英语趣配音"作为社团配音活动的主要练习平台，我们计划将该软件庞大海量的素材资源按照课标主题语境的具体内容来一一对应，十八个教学周中，每周安排一个主要语境的话题内容，每个分话题设有 4—5 个素材专练，匹配不同难度和体裁，并且涉及了独白、对白、多人对白等练习形式。以下图片展示了 18 个教学周的内容安排。

主题 语境	主题群	具体 话题	配音配套素材	难度	体裁	形式	教学周
人与自我	生活与学习做人与做事	学校生活	大学生活-传说与现实	★★★★★		独白	1
			如何快速在学校交到朋友	★★★★	宣传片	女生对白	
			学校是可爱的地方	★★★	广告	独白	
			学校成功VS生活成功	★★★★	动画短片	独白	
		生活方式	坚韧生活的苦难	★★★★	广告	独白	2
			掌控自己的生活	★★★★	演讲	独白	
			谢尔顿的道别方式	★★★★★	喜剧片	男生对白	
			林语堂《生活的艺术》	★★★★★	散文	独白	
		生命价值	生命的旅程	★★★	节目广告片	独白	3
			生命的意义（1）	★★★★	演讲	独白	
			真正的生命	★★★★	TED演讲	独白	
			生命尽头前要做的事	★★★★★	采访	多人独白	
			生命之书	★★★	动画电影	多人对白	
		职业发展	Uber发展史	★★★★★	采访	对白	4
			艰辛求职路	★★★★★	动画片	多人对白	
			芳汀的求职《悲惨世界》	★★★★★	电影	多人对白	
			学徒	★★★★	真人秀	多人对白	
			如何提高工作效率	★★★★★	宣传片	独白	
		创新意识	创新是源泉	★★★	广告	独白	5
			《美国队长》	★★★★★	科幻电影	多人对白	
			《主厨的餐桌》创新的乐趣和风险	★★★★★	真人秀	对白	
			Apple的大胆创新	★★★★★	广告	独白	
			对话宝洁CEO	★★★★★	采访	对白	

（续表）

主题语境	主题群	具体话题	配音配套素材	难度	体裁	形式	教学周
人与社会	人际沟通、文学、艺术与体育、历史、社会与文化、科学与技术	社会交往	浮躁的社会，请学会倾听	★★★★	广告	独白	6
			沉迷直播的人类	★★★	黑色寓言	独白	
			语言交流从不是问题	★★★★	采访	多人对白	
			提高交流技巧的三种方法	★★★★★	节目	独白	
		志愿服务	给他们荣誉，他们造福社会	★★★★★	宣传片	独白	7
			是什么让我们感到快乐	★★★★★	采访	多人对白	
			献给流浪者的圣诞礼物	★★★★	纪录片片段	对白	
			十岁的慈善家	★★★★	采访	对白	
		文化沟通	Peter 带你学英国文化	★★★★★	节目	独白	8
			不同文化中如何表达"我爱你"	★★★★	采访	对白	
			文化差异-美国的汉堡包哲学	★★★★	新闻	对白	
			相互了解文化习俗-《风中奇缘》	★★★★	电影	男女对白	
		小说、诗歌	给 Beth 的信-《小妇人》	★★★★★	小说	独白、朗诵	9
			达西的救赎-《傲慢与偏见》	★★★★★	小说	独白、朗诵	
			《未选择的路》-佛洛斯特	★★★★★	诗歌	朗诵	
			《无止境的爱》-泰戈尔	★★★★	诗歌	朗诵	
		艺术、文化名人	《至爱梵高》	★★★★★	油画电影	多人对白	10
			你是人间的四月天	★★★★★	诗歌	朗诵	
			梭罗与《瓦尔登湖》	★★★★	宣传片	独白	
			听卷福读莎士比亚	★★★	专题节目	独白	

（续表）

主题语境	主题群	具体话题	配音配套素材	难度	体裁	形式	教学周
人与社会	人际沟通、文学、艺术与体育、历史、社会与文化、科学与技术	物质与非遗文化	传统文化–功夫	★★★★	宣传片	独白	11
			二十四节气立法的重要意义	★★★★★	专题节目	独白	
			敦煌石窟的故事	★★★★	纪录片片段	对白	
			埃及是一个神秘的国度	★★★★	纪录片片段	对白	
		热点问题	疫苗是怎样起效的	★★★★★	科普短片	独白	12
			欲望改变世界–消裁主义	★★★★★	动画短评	对白	
			妇女为自己而战	★★★★	广告	对白	
			我们为什么做梦	★★★★	科普短片	独白	
		科技发展	食品科技–做奶酪汉堡	★★★★★	专题节目	对白	13
			Elon Musk 成功的十大规则	★★★★★	采访	对白	
			人工智能的哲学	★★★★	电影	对白	
			电脑动画 CGI	★★★★	科普短片	独白	
人与自然	自然生态	自然环境	生物多样性为什么重要	★★★★★	纪录片片段	独白	14
			生命的奥秘	★★★★	纪录片片段	独白	
			聆听大地之冰的歌声	★★★★	歌曲	对唱	
			精神之桥	★★★★	动画片	多人对白	
	防范	安全常识	大地震：美国记忆	★★★★	纪录片片段	独白	15
			你无法让时间倒流	★★★★	防火灾公益广告	独白	
			解救洪水–《神奇校车》	★★★★★	动画片	多人对白	
			大叔不是好惹的–《飓风营救》	★★★★	电影	多人对白	

（续表）

主题语境	主题群	具体话题	配音配套素材	难度	体裁	形式	教学周
人与自然	环保	人类与环境	保护环境，从衣做起	★★★★	公益片	独白	16
			垃圾分类	★★★★	科普短评	独白	
			保护环境演讲－莱昂纳多	★★★★★	演讲	独白	
			北京雾霾	★★★★	纪录片片段	独白	
	探索	地球探索	地下水世界－地球脉动	★★★★★	纪录片片段	对白	17
			人类与地球	★★★★	动画片	多人对白	
			地球上喷发时间最长的火山	★★★★★	纪录片片段	独白	
			地球所给予的财富	★★★★	电影	多人对白	
		宇宙奥秘	星际穿越的科学－科学的态度	★★★★★	纪录片片段	独白	18
			时间与空间	★★★★★	采访	对白	
			火星移民的思考	★★★★★	纪录片片段	对白	
			虫洞理论	★★★★★	纪录片片段	对白	

（三）设备的选用

我们计划以移动终端设备作为主要交互式配音活动的平台，选用"英语趣配音"为沉浸式配音练习软件，其方便之处在于可以多个账号组建小组，形成社团练习和互动的虚拟空间。在社团活动之余，可以在家和在其他场合随时进行练习和互动，延伸了交互式、浸润式练习的时间。同时，我们发现该软件不仅可以纠正学生的语音语调，更重要的是其素材多元丰富，有部分内容还涉及中学生多个版本的教材内容，能很好地与学生的学习内容相结合。软件中有一个"生词本"功能，学生在配音中如果遇到不认识或不熟悉的词汇，可以通过"生词本"按钮直接添加生词。这样学生便可以随时随地登录英语趣配音客户端复习单词。受遗忘曲线的影响，该软件不要求学生一次性记住单词，而是强调反复出现，强化对学生大脑的刺激，从而达到记忆单词的目的。这在一定程度上打破了传统中学英语教学的时间地点的限制。我们认为该平台是目前较为适合在中小学使用训练听说和配音练习的软件。

（四）活动的反馈

　　每周配音活动后，平台或软件会给出练习的分数，评估语音语调用于进一步的练习。一个主题语境结束后，我们计划安排一次阶段性展示，采用自选相关主题配音素材，学生自主展示，以体现阶段性的进步和成长。

三、主题式配音活动的实施样本

　　我们以"人与自然"主题语境中"探索"板块为例，展开设计第十八周的配音活动，该活动安排在每周英语社团活动中，时间预计40分钟。以下为具体实施步骤：

（一）活动前，了解本次主题内容和目标

　　社团成员根据一个学期配音活动安排表，提前了解该周所练习的主题语境内容，第十八周以探索宇宙奥秘为话题，是学生们普遍比较感兴趣的话题。根据计划表，本话题安排了四个难度较大的配音练习，内容涉及星际穿越、时间空间、虫洞理论和移民火星等非常脑洞大开的话题，作为承载文化和知识内容的工具，语言本身即传递了文化和思维特质，因此科普类的信息能较好地锻炼学生的逻辑能力和思辨能力，为科学素养的培养打下一定基础。

宇宙奥秘	星际穿越的科学 – 科学的态度	★★★★★	纪录片片段	独白
	时间与空间	★★★★★	采访	对白
	火星移民的思考	★★★★★	纪录片片段	对白
	虫洞理论	★★★★★	纪录片片段	对白

（二）活动中，进行跟读、模仿练习，根据分数反馈，进行调整

实　　施	播放配音作品	开展步骤（所有视频都遵循以下步骤）
活动中	小组 A：星际穿越、时间与空间 小组 B：火星移民的思考、虫洞理论	提前熟悉语料素材，了解语法结构或生词
		进行跟读、模仿
		感知语音语调、掌握发音特点、规范发音
		根据评分，调整部分语音语调

　　学生对语音语调方面的知识掌握存在不牢固的现象，例如在朗读句子时，由于不熟悉轻重读、连读、省略和爆破音等发音规则，导致学生在听力过程中听不懂材料，口语练习中又无法顺畅流利地表达。英语趣配音的主要特点就是提供泛读材料，学生可以模仿配音视频中的发音，为学生纠正发音提供良好基础。分数反馈后，学生还可以通过多次重复配音、模仿、跟读等方式，进一步精细化自己的语音语调。在《星际穿越的科学》配音片段中，出现了较多的科学类词汇，在让学生试读后发现整句的正确率不是很高，主要是对一些生词和连读的情况掌握薄弱，尤其当视频语速较快时，学生很容易出现来不及在规定时间段内读完句子的情况。

　　根据软件给出的评分和标注读错的字词，学生可以进行第二轮练习。

（三）活动后，学生自主开展主题式讨论

实　施	活动内容	开展步骤
活动后	点评配音作品	学生自评与互评相结合 及时评价、获得反馈，教师能快速了解学生水平，并且给予后续教学支持。
	陌生单词处理	学生根据自己的学习水平将陌生单词添加到生词本中，扩大词汇量积累。
	配套配音巩固	同话题的补充配音练习回家后再练习2—3个片段，巩固语音语调。
	在小组中发布作品	利用课余时间，将自己平时配音的作品发布小组中，分享并记录自己的进步。

四、小结

　　英语社团活动是高中英语教学中的辅助和补充环节，基于这样的定位，社团的活动应不拘泥于课堂学习的模式，而应该将英语学习丰富多彩的多媒体素材融入到活动中，最大程度吸引学生加入，增加学生对英语学习的兴趣和热情。以往配音活动多以一次性的比赛作为成果反馈，作者尝试将社团项目以一学期为单位安排配音活动，希望通过更多时间的沉浸，利用网络优质配音资源让学生在多种主题语境中体验不同文化的解读，感受英语的魅力。

【参考文献】

［1］普通高中英语课程标准（2017 版）［M］.北京：人民教育出版社，2018.1.

［2］余国良、范海祥.英语口语教学活动那个设计［M］.北京：外语教学与研究出版社，2016.4.1.

［3］罗铸泉.双语主持与影视作品英语配音［M］.北京：外语教学与研究出版社，2008.1.

［4］林喆，胡进坤.基于网络环境的电影片段配音教学研究［J］.广西民族大学学报（自然科学版），2015.2.

［5］奚雪飞."英语趣配音"选修课中培养学生核心素养的探索［J］.教学月刊·中学版，2020.5.

［6］任颗楠."英语趣配音"APP 在中学英语听说教学中的应用策略研究［D］.西北师范大学，2017.5.

高中英语选修课学习空间设计

——以英语短篇小说体验式教学为例

张文婷

〰〰〰〰〰〰〰〰〰〰〰〰〰〰〰〰〰〰〰〰〰〰〰〰〰〰〰〰〰〰

1. 课程简介

1.1 课程背景

随着课程改革研究不断深化和实践，研究如何在教学实践中培养学生的核心素养成了许多中小学英语教师日常工作的一部分。大多数英语教师在传统的课型如阅读课、写作课、听说课中积极转变教学方式，还有一些教师积极开发课程资源开设选修课如诗歌、戏剧、歌曲等赏析课，以此来培养学生的英语学科核心素养。

1.2 课程简介

本课程名称为"高中英语短篇小说文学鉴赏课程"，类型是"校本拓展性课程"，课时总长为"14课时"，主要由高一英语教师授课，授课对象为"高一、高二年级学生"，人数在 20 人左右。

1.3 课程教学目的

学生对英语学习产生兴趣，提升文学鉴赏能力和水平，培养良好的英语学习习惯，在纯正的语言及文化的熏陶下，自发形成一种持久学习的动力。

学生英语核心素养得到提升：根据《普通高中英语课程标准（2017）》对学科核心素养水平的要求，学生的语言能力、文化意识、思维品质、学习能力的核心素养得到提升。

1.4　理论基础

在教学模式上，笔者研究了国内外的文学阅读教学模式，发现有"持续默读"教学方式、"读前活动、读中活动、读后活动"教学方式以及"导入—快速阅读—答疑—理解—讨论—鉴赏—拓展"教学方式。虽然上述模式对于当下的文学阅读教学有一定的借鉴作用，但是很多还局限在教师解读文本，师生问答的传统教学模式，还是没有摆脱普通阅读课的教学。一旦学生脱离教师的提问，自己解读文本就会受限，文学鉴赏能力并没有很大的提升。

而笔者曾经担任过学校国际课程"英语戏剧课程"的助教，观摩了外教一个学期的戏剧课。在课上，外教指导学生通过朗读、表演等方式去体验剧本中的人物特点、性格特征，在推进情节发展的过程中，浸润式地体验故事本身，感悟其内涵，学生觉参与度很高。

故此，本课程尝试开展体验式教学，给学生学习空间，在关注语言知识，培养学生赏析能力的同时，还锻炼学生的思维，并对学生的学习成效做出及时的评价反馈。

体验式教学可以追溯到体验哲学。1984 年美国学者 David Kolb 很好地诠释了体验哲学，他在此基础上提出了体验式学习，也就是把经验作为知识和发展的来源。此后，他提出了一个可以操作的体验式学习模式，在他著名的体验式学习循环模式 *Experiential learning:Experience as a source of learning and development* 中，Kolb 指出学习是一个通过体验创造知识的过程。在此模式下有四个阶段，分别是具体体验、反思观察、抽象概念化和积极应用。"具体体验"指的是学习者在偶然的或设计过的生活和学习活动中获取的直接或间接的体验或者经验；"反思观察"指的是学习者对体验的反思；"抽象概念化"指的是学习者对体验中获取的知识的一般规则进行概括；而"积极应用"是指学习者通过学以致用来验证所学。

以体验小说的方式学习小说要素、阅读技巧以及修辞手法可以让学生成为学习的主体，这种教学模式是对现有英语教学模式理论的补充，也是对于实际课堂教学的辅助和延伸。笔者想尝试、探索有效的英语文学教学的方式，从而辅助新教材文学角板块的课堂教学，优化学生的学习效果。

2. 教学内容

《高中英语短篇小说自编单元》由项目组成员自主开发，内容共包括"一个导论＋两个单元"。每个单元都设计了一些体验式活动，让学生通过学习体验，观察反思，形成新的概念，并应用于实践中。

第一部分是导论。在此环节中，先对课程做一些介绍说明，继而带领学生初步领略体验式教学的风采，粗略体验学习关于短篇小说的一些基本内容。

第一单元是以"The Gift of the Magi"；"The Story of An Hour"为文本，让学生在体验式学习中学会短篇小说的要素："背景、情节"；阅读技能："预测、回应"、修辞手法："比较、对比"。

第二单元是以"The Open Window"；"The Odour of Cheese"为文本，让学生在体验式学习中学会短篇小说的要素："主题、作者态度"；阅读技能："顺序、推断"、修辞手法："暗喻、明喻"。

具体内容，教学要求和重难点如下：

章节	内容		教学要求	难点	重点
导论	1. 为什么读短篇小说 2. 什么是短篇小说 3. 短篇小说组织形式 4. 如何读短篇小说 5. 体验式教学模式介绍 6. 本学期进度安排和评价方式		1. 明确学习目标，制定学习计划。 2. 掌握短篇小说组织形式、主要语言特征和基本要素。 3. 认识体验式教学模式及其基本特征。	1. 短篇小说的组织形式。 2. 体验式教学模式六大环节渗透。	短篇小说的组织形式。
Unit1	短篇小说要素	背景	1. 掌握短篇小说基本要素，能在文本中识别并分析相关信息。 2. 运用阅读技能展开文本阅读，并完成合作学习。 3. 迁移语文学习中对修辞手法的认知，在体验式学习活动中识别并分析文本中的修辞手法，并说明其作用。	1. 短篇小说背景和情节的识别和分析。 2. 体验式教学中掌握预测和回应的阅读技能并加以应用。 3. 分析对比和比较的修辞手法。	体验式教学中掌握预测和回应的阅读技能并加以应用。
		情节			
	阅读技能	预测			
		回应			
	修辞手法	比较			
		对比			

（续表）

章节	内容		教学要求	难点	重点
Unit2	短篇小说要素	主题	1.掌握短篇小说基本要素，能在文本中识别并分析相关信息。 2.运用阅读技能展开文本阅读，并完成合作学习。 3.迁移语文学习中对修辞手法的认知，在体验式学习活动中识别并分析文本中的修辞手法，说明其作用。	1.短篇小说主题和作者态度的识别和分析。 2.体验式教学中掌握顺序和推断的阅读技能并加以应用。 3.分析明喻和暗喻的修辞手法。	体验式教学中掌握顺序和推断的阅读技能并加以应用。
		作者态度			
	阅读技能	顺序			
		推断			
	修辞手法	暗喻			
		明喻			

3. 教学模式

本课程主要为选修课，是在必修课基础上的拓展和延伸，针对英语水平相对较好、对英语短篇小说较为感兴趣的学生而开设。

本课程的教学模式为体验学习模式（Experiential learning），充分以学生为主体，教师为辅助，引导学生体验知识、观察反思、总结概念，应用实践，并以主题项目为引领、以体验式学习为背景，以有趣的短篇小说为载体，给学生创设学习空间，让学生通过各种方式学习短篇小说的基本要素、组织形式、修辞手法和阅读技巧，同时学生也可以以个人和小组为单位，以各种形式和活动，如：情境表演、角色配音、文本朗读、主题比赛、专题项目等，更好地沉浸在大量的情境中，充分感受和体会地道的英语语言，感知其文化内涵，从而进一步提升自我的英语语言水平和核心素养。

4. 课程的学习方式

4.1 利用多媒体资源，创设各类情境，加强学生的直观体验感受

运用多媒体素材给学生直观展现短篇小说作者和文本背景，让学生通过观看收听视频、音频素材的方式具体体验知识，进而在观察反思后自我总结概括得出有关小说作者和文本背景的概念，从而应用于自我阅读、鉴赏短篇小说的具体实践中。

4.2 设计各类活动，引导学生不断观察反思

在短篇小说的体验式学习中，教师基于文本设计相关活动，让学生对小说

要素，阅读技巧以及修辞手法等内容进行体验式学习，丰富学生的语境体验，让学生成为学习的主体，在自主学习和合作学习的过程中，观察自我及他人的学习所得，从而反思形成概念。

4.3 激励学生通过自主学习、合作学习，形成抽象概念

在形成概念的过程中，学生通过自己思考、小组交流，不断修正观察反思的一些心得体会。而后教师鼓励学生以小组为单位派代表在全班分享本小组形成的概念，其他小组观察并提出补充意见等，以此集思广益，不断修正大家体验式学习的成果。对于学生自行形成概念中的知识偏差，教师可以及时干预引导学生自行修正，或由教师加以纠正。

4.4 搭建展示英语交流的平台，让学生将体验学习所得应用于实践

学生在每单元结束后有一个presentation及研究性项目，presentation是自己选择一个主题做一次演讲或者自己就课后所读的相关小说做一个分享。而研究性项目则给学生提供基于单元主题，自行就某个感兴趣的内容作进一步深入探究，可以以小组的形式呈现。

5. 学习空间设计

5.1 主要特征

在体验式教学中，学习空间的设计主要涵盖以下几个特征：1）体验性：创设的空间和情境要让学生能充分体验，在体验中得到全面发展；2）自主性：一是体验式学习情境和学习空间可以由老师提供思路，学生参与创设，或是完全由学生自主创设；二是体验的主体是学生；3）生成性：知识是在体验式学习中由学生自己形成并修正的，教师根据学生的具体需求适当调节；4）开放性：知识的形成不总是唯一的，体验的主体是开放的，形式是开放的，生成的结果可以是开放的；5）创新性：学生突破传统的学习方式，大胆尝试各种方法，通过自主学习、合作学习和探究性学习在体验式学习模式下不断体验知识、观察反思，形成概念、继而应用于实践中。

5.2 主要类型

5.2.1 情境体验型

5.2.1.1 多媒体材料情境体验

教师播放音频或视频材料，让学生体验短篇小说作者或背景信息，学生在

听或者观看的过程中，要做好记录和观察。其后，教师让学生以脑图的形式绘制自己体验所得的作者信息以及背景知识，而后教师通过投影让其他同学观察比较自己和他人体验所得的信息，综合得到关于作者和背景的完整信息。在此过程中，学生可以根据个人先前的体验，在多媒体资料的基础上，补充自己的已知知识。

或者教师给出相关文本素材，让学生体验学习并通过填表（如下图）的方式认知新知识。

Get to know the author

1. Name	
2. Nationality	
3. Specialty	
4. Main works	
5. Other information	

Get to know the background

1. What's the background?	
2. What's special about it?	
3. What do people usually do?	
4. What impresses you most?	
5. Other information	

5.2.1.2 学生小品情境体验

教师提前安排学生排演小品，于课前展示给其余同学，大家通过情境，体验人物、情节，并结合短篇小说的素材，根据观察，反思优点和不足，形成自己对于短篇小说各要素的理解，并加以分享。

5.2.2 问答体验型

教师下发学生短篇小说阅读材料，让学生以小组为单位，分别对阅读材料中困惑的点进行提问，各组汇总问题，教师打在 PPT 上。大家讨论，将问题按照学习要素分类，从而分组领取问题开展讨论，并以小组为单位给出答案。各组观察问题答案，针对给出的答案再发表自己的看法，不断补充，形成正确的答案。教师在过程中可以适当干预：予以激励或引导纠错。

5.2.3 朗读竞赛体验型

教师给学生小说角色人物，让学生以小组为单位，根据文本先行朗读，而后邀请各组同学上台展示，其他同学观察评价，哪组同学的演绎最能反映短篇小说中人物的性格特点或所要表达的情感。

5.2.4 表演体验型

学生以小组为单位，在学习了短篇小说后，可以选择其中的一个片段或整个内容进行角色扮演，更好地体会、感知人物的性格特点和情节的发展演变过程，也可以根据自己的理解，适当改编小说内容和情节。

5.2.5 项目合作体验型

学生在每单元结束的时候后，要根据单元主题，自行设计活动或情境，或以任何可操作的形式完成一个项目，并在课上进行展示，以实践体验式学习所得，检验学习成果。

6. 学习空间案例 – 体验式学习短篇小说阅读技能"推断"

本文选取的是英国现代短篇小说家 Saki（1870—1916）的作品 "The Open Window"，以此来开展英语短篇小说阅读技巧"推断"的体验式学习。

Saki 的小说大多以上流社会的各种人物的日常生活为题材，结构紧凑，语言机智俏皮，笔调幽默辛辣，结尾富有强烈的戏剧性，常常出人意料。"The Open Window"是 Saki 短篇小说中的名篇。小说主要涉及三个人物，精神紧张的访客 Framton Nuttel；被访问的女主人 Mrs. Sappleton 以及女主人的外甥女——15 岁的少女 Vera。Vera 面对一位客人的来访，就姨妈家开着的窗户为题，临时编造了一个故事。碰巧那天她姨夫带着两个儿子和家里的长毛狗出门打猎去了。她就说姨夫和两个儿子在几年前出门打猎时在一片沼泽地里丧生，一同遇难的还有一条长毛狗。她说姨妈受强烈的刺激，精神恍惚，每天都站在窗口等丈夫和儿子回来。当姨妈告诉客人她丈夫和儿子出外打猎很快就要回来时，客人不免为她的不幸遭遇深感同情。（结尾：黄昏时刻，客人看见三个男人带着一条狗在暮色中向窗口走来时，他以为是见了鬼，吓得魂飞魄散，跌跌撞撞地跑出了少女家。而 15 岁的 Vera 又一本正经地告诉姨夫姨妈说客人是因为怕狗而逃之夭夭的。）

这个故事的结尾和高潮同时带来，给人意想不到的结局。教师在下发材料的时候，把故事结局隐藏掉，让学生根据故事中的各种伏笔和细节，通过体验式学习自行推断三个主人公哪个说谎了或者说精神有问题，从而推测小说结局。

6.1 教学目标

学生通过体验式学习，掌握短篇小说的阅读技巧"推断"，在课后可以自行阅读推荐文本或观看视频材料，实践课堂所学。

6.2 课前准备

本课主要让学生体验学习阅读技巧"推断"，故而课前不给学生布置学习任务，以免学生对作者或背景信息有所了解后，会带着主观认知参与体验式活动，从而降低课堂推断的有效性。比如：如果通过课前查找资料得知作者 Saki 的作品是有情节反转的，那么在阅读材料的时候，就会有意识地猜测结局可能反转，就好像参考了攻略，这不利于初学"推断"这种技巧了。

教师在课堂教学前，将小说节选一下，隐去最后六段，到"Framton shivered slightly and turned towards the niece with a look intended to convey sympathetic comprehension. The child was staring out through the open window with horror in her eyes. In a chill shock of nameless fear Framton swung round in his seat and looked in the same direction." 这段为止。

教师在课前设计活动表格，并将表格制作成 PPT。

Who tells a lie?			
Character	Evidence（相关语句）	Implication（言下之意）	Category（语言、表情等）
Framton Nuttel			
Vera			
Mrs. Sappleton			

6.3 体验式课堂教学

首先，教师让学生自由分组，4—6 人一组，并选出记录员、组长、汇报者。

完成此步骤后下发学习材料和表格。教师明确指令：10分钟阅读文章，在阅读的过程中，思考三个人物中哪个撒谎了或者精神有问题，并且给出自己的理由，可以在文中圈划关键语句，并将划出的语句按照人物语言、动作、表情、心理活动等进行归类，可填写在表格中。

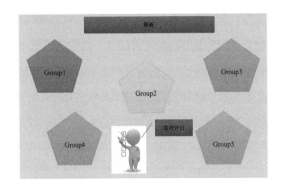

（左图为学习空间设计图，在该环节中，学生通过教师设计的活动，自己体验作品，教师不加任何干涉。）

接着，教师让学生在组内交流自己体验所得，并形成组内的统一意见。而后各组代表上台交流想法，记录员板书相关信息。意见相同的小组，可以互相补充佐证材料；意见相悖的小组间可以互相质疑，互相提问，互相删减或增加板书内容。

（在该环节中，学生通过组内合作和小组之间交流、汇报、板书等方式，将体验所得信息进行分享，从而观察彼此学习的异同，并进一步思考。教师可以观察学生呈现的信息，有必要时给出一些提示，如：

What problem did Framton Nuttel seem to have?

Why did Vera ask Framton "Do you know many of the people round here?"

What's the function of this sentence "'Then you know practically nothing about my aunt?' pursued the self-confident young lady." And why vera was confident?

What was Framton probably thinking as he heard Mrs. Sappleton's comments on the open window?

然后，教师让学生根据观察反思所得，再重新进行一次选择，并下发选票，学生以无记名投票的方式选出"撒谎的角色"。学生统计投票情况，并公布结果。

最后，教师PPT显示"结局"文本，补全故事的全貌，学生比较原文和自己的推断内容，回顾自己的笔记，继而就阅读技巧"推断"谈谈自己的看法，总结什么是"推断"，在短篇小说中，可以从哪些角度进行推断，以便将来更好地阅读英语短篇小说。教师则根据需要指导学生进行总结。

（在该环节中，学生在前几个体验步骤的基础上形成自己的意见，并在教师的激励下，自己总结短篇小说阅读技巧"推断"的相关信息。）

学生课后可以看"英剧9号密室"或阅读 Saki 的其他作品，在单元主题汇报或研究性项目展示中做进一步交流。

（此环节是让学生在课后实践课堂所学的阅读技巧"推断"。）

6.4 评价

教师发放问卷星收集学生本课学习的自评和互评结果，并放入每个学生的学习档案袋。

被评价人姓名：	评价人姓名：	
评价内容	自我评价 （0—10分）	他人评价 （0—10分）
会体验 （8—10）自主积极参与体验 （5—7）在同学帮助下体验 （1—4）在老师指导下体验 （0）不愿意参与体验		
会观察反思 （8—10）自主发现关键信息，积极思考 （5—7）在同学帮助下发现关键信息，需要与同学讨论思考 （1—4）经老师指导后发现关键信息，需要老师提示思考 （0）无法观察反思		
会分析归纳 （8—10）自主归纳信息，形成新概念 （5—7）在同学帮助下归纳信息，形成新概念 （1—4）经老师指导后归纳信息，形成新概念 （0）无法归纳信息，形成新概念		
会应用实践 （8—10）自主积极学以致用 （5—7）在同学帮助下学以致用 （1—4）经老师指导后学以致用 （0）无法学以致用		
会合作学习 （8—10）尊重同伴，主动参与合作学习 （5—7）能在同伴力邀下，参与合作学习 （1—4）被动经老师分组，勉强参与合作学习 （0）不愿参与合作学习		
总分		

　　学生课后自己阅读或收看推荐素材，实践课堂所学，并完成阅读日记。表格中的"Rhetoric devices"还未学习，可以暂且空着不写。

Reading log

Student Name:		
Title of your reading:		
Date of reading		
Page started		Page finished	
Plot line:		
Elements of short stories		
Reading skills		
Rhetoric devices		
Quotes: Words: Phrases: Sentences:		
Reader Response:		

6.5 体验式学习成效分析

　　在体验式学习中，学生通过一个找出"撒谎人"的活动，阅读小说文本，根据体验筛选信息，提出自己的想法，并给出证据。以小组交流和组间分享信息的方式不断观察自己和他人的学习所得，进一步思考反思，从而形成观点，选出"撒谎人"，同时也形成对"推断"这一阅读技巧的自我认知。整个过程教师仅仅就有些环节给学生提示，略加引导，把课堂和学习体验的机会留给学生。

　　由于文本很有趣，学生主观能动性很高，活动本身又有侦探解密的性质，所以很能吸引学生。在寻找"撒谎人"的过程中，学生不断地找证据，不断推理，最后谜底揭晓的时刻也是非常激动人心的，这个过程的学习是令人印象深刻的，这个过程的实践也是非常充分的。

与此相比的传统教学，一般教师会给出"推断"的定义，并且在问题的引领下带着学生解读文本，这就有点像带着镣铐跳舞了，学生跟着教师的指挥棒走，非常安全，但少了一些可能性和自己思考的空间。虽然会很快找到答案，但试错并自我纠正的机会也少了，而这个机会恰恰是学生自我学习和认知的良机：自己体验，发现问题再加以修正，形成概念，促进认知。这些对今后的学习而言，是弥足珍贵的经验。

附录：

案例：小说文本

The Open Window

Saki

"My aunt will be down presently, Mr. Nuttel," said a very self-confident young lady of fifteen "in the meantime you must try and put up with me."

Framton Nuttel tried hard to say something to flatter the niece of the moment without disregarding the aunt that was to come. Privately he doubted more than ever whether these formal visits on a succession of total strangers would help much. He was supposed to be undergoing a cure for his nerves.

"I know how it will be," his sister had said when he was preparing to move to this rural retreat "you will bury yourself down there and not speak to a living soul, and your nerves will be worse than ever from moping（闷闷不乐）. I shall just give you letters of introduction to all the people I know there. Some of them, as far as I can remember, were quite nice."

Framton wondered whether Mrs. Sappleton, the lady to whom he was presenting one of the letters of introduction came into the nice division.

"Do you know many of the people round here?" asked the niece, when she judged that they had passed enough time in silence.

"Hardly a soul," said Framton. "My sister was staying here, you know, some four years ago, and she gave me letters of introduction to some of the people here."

He made the last statement in a tone of distinct regret.

"Then you know practically nothing about my aunt?" pursued the self-confident young lady.

"Only her name and address," admitted the caller. He was wondering whether Mrs. Sappleton was in the married or widowed state. An undefinable something about the room seemed to suggest a male habitation.

"Her great tragedy happened just three years ago," said the child "that would be since your sister's time."

"Her tragedy?" asked Framton somehow in this restful country spot tragedies seemed out of place.

"You may wonder why we keep that window wide open on an October afternoon," said the niece, indicating a large French window that opened on to a lawn.

"It is quite warm for the time of the year," said Framton "but has that window got anything to do with the tragedy?"

"Out through that window, three years ago to a day, her husband and her two young brothers went off for their day's shooting. They never came back. In crossing the moor to their favorite snipe-shooting ground they were all three swallowed up in a dirty, muddy bog（沼泽）. It had been that dreadful wet summer, you know, and places that were safe in other years gave way suddenly without warning. Their bodies were never recovered. That was the dreadful part of it." Here the child's voice lost its self-confident note and began to break. "Poor aunt always thinks that they will come back someday. She thinks they and the little brown spaniel（西班牙猎犬）that was lost with them will walk in at that window just as they used to do. That is why the window is kept open every evening till it is quite dusk. Poor dear aunt, she has often told me how they went out, her husband with his white waterproof coat over his arm, and Ronnie, her youngest brother, singing 'Bertie, why do you bound?' as he always did to tease her, because she said it got on her nerves. Do you know, sometimes on still, quiet evenings like this, I almost get a creep feeling that they will all walk in through that window - "

She broke off with a little shudder. It was a relief to Framton when the aunt bustled into the room with a whirl of apologies for being late in making her appearance.

"I hope Vera has been amusing you?" she said.

"She has been very interesting," said Framton.

"I hope you don't mind the open window," said Mrs. Sappleton briskly "my husband and brothers will be home directly from shooting, and they always come in this way. They've been out for snipe in the marshes today, so they'll make a fine mess over my poor carpets. So like you menfolk, isn't it?"

She rattled on cheerfully about the shooting and the scarcity of birds, and the prospects for duck in the winter. To Framton it was all purely horrible. He made a desperate but only partially successful effort to turn the talk on to a less terrible topic, he was conscious that his hostess was giving him only a fragment of her attention, and her eyes were constantly straying past him to the open window and the lawn beyond. It was certainly an unfortunate coincidence that he should have paid his visit on this tragic anniversary.

"The doctors agree in ordering me complete rest, an absence of mental excitement, and avoidance of anything in the nature of vigorous physical exercise," announced Framton, who assumed that total strangers are hungry for the least detail of one's illnesses, their cause and cure. "On the matter of diet they are not so much in agreement," he continued.

"No?" said Mrs. Sappleton, in a voice which only replaced a yawn at the last moment. Then she suddenly brightened into alert attention - but not to what Framton was saying.

"Here they are at last!" she cried. "Just in time for tea, and don't they look as if they were muddy up to the eyes!"

Framton shivered slightly and turned towards the niece with a look intended to convey sympathetic comprehension. The child was staring out through the open window with horror in her eyes. In a chill shock of nameless fear Framton swung round in his seat and looked in the same direction.

In the deepening twilight three figures were walking across the lawn towards the window, they all carried guns under their arms, and one of them was additionally burdened with a white coat hung over his shoulders. A tired brown spaniel kept close at their heels. Noiselessly they neared the house, and then a young voice sang out of the dusk: "I said, Bertie, why do you bound?"

Framton grabbed wildly at his stick and hat. He headed straight for the hall door, the gravel drive, and the front gate. A cyclist coming along the road had to run into the hedge to avoid hitting him.

"Here we are, my dear," said the bearer of the white coat, coming in through the window, "fairly muddy, but most of it's dry. Who was that who bolted out as we came up?"

"A most extraordinary man, a Mr. Nuttel," said Mrs. Sappleton "could only talk about his illnesses, and dashed off without a word of goodbye or apology when you arrived. One would think he had seen a ghost."

"I expect it was the spaniel," said the niece calmly "he told me he had a horror of dogs. He was once hunted into a cemetery by a pack of dogs, and had to spend the night in a newly dug grave with the creatures snarling and grinning and foaming just above him. Enough to make anyone lose their nerve."

Extraordinary tales at short notice was her specialty.

【参考文献】

［1］David，Kolb.（1984）. *Experiential learning：Experience as the source of learning and development.* Englewood Cliffs. NJ：Prentice Hall.

［2］Dewey，John.（1998）. *Experience and education.* Kappa Delta Pi Pubns.

［3］Piaget，J.（1970）. *Genetic epistemology.* New York：Columbia University Press.

［4］Kristen，R. H.（2014）. Lessons learned from experiential group work learning. *Social work with groups*, 37（1），61—72.

［5］Knutson，S.（2003）. Experiential learning in second-language classrooms. *TESL Canada Journal*, 20（2），52—64.

［5］傅云山.2012.高中英语文学欣赏课教学实践研究［J］.英语教师，（11）：2—5，10.

［6］呼霞.2015.体验式教学在高中英语写作教学中的应用［D］.陕西：延安大学。

［7］黄远振，兰春寿，黄睿.2013.英语阅读体验模式READ教学模式建构研究［J］.外语界，（1）：11—19.

［8］纪进展.2019.基于体验学习的高中英语文学阅读BREAD教学模式建构研究［J］.英语教师，（19）：129—133.

［9］卢健.2015.基于理解—表达—探究的文学阅读体验课［J］.中小学外语教学（中学篇），（9）：38—42.

［10］邱聪，2017，体验式教学在高中英语阅读教学中的应用研究 – 以某中学高一年级为例［D］.福建：闽南师范大学。

［11］支丽芳.2015.英语短篇小说赏析选修课程的开发与实践探索［J］.课改前沿，（10）：3—5.

［12］中华人民共和国教育部制定.普通高中英语课程标准（2017年版）［M］.北京：人民教育出版社，2018.

（本文是上海市教育委员会教育技术装备中心领衔的上海市教育科学研究课题——"上海市中小学学习空间重构行动研究"子课题（课题编号：A1914）的研究成果之一）

高中英语辩论选修课学习空间设计

王欣然

1 课程简介

1.1 课程名称及基本设置

我校计划以 2017 年版《普通高中英语课程标准》为依托，以选修课的形式开展《英语辩论》课程，教授对象为高一年级同学，每学期 15 节课时，每周 1 课时，每班 20 人左右。

1.2 课程教学目标

1.2.1 知识目标：

（1）通过听、说、读、写训练，丰富词汇、语音语调知识；

（2）了解语言逻辑和辩论的非语言技巧；

（3）掌握立论、驳论、结辩等方面的知识。

1.2.2 技能目标

（1）能基本听懂较熟悉话题的辩论；

（2）能写出观点鲜明、分析入理、语言规范、文体恰当的辩论稿；

（3）能针对一些贴近生活的话题经过准备做连续二十分钟的辩论。

1.2.3 情感态度目标

（1）提高学生的英语学习热情和兴趣；

（2）增强面对公众讲话的自信心；

（3）通过亲自参与辩论，培养思辨能力和逻辑思维能力；

（4）培养团队合作，勇于克服困难、积极进取的人生态度。

1.2.4　文化意识目标

（1）扩大和了解英语国家文化背景知识；

（2）树立中西文化的对比意识，学会尊重多元文化；

（3）形成对文化的欣赏和鉴别能力以及对事物的思辨能力。

1.2.5　学习策略目标

（1）能活用听、读、写的技能，并把它们运用到说的表达能力中；

（2）能反思与评价自己的陈述与辩论，总结和思考学习方法；

（3）能尊重对方辩友的陈述和反驳，学习与自己同伴的合作；

（4）能利用各种资源查找信息，拓展学习领域；

（5）在准备辩论和进行辩论的过程中，充分提升了逻辑能力和思辨能力。

1.3　课程理论基础

辩论是一门古老的科学和艺术，不少研究证实，辩论对于个人发展具有不可忽视的作用。Freeley & Steinberg（2008）将辩论的主要价值归纳为：培养领导才能，锻炼口头表达能力，发展思辨性思维，综合整合各种知识，提高批判性倾听能力和写作能力，培养对社会热点话题的深入思考和解决问题的能力。除此之外英语辩论对学生的听、说、读、写、译的英语综合能力和情感态度也有不同程度的正面影响（Omelicheva，2006）。

1.4　课程评价

教学评价是英语课程的重要组成部分。新课标明确指出，"基于英语学科核心素养的教学评价应以形成性评价为主并辅以终结性评价，定量评价与定性评价相结合，注重评价主体的多元化、评价形式的多样化、评价内容的全面性和评价目标的多维化"。《英语辩论课》将注重评价学生的发展与成长，教师关注每堂课学生的参与情况，并开展自评和互评，加强学生之间评价信息的互动交流，通过设计评价量表，让学生在他人演讲、辩论时进行互评，同时学生也可以利用评价量表进行自查，从而促进自我监督式的学习，并使学生在相互评价中反思、发展。

2 教学内容

16 个课时将从立论、攻辩、回击、结辩、选题、材料收集、例证等各个方面对学生的英语辩论进行指导，并结合大量实战练习，帮助学生在情境和体验中完成英语辩论课学习。

教学进度	教学内容
第 1 课时	What is English debate? The importance of debate. Principles of debate
第 2 课时	What is a good argument?
第 3 课时	The structure of a speech
第 4 课时	Types of examples and how to support argument with proper examples
第 5 课时	Speech day（topic：Students should stay up-to-date on world news）
第 6 课时	Speech day（topic：Math should be optional in school）
第 7 课时	How to perform a good rebuttal?
第 8 课时	How to perform a good Answer To?
第 9 课时	Mock debate（resolution：Governments should have death penalty）
第 10 课时	What accounts for a good resolution?
第 11 课时	Mock debate（resolution：Standardized tests do more harm than good）
第 12 课时	Logical errors
第 13 课时	Preparation for final debate：choose topic and teammates（Resolution：Governments should prefer the exploration of space beyond the earth's mesosphere to the exploration of earth's oceans.）
第 14 课时	Final Debate（Round 1）
第 15 课时	Final Debate（Round 2）choose best team and best debaters

3 学习空间设计

根据该课程教学目标和教学内容，在《英语辩论课》不同教学阶段中，教学模式会发生转变，学生的学习行为也随之转变，因此学习空间也应当随之进行相应改变，以辅助教学顺利开展，教室采用组合式桌椅，可灵活组合，依据每堂课具体内容和需求进行及时调整。

3.1 讲授教学下的学习空间

在讲授教学这一教学模式下，学生聆听教师关于知识的传授，个人进行笔记，独立完成课堂任务，传统的学习空间（图1）即可满足课堂教学任务。在这一学习空间中，所有学生面向老师，最利于聆听老师的讲授，观察老师的肢体语言，与老师进行眼神交流，观看黑板板书及白板、显示屏等多媒体设备。

这一教学空间适用于本课程第1课时至第3课时，以及第5课时至第6课时，教师关于立论的结构、演讲的结构进行讲解后，学生可独立在自己的座位上完成自己的演讲草稿。在演讲展示课程中，学生依次上台进行展示，直面所有同学，并请其他同学给予评价。

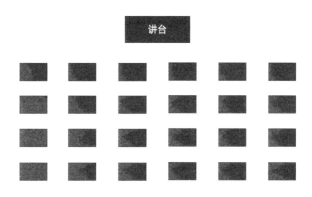

图1

3.2 研讨学习下的学习空间

在研讨学习这一教学模式下，学生需通过小组讨论、同伴互助的方式，对教师布置的任务进行合作。新课标明确指出，"自主、合作、探究式学习对激发学生的学习兴趣、提高学生课堂活动的参与度、促进师生间的合作交流具有重要作用，而学生能否有效地展开自主、合作与探究式学习是衡量他们学习能力发展水平的重要指标。为培养学生自主、合作、探究的学习能力，教师要为学生创设支持和激励的学习环境。"因此，相应学习空间的创设至关重要。在研讨学习中，可以形成供人数4—5人的小组讨论的学习空间（如图2），构造各组可以独立讨论、不互相干扰的空间，同时确保各小组成员之间距离较近，可以清晰地听到彼此的声音和便捷地进行交流。

　　例如在英语辩论课的第 4 课时"例证（examples）"的教学中，小组通过互相评价上两节课的演讲中自己准备的演讲中引用的例子是否恰当、充分、具有说服力地支持了自己的观点，从而展开对"何为好的例证""例证分为哪些种类""如何搜寻相关例证"等话题的讨论，这比教师直接给出例证有关的教学更加生动、印象深刻，课堂参与度高。

　　再例如在英语辩论课的第 10 课时"辩题（resolution）"的教学中，需要达到的教学目标是让学生了解"何为好的辩题""如何挑选辩题""如何解读辩题""如何从辩题中寻找漏洞或突破口展开立论或攻辩"等，这些对思辨能力有极高挑战的问题，如果由教师进行传统的讲授式教学，很容易禁锢学生的思维，并且课堂沉闷，但如果鼓励学生课前先自己设计辩题，再到课堂上通过小组讨论，在交流碰撞中激发彼此思维，则会有更佳的效果。

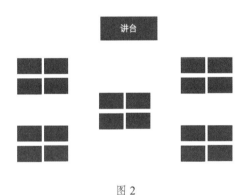

图 2

3.3 体验学习下的学习空间

　　除讲授教学和研讨学习外，英语辩论课最重要的教学模式是学生展开辩论的体验式学习。在对辩题进行仔细剖析和思考，对佐证材料进行收集和整理后，学生会进行实战辩论，而给学生提供相应的模拟环境也是非常重要的。根据教学内容和侧重点不同，学习空间也可以有不同的设计方案。

　　在第 7 课时和第 8 课时进行攻辩和回击技巧教学时，教师可以将所有同学分成正反两组，两方的任何一名同学都可以随时站起来对对方的立论或攻辩进行反驳和回击，这样做使得课堂参与度更高。传统的让两名同学一对一的进行攻辩和回击，其他同学观战的方式，参与度窄，且观战的同学容易陷入无任务、不集中注意力的状态。而要实施前一种教学任务，我们就可以辅以相应的学习空间设计（图3），使得两方之间的对抗感更强，从而激发学生的积极性和参与度。

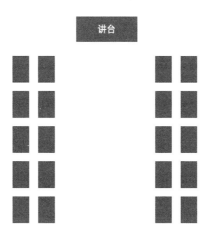

图 3

在第 11 课时至第 15 课时中，已基本完成辩论课堂中对各个环节的专项指导，进入综合运用的辩论实战环节。这个阶段，我们也应相应地布置学习空间，模拟辩论比赛的实战场景（图4），即辩论双方"一"字排开，相对有一定斜度以便每一位辩手都可以看到对方各位辩手，其他同学面对辩手，处在辩论赛中评委的位置，以便更好地观察双方选手的表现，并对他们的辩论进行同伴评价。这样子的学习空间设计会使学生更有辩论的紧张感和参与感。

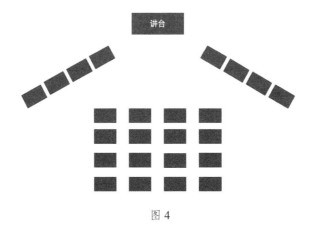

图 4

3.4 技术支撑和设备支持

除了传统的灯光、黑板、显示屏和白板以外，现代电子设备如平板电脑的引入，可以让学生辩论准备环节中及时上网搜索相关例证，从而培养学生的信息检索能力。

通过灵活多变，对于教学内容和教学模式具有针对性的学习空间的设计，可以让学生最大程度地完成《英语辩论课》各环节的任务，从而提高学习效率，增强学习热情，更好地达成教学目标。

（本文是上海市教育委员会教育技术装备中心领衔的上海市教育科学研究课题——"上海市中小学学习空间重构行动研究"子课题（课题编号：A1914）的研究成果之一）

浅谈跨学科课程纲要及编制策略

——以高中校本课程"模拟政协"为例

许天韵　陈　琳

摘　要：作为一门不同于日常学科课程的综合性课程，高中跨学科校本课程呈现出独具"跨学科"的特色要求。在培养目标方面，既包括学生知识整合能力、跨学科应用能力和真实情境中解决问题能力的提升，更重要的是高阶思维能力的培育。课程实施是达成课程目标的主要途径，应围绕培养目标展开。如何实施跨学科校本课程则是关键所在。需在不断探索创新中前进。这些主体内容需通过课程纲要的编制呈现出来。因此，撰写课程纲要对跨学科校本课程的建设和实施而言至关重要。

关键词：跨学科　高中校本课程　课程纲要

一、跨学科课程纲要的重要地位

高中跨学科课程教学尤为突出以学生为主体的课程理念，即围绕学生这个中心展开教学活动。这自然成为跨学科课程纲要编制中的核心点。课纲当然还需阐明在理念引领下进行一系列课程建设的基本点，突出各项原则等问题。

课程纲要即课程大纲，是学科教师依据课程背景和课程标准所编制的计划纲要，也是能呈现课程元素的课程规范手册，以此指导教师教法与学生学法。课纲主要以提纲或者表格样式系统说明一门课程为什么而教、教什么内容、怎么教和教到何种程度，涉及课程目标、内容、实施与评价的总体呈现①。

（一）校本课程建设的基本标准

课程纲要是教师的教学工具和学生的学习工具。以《模拟政协》课程为例，学生不仅需要理论联系实际，还要在直面现实社会后，更新和完善知识观、生活观和世界观，为全面发展打下坚实基础。课例响应了"双新"背景下中国学生核心素养的培育要求，符合马克思关于培育全面发展人的理念。课程纲要的编制须明确课程重心是学生的实践活动和思维活动——如作为模拟政协委员，能在现实问题调研后，运用多学科知识提出解决实际问题的对策、能运用批判性思维去论证和分析对策的合法合理程度等，同时指导课程活动中教师教法和学生学法，以更科学地达成培养目标、落实教育理念。

（二）课程资源建设的主要依据

课程纲要以一种直观性的书面呈现体现出本课程与学校育人特色的结合，作为跨学科课程纲要，在特色方面的呈现较之其他传统学科更为突出。以《模拟政协》课程纲要为例：我校始终坚持在办学中继承于漪老师提出的"德智融合"教育思想，即充分挖掘学科内在的育人价值，将其与知识传授、能力培养、素养养成相融合，真正将立德树人落到实处。在育人目标方面，学校则致力于把学生培养为乐学善思，修德明理的终身学习者。具体而言，模拟政协作为拓展型课程是通过课内外模拟活动提升学生学习迁移能力、思辨能力与实践能力，学生在活动过程中能乐于学习、善于思考，进而获得全面发展。其育人价值就是在知行合一中培育学生的生命之魂。可见，通过课程纲要的撰写更能直观体现本课程特点与校本育人特色的契合度、融合度，也为学校各类课程的建设提供了一个样本。

---

① 高勇，王盈，胡一平．教师自主开发校本"课程纲要"要素及撰写［J］．中小学信息技术教育，2020（Z2）：113—116.

（三）教师专业发展的重要载体

编制课程纲要有利于提升教师的学习研究能力，促使教师深度思考并探索形成个人的育人理念。对于笔者本人来说，认识到模拟政协作为日常课堂的延伸和拓展，理应为学生提供展现个性特长的平台，需让学生真正成为课堂的"主人"。高中阶段的思维尤为强调科学性、灵活性、辩证性，学生在活动探究中能够走入社会、考察民生、实践创新，增进道路认同和制度自信，培育学生核心素养正是为国家未来输送优质青年英才奠定基石。基于学校高中特色办学理念和个人教育教学实践感悟，在编制纲要过程中逐步构建了"发现并尝试解决真实问题是实践创新的基石、更是高阶思维发展的关键"的课程主张，并秉承此主张指导自己开发课程、开展教学活动，将其作为课程观、教学观、学生观、资源观的集中写照和实践表达。

二、科学设计课程纲要的关键要素

拉尔夫·泰勒在《课程与教学的基本原理》中指出了关于课程纲要编制的几个关键要素：目标、内容、方法和评价，即"泰勒原理"。撰写跨学科课程纲要的要素不仅包括课程定位和课程目标，在纲要中还需明确课程实施、框架结构和课程评价等一系列课程实施相关的内容。由于跨学科课程自身整合性、情境性、具身性的特点，其纲要撰写也呈现出独特的要求。

首先，需要思考跨学科课程在学校课程体系中的定位及其与学校育人理念的关联；其次，需要关注和挖掘本课程育人目标与跨学科素养之间的内在关联和理论基础；再次，则是课程目标、课程结构、课程实施和课程评价之间的内在逻辑应互相匹配，需保持一致性。

（一）课程目标

目标在课程纲要中起关键的引领作用。根据泰勒原理，确定教育目标要通过两个筛子：一是选择教育目标的标准；二是学校自身的教育和社会哲学，即教育哲学。对于跨学科课程目标的制定需参考跨学科课程标准的指引，并且与各校教育理念相契合。在课程标准方面，目前跨学科课程可以参考的依据是《2020年关于普通高中创新育人模式》、2020年修订的《普通高中课程方案》以及国家教育部发布的《中国学生发展核心素养》。

通识类学科课程目标制定的原则具有针对性、可测性、可行性、关联性、时序性。跨学科课程目标与日常学科课程的目标有所不同，目标特征还需体现：生活性、实践性、整体性和独特性。

此外，依据不同学情，目标层次也需相应调整。尤其是对于市、区重点高中而言，学生的发展需求较高、思维能力强。以笔者本校为例，学生对社会热点有一定或较高关注度、对社会实践有较高热情和浓厚兴趣。他们在访谈中表示自身迫切需建立对社会、国家客观实际的整体性认知。他们对提升自身思维能力等综合能力的需求度较高。基于此学情和课标要求，《模拟政协》的课程目标从综合性角度分析包括如下三项：

1. 在对社会民生相关问题的发现、选择和研究中，初步地理论联系实际，能从多元角度提出问题、分析问题，养成尊重事实、注重研究、科学研判、全面思考的素养；

2. 在小组合作的社会实践考察活动之中，发挥相互尊重的合作意识、提升自主思考和协同解决问题的实践能力。

3. 在模拟政协的角色体验之中，养成关注时事、关注民生、关注社会的公民意识，增强参与社会公共事务的热情，进一步理解民主协商制度，自觉建立政治认同感和文化自信心。

不难发现，在建立课程目标时包含四部分：学习主体、发生情境、学习行为和学习结果；根据不同跨学科特征结合课程特征开发编制。

（二）课程内容

第二个要素则是课程内容，跨学科课程内容则具备整体性、选择性、丰富性和实践性的基本特点。课程内容的设计可以划分为三类：一是所有学生必修的基础知识模块（基础方向），二是个别学生探索项目的支持性内容（兴趣方向），三是主修技术与专业领域的内容（精修方向）。在《模拟政协》的课程纲要中，可以看到不少围绕多学科共同概念开展的跨学科教学内容，例如"公共空间"涉及政治学科和地理学科，"生态环境"又为生物学科和政治学科共通之处，学生亦可选择不同方面开展研究，这就归类于第三类型。除了定向课题之外，学生还可以自选主题，这归类于第二类型"个别学生探索的兴趣方向"。

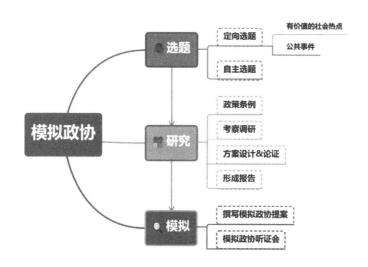

图 1　模拟政协课程结构图

课程内容与课程结构之间是内容与形式之间的关系，此二者的逻辑应保持一致性。跨学科课程重视多学科乃至超学科整合以及围绕大概念的融合，在结构上需要与内容进行匹配性的处理，并且关注如何通过结构形式将内容贯彻实施。

（三）课程实施

第三个要素是课程实施，课程实施是达成课程目标的必然过程与重要保障。在跨学科课程中，课程实施往往需要多学科教师之间的协作，尤其是围绕培养高阶思维目标能力去创设以学生学习为中心的综合性情境。在课程实施部分，则要明确课程设置、实施安排表、课程实施策略等基本元素。

在"课程设置"中是明确课程性质的课程说明不同性质的课程设置有一定区分度。具体来说，需明确此课程的修习方式、课时学时、学习对象、学分分配、场地条件。以模拟政协为例，具体设置情况如图 2 所示。

四、课程实施

（一）设置说明

　　1.学生修习方式：以选修课堂为主，个人自修为辅。

　　2.学习时间设置：

（1）选修课时：每周1课时，总课时15课时。

（2）自修学时：32学时

3.学习对象：高一、高二学生，人数10-20人。

4.学分设置：1学分

图 2　模拟政协课程设置

　　通过明确课程中一系列设置问题，有利于教师以学习对象学情、学习时间为依据，更好地编排课时安排。以模拟政协为例，在设置说明中学习时间分为选修课时15课时和自修学时32学时，并且学生由高一、高二两个年级组成。教师据此设计学习活动并形成实施安排。

表 1　模拟政协实施安排表

定向主题：优化城市新地标"杨浦滨江"公共空间					
模块	活动任务	学习内容	主要目标	场所	学习时间
选题	选择研究主题	选定限定主题	1.知道模拟政协的时代背景和课程特点； 2.了解研究的主题方向，准备相应研究。	学校	1 课时
研究	研究文件政策、发展背景；调研方法；	人民城市发展理念；杨浦滨江整体规划；访谈设计	1.知道人民城市的发展理念和杨浦滨江相关背景资料，使学生身为杨浦人关心杨浦事、身为学子耳闻国家事。 2.熟练掌握实地考察和访谈等调研方法。 3.学会一切从实际出发分析问题，科学建立观点并规范撰写提案，提升科学精神和公共参与的能力。	学校	4 课时 + 自修学时
	实地考察			社会	
模拟	进行思辨交流设计可行方案	全面分析问题科学解决问题		学校	
	提交提案	规范撰写提案		学校	
发布	展示学习成果	学会评价	无	学校	2 课时

说明：其他定向选题和自主选题略，流程及学习时间基本相同。

此外，"活动安排"的编制包括时间安排、内容主题、任务目标、活动场地、指导教师；"实施策略"中每一条策略的编制则需具备概念内涵、使用流程和效果研判；"资源配置"的编制包括配置原则、资源研发、资源形式、资源利用。

（四）课程评价

跨学科课程是融合多学科的综合性课程，往往需要开展研究型、项目化、合作式的学习活动，而学生则需要运用多学科知识和技能去解决问题，从中提升能力和素养。因此，在跨学科课程中如何评价每位学生在综合性学习活动中的表现和成长尤为重要，这就需要建立完整科学的评价体系。此外，这个体系有利于促进任务目标的管理，学生能以此为引导更加积极能动地有效完成活动，教师则能排除主观因素进行公正客观的学习评价。

应以具体课程目标为导向，制定具备跨学科特征的、客观的评价标准。由于跨学科的特点，因而评价体系应包含多学科知识应用能力、创新意识和实践能力等几项。同时，评价方式也应当脱离传统"教师单方评价"的方式，需转变为多元化、个性化的评价方式。

评价原则有激励性、过程性、发展性和自主性；评价主体不仅可以有学生和教师这样传统的主体，还可以加入家长和专家这类新型主体参与到评价体系；评价方式分为自我评价、同伴评价、教师评价、展示评价、档案袋评价；评价内容则要对接目标、内容和策略；评价指标则需要对接目标的同时进行分类描述，符合具体可测的标准。

在《模拟政协》课程纲要的案例中，不仅采用多元评价方式，还采用档案袋评价方式和专业评价方式。多元评价方式涉及的主体有教师和学生，改变教师为主的评价方式，让学生、教师共同参与评价；邀请政协委员对学生活动进行评价，实现了评价主体的多元化。同时，根据评价内容和相应的教学目标确定评价标准。为了更好地在跨学科课程中对学生进行表现性评价，将评价标准进一步分解为评价指标，并对评价指标进行分级，构建规范的评价量规以便师生共评。此外，指导教师和学生将调研资料、照片、课堂笔记和提案等收集起来，并进行合理的分析与评价，以反映学生在学习与发展过程中的努力、进步状况或达成目标情况。

表2　模拟政协评价量表

观察维度	指标描述			评价主体/方式			结果
	优秀（A）	良好（B）	待改进（C）	自评	互评	师评	
课程参与度	积极参与活动/讨论、团队会议或独立时间，并有保持专注和抵御大部分干扰的能力。	在多数的活动/讨论、团队会议或独立时间能保持专注。	在多数在活动/讨论、团队会议或独立时间无法保持专注，无法抗拒分心。				
合作表现	能积极主动自主地完成所有任务；能帮助团队解决问题并管理冲突；尊重队友，也能婉转表达不同意见。	能完成一些任务，但需通过提醒；有时会对他人施以援手；尊重队友的观点，对待队友礼貌友善。	无法按时完成任务；无法给予团队及时的帮助；无法听取或接纳队友的观点。				
提案质量与完整度	根据背景和资料提出全面、有效、合理的观点/主张，该主张展示了对主题/任务的深入理解。	根据背景和资料提出了可行的观点/方案，但缺乏更全面的思考。	未提出或提出无效的观点/方案，与主题/活动任务理解有偏差。				
方案论证	能描述解决方案与问题之间的一些关键逻辑推理关系，并说明其现实合理性。	能描述解决方案与问题之间的一些逻辑推理关系，但没有找到核心点。仅能说明一定合理性	不能描述某解决方案与某问题解决之间的逻辑推理关系。				
展示效果	能在展示信息、论点、观点或结论时做到清楚、简洁有逻辑。也能清晰完整地表达不同或相反的观点；台风稳健自信。	不能总是做到简洁或有逻辑，尝试提出不同的或相反的观点，但不是很完整；台风较稳。	在展示信息、论点、观点或结论时冗长或无逻辑，论点缺乏支持性证据；展示时出现不自信不镇定的表现。				
说明：至少三项（含）"B"及"B"以上等级获得本课程学分，否则考核不通过不予学分。	总体评价						

这样多种评价相结合的方式有利于公平公正地评估学生的成长、科学完整地评价学生的合作力、创新力、实践力、思辨力、反思力、对研究成果的表达力等。

（五）其他编制要素

每门学科都有自身的时代背景、学科背景，跨学科课程的时代性尤为突出，因而笔者个人较为建议在"课程目标"前增设"课程背景与分析"。背景分析是确定课程目标的依据，也是选择课程内容的凭据。可分别从课程定位、学情分析、条件背景这三个维度深入阐述基于何种背景开发此跨学科课程。

除此之外，跨学科课程作为校本课程能够反映学校特色，所以要素构成也可增加校本化要素——课程核心育人价值、课程管理技术等。比如本校的模拟政协课程以学校"德智融合"的特色教育理念为引领，建立起"问题探究、价值体认、政治认同、文化自信"的课程核心育人价值。学生在课程中经常性、不间断地进行社会实践考察与主题角色模拟体验，是得出解决问题的路径与方法的必经之路，更是增进政治认同与文化自信，实现价值体认的不能缺少的学习方式与学习过程。

三、编制课程纲要的实践策略

（一）价值导向策略——指向教育性

学生是课程的学习者、体验者和实践者，课程的最终目标是落脚在学习者的成长之上。

以课程目标板块为例（举例见上文），课程目标是课程核心育人价值的落地，课程目标应是学生的学习目标，也是学生的实践活动目标。在学习活动的编制中，应该注重以学生为主体进行任务设计，但同样不可忽略教师的任务。在跨学科课程中，教师不仅仅是活动的参与者、学生的合作者，更应是组织者和引导者。教师作为引导者应适时点拨、启发诱导学生，而学生身为主体探究者则在教师指导下主动发现问题并解决问题；教师作为组织者则应积极组织每位学生投身到小组活动或组组互动中去。

　　在模拟政协的课堂中，笔者也发现少数几位学生游离于活动之外的情况，具体的消极表现为：不集中、不发言、不思考。这让笔者认识到：虽然应该让学生成为课堂的主角、发挥其主体性作用，但同时也不能完全放任自流，需要教师适时调动每一位学生参与活动的积极性。同时，依据专家的建议：也可适当地依据课程内容进行合理的组内分工，从而通过任务驱动每一位成员发挥自身主动性参与其中。

　　对于跨学科课程来说，则更加注重学生核心素养的三大发展目标；对于高中学生而言，要了解并分析不同阶段学生的学情，以素养为目标、以学情为依据，跨学科课程纲要在编制中更应体现"以学生为主体"的课程理念。

（二）关注需求策略——指向人本性

　　编制过程中，一是要以"学生的立场"去思考，即要充分考察学生学情的变化及学生的发展需求，比如从大学情来说在中学阶段，高中生比初中生知识面更广，思维更具逻辑性，能进行判断、推理、论证等不同的思维形式。

　　二是关注背景理念需求的体现。建立科学合理的背景理念与课程目标（跨学科素质目标）、课程目标与学习过程之间的连接点是尤为重要的。比如跨学科课程内容的编制要具备支撑学生获得多次选择机会的选择性特点，这对应的就是多层次的、有差异性的课程目标，也应与课程背景分析中不同的学情相呼应。其中最关键的连接点是实施策略与课程目标之间的连接，实施策略是教师主动进行科学研究后搭建的方法，它是使目标成为现实的桥梁和纽带。建议在纲要编制中建立本课程设计与实施路径图谱，有利于论证内在逻辑的一致性并清晰表达课程行进的流程，在图谱中可以对应增加课程内容或任务。

（三）理论指导策略——指向科学性

　　理论产生于实践，又反作用于实践，科学理论对实践具有指导作用，因而学习并运用科学理论对课程纲要的编制具有引领作用。

　　在设计课程评价时，可学习并运用到的是科菲斯的《批判性思维培养的设计原则》，在模拟政协的课程评价编制中还运用到了《元认知理论》，要求学生对学习过程进行自我评价，即认知主体对自己的认知能力、任务、目标、认知策略、心理活动等方面的认识。

　　模拟政协课程采用的学习评价是学生自评、生生互评、教师评价等评价方式相结合生成学生最终评分（见表2）。这有利于科学完整地评估学生的合作力、创新力、思辨力、实践力、对课题的反思力以及对研究成果的表达力。笔者认为还有改善和拓展的空间，比如为了排除其他干扰因素，可以选择将教师评价、组组评价、自评这三者与组员互评进行分离，后者可以采取现场匿名评价以保证真实性与公平性。

（四）跨界融合策略——指向专业性

　　跨学科课程是融合多学科的综合性课程，开发一门跨学科课程需各方的支持，课程中最基本的则是课程**关键词**内涵的界定和教学活动的设置。

　　比如，在编制《模拟政协》课程纲要的过程中，出现过一个不匹配的问题，即课程结构图中的"模拟"与实施安排表中的"模拟"有所出入。问题的实质就是对现实中人民政协的详细流程不熟悉。为此，之后特意请教了任职过的政协委员陈述人民政协的具体流程，最终明确了前者是强调模拟的结果，后者强调课堂中模拟的过程，故教师理应在编制过程中对各类概念有明确的界定。

　　同时，笔者认为多学科融合更应关注课程结构与课程内容之间的匹配度，避免由于是综合性课程导致多学科"一锅炖"的局面。如果在制作课程结构图时有困难，首先需理清内在逻辑关联是并列式还是递进式，进一步整合大思路与小思路，随后融合知识、工具和活动从而尝试构建嵌套式的路径图。

　　作为校本课程，需要各科教师打破学科壁垒、齐心研发、跨界融合，才能打造一门具备专业性的跨学科课程。

（五）实践创新策略——指向校本性

　　课程纲要是课程建设开发的第一步，在跨学科领域中的每门学科各具特色、百花齐放，给予了学生全面发展的平台，故跨学科课程纲要不仅要最大限度地呈现以学生为主体这一普适性特点，更应依据课程特点构思培育创新点。

　　笔者认为创新点分为资源创新与活动创新。一是资源创新，即建立起与课程本身匹配的资源库，对现有资源整理的同时努力探索校内及周边资源。二是活动创新，跨学科课程不同点在于它并不是传统的课堂，以培育素养为课程目标，因此开发者可以探索不同的教学形式。如笔者所在校与杨浦滨江同为杨浦区，并且杨浦滨江有着悠久的工业历史、正值转型建设。当期模拟政协就以当下热点政策"人民城市人民建"为主题，将杨浦滨江作为实践基地和调研地开展校外活动。在调研的基础上在课堂中"建言献策"，并采取生生互辩的创新模式促使学生反思并优化，使学生在各类活动中切身感受并模拟政协委员履职的各环节。

四、结语

此文为在课程纲要的编制过程中，笔者在思考、解决种种问题之后积累的几点拙见。实践出真知，跨学科课程纲要涉及学科较多、编写过程漫长繁琐，但这是教师转变个人教育观、进行自我提升的一次机会，更是为师生在课程中的"教"与"学"提供"指南针"。

致　谢

此篇文章是笔者在日常教学活动和比赛实践的过程中经专家老师们的指导所写。在此，由衷感谢陈琳老师和市区专家们的耐心指导，帮助笔者将实践得来的直接经验转化为凝练的策略，使笔者个人对课程及课程纲要的撰写有较深的体悟。此外，也由衷地感谢杨浦高级中学作为校方在此过程中的大力支持，此篇文章的发表也能促进笔者与一线教师们彼此学习、取长补短。

开启追光之旅

——《神奇的光子》课程的实践与思考

张　文

《神奇的光子》课程是我校与上海理工大学合作开发的一门跨学科课程，课程实施已有三年，从课程试点到校内推广，受到了很多学生的关注与喜爱。

一、课程的背景

三年前我们收到上海理工大学张大伟院长的邀请参与《神奇的光子》课程的建设与试点，前沿科学、前沿技术进入高中课程，为我们点亮了一盏灯，丰富了我们的课程资源，也为学生开展科创活动多了一个研究方向。双前沿课程平台也为我们提供了很多的支持与帮助，每年一次的回访，每季度的科学家讲座，为我们课程开展拓展了思路，提供了很多宝贵的意见与建议，让我们的追光之路方向更明确。

学校对我们的课程也非常重视，根据课程的需求为我们添置了相关的实验室设备，在现有实验室腾出空间，设计专用电路，方便实验安全、顺利开展。借助学校的研究型课程平台，组织了五名学生开展第一批试点，上海理工大学为我们提供了实验室，韩朝霞老师和她的研究生们带领我校的学生们参观实验室、动手实验，测量、分析实验数据，并指导学生们完成小论文的撰写。

我们的课程也受到区级层面的关注与支持，专门聘请专家指导我们撰写课程方案，经过四轮的修改，我们的课程被推荐为区级共享课程。

　　试点过程中，我们教师团队不断有新鲜血液加入，逐渐壮大的教师团队，让我们的教研气氛越来越浓郁，在思维碰撞中开拓了思路，有了更多新的教学创意和策略，追光之路变得越来越平坦。

　　追光路上也有越来越多学生的积极投入，除了第一批试点，我们已经连续两年开设了相关选修课程，每届都有近十名学生参加。虽然受疫情的影响，我们无法完成整个课程，但仅蓝色碳点的制作过程，足以激发学生的好奇心，对荧光的追逐，让学生们在创新路上不断前行。

二、课程的实践

1. 确定小目标，引导学生自主学习

　　在准备创新阶段，课程以学生自主学习与教师引领指导的方式开展。

　　我们先将课程内容分为若干个任务，确定相关主题，教师课堂引领与指导，学生以小组为单位收集资料，制作 PPT，在课内与同学分享，共同进步。课堂交流环节，我们设置了学生分享，互动提问和评价环节。在分享中培养表达能力，在互动中提升问题意识，在评价中激励、改进。经过一段时间的锻炼，学生 ppt 制作能力与规范表达能力得到了提升，知道团队分工、合作的重要性，知道收集的文献需要整理与筛选，文献来源要标明，且格式要规范。

2. 激发学习兴趣，课堂得到延伸

　　体验创新，对新知识的探究欲，实验结果的不确定性都会不断激发学生的学习兴趣和探究欲望，让课堂得到延伸。

　　蓝色碳点的制作需要在鼓风干燥箱加热 4 小时，其他颜色的制备时间更长。制备的碳点还需要透析，时间需 24 小时，这些工作都无法完全在课堂中完成，但学生们在兴趣的驱动下利用课间时间分工合作，到实验室分步操作，如取液、离心、透析过程换水等，让制备过程顺利完成。

　　持久的兴趣让课堂从课内延伸到家庭。课内感兴趣的内容，学生课后查资料做深入研究，并制作 PPT 与其他同学分享，课内实验室制备碳点，居家隔离时期，学生收集厨余垃圾，利用烤箱、空气炸锅也来尝试制作碳点。科学研究从实验室走向了日常生活。

3.培养创新意识，参与社会评价

兴趣是起点，探究是过程，激发创意意识，创新从此起步。

实验室制备碳点，点燃了学生的探究欲，但疫情让实验受到限制，居家制作碳点又重启实验。从日常生活中找寻实验材料，家用电器成为实验设备，利用业余时间合作开展实验，及时与老师交流实验流程，在教师指导下对得到的实验结果进行比较分析，作出合理的分析和解释。学生参与平台的社会性评价，参与学生与专家面对面活动，其中三名学生获得了"优秀证书"。

三、课程开展中遇到的困难

1.理论储备不充足

由于课程内容涉及前沿科学技术，教师们对这部分内容的知识储备不足，相关实验设备的使用也不熟悉，幸好有上理工老师们的支持，遇到问题不断请教专业教师，让我们边学习边授课，与学生共同进步。

2.教学资源不足

在学校支持下购买了相关的设备，但在使用过程中发现还存在着很多问题，比如设备不足，设备不能完全符合实验所需要求，耗材的添置等问题，还需想办法解决。

3.学生活动时间不充分

目前，每周课时一节，制备碳点、测量到制作 LED 等时间周期比较长，受疫情影响，整个制备过程无法完整完成。在课程开设过程中，还需不断调整教学安排，让学生经历一次完整的过程。

4.学习评价体系不完备

如何评价自己和同学，是评价中遇到的最大问题。让学生学会发现同伴的优点，提出合理化建议，让自己和同学都有收获，并能共同进步，这也是要在课程实施过程中不断研究的问题。还有如何更好进行过程性，相关评价指标也有待于不断改进。

《神奇的光子》课程，我们是以任务为驱动，问题作引领，学生活动为课程开展的主线，在活动中促进学生核心素养的不断养成。课程还在实践和完善中，我们会进一步研究设计更多的学生活动，激发学生的创新思维，培养学生的创新意识，在科创路上再向前走一步。

（本文根据作者在上海市教师教育学院（上海市教委教研室）和上海市杨浦高级中学联合举办的双前沿课程平台高中第二轮种子课程建设和试点现场交流会上的交流汇报整理）

高中跨学科校本课程纲要撰写

——以《建水生生态环境》为例

姜俊杰　陈　琳

摘　要：高质量的课程纲要文本是保证和提升高中跨学科校本课程开发与实施水平的重要前提。本文以《建水生生态环境》跨学科校本课程为例，分别从课程背景与分析、课程目标、课程内容、课程实施、课程评价、课程保障与管理6个维度撰写课程纲要。

关键词：跨学科　校本课程　课程纲要

在双新背景下，高中跨学科校本课程是培育学生核心素养的重要方式。真实的世界就是综合的，跨学科为学生提供真实情境，以触发素养生成。校本课程是国家课程的补充与延伸，是基于学校特色、学生需求、在地资源开发的具有个性化、可选择性、多样性的课程，能有效保证学生个性全面发展，为学生素养生成提供高质量、长时间、非应试的学习情境。

高质量的课程纲要文本是保证和提升高中跨学科校本课程开发与实施水平的重要方式。本文以《建水生生态环境》跨学科校本课程为例，分别从课程背景与分析、课程目标、课程内容、课程实施、课程评价、课程保障与管理6个维度撰写课程纲要。以期为同仁们撰写课程纲要提供借鉴。

一、课程背景与分析

（一）课程定位

1. 落实政策

（1）学习主体：学生主体性

《普通高中课程标准（2017年版2020年修订）》指出课标的指导思想和基本原则，应遵循教育教学规律和学生身心发展规律，贴近学生的思想、学习、生活实际，充分反映学生的成长需要，促进每个学生主动地、生动地发展。

（2）知识组织：跨学科性

唯物辩证法认为物质世界是普遍联系和永恒发展的，这是具有普遍指导意义的世界观和方法论。联系的观点是唯物辩证法的一个基本原则，一个基本观点。事物联系的普遍性，要求我们认识任何事物都必须坚持联系的观点，反对行而上学的孤立观点。正如列宁所说："真理只是在它们的总和中，以及在它们的关系中才会实现。"

教育部在颁发的《基础教育课程改革纲要（试行）》中指出基础教育课程改革的具体目标：改变课程结构过于强调学科本位、科目过多及缺乏整合的现状。

（3）知识学习：实践性

司马迁说过"读万卷书，行万里路"的豪言壮语，也就是说读书与实践是他的治学准则。按照现在的话语系统来说，就是文献材料与田野考察相结合。教育家杜威也提倡"从做中学"。《普通高中课程标准（2017年版）》更新了教学内容，充实丰富了培养学生实践能力的相关内容。

（4）知识意义：生态性

生态环境是人类生存、发展的必要条件和家园。[1]党的十八大将生态文明建设纳入中国特色社会主义事业，这是关系人民福祉、关乎民族未来的长远大计，也必然要求学校承担其生态教育的历史重任。学校教育应支持学生梳理建设生态文明的理念；普及生态文明知识，提高民族素质；引导建设生态文明的社会活动。人与自然和谐发展是人类实现可持续发展的必由之路。

本课程依据《上海市中小学生生命教育指导纲要（试行）》等相关文件精神，以《杨浦区生命教育课程指导纲要》为要求设计并实施。

2. 校本育人

党的十九大报告提出："要全面贯彻党的教育方针，落实立德树人根本任务，发展素质教育，推进教育公平，培养德智体美全面发展的社会主义建设者和接班人。"人民教育家，杨浦高级中学名誉校长于漪老师为杨浦高级中学探索、实践与描绘了完整的育人目标与方案。本课程紧密围绕于漪老师的思想，结合校本实际开展。

杨浦高级中学已经建立了"多元化、可选择、有特色、高质量"的学校课程体系，确立了"德智融合，自主发展"的课程发展目标。

（1）"全面育人观"

"全面育人观"聚焦学生的全面发展和终身发展。学科教育时刻警惕功利思想和浮躁心态的侵蚀，时刻警惕落入"育分"而不"育人"的泥潭。基础教育必须面向大众，面向全体学生，敬畏每个孩子的生命，用心倾听每个孩子的生命呼唤，充分激发每个生命个体的多元智能，为人的终生发展奠基。

（2）自主发展，自我成长

学生是教育的第一立场，发展是学生的基本权利，学生具有发展的主动性和能动性。教育不是教了多少，而是学生学了多少。学校为学生创设真实、复杂的学习情境，让学生自主建构知识，学生自主学习，学会学习，实现自我成长。

（3）"德智融合，滴灌生命之魂"

德智融合是于漪老师对"立德树人"如何落地生根的探索和回答。于漪老师提出应充分挖掘学科内在育人价值，将其与知识传授能力的培养融合，立体化施教，全方位育人，真正将"立德树人"落实在学科主渠道、课堂主阵地。本课程立足生态教育，融合德育、智育，学生体验体会人与自然和谐相处，更理解生命的意义。

（4）陶冶情操、追求美好、以美润心

教育生活本身，就是一个追求美好的过程。"教育是现在就要追求美好，让孩子精神放松，而不芒刺在背"，孩子接受教育一定要快乐陪伴，引导他去追求美好，否则就会丢失"完整的人"。本课程引导学生欣赏水生生态系统，是一个与"美"同行共生的过程。

（5）用自己的双手创造美丽人生

2018年，习近平总书记在全国教育大会上提出，"要在学生中弘扬劳动精神，教育引导学生崇尚劳动、尊重劳动，懂得劳动最光荣、劳动最崇高、劳动最伟大、劳动最美丽的道理，长大后能辛勤劳动、诚实劳动、创造性劳动"。在构建水生生态系统的过程中，学生亲历辛勤劳动和创造性劳动。

（6）内外贯通，拥抱生活天地

生命的贯通从生活中来。引导学生拥抱广阔生活，接天地之气，悟生命之谛，去构建自我生命的逻辑，构建自我生命的语言体系，从而成为觉醒的求索者与创造者，是每位教师应有的责任。[2]本课程从关注学校的鱼池出发，与学生一起探索水生生态系统与生命的链接。

3.素养发展

从学科角度梳理，本课程以高中地理、生物、艺术学科核心素养组成。如下表1。

表1 《建水生生态环境》融合地理、生物、艺术学科核心素养

	地 理	生 物	艺 术
知识特征	区域认知	生命观念	艺术感知
思维	综合思维	理性思维	文化理解
学习方法	地理实践力	科学探究	创意表达
观念	人地协调观	社会责任	审美情趣

2016年9月发布的《中国学生发展核心素养》，以"全面发展的人"为核心，确定了三个方面，六大素养。"文化基础"包括人文底蕴、科学精神；"自主发展"包括学会学习、健康生活；"社会参与"包括责任担当、实践创新。

根据中国学生发展核心素养和高中地理、生物、艺术学科核心素养，结合本课程特征提出本课程的核心素养。如下表2。

表 2 《建水生生态环境》课程核心素养

	核心素养	说　明
文化基础	区域认知生命观念综合思维	运用对不同地区生态系统的理解，建构具有本地或某地特征的环境
		理解生命现象及其相互之间的关系，理解生命与环境的关系
		生态系统是复杂的、综合的，需要运用综合思维对多要素综合影响进行思考
自主发展	地理实践力科学探究	通过生态系统构建、实验、探究等实践方式的学习，学会学习，实践创新
社会参与	人地协调观社会责任审美情趣	在建构水生生态系统的过程中体会人与自然的关系，认同尊重自然、顺应自然和保护自然地理念，肩负起人类对环境的社会责任；同时通过有创意的构建生态环境，感知自然和人造环境的美，增加审美情趣。

（二）学情分析

1. 基础知识

本课程涉及地理、生物、艺术、化学等学科知识，高一学生在实践中学习知识为主，高二学生在实践中运用知识为主。

2. 兴趣特长

校园内有一方鱼塘，无专人维护，但始终鱼红水绿，生态和谐。学生从现实问题情境出发，通过自主学习，理解生态系统的构建方法、意义和影响。

3. 发展需求

面向高一、高二学生的"学生课程需求"问卷调研表明，在课程开展方式上，学生最希望选修课程能多关注学习过程，在与生活关联的真实情境中开展教学；能在选修课程中自主、合作、探究地学习；学校能提供更为丰富的、便利的实践体验机会。

本课程为满足学生需求，创设基于学生实践、合作、探究的深度学习。

（三）资源条件

1. 指导教师

指导教师以一名地理教师为核心，由地理、生物和艺术老师组成，化学老师为支持。教师有多年构建、维护水生生态系统的经验，对生物与地理环境的关系有深入理解和研究，曾辅导过多位学生参加上海市学生创新科技大赛，并荣获一等奖。

2. 环境资源

学校对课程高度重视与支持，为课程实施购买专业设备，包括鱼缸、灯光系统、循环过滤系统、生长支持系统、日常维护工具等。实验设备分别置于学生教室和教师休息室，让课程活动深入学生生活，便于更多学生观察、参与和感知，扩大课程影响力和认知度。

3. 参考资料

成熟的水生生态系统构建、原生鱼类饲养和草饲养等书籍和视频资源。辅以学生在实践中绘制、设计、拍摄的生成性学习资源，有水生生态系统构建建议、养护建议和观察手册等，以便生生交流和学习。

二、课程目标

（一）课程核心育人价值

1. 五育并举，全面育人

学生在建构水生生态系统的过程中，实现五育并举理念，努力践行精准育人、环境育人、过程育人，如表3。需要特别说明由于课程内容限制，本课程主要落脚点在德育、智育、美育和劳动教育。

表3 《建水生生态环境》五育并举及落脚点

五育	落脚点
德育	敬畏自然：感受到一草一木、一鱼一虾组成的生态系统的生命力量； 顺应自然：理解自然环境相互影响、联系； 保护自然：改变环境的实验中体验自然地脆弱，激发保护自然的愿望。
智育	通过地理、生物、化学等学科知识的深度学习，提升对知识的理解和运用水平。
美育	欣赏水生生态系统的自然之美，人为改造自然创造艺术之美，在人与自然中找到美的平衡。
劳动教育	在组建、维护、实验、测量等工作中获取劳动的体验，感知劳动的辛苦与快乐，培养劳动精神。

2. 跨学科的问题解决

科学在 20 世纪以来的一个重要发展趋势是与技术的融合以及科学、技术与社会的相互渗透。这使科学更加变成了一项社会综合事业和工程，乃至不通过跨学科研究的方式，就不会有真正的科学突破。

学生面对真实复杂的问题，需要在跨学科视角下，打破传统学科壁垒，综合运用知识，培养真实问题解决的能力，为将来独立面对世界做好准备。

3. 深度学习，构建知识

郭华教授认为，深度学习是指在教师引领下，学生围绕具有挑战性的学习主题，全身心积极参与、体验成功、获得发展的有意义的学习过程。依据 SOLO 理论，建构学生知识结构的多点结构层次、关联结构层次、拓展抽象结构层次，体现综合思维。通过项目化学习的方式，围绕与现实需求相关的某个问题和特定目标，学生以学科（或跨学科）概念或原理的应用为中心，借助多种资源进行调查、研究、合作、设计等自主探究活动，最终形成产品或解决问题。

4. 人与自然和谐相处

学生通过亲自构建、观察和思考，在实践中体验自然美、理解自然规律、体验自然环境的相互关系，感知自然环境的脆弱，进而建立起尊重自然、顺应自然和保护自然的观念，形成人与自然和谐相处的人地协调观。通过探究现实可持续发展的方式，为人与自然找到和谐共生、互惠互利的发展之道，进一步理解国情。

（二）课程目标及其分解

1. 总体目标

基于建构水生生态环境的学习情境，通过跨学科的项目化学习、探究学习等方式进行深度学习，掌握跨学科的问题解决方法，自主构建知识体系，生成核心素养，内化人地协调观。

2. 具体目标

（1）通过教师讲解、展示，初步体会、明确学习目标、方法。

（2）通过师生交流、互动，完成 KWH 表，明确学习起点、兴趣和需求。

（3）在教师支持下，掌握相关器材的使用方法；自学相关资料，以小组合作的形式设计水生生态系统；绘制示意图，进行组间汇报交流；生成系统组成、造景、运作、维护、期望目标等一系列工作计划。

（4）动手建构水生生态系统；进一步观察、维护和记录，理解水生生态系统的组成、运作方式；发现问题，解决问题，实现生态系统自我良好运行。

（5）在教师指导下，查阅相关资料，设计改变生态系统某一环境要素；观察、记录整体环境的变化，解答自然环境的整体性，体会人与自然的关系。

（6）基于水生生态系统，自主设计实验，探究感兴趣的主题；通过设计方案、实践记录和分析总结，撰写研究性报告。

（7）选定某水生环境，通过实地观察、记录相关环境信息，评价当地水生生态环境质量，提出有针对性的改进建议，参与"人民城市人民建"。

三、课程内容

（一）课程内容的选择思路

1. 基于学情

（1）贴近生活

由校园鱼池引发问题，通过在教室内建设水生生态系统进行系列研究，进而引导学生开展长期实践。实现教学从"生活中来，到生活中去"，成为生活的一部分。

（2）基于起点

学生具有一定的动手实践能力，具备地理、生物、艺术等学科一定的基础知识，但是课程内容选择还是应基于学生的知识结构并以此为生长点，为其提供建构新知识的情境和支架。通过师生互动，填写KWH表明确学生学习的起点，既了解学生已经知道什么（Know），想知道什么（What），想运用知识解决怎样的问题（How）。以此为依据收集学生起点和需求，在多轮课程过程中形成一定的数据，作为参考，使教学内容相对定型，但每次课程开始前都应与学生一起明确学习起点和需求。

（3）满足需求

基于学校对学生关于拓展课程的调查，结合KWH表收集的信息，课程以学生做中学为主体，对传统课堂教学中学生听中学、看中学进行有益补充，满足学生对做中学的需要。

（4）因材施教

班集体授课制的环境下，教师注意力主要集中在大多数学生，对于有特殊学习兴趣、特长和思维方式的学生较难照顾。《高中课程标准（2017年版）》修订工作的指导思想指出关注学生个性化、多元化的学习和发展需求，促进人才培养模式的转变。基于多元智能理论，本课程为不同学生创设了探究学习的机会，学生可在学习支架的支持下，根据自身需要，选择符合自己学习风格的学习内容，进而提升学习动机和效率，实现深度学习。

2. 基于课程目标

（1）跨学科的问题解决

课程内容选择充分体现跨学科性，融入地理、生物、艺术以及劳技实践，基于真实问题，带领学生学习问题解决的过程，增长问题解决所学的知识、方法、技能和思维。学生最终生成基于跨学科视角的问题解决能力。

（2）自主构建知识体系

建构主义学习观认为学习是个体原有经验与社会环境互动的加工过程，强调学习的主动建构性，社会互动性和情境性。本课程在建构水生生态系统的情境下，基于学生原有经验，调动学生学习积极性，通过师生合作和小组合作的方式进行互动学习。

（3）生成核心素养

学生通过水生生态系统的构建、维护、研究过程，围绕核心知识，通过高阶思维和综合实践，以可观察的学习过程感知自己的成长，进而明确自身品格与能力的发展，逐步形成正确的价值观，进而生成核心素养。

（4）人地协调观

学生动手建构水生生态系统，进一步观察、维护和记录，理解水生生态系统的组成、运作方式，观察、记录整体环境的变化及其影响，解答自然环境的整体性，体会人与自然的关系，进而生成尊重自然、顺应自然、保护自然，人与自然协调发展的观念。

3.课程内容间的关系

（1）整体性

课程涉及自然环境中的气候、土壤、生物和水环境，并探讨人与自然环境的关系。如下图1。

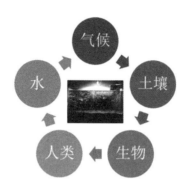

图1 《建水生生态系统》课程内容整体性

（2）进阶性

课程从学习环境的进阶引领学习内涵的进阶性。从学校荷花池水生生态系统的观察、设问出发，在实验环境中进行相关知识构建与学习，进而走向真实的自然环境，现实的人文环境，如杨浦滨江，江湾湿地、淀山湖等，对当地环境进行观察、记录和评价，针对问题提出可行方案。如下图2。

图2 《建水生生态系统》课程内容进阶性

（3）可选性

在教师支持下，学生经过基本学习，可根据自己的爱好、特长和资源选择进一步个性化研究的方向。如下图3。

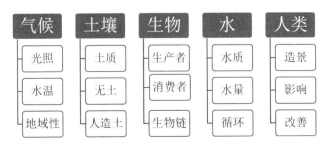

图 3 《建水生生态系统》课程内容可选性

（二）课程内容的框架结构

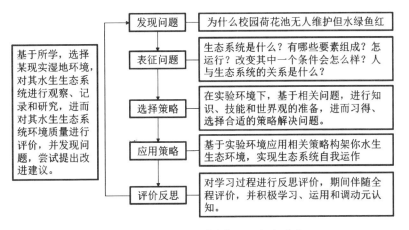

图 4 《建水生生态系统》课程框架结构

四、课程实施

（一）设置说明

1. 修习方式：跨学科课程

2. 课时：每周 1 课时，全学年计划 32 课时；课程实际设置 28 课时，其中由于放假等安排，设置 4 个机动课时。如表 4。

3. 学习主体：高一、高二学生

（二）实施安排

表4　课程实验安排

内容主题	学习目标	支持活动	学习活动
第一单元 发现问题 表征问题 （2课时）	通过教师讲解、展示，初步体会、明确学习目标、方法	提出问题"为什么校园荷花池无人维护但水绿鱼红"	学生对相关问题进行思考，提出自己的见解
	师生通过交流、互动完成KWH表，明确学习起点、兴趣和需求	准备KWH表	学生填写KWH表，并进行交流
第二单元 生成策略 （4课时）	在教师支持下，掌握相关器材的使用方法，自学相关资料，以小组合作的形式，设计水生生态系统，绘制示意图，进行组间汇报交流，生成系统组成、造景、运作、维护、期望目标等一系列工作计划	展示成熟的作品，介绍涉及的相关器材、准备学生自学资料，讲解必要的水生生态系统知识，操作步骤、方法等，并做简单演示。	学生通过自学、教师讲解，理解活动意图，以小组合作方式设计水生生态系统，绘制示意图。通过组间交流，改进设计，生成策略
第三单元 运用策略 评价反思 （8课时）	动手建构水生生态系统，进一步观察、维护和记录，理解水生生态系统的组成、运作方式，发现问题，并解决问题，实现生态系统自我良好运行	巡游指导，评价	学生建构水生生态系统，并进行一定时间的观察、维护和记录，指导生态系统良性运行。最后形成观察报告，并进行组间交流
第四单元 试验探究 （4课时）	在教师指导下，查阅相关资料，设计改变生态系统某一环境要素，观察、记录整体环境的变化，解答自然环境的整体性，体会人与自然的关系	与学生交流改变生态系统某一环境要素，组与组间形成比较关系	通过改变某一环境要素，观察、记录水生生态系统的变化
第五单元 自主探究 （8课时）	自主设计实验，基于水生生态系统，对某一自己感兴趣的主题进行探究，通过设计方案、实践记录和分析总结，撰写研究性报告	为学生选定研究方向提供建议、指导，组织组间答辩，并给予评价	学生自主设计实验，对某一主题进行探究，完成研究性报告，并进行组间答辩
第六单元 实地评价 （2课时）	选定某水生环境，通过实地观察、记录相关环境信息，评价当地水生生态环境质量，提出有针对性的改进建议，参与人民城市人民建	带领学生前往某湿地，观察、记录环境信息，引导学生对当地环境进行评价，并给予指导	选定某水生环境，通过实地观察、记录相关环境信息，评价当地水生生态环境质量，提出有针对性的改进建议

（三）实施策略

1. 创建真实情境

构建主义学习观强调学习应与情境化的社会实践活动结合，应着眼于解决生活中的实际问题。本课程设计了从学校荷花池情境到实验情境再到真实的自然和社会环境，为学生建构知识提供了真实的情境。

2. 支架式教学

教师引导教学，使学生掌握、建构和融合所学知识和技能，从而进行更高水平的认知活动。以教师帮助为支架，把管理学习的任务逐渐由教师转移给学生，最后撤去支架。

课程中，教师为学生提供了三个支架，助推学生进行三次升级。第一次，教师与学生一起明确学习目标、起点，通过讲解、演示等方式进行学习准备，指导学生设计方案，支持学生最终独立进行生态系统构建。第二次，教师指导学生改变生态环境中的某个要素，支持学生理解生态系统的整体性，进而能够自己选择某一要素进行研究。第三次，教师带领学生从实验室走向真实环境，引导、讲解真实环境与实验环境的关系，构建学生对知识的迁移，进行支持学生独立对真实湿地环境的评价。

3. 小组合作

构建主义学习观认为学习是学习者和助学者通过交流、分享、协作的社会活动，内化相关的知识和技能，掌握有关工具的过程。由于学生间的知识结构、认知水平、智能结构差异明显，将不同学生组合在一起，有利于学生间的相互学习，相互指导，是学生从有教师指导的学习走向独立学习的过渡，并且生生间的社会活动有利于提升学生学习动机。

课程设计了多个小组合作、组间互评的环节，为学生提升认知策略和监控学习提供机会。

4. 项目化学习

项目教学让学生在体验项目的过程中融会贯通，对培养学生的地理学科核心素养、突出学生的主体性等都具有重要作用。

构建水生生态系统就是一个项目。学生面向真实情境进行项目化学习，以某学科原理为中心，围绕某个真实、综合的地理问题，通过高阶思维和综合实践，形成公开成果。学生在项目化学习中自主构建地理概念，学会地理问题解决的方法，通过公开成果评价和反思自己的学习策略。

5. 问题解决教学

问题解决一般是指个体应用并超越过去所学规则以产生一个新答案的过程。个体必须对原有知识经验和当前问题组成进行改组、转换或联合，才能到达既定目标。

学生原来学习的地理、生物和艺术知识停留在纸面上，当这些知识遇到真实问题时，则需要改组、转换，这个过程就是学生学会运用知识解决实际问题的过程，也是学生成长为专家的过程。

五、课程评价

（一）课程评价指标体系

1. 评价原则

（1）以评促学，逆向设计

人们常把"为学"比作学海行舟，把"教学评价"比作行舟的导航，领航员为了使船正确地航行，必须知道船的方位与航行的目标才能领航。所以，在教学设计之前明确评价方式和要求，例如学历案中使用的评价任务，并将评价任务在学生进行学习活动前就与学生进行充分的沟通，让学生在明确评价标准的基础上进行基于标准的学习。

（2）以评促教，指导教学

评价不只是对学生的，也是对课程、对教师的。重视对课程和教师的评价，从本质上提高教的质量。评价不只是指出师生长处与不足，更应该在此基础上提出建设性意见，为师生改进教学提供明确的路径和建议。

（3）表现性评价与纸笔测验评价结合

表现性评价是指对学生在真实情境中完成某项任务或任务群时所表现出的语言、文字、创造和实践能力的评定，也指对学生在具体学习过程中所表现出的学习态度、努力程度以及问题解决能力等的评定。必修课程一般以纸笔测试为主，而在跨学科学习中，学生表现成为重要的评价依据，所以表现性评价应为主要评价方式。

另一方面，虽然是跨学科类课程，但也涉及相关知识、技能和方法的学习，可对学生学情适当辅以纸笔测验评价，支持学生对所学内容的回顾、理解和运用。

（4）全程评价

关注对学生学习过程的全程评价，不是知识学习类的每课都有作业和检测。而是以单元为单位，每个单元都设计了相应的评价方式、评价量规和分值分配，关注对学生学习成长过程的监测，并通过评价给予学生学习指导。

2.评价方式

（1）表现性评价

本课程基于真实情境，学生作为问题解决者，通过实验研究等实践环节，形成一个水生生态环境的成果，并理解相关知识。教师通过谈话和观察，了解学生实际操作过程中体现的思考能力、判断能力、表现能力、学习习惯以及作品，并就此评价。

（2）纸笔测试评价

本课程涉及地理、生物、艺术等学科的相关知识、技能和方法，可适当进行纸笔测验，对学生学情进行评价，支持学生对所学内容进行回顾、理解和运用。

（3）学生互评

本课程设计大量学生以小组为单位，对其他小组的表现进行评价环节。通过同伴间更准确的视角观察，更易理解的语言，激发学习动机。

（4）自我评价

在完成一个单元的内容后，学生通过自评环节，对自己的认知活动和策略进行监控与评价。通过元认知为主导的自我监控和评价，提升认知策略，改进学习方法，并通过合理归因，提升自我效能。

3.评价指标体系

本课程对每个单元都设计了相应的评价方式、评价量规和分值分配。既做到了全程评价，关注指导学生学习成长的过程，也挑选了确有需要评价的点，提高评价的可行性。对每个单元的评价分别设置分数，最终以总分作为课程整体评价。

总分共 100 分，其中以教师评价为主占 70 分，表现性评价占 30 分，学习成果评价占 30 分，纸笔测试占 10 分；学生互评自评为辅占 30 分，分值覆盖较合理。其中以教师为主导的占分 70 分，2 个表现性评价分别为 10 分和 20 分，共 30 分，关注学生在活动中表现出的学习态度、能力和成长，特别关注学生第一次建构水生生态环境的过程；3 个基于标准对学生学习成果进行评价各 10 分，共 30 分，关注学生学习成果的表现；1 个教师命题的纸笔测试 10 分，关注学科知识、技能和方法的落实。2 个学生互评各 10 分，占 20 分，主要基于学生相互支持、借鉴和学习的机会。1 个学生自评，学生经过整个学习过程，对自己学习策略进行监控、评价并做调整。如下表 5。

表 5　课程总体评价量表

单元	评价方式	评价量规简述	分值
一	KWH 表	学生能完整、具体填写 KWH 表	10
二	学生互评	学生设计水生生态系统的可行性、完整性和理论支撑性，绘制示意图的可读性和美观性	10
三	表现性评价	教师通过观察法和谈话法，对学生动手建构水生生态系统过程中的操作、记录表填写、发现问题的能力，解决问题的策略的表现进行评价，并给出具有指导性的建议	20
	纸笔测试	通过纸笔测试对学生理解水生生态系统的组成、关系和运作方式进行测试	10
	学生互评	学生基于标准对每组学生最终实现生态系统自我良好运行的情况进行评价	10
四	基于评价标准的教师评价	学生以《环境整体性》为主题，通过研究实践，总结相关信息，进行交流汇报，教师对学生汇报内容进行基于标准的评价	10
五	表现性评价	教师通过观察法和谈话法对学生自主设计实验、实践记录和分析总结的过程进行表现性评价	10
	基于标准的教师评价	教师对学生撰写的研究性报告进行基于标准的评价	10
六	自我评价	学生通过完整学习，评价某地水生生态环境质量，提出有针对性的改进建议，这个过程中学生通过观察自己的学习过程，对自我学习策略、效能和动机进行评价	10

4. 举例说明

以第三单元教师对学生建构水生生态系统进行表现性评价的具体评价量表为例。评价主要涉及参与态度、组内贡献、问题解决的能力和活动成果四个方面。如下表 6。

表 6　第三单元《建水生生态环境》表现性评价量表

评价标准	1 分	2 分	3 分
参与态度	参与活动较被动	能够主动完成工作，体会一定成就感	态度积极，在活动中体会到自我实现的快乐
组内贡献	需要协助才能完成自己的工作	能够完成小组分工	能够帮助小组进行额外的工作，在小组中体现出协调，统筹等领导力
问题解决	需要在教师指导下学习所需知识与技能，难以发现生态环境构建中自己的问题	需要在小组成员指导下学习所需知识与技能，能发现生态环境构建中自己的问题，能提出一些的解决措施，效果不明显	学习所需知识与技能，能发现生态环境构建中自己的问题，并提出有针对性的解决措施，效果良好
活动成果	观察记录册缺失；构建的水生生态环境要素不完整、难以自我良好运行，植物稀疏、景观杂乱、生物出现死亡现象	观察记录册相对完整；构建的水生生态环境要素齐全、能在少有人干预的情况下良好运行	观察记录册完整、美观；构建的水生生态环境要素齐全、能在少有人干预的情况下良好运行，水生景观体现出自然的美感

评价说明：分数从 1 分到 3 分，说明表现逐渐优秀，如有评价表未涉及的表现，可适当加减分，最终每个同学获得一个总分作为活动评价。

（二）评价指标设计思路

1. 校本育人

评价指标设计重视与学校育人理念融合。在评价中渗透学习态度、学习习惯、人地协调观、审美情趣、劳动精神等评价指标，并关注学生自主发展，自我成长。引导学生在做中学，做中成长，使学习过程可观察，可评价，利于学生监测和评价自我学习，进而改进学习策略，自我成长。

2. 课程特色

评价指标设计结合课程特色。在评价中关注对学生自主建构知识水平，问题解决的能力，人与自然协调观念，五育发展的情况，核心素养的落实。关注学生通过学习有哪些成长，学生经过学习增值了多少。

3.跨学科素养发展

评价指标设计关注对学生跨学科视角、跨学科能力和跨学科素养的评价。通过评价引导学生生成使用跨学科思维，在真实情境中解决问题的能力和素养。

六、课程保障与管理

1.与学生研究性课题相结合，指导学生在课程中完成研究性课题论文，形成以课程带动课题研究的效能。

2.教师不断增加学习，争取各方资源，为学生提供更全面、更有针对性的指导。

3.积极协调学校各部门，获取对课程的支持，保证设备采买、维护和管理。

【参考文献】

［1］王道俊，郭文安.教育学（第七版）［M］.北京：人民教育出版社，2016.6.

［2］王荣华，王平.于漪教育教学思想概要［M］.上海：上海教育出版社，2021.9.

基于高中生地理实践力培养的
博物馆研学实践活动设计

——以上海纺织博物馆为例

张　峦

摘　要：培养学生形成良好的地理实践力在高中地理教学中越来越受教育者们的重视，而组织研学实践活动是实现该目标的重要途经之一。本文梳理了博物馆研学实践活动的一般方法与过程，并以上海纺织博物馆研学为例，结合高中地理课程标准设计具体的主题研学实践活动方案，以期丰富地理课程的教学方式、提升学生的核心素养。

关键词：地理实践力　博物馆研学　上海纺织博物馆

引　言

地理实践力是指人们在考察、实验和调查等地理实践活动中所具备的意志品质和行动能力[1]。研学实践活动是培养学生地理实践力的重要途经，它能更好地让学生在真实情境中观察、感悟、理解地理环境及其与人类活动的关系，已经成为现代教育的发展趋势。2020年9月30日，教育部、国家文物局联合印发《关于利用博物馆资源开展中小学教育教学的意见》，明确指出进一步健全博物馆与中小学校合作机制，促进博物馆资源融入教育体系，提升中小学生利用博物馆学习效果[2]。故博物馆研学实践活动与高中地理课程的融合，是顺应教育发展要求，提升学生地理实践力的重要手段。

本文梳理了博物馆研学实践活动的一般方法与过程，并以上海纺织博物馆作为实践活动点为例，结合高中地理课程标准、上海高中地理教材以及笔者学校学生的学情，设计具体的主题研学实践活动方案。

一、博物馆地理课程资源开发与利用过程

1. 明确场馆主题内容和场馆资源

在开展教学内容之前，教师要对博物馆主题内容和馆内资源做全面的考察和分析。

网络搜集：现在网络资源丰富，教师可以提前通过博物馆的官网、微信公众号、微博官方账号及媒体新闻推送等多种渠道获取信息，对馆内主题和资源做初步筛查。

上海纺织博物馆设有官网（www.shtexm.com）、微信公众号和官方微博等。尤其是微信公众号，程序内设有 VR 参观、云观博 AR 导览（如图 1），帮助教师快速了解实地馆内信息，也为后期课程活动设计提供更多的途经。上海纺织博物馆，通过实物、资料、场景、图文、模型和多媒体等多种手段，展示了上海纺织工业的历史脉络，为高中课程教学提供了鲜活的案例和具体的数据支撑。

图 1　上海纺织博物馆微信公众号 VR 参观和云观博部分展品讲解

实地考察：博物馆研学需要教师实地考察，提前体验具体的研学路线和研

学内容。教师需携带笔记本、笔、摄像设备等记录场馆内相关图片、文字、视频等信息，并做分析。

上海纺织博物馆含有三层展厅，共五个厅，分别为序厅、历程馆、撷英馆、科普馆和专题馆，展示了上海地区纺织业发展的历史。其中历程馆和科普馆对高中地理学习提供了丰富的资料文献。

2.结合高中课程标准和场馆信息确定学习内容

教师应根据高中地理课程标准的要求，借助博物馆内实物、资料、场景、图文、模型、多媒体等媒介，梳理后确定学生参观学习的主要内容。

笔者对照高中地理课程标准和上海纺织博物馆馆内资源做了详细分析。上海纺织博物馆承载着纺织工业史，与高中地理工业学习密不可分。如科普馆中讲述了纺织业完整的工艺链条，帮助学生了解工业的环节以便思考工业区位；历程馆以古代、近代、现代和当代的史实演绎了上海纺织工业的兴衰变化，这是工业区位随时间变化后的必然结果，也是产业结构不断升级优化的抉择。综上，上海纺织工业的资料呈现，可以作为高中地理课程标准《工业区位》内容学习的案例，因此笔者确定学习内容为《工业区位》。

3.制定教学任务和活动方案

有研究者总结归纳了地理课程教学中 5 种科普场馆资源的利用方式，场馆活动教学、学生自主探究、共同开设课程与活动、到校服务、网络服务[3]。教师应结合博物馆资源和学习内容，结合高中地理课程标准、教材、本校学生学情等，设计实际可行的教学活动方案。

笔者将上海纺织博物馆的研学实践活动分三步，课前学生自主参观、课中教学知识呈现、课后总结评价。对应课前和课中笔者分别设计了参观问题问卷（部分见图 2）和课堂活动单，让学生带着问题去场馆找寻答案，让学习更加有成就感。问题问卷主要让学生参观更有目标性，涉及内容为学生身边熟悉的纺织物识别（引入）、上海纺织工业发展史中重要信息（核心）、现代纺织业发展（与时俱进）等。问题问卷在设计形式上，以选择题为主、填空题为辅、附带一道资料查找题，整体难度系数较小，让学生初步了解上海纺织文化。课堂活动单设计应与教学内容相结合，建议活动形式多元，让学生的参与度和思考性更多一些。

【纺织知识知多少】

　　纺织，大致分为纺纱与编织两道工序，中国纺织的起源相传由嫘祖养蚕冶丝开始，考古则在旧石器时代山顶洞人的考古遗址上发现了骨针。

2. 你觉得以下哪些可以作为纺织品的原料？

　　A.棉　B.麻　C.丝　D.毛　E.涤纶　F.腈纶　G.锦纶　H.玉米　I.虾皮

【勃兴——古代上海纺织业缘何兴起？】

　　上海成陆已有六千年历史，明代，农田已"棉七稻三"，此时上海的手工棉纺织业日益兴盛，名震江南，成为全国最大的棉纺织中心。

5. 作为主要的纺织原料，棉花何时传入上海？

　　A.宋末元初　B.春秋战国　C.五代十国　D.元末明初

【重生——现代上海纺织业如何求新求变？】

　　经受了烈火洗礼的上海纺织，其国有纺织的比例已从原来的98%下降到20%，开始了向科技与时尚进军的新征程。

12. 新的产业和技术革命，智能纤维、电子服装、芯片纺织使得传统纺织业正在成为新兴产业，纤维科技炙手可热。请查阅资料，"神十六"宇航员桂海潮等穿着的宇航训练服用什么原料制造的？这样的材质有什么作用？

图 2　问题问卷设计部分呈现

4. 明确活动目的并安排研学实践活动工作

　　在参观前，教师做好充分的活动准备。确认好课前、课中、课后每个环节里教师和学生所承担的任务。教师应面对全体参观学生进行一次活动讲解，让学生熟悉活动时间、活动地点、活动内容、活动目的及活动路线等，明确学习任务，有目的地开展学习活动。

　　笔者根据学校学生的学情，详细设计了课前、课中、课后的活动流程（见活动研学过程），并面向全体学生进行活动任务讲解，明确学习目标和任务。

二、以上海纺织博物馆研学为例，结合高中地理"工业区位"课程的活动设计

　　笔者综合分析上海纺织博物馆资源，对照中华地图出版社高中地理·必修第二册·第3单元·主题8工业区位教材相关内容、《普通高中地理课程标准（2017年版2020年修订）》中"主题8工业区位"部分的要求、笔者学校学生

学情等，做出了如下具体的教学活动设计。

1. **研学主题**："衣被天下，织造未来"——主题8《工业区位》研学实践活动

2. **研学对象**：高一学生

3. **研学目标**：（1）结合"纺织业完整的产业链"，归纳纺织工业的主要区位因素；

（2）通过分析上海纺织业的发展历程，综合、动态分析工业区位条件的变化，讨论不同时期纺织工厂区位选择的主导因素，理解各区位因素如何影响工业的区位选择。

4. **研学过程**：

课前	1. 学生提前预习第二册教材66—72页第三单元主题8《工业区位》内容；
	2. 学生利用暑期去上海纺织博物馆进行研学实践活动，并完成以下任务； （1）完成问题问卷； （2）学生了解上海纺织业不同阶段的发展史，并拍照记录相关资料信息。发展史共分为4个阶段： ① 勃兴——古代上海纺织业缘何兴起？（二楼历程馆） ② 昌盛——1840—20世纪80年代的上海纺织业昌盛之路；（二楼历程馆） ③ 衰落——20世纪90年代–21世纪初的上海纺织业困局；（二楼历程馆） ④ 重生——现代上海纺织业如何求新求变？（二楼历程馆、三楼科普馆）
	3. 教师整理问卷数据和照片资料信息制成课件，课前让学生以班级为单位分小组，课中以上海纺织业发展为例，探究工业区位。
课中	环节一：情景导入，说出纺织工业的区位因素。 由上海纺织博物馆内织的完整产业链图片，引导小组学生说出纺织工业的区位因素，为后续分析区位条件做铺垫。
	过渡：由参观上海纺织博物馆内历程馆，介绍上海纺织业的发展阶段。
	环节二：勃兴——古代上海纺织业缘何兴起？ 根据馆内介绍明代中叶上海成为当时全国最大棉纺业中心，分析其优势区位条件。引导学生结合上海当时地理环境、社会经济条件对工业区位条件分析，并思考主导区位条件，进一步为下面工业区位条件变化做铺垫。
	环节三：昌盛——1840—20世纪80年代的上海纺织业昌盛之路。 由馆内"苏州河岸一角"场景，分析中国最早的机器棉纺织厂上海申新纺织第九厂连同大多棉纺织厂都选址苏州河——母亲河的原因。此问题与环节二相似，但这里工业的位置更加具体，教师应引导学生分析应也应更具体。教师补充工业区位因素——集聚。教师引导学生从发展的眼光认识上海的纺织业生产要素的改变，体会不同时期工业区位的变化并找出根本原因。

课中	环节四：衰落——20世纪90年代—21世纪初的上海纺织业困局； 由馆内介绍1998年上海申新纺织第九厂敲响了全国纺织压锭的第一锤，并在2005年宣告破产，请结合时代背景分析申新纺织第九厂陷入困局的原因。结合环节三对区位条件变化的再次认识，分析传统纺织业走向衰落的历史必然性。
	环节五：重生——现代上海纺织业如何求新求变？ 随着传统纺织业的衰落，上海经济、上海人民就业受到了重大冲击。请学生结合上海市目前的功能定位以及参馆内容，为衰落的传统纺织业振兴献计献策并说明理由。提升学生的行动意识和实践能力，拓宽地理视野，认识到产业变化调整对未来城市发展的重要性。教师利用实例引入产业升级优化的概念，化抽象为具体，为后期产业结构的升级和优化做铺垫。
	课堂小结：（1）教师引导学生总结影响工业的区位因素。 （2）教师强调工业区位条件随着时间的强弱变化。
课后	1.以小组为单位收集学生在研学过程中文字、图片、视频等资料，小组整理并撰写一份研学实践活动报告。 2.教师结合馆内收集的资料、学生上课过程的表现、小组研学实践活动报告和研学感想等对研学活动进行教学反思和教学调整，为研学实践活动积累经验。

三、结语

　　研学实践活动是落实地理实践力核心素养的重要手段，因此教育学者们也越来越重视其在教学中的辅助地位。以上海纺织博物馆为例，学生不仅从馆内真实而丰富的资源中掌握高中地理课本上的理论知识，而且帮助学生认识上海纺织业的发展史和文化，增强爱家乡的情感。但研学实践活动对中学教学来说也面临着诸多考验。例如，开展活动时教师需考虑高中生的时间、精力、安全等实际问题，选择适合学习的博物馆；实践活动需调动学生学习的积极性和自主性，教师需提高活动的效率和活动的趣味性；再例如博物馆内呈现的信息要素比课本的内容更为复杂多样，教师需对信息进行整合并向学生阐释。总之，博物馆研学实践活动还需广大教师们在进一步实践中慢慢摸索。

【参考文献】

[1]中华人民共和国教育部.普通高中地理课程标准（2017年版2020年修订）[M].北京：人民教育出版社，2020：4.

[2]教育部国家文物局关于利用博物馆资源开展中小学教育教学的意见

［EB/OL］. https：//www.gov.cn/zhengce/zhengceku/2020—10/20/content_5552654. htm.

　　［3］周雨婷，刘兰.上海科普场馆中的地理课程资源开发与利用［J］.地理教学，2018，（2）：12—17.

从寂静开始的惊雷

——能源领域碳达峰、碳中和

张　文

　　我的题目是《从寂静开始的惊雷》，这个题目来源于美国海洋生物学家雷切尔·卡逊所写的《寂静的春天》一书。书中有这样一段文字，"这是一个没有声息的春天。这儿的清晨曾经荡漾着乌鸦、鸫鸟（dong niao）、鸽子、樫鸟（jian niao）、鹪鹩（jiāo liáo）的合唱以及其他鸟鸣的音浪而现在一切声音都没有了，只有一片寂静覆盖着田野、树林和沼地。"这篇优美但让人有些头皮发麻的文字，是这位优秀的女性在当时对女性公开发声极不友好的社会环境中，依旧坚持用自己专业的生物知识，批判性地指出了农药DDT对于生物多样性乃至整个大环境的影响，写下的。这本环境学领域的"圣经"，奠定了环境学的基础。此书的出版堪称寂静中的惊雷，炸出了环境意识的觉醒，也炸出了美国环境保护署的建立，标志着环境被上升为与其他产业并行的重要领域。

　　联合国环境计划署的官网显示：环境署致力于深入研究气候变化、自然和生物多样性以及污染和废物这三种全球危机的根本原因，为人类和自然带来变革。环境署采用了七个相互关联的行动次级方案：气候行动、化学品和污染行动、自然行动、科学政策、环境治理、金融和经济转型以及数字转型。可见，在联合国环境计划署的所有工作中，始终致力于可持续发展。

　　我们先从气候的变化开始说起。

一、什么是气候？

气候是指一个地区大气的多年平均状况，主要包括光照、气温和降水等。气候是大气物理特征的长期平均状态，与天气不同，它具有一定的稳定性。根据世界气象组织的规定，一个标准气候计算时间为 30 年。气候系统分为五大部分，大气、水、陆地、冰冻以及生物。然而，很多学者发现，人类的活动也在大幅度改造这个气候系统，并构成了现今学界比较流行的说法——第六圈层，人类圈。

因为人类社会的进步发展源于能源的使用。几十万年以前人类学会了用火，这是最早的能源，在漫长的岁月里，古人以柴草作为生活能量的主要来源，用于烧饭、取暖和照明，而燃烧后的产物，如二氧化碳等直接排放入空气，这些气体能使地球表面变得温暖，所以称之为"温室气体"。随着社会的进步以及工业革命，人们对能源的需求也越来越多，温室气体的排放量也急剧增加，导致了极端气候的出现。联合国政府间气候变化专门委员会（IPCC）第五次评估报告以来，气候变化检测归因科学取得新进展，可以更清楚地认识到人类活动与极端天气事件之间的联系。报告指出：全球大部分地区极端高温和极端低温变化的主要驱动力来自工业革命以来人类活动排放的温室气体；同时也首次提出，如果没有人类活动的影响，全球多地遭受的异常极端甚至突破历史纪录的高温事件几乎不可能发生。大家一定不会忘记 2022 年的夏天，上海出现了连续 40℃ 以上的极端高温天气，是一百多年来的最高纪录。2022 年 7 月，受持续高温干旱灾害性天气影响，四川电网面临极其严峻的保供形势，多地出现不同程度的限电。作为水电大省的四川，为何也会电力紧缺？曾经建设的三峡大坝在丰水期的水量充沛，但 7 月以其中猴子岩水电站为例，当前水位 1804.2 米，死水位 1802 米，仅高出 2.2 米……8 月 16 日，多个主力水库传来消息，水库蓄水几乎消落至死水位。本轮持续高温天气，除气温不断打破极值外，降水量也是历史同期最少，江河来水严重偏枯，造成水库库容出现"汛期反枯"的罕见现象。与此同时，水库的旱情也带来了电力储备的短缺。四川当地电力公司陆续采取了成都部分写字楼断电，大楼中央空调停止供冷，商场电子屏关闭，商场内电梯停运等措施让电于民。即使如此，四川达州电力公司8月16日下午发布《有序限电预告》称，如果仍无法缓解供电压力，将对辖区内的居民用户实行有序限电，每条线路计划持续时间约两个半小时。这意味着在极端高温天气，人们只能靠自然风来消暑，高科技的家电一无用处。

而这一切的发生都与温室气体的排放有密切关系。那么，我们应该如何预防此类事件再度发生？我们必须从能源的生产和使用环节说起。

二、能源生产和使用现状

随着经济社会的发展和人口的增加，人类对能源的需求也一直在增长，不断增长的需求与能源稀缺构成了一对矛盾。目前，在能源问题上人类依然面临诸多挑战：首先是对煤炭、石油和天然气等化石能源的过度依赖。目前尚无其他足够丰富廉价且灵活高效的能源能够完全取代化石燃料，由此也导致化石能源短缺与巨大的能源需求的矛盾。其次，化石燃料是导致空气污染和气候变化的二氧化碳等有害气体的主要来源，引发一系列环境问题。因此，如何能走出一条清洁、高效、安全、可持续的能源发展之路是一个关于国家发展的重要战略问题。

我国拥有较为丰富的化石能源资源和新能源资源，但我国人口众多，人均能源资源拥有量在世界上处于较低水平。从我国目前能源使用的情况来看，其中，煤炭占据的比例最高，超过了一半，而石油和天然气也占据了很高的比例，在新能源开发利用方面，太阳能、风能和氢能的利用正得到较快的发展，逐步形成了较为完整的产业。根据《中华人民共和国2022年国民经济和社会发展统计报告》，"初步核算，全年能源消费总量54.1亿吨标准煤，比上一年增长2.9%，煤炭消费量增长4.3%，原油消费量下降3.1%，电力消费量增长3.6%，煤炭消费量占能源总量的56.2%，比上年上升0.3个百分点；天然气、水电、核电、风电、太阳能发电等清洁能源消费量占能源消费总量的25.9%，上升0.4个百分点……"清洁能源的消费量已超过了能源消费总量的四分之一。再从全球角度来看，国际能源署（IEA）2022年度报告中关于能源生产和使用情况比较图中可见，化石能源中，我国主要是中间处理以及后期消费国。在清洁能源中，我国在技术上也具有先行优势，在能源材料的开采、处理、储存开发以及后期铺设上也具有极大优势。

三、碳排放的控制

2020 年 9 月 22 日，我国国家主席习近平在第七十五届联合国大会一般性辩论上宣布："中国将提高国家自主贡献力度，采取更加有力的政策和措施，二氧化碳排放力争于 2030 年前达到峰值，努力争取 2060 年前实现碳中和。"中国碳达峰、碳中和目标（以下简称"双碳"目标）的提出，在国内国际社会引发关注。所谓碳达峰是指碳的排放量达到峰值，碳中和是指碳的排放与吸收达到平衡，也就是温室气体的排放不再增加。根据 IPCC 今年最新的第六次报告，全球 2019 年温室气体年总排放在 590 亿吨二氧化碳当量，并且全球每年向大气中净排放的温室气体总体呈上升趋势，而碳中和是要把这个数字降为零。

几种常规能源，煤、石油和天然气等化石燃料燃烧产生的排放占人为总排放的 72.9%，其中最主要的温室气体是 CO_2，它在温室气体中含量占 26% 以上，且在大气中是存续时间最长，且影响力较大。所以，能源的转型最主要还是看碳。

新能源的使用可以有效减少温室气体的排放，但也存在着一个问题，也就是新能源受制于自然禀赋，比如太阳光能、风能等在不同气象条件下具有极大的不稳定性。

碳排放的控制，目前主要是控制二氧化碳的排放。中科院最新研究指出，工业过程、居民生活等消费端碳排放占比已达 53%。节能减排，从我们的日常生活做起，下面从日常的衣食住四个方面研究一下如何控制碳的排放。

（一）衣：了解不同材质纤维的温室气体排放当量，温室气体排放当量 = 活动水平数据 * 排放因子。

为减少碳的排放，我们的建议是：

1. 选择天然原料制作的衣服

2. 拒绝过度购买衣服

3. 养成旧衣回收的习惯

（二）食：了解几种主要食物的碳排放量，牛肉、牛奶、苹果（水果）、洋葱（蔬菜）。人们发现动物在饲养过程中，比如牛在通过细菌分解食物，在肠胃蠕动过程中会排放气体，其二氧化碳排放当量非常大。

为减少碳的排放，我们的建议是：

1. 减少食物浪费

2. 营养搭配、合理膳食

3. 选择简装食物

4. 选择本地食物

（三）住：生活中水、电、气的使用必不可少，家用电器的使用也是越来越广泛，生活垃圾的碳排放量也不容忽视。

为减少碳的排放，我们的建议是：

1. 合理使用各种家用电器、及时断电

2. 节约使用水电气资源

3. 纸张双面使用

4. 垃圾分类回收

（四）行：日常交通工具的碳排放情况

为减少碳的排放，我们的建议是：

1. 养成绿色出行的习惯

2. 较少乘坐飞机

3. 少用电梯

4. 科学购买和保养私家车

四、测量我们的碳足迹

为更有效地践行节能减排行动，我们首先要记录下碳足迹。

碳足迹（Carbon Footprint）是国内外普遍认可的用于应对气候变化、解决定量评价碳排放强度、衡量人类活动对环境影响的方法，指由个体、组织、事件或产品直接或间接产生的温室气体总排放量。

碳足迹以二氧化碳当量为单位计算，运用全生命周期（life cycle analysis）

视角，可以深度分析碳排放的本质过程，进而从源头上制定科学合理的减排计划。确定碳足迹是减少碳排放的第一步，能为个体、组织、事件或产品改善自身碳排放状况的行为设定基准线。

让我们利用网上的碳足迹计算器，记录自己一天的碳足迹，为节能减排贡献自己一份微薄的力量。也希望同学们能对能源问题产生兴趣，将来致力于相关领域的学习与研究。

最后，我用《寂静的春天》中的一句话作为我的结束语："在大自然的天平上调整这些化学物质是需要时间的；它不仅需要一个人的终生，而且需要许多代的时间。"

（本文根据作者在上海市杨浦高级中学做的科普主题讲座整理）